长安学十年学术论著选集

编 委 会

编委会主任：李秉忠

编 委 会：黄留珠　贾二强　萧正洪
　　　　　　王　欣　王社教　冯立君
　　　　　　郭艳利　侯亚伟

总 主 编：萧正洪

副总主编：贾二强　石晓军

长安学 十年学术论著选集

总 主 编 ○ 萧正洪
副总主编 ○ 贾二强 石晓军

主编 ◈ 黄留珠 李 炖

长安学与长安学人

陕西师范大学出版总社

图书代号　SK23N1770

图书在版编目(CIP)数据

长安学与长安学人 / 黄留珠, 李炖主编. —西安：陕西师范大学出版总社有限公司，2023.10
（长安学十年学术论著选集 / 萧正洪总主编）
ISBN 978-7-5695-3874-8

Ⅰ.①长…　Ⅱ.①黄…②李…　Ⅲ.①长安（历史地名）—文化史—文集　Ⅳ.①K294.11-53

中国国家版本馆CIP数据核字（2023）第178697号

长安学与长安学人
CHANG'ANXUE YU CHANG'ANXUEREN

黄留珠　李　炖　主编

责任编辑 / 雷亚妮
责任校对 / 王文翠　王丽君
装帧设计 / 飞铁广告
出版发行 / 陕西师范大学出版总社
（西安市长安南路199号　邮编710062）
网　　址 / http：//www.snupg.com
印　　刷 / 中煤地西安地图制印有限公司
开　　本 / 787 mm×1092 mm　1/16
印　　张 / 24.75
插　　页 / 4
字　　数 / 446千
版　　次 / 2023年10月第1版
印　　次 / 2023年10月第1次印刷
书　　号 / ISBN 978-7-5695-3874-8
审 图 号 / GS（2023）第2893号
定　　价 / 168.00元

读者购书、书店添货或发现印装质量问题，请与本公司营销部联系、调换。
电话：（029）85307864　85303629　传真：（029）85303879

总序
基于整体性思维的长安学研究：历史回顾与前景展望

贾二强　黄留珠　萧正洪

陕西师范大学国际长安学研究院（陕西省协同创新中心）至今年已经组建10年了。以此为契机，我们试图通过编辑一套学术回顾性文集，为学界反思相关学术发展的历程、推进未来的研究工作提供参照。文集分专题汇集特定领域内有代表性的论文（也有少量著作中的篇章）。选编工作得到了相当多学者的支持与鼓励，我们均深铭感，于此谨致谢忱。然而，因为眼界有限，很可能有遗珠之憾，为此亦深表歉意。

有一种看法，认为长安学的学术实践活动是从21世纪初开始的。但在我们看来，它很早就已经存在，只是人们一直没有清晰地将其作为一个具有相对独立性的学科或专门研究领域加以定义。黄留珠先生曾撰文，记述其源流，称2000年初，即有学者提出"长安学"研究的必要性。而2003年，荣新江教授撰《关于隋唐长安研究的几点思考》一文，指出，那个时候的一个遗憾，是并没有建立起像"敦煌学"那样的"长安学"来，但关于长安的资料的丰富性与内涵是不逊于敦煌的。其后，2005年左右，陕西省在省文史研究馆的牵头下，成立了长安学研究中心。至2013年，陕西师范大学组建了陕西省协同创新平台"国际长安学研究院"。

这一系列事件的发生表明，人们对于长安学作为一个学科或具有独立性的专门领域的认识，到21世纪初开始变得清晰了。这是长安学发展史上的重要标志，是一个理性认知新阶段到来的标志。严格说来，以长安研究的本体论，它并不是一种突然发生的创设，而是自中古甚至更早以来人们对于长安的兴趣、关注、记忆与反思在学术上的体现，且是经长期积累所形成的结果。这同敦煌学是有一些不同的。敦煌学以敦煌遗书为起始，而逐渐扩大到史事、语言文字、文学、石窟艺术、中西交通、壁画与乐舞、天文历法等诸方面。它是一个历史性悲剧之后的幸事。长安学则不是，它有着悠久的渊源和深厚的基础，因长安（包括咸阳等在内）作为统一王朝之都城而引发的关于政治制度、经济发展与文化建设的反思而产生，从一开始就同礼法制度等文明发展重大问题紧密关联。事实上，人们关注、研究长安，起源甚早，而历时甚长。我们完全可以写出一部以千年为时间单元、跨越不同历史时代的《长安学史》来。这是长安学的历史性特点。

在空间性方面，它也颇有特色。关于这一点，如我们曾经撰文所指出的那样，其以汉唐"长安"之名命名，研究对象虽以长安城、长安文化、长安文明为主，但却不完全局限于此，而扩展至建都关中地区的周秦汉唐等王朝的历史文化，另在地域上亦远远超出长安城的范围而扩大至整个关中以及更广泛的相关地区。尽管我们对长安学的空间边界问题还可商讨，但它一定是有明确范围与目标的。然而，长安的地理空间并不等同于关于长安的学术空间。简言之，长安学诚然是以古代长安为核心，以文化与文明为主体的研究，一些同古代长安相关的问题也应当包含在内，但其学术空间要大得多。其基本原则是：若有内在关系，罗马亦不为远；若无关系，比邻亦仅是参照。显然，它在学术空间边界上具有显著的开放性。

长安学的内涵也极为丰富。以地域为名的世界级学问皆有其特定意义与内涵。如埃及学，指关于古代埃及的语言、历史与文明的学问。它是从18世纪才开始发展起来的国际性古典文明研究。埃及学研究对象的时间范围是从公元前4500年到公元641年，所涉及的学科相当广泛，如考古、历史、艺术、哲学、医学、人类学、金石学、病理学、植物学和环境科学等，其研究方法，除了文献与语言文字分析外，还利用了现代测年技术、计算机分析、数据库建设甚至DNA分析等手段。长安学亦是如此。长安学具有学科群的意义，它要超出一般意义上的学科范畴。它综合了哲学、历史、考古、文学、宗教、地理、科学技术、文献研究等多个方面和多个层次，有着极为丰富的内涵。它既为我们研究人类文明的进步提供一个不可或缺的样本，也提供了一个我们看世界、世界看我们的独特视角。

历史发展给我们提供了一个重要的机遇，也赋予我们重大的历史使命。我们现在的重要任务，是在新的历史条件下，以追求人类文明进步为基本价值观，对长安学作为具有独立性的学科和专门研究领域进行重新定义，并阐明其现代价值与意义。正是以此为基本宗旨，陕西师范大学联合校内外学术力量，组建了国际长安学研究院，此举得到陕西省教育厅的大力支持，并成为陕西省最早的协同创新中心之一。

历史上的长安研究，有官方叙述与私人撰述两类，但皆属于在传统的、旧的观念指导下对于长安的理解与解释，从形式上看，基本上是碎片化的。当下陕西师范大学和若干合作的大学、研究机构，共建国际长安学研究院，试图坚持科学与理性的原则，以系统化、整体性的思维，对历史发展中的某些重要问题提出基于历史事实的严谨而合理的解释。为实现这一目标，我们组建了学科咨询委员会、学术委员会、学术期刊编辑部、海外事务部、长安学理论研究中心、古都研究中心、长安与丝绸之路研究中心、长安文化遗产研发中心、数字长安新技术研发中心和长安文献整理与研究中心，以融合方式推进相关研究工作。

历史上的长安给我们留下了足够丰富的资料，能够让我们通过扎实的研究，总结文明进步的成就，特别是反思其中的曲折与艰辛。我们希望，长安学研究能够有助于社会进步，而不是相反。令当下人们的观念与感慨停留于帝制时代的荣耀，不是我们的追求。

为此，我们确定了建设工作的基本原则：历史起点、当代情怀、世界眼光。我们要使长安学成为具有世界性的学问，而不只是陕西的学问或中国的学问。长安学应当具有现代精神，应当是中华民族精神家园建设的重要组成部分。我们秉持这样的宗旨，并对此持有信心。我们将努力把国际长安学研究建设成一个开放的平台，联系各方学者和学有专长的同仁，为大家的研究工作提供便利与条件。

显然，长安学不是单纯基于现代城市空间的研究，而是以历史上的长安为核心，以探索中国历史渊源与文明发展的曲折历程为研究对象的独特领域和学科。以世界范围论，以地域为名且为国际学术界所公认的专门学问（学科）是不多的。比较著名的只有埃及学，而类似的希腊古典文明、罗马古典文明等，亦是某个地域引人注目、曾经深刻影响历史发展进程的重要的人类文化遗产，是特定地域优秀传统文化的标志性象征。

从学科属性上说，长安学既是古典的，也是现代的。长安的历史具有极为丰富的内涵，长安学则以独特的视角阐释中华民族优秀文化绵绵不绝的特性，因而不能简单化地以古代或近代等时间尺度加以定义。同时，如前所述，其学术空间边界具有显著的开放性，而不为特定地域所限。所以，我们在"历史起点、当代情怀、世界眼光"的建设原则中，特别重视世界眼光的目标定位。

世界眼光是我们将长安学命名为"国际长安学"的一个重要依据。其原因有二：一是历史上的长安具有世界上其他历史名城少见的国际性。从某种意义上说，长安从来不只是中国的长安，它也属于全世界。作为古都的长安，它曾经具有的以开放包容为特征的精神气质，乃是中华民族对于全世界文明进步的杰出贡献，而其历史的艰难曲折亦为人类发展提供了宝贵的借鉴。二是关于长安的研究从来具有国际性。在漫长的历史中，长安一直是外部世界关注的焦点。人们之所以对于长安有极大的兴趣，有着诸多的理由与原因。其中之一是它作为丝绸之路的东方起点，在东西方文明交往中具有最为突出的表征性。正因如此，并不是只有国人关注长安，它有着世界范围的学术文化吸引力。从某种意义上说，古代地中海沿岸及印欧大陆认识中国这个东方国度，正是从认识长安所在的地域开始，且在一个相当长的时段中，以长安为中心。而近数百年来，关于长安的研究著述不胜枚举，其中相当一部分出自海外人士之手。如此独特的性质与丰富的内涵决定了长安学研究必然要超越长安的空间范围。这个国际性是其原发的、内生的属性，并不是我们刻意赋予。正是基于这种思考，我们在英译"长安学"名称时，没有采用通常的做法将其译为the study of Chang'an，而是译为 Changanology，其用意就是从基础定义起，将其解释为一个内涵丰富且外延性显著的学术空间，而不为特定地域的边界所束缚。

长安学的主体内容当然是关于中国历史的，但它不能离开世界文明整体发展的视角。长安学研究包含了中国历史上政治、经济、社会、文化、民族与宗教信仰、地域关系、国际文化交流等各个方面。所以，长安学是中国史学科中的一个独特领域。它以长安为主题词和核心概念，将中国历史各个阶段和各个门类的研究综合在一起，试图提出关于中国历史发展的一种地域类型学解释。然而，当下学术发展的实际情形是，任何一个学科或专门研究领域，若不重视其外部性联系，将不会具有很强的解释力，即使它自身具有综合性的特征。基于单一的视角或特定区域的理解，不能解释文明发展的多元与多样性。中国地域辽阔，不同地区的发展本就存在着差异，遑论宏大的世界？以全球论，文明与文化发展的道路选择与存在形态具有极为丰富的多样性，所以，在研究长安的同时，也必须研究世界上其他文明之都。提供以长安为基础的具有典型意义的样本，将其同其他文明类型进行比较，必将极大地丰富我们关于世界文明发展的整体认识。在我们看来，长安学的价值只有置于世界文明发展的体系之中，方能得到充分的体现。

正是出于这样的认识，我们对国际长安学研究院的建设前景有一种期许：作为开放的平台，它将为中国以及海外相关专业人士提供共享的学术资料库，特别是创造相互交流的机会，为不同的思想与观点提供讨论的空间。我们特别期待将长安学研究的成果介绍给世界，将海外人士关于长安的研究与评论介绍给国人，也期待了解、学习世界其他地区文明与文化发展中的体验与思考，以在不同认知之间构建桥梁，以增进不同类型文明之间的相互理解与尊重。

目 录

长安学的缘起、研究现状及未来展望··黄留珠 / 001
国际长安学的史学比较理论探析··王成军 / 011
从文化哲学的视角看长安学的哲学内涵··王晓勇 / 022
长安学三层次说··何　夫 / 030
长安学与敦煌学··荣新江 / 034
长安学与长安学派···葛承雍 / 039
"长安学"概念的首次提出
　　——长安学学术史的一则重要资料···何　夫 / 042
长安学研究与大西安建设···黄留珠 / 046
地方史、志关系并兼说长安学性质
　　——答《陕西地方志》杂志主编问···黄留珠 / 051
答宁博士十问
　　——兼说辑刊《长安学研究》···黄留珠 / 058
浅析《长安学研究》之特色··何　夫 / 069
《长安学研究文献汇刊·考古编·金石卷》前言················李向菲　贾二强 / 072
关学传人孙景烈及其学术成就···王雪玲 / 076
论毕沅及其陕西幕府的金石学成就··李向菲 / 088
人文情怀、社会责任和史念海先生的历史观···································萧正洪 / 103
长安学者的领军人物——陈直先生
　　——《陈直著作选》出版说明···黄留珠 / 108
论长安学者陈直后期的思想转变··黄留珠 / 110

魂归天一阁
　　——写在《陈登原全集》出版之际……………………………………黄留珠 / 115
黄永年先生传略……………………………………………………………贾二强 / 119
黄永年先生与全国高校古委会………………………………………………杨　忠 / 122
只今耆旧贞元尽
　　——黄永年先生诞辰90周年追思…………………………………曹旅宁 / 126
黄永年先生的学术品格……………………………………………………郝润华 / 136
从黄永年先生的篆刻看当代学人印………………………………………张伟然 / 147
斯维至先生杂忆……………………………………………………………郭政凯 / 164
长安学者冉昭德先生………………………………………………………何　夫 / 170
深切缅怀史学理论家朱本源先生…………………………………………王成军 / 175
我所知道的恩师胡锡年先生………………………………………………石晓军 / 182
长安学者的楷模
　　——李之勤先生印象…………………………………………………黄留珠 / 186
长安学者林剑鸣教授………………………………………………………何　夫 / 191
中国记忆中的丝绸之路……………………………………………………葛承雍 / 196
风俗与风俗史研究
　　——以秦汉风俗为主心………………………………………………彭　卫 / 212
先秦中国与古代希腊………………………………………………………赵世超 / 223
从出土金文数据看西周都城
　　——丰镐两京的族群…………………………………………………张懋镕 / 233
《史记》在长安的撰作与流播……………………………………………张宗品 / 245
两汉之交动荡政局中的扶风名士…………………………………………孙家洲 / 273
远志与乡愁：汉唐长安"灞柳"象征………………………………………王子今 / 286
隋唐长安城研究中史籍与考古研究存在的错误…………………………李健超 / 300
隋唐之际墓志所见隋炀帝亲征高句丽
　　——兼论唐初君臣对隋亡事件的诠释………………………………拜根兴 / 318
《郾国长公主神道碑铭（并序）》考释………………郭海文　远　阳　李　炖 / 333
读《陕西神德寺出土文献》札记…………………………………………景新强 / 350
人人有路通长安
　　——近代西方人在西安的活动及其影响……………………………史红帅 / 367

长安学的缘起、研究现状及未来展望

黄留珠

近若干年来，长安学的旗帜在神州大地被高高树起，长安学研究亦有组织有计划地展开。如此一种倡导长安学的学术活动，若用"其兴也勃"予以形容，应该说是不过分的。那么，这场学术活动的缘起是怎样的？其发展的现状或曰已取得的初步成果如何？其未来的发展又将如何？笔者作为这一活动的参与者之一，深感有必要对这些问题结合个人亲身的经历略作陈述，以与关心长安学的朋友们共同讨论。

一、长安学缘起

长安学是进入21世纪以来由中国学人倡导并特别为陕西学界所重视的一个学科概念。

此事的肇始，可追溯到2000年初。当时在陕西《人文杂志》举行的一个座谈会上，一位西北大学的学者十分明确地提出了"长安学"的问题，希望以此来概括陕西这个历史文化大省的学科形象，就像安徽省以"徽学"来概括自己的学科形象一样。[①]此举虽然引起了学界的一定重视，但由于种种原因未能获得积极进展，从而留下了太多的遗憾。

其后不久，长安学的问题又在首都北京被提出。2003年12月，在由北京大学出版社出版的《唐研究》第9卷刊发的《关于隋唐长安研究的几点思考》一文中，作者荣新江教授亦相当鲜明地提出了"长安学"的命题。他说："笔者研究隋唐史和敦煌学的过程中，不断在思考一个问题，即长安是兴盛的大唐帝国的首都，敦煌是唐朝丝绸之路上的边陲重镇，由于特殊的原因，敦煌藏经洞敦煌石窟保留了丰富的文献和图像数据，引发了一个多世纪以来的敦煌学研究热潮；相反，虽然有关长安的资料并不少于敦煌，但因为材料分散，又不是集中被发现，所以有关长安的研究远

---

① 黄留珠主编：《长安学丛书·政治卷》，陕西师范大学出版社、三秦出版社，2009年，"前言"。

不如敦煌的研究那样丰富多彩，甚至也没有建立起像'敦煌学'那样的'长安学'来。"很显然，尽管荣氏所论长安学的视角与陕西学者所述的角度不同，二者对长安学内容的理解也有某些差异，但彼此所提的学科名称均作"长安学"却是完全一致的。

延至2005—2006年，长安学的问题被再次提起。这次与前两次不同的是，问题不是由学者而是由政府部门的文化官员提出的。原来时任陕西省文史研究馆馆长的李炳武，有感于"一部《红楼梦》能够衍生出风靡全国乃至世界的'红学'；一处敦煌石窟能够形成独立一派的'敦煌学'"[①]这样的事实，认为在创造了周秦汉唐灿烂文明的长安大地上，完全有条件也应该打出长安学的旗帜，以凝聚陕西的学术力量，深化长期以来学人一直坚持的关于长安文化、长安文明的研究。于是他运用自己手中的行政资源，率先在陕西省文史研究馆内开展了关于长安学的讨论，并在一些主要方面取得了初步的共识。此后，陕西省文史研究馆还陆续举办了周文化、秦汉历史文化、唐代历史文化等一系列的学术研讨会，以及"长安雅集"之类的大型文化活动，[②]既为倡导长安学做铺垫，也与倡导长安学相呼应。一时间，倡导长安学的活动搞得轰轰烈烈。

乍看起来，前述三次长安学的被提出似乎彼此独立不相关联，但实际上这三者却是沿着同一逻辑理路而前进的，其间有着密不可分的内在联系。具体言之，这就是学者们长期以来所坚持的对于长安文化、长安文明的研究，发展到21世纪急需一种学科性的概括、定位与升华。而在此过程中，人们的目光不约而同地集中到长安学这样一个学科名称之上，于是乎便出现了一而再、再而三倡导长安学的呼声与行动。这样的事实也有力地表明，长安学的提法，确实具有强大的生命力。

当然，从上述长安学被提出的事实我们也很容易看到，长安学的兴起实际上有两个"源"：一曰"陕源"，一曰"京源"。陕源的长安学，固然以长安文化、长安文明研究为根本，但学术视域却有所扩大，甚至包括了有关陕西地域文化的研究。而京源的长安学，则大体限于古长安都城史的范围之内，在一些人看来，其甚至仅仅是关于隋唐长安的研究。

这里有一个问题需要特别提出来并加以澄清。在当前有关长安学的论述和宣传

---

① 李炳武：《积极开展"长安学"研究》，见李炳武、黄留珠主编：《唐代历史文化研究》，三秦出版社，2005年，第1页；又收入李炳武主编：《长安学丛书·综论卷》，陕西师范大学出版社、三秦出版社，2009年，第99页。

② 周文化研讨会于2000年举行，秦汉历史文化研讨会于2001年举行，唐代历史文化研讨会于2005年举行，"长安雅集"文化活动分别于2003年、2005年、2008年举行。

中，每每可见"长安学为某某人所创立"或"某某人创建了长安学"一类的说法。其实，这很不科学，是论者不了解长安学缘起最基本事实的反映。

如前所述，长安学的出现是学人对长期以来有关长安文化、长安文明研究进行学科概括、定位与升华的产物。用哲学性的语言描述，即长安学是长安研究学术史发展的必然结果。如此，把这样一种历史的必然归结为某个人的"创造""创建"显然与事实不相符合。

诚然，马克思主义从来不否认个人在历史上的作用。不过，这必须以尊重科学、尊重事实为前提。众所周知，长安文化源远流长，对长安文化、长安文明的研究历史悠久。特别是在陕西，由于具有深厚的历史文化积淀，且具有周秦汉唐故都所在地的先天优势，所以陕西学人无不以古代历史文化尤其长安文化为其研究重点，无不挂"周秦汉唐"尤其"长安"这块牌子来展开其研究。而21世纪提出来的长安学，正是在学人长期以来对于长安文化、长安文明研究基础上形成的——或者说是长时期以来的关于长安文化、长安文明的研究才造就了长安学。这里最基本的事实是，先存在有关长安文化、长安文明的研究事实，而后才出现长安学的名称。前者为"因"，后者为"果"。如若一定要讲长安学的创造人、创建人的话，那么众多的长安文化、长安文明的研究者，才是当之无愧的。正是他们辛勤、艰苦的劳动，创造、创建了长安学。而当今提出以长安学来概括长安文化、长安文明研究的人，不过是长安学的倡导者罢了。

学术史上类似这样的情况，实际上很常见。例如人所共知的敦煌学，要确切说出它为何人创造、何人创建显然是困难的。其真实的情况应该是也必须是，那些从事敦煌出土文献、文物研究的学人共同创造、共同创建了敦煌学，而且也是这种创造性、创建性的研究工作在先，敦煌学的称谓出现在后，与当今的长安学情况相同。再如我们常说的红学也是如此。红学当为研究《红楼梦》的学人所共创、共建的，把红学归结为任何个人创造、创建的都是有违事实的极端功利主义的表现。

二、长安学研究现状

2009年对长安学发展而言，是非常重要的一年，所以对长安学研究现状的论述，需要从此说起。

这年9月，陕西省文史研究馆长安学研究中心成立。该中心由当时的文史研究馆馆长李炳武牵头，以文史研究馆馆员（一批资深的文史专家）为基础，联合西北大学、陕西师范大学等院校的专家学者共同组成。这既是一个研究长安学的中心，也是组织、领导长安学研究的中心。

研究中心成立后所做的最重要的一项工作就是编撰、出版"长安学丛书"。李炳武馆长对此可以说是雄心勃勃、信心满满，计划要出100部以上，内容涵盖长安学所能涉及的方方面面，而且力争在研究中心成立时便推出第一批成果。由于时间紧迫，文史研究馆领导采纳馆内专家建议，对首批推出的丛书内容加以变通，改为对以往研究成果的汇集、总结。这样，在研究中心成立的次月，第一批的8册书面世了（版权页标注的出版时间为2009年9月），分别名曰"综论卷""政治卷""经济卷""文学卷""艺术卷""宗教卷""历史地理卷""法门寺文化卷"。

洋洋乎装帧考究、印制精美的8册"长安学丛书"的推出，无疑成为长安学研究中心成立之时最出彩的一件大事。它可以说既起了一种标志作用，也起了一种宣言的作用。从程序上来看，这批书的编撰都经过了不止一次的研讨、评审，应该说是比较认真比较严格且合乎学术规范的，然而也不得不看到一些问题，因为毕竟时间太短，难免带有某些"急就章"的痕迹，而各册书的质量，也明显存在良莠不齐的情况。特别是这批书仅仅是汇集了以往的研究成果，而没有新创的成果——尽管这当中有其不得已的苦衷，但不免留下了遗憾。

非常巧的是，2009年北京方面有关长安学的研究工作也推出了重要的成果——《唐研究》第15卷（也于当年出版）。该卷集中刊发了长安学研究的论文19篇，故被命名曰《"长安学"研究专号》。为了便于读者了解更具体的情况，兹将这些论文的题目抄录如下：《隋唐长安的寺观与环境》《城门与都市——以长安通化门为主》《唐代长安的旅舍》《文本的阐释与城市的舞台——唐宋笔记小说中的城市商业与商人》《论长安城的营修与城市居民的税赋》《唐代都市小说叙事的时间与空间——以街鼓制度为中心》《想象中的真实——隋唐长安的冥界信仰与城市空间》《唐代长安的宦官社群——特论其与军人的关系》《唐长安太清观与〈一切道经音义〉的编纂》《从宫廷到坊里——玄肃代三朝政治权力嬗变分析》《中唐文人官员的"长安印象"及其塑造——以元白刘柳为中心》《张彦远笔下的长安画家与画迹》《长安：礼仪之都——以圆仁〈入唐求法巡礼行记〉为素材》《礼展奉先之敬——唐代长安的私家庙祀》《贝叶与写经——唐代长安的寺院图书馆》《唐初密教佛经的翻译与贵族供养》《记智首、玄琬与唐初长安的守戒运动——兼论唐太宗崇重律僧与四分律宗之崛起》《〈两京新记〉新见佚文辑考——兼论〈两京新记〉复原的可能性》《隋唐长安史地丛考二则》。

从这些论文的标题可以看出其研究视角非常新颖，所研究的问题多是微观的、具体的、前人较少关注或没有涉猎的。可以这样说，它们代表了长安学研究的一种新潮流。值得注意的是，文章的作者除了北京当地高等院校、科研机关、文化单位的学者外，还有其他各省、市以及台湾地区的学者，另还有美国、日本的研究者。[①]这也充分反映了长安学研究人员的广泛性与这项研究本身的国际性。

如果比较京、陕两地的长安学研究特点的话，那么，北京的扎实、细致并完全按纯学术的路径一步一个脚印前进，给人们留下了深刻印象。而陕西的声势浩大、迅速快捷以及浓浓的组织、行政色彩，似也构成了一道可观的风景线。当然，就所推出的研究成果而论，北京的开拓、创新，陕西的总结、综合，应该说各有千秋，不过用学术的尺度来衡量，似乎行家们更推崇、看好前者。

总之，正如前文已经指出的那样，2009年对长安学的发展来说是非常重要的一年。这年陕西成立的长安学研究机构和出版的8册"长安学丛书"，北京出版的《唐研究》第15卷——《"长安学"研究专号》，共同把长安学的发展推向了一个空前的高潮。而在此影响下，长安学研究迈入了新阶段。以下我们仍按陕、京两条主线继续介绍长安学的发展情况。

在陕西，于2010年又出版了"长安学丛书"6册。这批"丛书"首先推出了"长安学者文集"系列，分别是"武伯纶卷""王子云卷""陈直卷""傅庚生卷""霍松林卷""黄永年卷"。很明显，这6册书与前8册书性质是一样的，都属于对以往研究成果的汇集整理，只不过这次是按人来进行汇集整理罢了。其后，"长安学丛书"于2011年又继续出版"长安学者文集"系列书4册，分别为"于右任卷""张西堂卷""石兴邦卷""何炼成卷"；于2012年出版2册，一是"长安学者文集"系列的"李之勤卷"，一是属于首批丛书系列的"教育卷"。2013年，"长安学丛书"计划推出"西安城市史"系列，有若干书稿已完成交付出版社，后因特殊情况而被推迟。对此，拟在后文中再做说明。

除了"长安学丛书"这个平台之外，2010年《长安大学学报》社会科学版开辟"长安学研究"专栏，截至2013年共办16期，发表论文74篇，成为长安学研究的又一重要阵地。[②]该学报还经常举办有关长安学的论坛，以这种形式弘扬长安学、宣传长安学。一个以工科为主的院校，能够如此尽心尽力做长安学的工作，在全陕西是第一家，也是唯一的一家，实在难能可贵。

这里还要提到的是，较陕西省文史研究馆长安学研究中心成立早近一年的西安文理学院长安历史文化研究中心，虽然没有明确挂长安学的牌子，但实际上也是一个长安学的学术研究机构。该中心推出的《长安历史文化研究》《长安历史文化论

---

① 参见荣新江主编：《唐研究》（第15卷），北京大学出版社，2009年。承蒙杜文玉教授借阅所收藏的各卷《唐研究》文本，特致谢。

② 有关资料由王佳女士提供，特致谢。

丛》等书刊事实上也成为长安学的重要平台。特别是他们每年一次的长安历史文化研讨会,已经连续举办了八届,而且越办越好,影响越来越大,成为西安市的一张亮丽的学术名片。

另外,西安市社科院亦成立了专门的长安学研究机构——长安学研究所。

如果我们把目光再放宽一些,将长安学不仅仅限于对古长安城的城市史研究,而把它扩展至整个关中地区乃至整个陕西历史文化的研究,扩展至周秦汉唐历史文化的研究,那么,陕西长安学研究的平台及研究成果显然还会增加不少。例如西北大学与三秦出版社联合主办的《周秦汉唐文化研究》年刊,陕西师范大学推出的《长安史学》《长安学术》,以及《唐都学刊》开辟的"汉唐研究"专栏、《咸阳师范学院学报》开辟的"秦汉史研究专栏"等等,似都可以划入此列。再如集陕西全省著名学者合力修撰的、第一部系统论述陕西地域文化的、属于国家级重大文化工程项目的《中国地域文化通览·陕西卷》(中华书局,2013年),显然也应该划入此列。

北京方面的情况似乎不像陕西那样多元。这里的长安学研究平台主要还是一年出版一卷的《唐研究》。众所周知,该刊由罗杰伟(Roger E.Covey)创办的唐研究基金会资助出版,营运无后顾之忧,相当稳定。自第9卷开始,即以研究专号的形式推出。其第15卷《"长安学"研究专号》之后,又相继出版第16卷,名曰《唐代边疆与文化交流研究专号》(2010年),第17卷名曰《中古碑志与社会文化研究专号》(2011年),第18卷名曰《中古中国的信仰与社会研究专号》(2012年),至第19卷则开辟了两个研究专栏——曰"'从地域史看唐帝国——边缘与核心'研究专栏"和"《葛啜墓志》研究专栏"(2013年)。表面上看这些专号、专栏所讨论的问题并不是长安学,但其中不少内容实际上涉及长安。如葛啜墓志,即出土于西安,对它的研究自然属于正宗的长安学研究了。

三、长安学未来展望

自21世纪伊始研究者提出长安学问题以来,短短10多年里,这一学科得到了令人瞩目的发展。尤其在陕西,这项研究得到了省委、省政府的大力支持,使之具有了明显的权威性。当21世纪跨入第二个10年之后,陕西长安学研究主体平台又开始了由政府文化部门主办向高等院校主办的华丽转身,其进一步将各种研究力量进行整合,组建成立新的长安学研究机构——国际长安学研究院。①2013年3月,国际

---

① 承蒙贾二强教授提供关于国际长安学研究院的数据,特致谢。

长安学研究院在陕西师范大学举行揭牌仪式,一位教育部副部长与一位陕西省副省长均莅临祝贺,充分表明了其受重视的程度。据介绍,该研究院是按照国家协同创新计划(2011)组建的一个省级文化传承性质的协同创新中心。它的根本任务是传承并创新以长安为载体、以长安文化为主要内容的中华优秀传统文化,通过学术研究、文化推广、社会教育等途径,提升陕西乃至整个中华民族的文化软实力和国际影响力,增强中华民族的文化认同感和文化向心力。

该研究院由陕西的四所高校(陕西师范大学、西北大学、长安大学、西安文理学院)和陕西省文物局、陕西省人民政府参事室(文史研究馆)以及日本学习院大学、韩国忠南大学共同组成,院址设在陕西师大。其以陕西四所高校的研究资源为基础,搭建研究平台,负责长安学的理论和专题研究,对长安文化的内容和精髓进行提炼;以陕西省文物局及其下属机构、陕西省人民政府参事室(文史研究馆)为核心,致力于文化遗存的保护与开发、长安文化的推广和开发;以日本、韩国两高校为主要海外力量负责长安文化在海外的传播、海外文化资源的整理与开发,以及相关活动的组织和协调等。从总体上讲,研究院肩负着探索两个新途径的使命:一是探索古典文化现代化传承的新途径,一是探索高校、政府、社会机构联合开展文化传承的新途径。

在机制体制方面,研究院建立以任务为牵引的人员管理、人才培养、科研评价等制度;实行理事会领导下的院长负责制,以任务为纽带开展人员管理;科研上推行学术委员会集体协商的考核机制等。

研究院的组建得到了教育部、陕西省委省政府的高度认可和省内外机构的大力支持。做好长安学研究和文化典籍的整理出版,已被列为陕西省"十二五"规划纲要的重要内容。由此可见陕西省对长安学研究的支持力度之强。

根据计划,研究院拟开展和推进的研究工作有:

第一,举办"国际长安学论坛"(两年一届,与每年"西洽会"[①]同步进行);第二,建立"国际长安学"研究基金会,支持长安学的持久发展;第三,不断推出高水平的成果,向国内外宣传介绍长安文化,为国家和省市的文化建设提供决策咨询;第四,建设长安学基本文献库、电子数据库以及长安学网站;第五,编写《长安学与文化建设蓝皮书》。

研究院拟定的建设目标:通过10年建设,搭建起长安学的理论框架和学科架构,使其精神内涵得到学界和社会的广泛认可,关于长安学的专题研究取得突破性

---

① "西洽会"创办于1997年,是中国东西部合作与投资贸易洽谈会的简称。

进展。通过建设，使国际长安学研究院产生一批具有重大影响的标志性成果，培养一批具有国际视野、学贯中西的学者，成为享有盛誉、世界一流的长安学研究中心和数据中心。同时，不断彰显长安学研究成果在推进区域文化繁荣和经济建设、增强文化软实力和国际影响力过程中的作用，以长安精神为重要内容的社会主义核心价值体系深入人心，不断赋予区域优秀传统文化的精神品格以新的内涵，在外界的影响不断改善。而研究院经过前4年建设，预期的成果有：编辑出版多卷本"长安学丛书"（已推出20册，前文所述"丛书"之"西安城市史"系列顺延至此），编辑出版"海外长安学译丛"，编纂《长安文献集成》并建设相关电子数据库，建立国际长安学网站，探索、总结文物保护修复及大遗址保护技术，提出区域文化资源开发方案及省市文化产业发展规划。

为了实现上述建设目标，研究院计划设立以下研究中心：长安学理论研究中心、历史文化研究中心、古都与城市发展研究中心、文学艺术研究中心、长安与丝绸之路研究中心、文化传播研究中心、哲学与宗教研究中心、民俗与语言研究中心、文化遗产保护修复研究中心、长安文化产业研究中心、文献编纂与研究中心、海外长安学研究中心。

毫无疑问，这是一幅精心绘制的长安学未来的发展蓝图，令人心向往之！如何实现这一蓝图，显然是需要长时期面对的一大课题。世人乐见其成。

北京方面的长安学研究，似未曾听说有如陕西所发生的变化。2014年是"京源"长安学研究主要平台《唐研究》创刊20周年，是否会像该刊创刊10周年时那样，由主编署名发表一篇文章以资纪念，尚不得知。不过如此简单的纪念方式，无疑却是最值得提倡的。当然，届时也许因情况变化还会有其他纪念活动，在此就不便猜测了。

由《唐研究》的实例不免会想到一个问题，这就是陕西组建的国际长安学研究院是否也应该仿照《唐研究》办一个长安学研究的专刊，以扩展影响，发现、培养、团结人才，积累学术成果。但从目前研究院的计划中似没有见到这样的内容，需要补充完善之。学术研究固然应该为现实提供借鉴、提供智慧、提供服务，需要经世致用，但这些不能脱离现实，必须以遵循学术研究的规律为前提。在学术研究领域，需要的是一点一滴的积累，需要的是十年磨一剑的精神。在这里，不能"大跃进"，不可急功近利，更不需要媒体炒作。

学术史上，大凡一个"学"的成立，都非一蹴而就。如今，长安学的旗帜虽然已经高高飘扬，但这并不意味着什么问题都没有了。如前所述，即使研究对象像长安学这样重大的问题，迄今论者的看法都不一样，至于一些小的方面，分歧自然就更在所难免了。笔者清楚记得，当年陕西省文史研究馆内部讨论长安学问题时，有相当的馆员就明确表示了怀疑或反对的态度。实际上，出现这样的情况也不奇怪，因为现今各式各样的"学"实在太多了，几乎到了泛滥的程度，世人对新提出的长安学有所疑虑自当在情理之中。何况，长安学的命题虽说有其合情合理的一面，但也确有其较为空泛甚至大而无当的另一面。它不像已有的敦煌学、红学那样，范围具体，易于把握。①之所以迄今为止论者对长安学研究对象的认识还不一致，与此是有直接关系的。前述陕西组建的国际长安学研究院的建设目标明确规定，拟通过10年的建设，搭建起长安学的理论框架和学科架构，使其精神内涵得到学界和社会的广泛认可。应该说这是毫无掩饰、极其老实的一句话，但它也从另一方面反映了长安学无论在学界抑或在社会上，其认可度都存在一定的问题。唯其如此，展望长安学研究，可以说任重而道远。在这里，不妨借用孙中山先生的一句名言与有志于长安学研究的朋友共勉："革命尚未成功，同志仍须努力！"

附记

本文写于2014年初，完全是一种实录式叙事，所记述的是2000—2013年间长安学的起始及发展情况。它对于人们了解长安学是怎么回事，对于了解学人倡导长安学的经过及其学术背景，应该说是客观而可信的第一手数据。

2014年在长安学发展史上，是又一个重要的年份。特别是这年的第四季度，在西安几乎是连续地举行了三次与长安学有关的学术研讨会，将长安学研究再次推向了一个高潮。这三次学术会分别是：10月31日，由西安市社会科学院、西安市丝绸之路经济带研究院与韩国庆州新罗文化遗产研究院联合举办的"长安学与新罗学关系研究学术会议"；11月22日，由西安文理学院长安历史文化研究中心主办的"第九届西安历史文化国际学术研讨会"；11月24—27日，由陕西师范大学国际长安学研究院主办的"长安学与古代都城国际学术研讨会"。如此密集地举行关于长安学研究的国际性学术会议，表明长安学在世界范围内被认可并被自觉纳入研究实践已经是不争的事实。尤其在"长安学与古代都城国际学术研讨会"上，实现了中国大陆"京源"长安学研究者与"陕源"长安学研究者的胜利会师，学术意义深远。

另外需要指出的是，笔者在本文中提出的创办《长安学研究》专刊的建议，已为国际长安学研究院领导所采纳，其创刊号即将于2015年上半年推出。以此为契

---

① 参见黄留珠：《长安学之我见》，《三秦文史》2006年第1期；又收入李炳武主编：《长安学丛书·综论卷》，陕西师范大学出版社、三秦出版社，2009年。

机，长安学研究将进入一种新常态。相信经过若干年扎扎实实的积累之后，必将会迎来长安学研究的新丰收。

我们期盼这一天的到来！

2015年2月7日记于西大桃园区锵音阁

原载《长安学研究》（第1辑），科学出版社，2016年

（黄留珠，西北大学历史学院教授）

国际长安学的史学比较理论探析

王成军

引言

国际长安学是伴随着古城西安走向世界的进程中出现的一个既年轻又古老的学科，它既涵盖过去以汉唐为突出代表的国际化大都市的客观历史进程，又包含正在走向世界的现代国际化大都市的当代历史实践。因此，从国际化的视野出发，运用比较史学的研究方法，通过中外、古今两个维度，对国际长安学进行深入的历史探讨，不但有利于更为清晰地了解古都长安昔日国际化发展的历史真实，更重要的是有利于现代西安国际化大都市的建设进程。

比较史学是现代国际史学研究的一个重要理论和方法，创始人是法国著名历史学家马克·布洛赫。他在20世纪初对比较史学的发展做出的重要成果和一系列的论断，不仅集中体现了他在比较史学领域中的研究成果，更重要的是阐明了比较史学的系统理论和方法，为比较史学的形成和进一步发展奠定了坚实的理论基础。随着比较史学的不断发展，其在现代史学研究中发挥了越来越重要的作用，因而日益被历史学界看重。显然，比较史学的理论和方法的运用无疑将会为国际长安学的研究开辟一个新的学术领域，将会取得一系列重要的学术成果。基于此种考虑，本文拟立足于长安国际化古今的历史实际，在分析比较史学与长安国际学两者关联的基础上，着重探讨应该如何正确运用比较史学的理论和方法，以发挥其应有的作用，从而达到更好地为国际长安学的研究服务这一学术目的。

一、比较史学与国际长安学的内在关联是国际长安学进行史学比较的前提

现代史学意义上的比较史学是法国年鉴学派创立的具有浓厚现代史学特色的理论，也是风靡全球的重要史学研究方法论。其诞生的主要标志就是马克·布洛赫于1928年在欧洲中世纪史年会上发表的那篇重要的长文《比较史学之方法——论欧洲

社会的历史比较》①,该文被学者誉为"是对比较方法理解得最透彻,在理论上最令人信服的文章"②。显然,以现代比较史学的奠基人马克·布洛赫的比较史学的理论为依据,阐述比较史学的内涵及其与国际长安学之间在观念和方法之间的深刻关联,不仅对于探讨比较史学的特点具有重要意义,更重要的是对于国际长安学的研究具有极其重大的理论及现实意义。

首先,从现代史学理论来看,比较史学的突出特征在于它正确揭示了复杂多样的历史现象和发展变化的历史过程之中存在的客观的内在联系。这种客观联系集中表现在,纷纭多姿的历史现象之间是通过"同"与"异"联系起来的,从而形成了一个庞大而细密的历史系统。同时,必须指出,在年鉴学派的"问题史学"视域之下,对这种"同"与"异"的发现和探讨不但是建立在客观事物的运动基础之上,而且与我们对于现实问题的关注有着重要关系,并通过我们的历史思维,对历史发展的内在联系加以理性的探讨,进而形成一种历史的认识方式——比较认识。这种比较认识方法的特点在于运用"同"与"异"这一对认识范畴,去探讨历史进程中历史现象之间存在的某些相同性或统一性,并在相同性的基础上进一步探讨历史现象之间的差异性。更为重要的是,在揭示出历史现象的"同"与"异"的内容之后,比较史学特别强调还要着力运用历史的研究方法,客观而真实地揭示不同历史"同"与"异"现象产生的深沉而厚重的历史原因,从而紧紧地将这种与我们现实相关联的研究建立在客观的历史发展进程之中,而不是之外。因而从观念上来讲,历史的比较研究是一种将古今结合起来的历史研究,具有突出的共时性特点,同时也具有明显的历时性特点。用马克·布洛赫的话来讲,历史研究的要义在于既要以今知古,又要以古知今。因此,我们对现实问题的关注成为比较史学得以存在的基础。归根结底,比较的历史研究是一个与现实相关联的历史性的研究。

其次,在国际长安学的学术研究实践中,比较史学与国际长安学的理论关联尤为明显。长安历史进程所具有的国际性是一个不争的客观事实,但它首先是客观的历史运动的产物,因而对这一问题的研究也应该具有历史性的态度。换言之,我们不能基于自身的主观想象去探讨国际长安学研究的内容和方法,特别是比较研究的方法,相反地,我们应从长安国际性的历史进程中去了解其所存在的"同"与"异"的历史关联,并从这种真实的"同"与"异"的历史关联中去探讨其赖以存在的复杂而多样的历史原因。当然,对这种"同"与"异"内在关系的探讨,不仅

---

① 该文的汉译名称稍有不同,但内容完全一致。
② [美]小威廉·西威尔:《马克·布洛赫与历史比较的逻辑》,朱彩霞译,见庞卓恒:《比较史学》,中国文化书院,1987年,第504页。

要着眼于长安国际性历史的产生原因，还要考虑到这种国际性发展的漫长进程，更要考虑到国际长安学历史发展的结果。特别重要的是，还必须把这种结果与现实存在的重要问题结合起来，最终将这种历史关联建立在古今相通的坚实历史观念基础上。毫无疑问，发生在古长安历史土壤之上的国际长安学的历史内容，从时间来讲，它是由源远流长、古今紧密相关的重大历史现象所组成的历史长河；从空间来讲，它是由驳杂多变且相互影响的内容所构成的多彩历史画卷。这一切，不仅提供了从比较史学的角度进行研究的可能性，也为从比较史学的角度进行研究提供了重要的现实必要性。由此来看，在此基础上的历史比较研究，其"同"与"异"不仅是一种客观的历史结构，也是一种将主、客相统一的辩证的历史认识方式。

再次，比较史学的理论和方法将极大地丰富国际长安学的研究成果，为当代西安的国际化发展提供历史借鉴。从国际长安学的客观历史发展进程来看，不管是古代通过丝绸之路与亚欧之间所产生的重要而悠远的经济、文化等国际联系，还是与日本、朝鲜半岛等其他国家和地区之间的密切往来，古长安都在其中扮演了一个东西方枢纽的重要角色，对中外不同国家的历史、经济和文化的发展发挥了重要作用，产生了极其深远的历史影响。因此，国际长安学汇聚了中国古代文明的优秀成果，它是一笔积淀丰厚、光华四射的珍贵历史遗产。这一历史遗产在新时代的辉映下，表现出了突出的现实意义。国际长安学研究的重要任务就是要从现代史学视域和所面对的现实重要问题出发，恰当地运用比较研究这一重要的方法，正确地揭示国际长安学不同时期及其多样化历史的内容、这些历史内容的相同点和不同点之所在，并在此基础上，进一步探寻这些历史现象的相同点和不同点所产生的具体历史原因。其目的是要从昔日的国际长安学的历史进程中汲取经验和教训，发挥比较史学的经世致用的突出功效，以资今日的国际化大西安的发展。

综上所述，比较研究是一种现代史学的理论和研究方法。而在此视域下的国际长安学的比较研究，目的不仅仅在于表现其所具有的丰富历史内容和对昔日中外历史所产生的重要国际影响力；更为重要的是，国际长安学的比较研究迫切需要从昔日的历史发展进程中来揭示、彰显、强化现代西安与古代长安之间所存在的历史、文化和国际化等方面的紧密联系，并从这种紧密的历史联系中获取其进一步发展的强劲动力和发展趋向，使昔日国际化长安历史发展中的有益启示源源不断地汇集，丰富现代西安国际化大都市的构建，最终使现代西安国际化大都市的建设牢牢地同昔日国际化的长安历史建立起一种既具有内在联系性，又具有现代创新性的真实的历史发展关系。

二、可比性原则是实现国际长安学比较意义和特色的关键

对于比较史学而言，可比性原则是基础。同样，在国际长安学的历史比较进程中，从历史的可比性原则出发，正确选择历史的比较对象，不但是体现国际长安学研究意义和特色之所在，也是比较研究得以进行的关键。

其一，要正确认识国际长安学的历史比较的对象，突出其本身的问题意识。如上所述，国际长安学是应运而生的重要研究领域，其所面临的是如何将西安建设成为国际化大都市、在国家的发展中发挥其传统的优势等等重大现实问题。因此，国际长安学明显具有现代史学的问题特色。从这一学术特色出发，国际长安学的史学比较所选择的研究对象必然要与现实问题产生紧密联系，使比较研究表现出明确的现代史学特性，从而最大限度地体现出可比性这一比较史学的基本原则，以突出其学术效用。但在此要强调的是，正确理解这种现实性的客观需求对比较研究的学术要求是成功的关键。实际上，这一学术要求绝不意味着对国际长安学的研究可以以急功近利的心态，用短平快的方式产出成果，相反，它需要从更为深厚的历史发展进程中进行深入细致的历史比较研究。也就是说，这种具有现实性的历史研究课题绝不是简单易行的小问题，相反，它是高端的学术研究，也最能体现出历史研究的意义和价值。因此，在比较对象的选择和研究方面，对学者的个人素质的要求更高——需要更为扎实的学术功底和更为深刻的现实洞察力。

其二，从国际视域来进行比较，以体现国际长安学比较研究的突出特点。从大的国际视野出发，从具体的历史问题入手，以寻求比较的对象，以反映现代历史的观念和变化了的历史本身，是长安国际学历史比较研究的内在要求。显而易见，国际长安学突出了古今一体的史学研究特色，因此，其比较研究的客观要求在于突破长安历史所固有的某些地域和政治文化等联系方式的局限性，将悠远的长安历史置于国际性的大背景之下，以揭示长安与其他国家（和地区）所产生的深刻的历史联系及其所造成的深远的历史影响。特别要强调的是，从史学比较的角度来看长安的国际性比较观念的话，其本身具有非常丰富的内涵。首先，国际性长安的联系是双向的，既有长安对这些国家和地区的影响，也有这些国家和地区对长安的影响，归根结底国际长安学的比较联系是一个多层次、多侧面的不断融通的交流过程；其次，国际性长安的历史比较是一个不断变化的国际化历史进程，具有明显的动态性和连续发展的具体历史内容，这种动态性的根本在于其所具有的不断的历史发展性；再次，对这种动态的国际性特征的认识，需要从历史和现实两个维度去把握，以体现国际长安学的连续性，并且要将对这种连续性的探寻与国际长安学的未来发

展趋向结合起来，尽可能体现国际长安学的深入发展性，从而最大限度地表现出国际长安学史学比较的深远历史意义。

其三，要紧跟历史发展的实际，与时俱进，不断丰富比较研究的理论与方法，将远距离的比较研究与近距离的比较研究结合起来。马克·布洛赫在其经典性的比较研究论文中，提出了两种比较研究的方法：一个是近距离的，或者是相邻地区的历史比较研究，其本义指的是在文化起源上具有相似性的比较研究；另一个则是远距离的投射比较研究，指的是两者在文化和历史的起源上并不具有共同性的比较研究。在布洛赫看来，远距离、投射比较方式的现实性和效用性较之于同一文化和历史起源下的不同历史现象的比较研究，效果相差较大。由此，在布洛赫的比较观里，他大力提倡近距离的历史比较研究。与此相对应的是，对于国际长安学的比较研究事实上也存在着两种方式。一种是在中华文明圈里的不同类型的比较研究。比如，汉长安与唐长安的国际化比较研究，但由于两者所处的历史时代不同，两者在国际化的规模、国际化的深度、国际化的内容及其影响方面肯定具有明显的不同，但两者都具有突出的国际化特征；再比如，汉长安与我国古代其他的都城，比如开封、北京等的国际化特征的比较研究。由于有相同的中华历史与文化起源这一背景，因此，在比较的过程中，也就相对容易地发现它们之间既相同又不同的种种历史内容和表现。而对这种既有相同性又具有更多不同性的原因的探讨，对于我们建设现代西安国际化大都市，无疑具有重要的帮助。

与之相对照的另一种是，如果将长安的国际化进程和罗马、希腊的雅典、阿拉伯帝国首都巴格达的国际化进程及其特点相比较的话，则明显属于远距离的比较研究。当然，我们必须承认，在马克·布洛赫提出比较史学观念的20世纪二三十年代，揭示这种远距离比较研究的意义是相当困难的，因为当时人们对世界的了解及对距离遥远的不同文化之间的联系和认知是相当有限的。但到了21世纪的现代，世界各个文明和地区之间的联系越来越紧密，人类的共同性和统一性越来越彰显。因此，对于现代的国际长安学而言，这种远距离的历史比较不但具有理论上的可能性，也具有重要的现实性和可行性。因为从这种迥然不同的异质历史和文化的比较中，可以更明显地看出国际长安学的独特之处，而对两者共同性的探讨也有利于发挥国际长安学汲取相异历史和文化的长处以获得新知的优势，便于在更大规模和范围内来体现国际长安学的历史意义和现实意义。对此，正如马克·布洛赫明确指出的："历史比较给予我们的可能是最明确、而且是最有意义的教育在于，它使我们认识到，打破那些陈旧的地形范畴的时候已经到了，我们不能硬要以此区分社会现实,这些范畴容纳不了我们硬要往里塞的内容。"①换言之,历史比较的方式和意义本身也是一个历史发展的过程和产物,它要不断地伴随着历史发展而改变自身的比较方式,而不是相反。

显然,比较研究的可比性问题,是国际长安学比较研究的一个核心问题,对这一问题的正确理解不仅要从国际长安学历史的静态中加以把握,而且需要从其历史发展的动态中加以把握。究其原因乃在于,国际长安学比较对象的选择及其比较进程本身是一个历史的产物,具有明显的历史发展性。同时,需要指出的是,从史学比较的理论来看,对历史可比性的正确把握,不仅关系到具体的比较成果的产生,也关系到历史比较意义的产生。因此,对国际长安学历史可比性进行深入探讨的结果,势必要求同国际长安学比较的意义结合起来,以考察其可比性,并在这一过程中同时考察其所产生的比较结果是否具有合理性。否则,历史比较的可比性研究将会失去其存在的价值,历史比较的意义就将是无本之木、无源之水。

三、辩证的比较结构是国际长安学历史比较研究的基础

毫无疑问,局部研究和全局研究是比较史学最基本的概念和要素,也是比较史学的基本范畴,对两者关系的认知,与比较史学的研究能否成功具有直接的联系。尽管国际长安学所关注的是一个具有国际性的大问题,所研究的历史内容包罗万象,但从国际长安学的内在结构来看,其大体上可以分为局部和全局两个既有区别又有联系的认识结构。当然,这种全局与局部的认识结构具有相对的意义,在此意义下,国际长安学可以分为三个紧密相关的研究层次或研究类型。

其一,国际长安学是国际化长安的种种文化和历史的总表现,是一个独立的研究学科,和其他具有独立性的研究学科,如埃及学、亚述学等相并列。通过这种高层次的具有明显不同类型又具有明显相同特征的比较研究,可以看出两者之间的某些相同或相通的重要内容,以加深对国际长安学自身的研究对象和其行之有效的理论、方法的理解。其二,国际长安学又是国际化背景下的具体而有个性的长安地区的历史和文化的具体体现。由此,它又可以与同在国际化长安学范畴内的一些国际化大城市,如首尔、奈良,甚至罗马等地的历史和文化相比较。通过这一比较,可以在相同性的前提下看到其所具有的众多差异性,以加深对各自特点的深入把握,特别是对国际长安学本身特征的把握。其三,国际长安学的核心部分——长安,具有丰富多彩的历史内容,对不同历史内容的比较研究,可以较为清楚且全面地了解

---

① [法]马克·布洛赫:《比较史学之方法》,齐建华译,见项观奇编:《历史比较研究法》,山东教育出版社,1986年,第132页。

国际长安学所包容的既多样又有特性的复杂内容，不断充实国际长安学的内涵。比如，以上所述的对汉长安与唐长安国际化的研究就极具典型性。虽然，汉唐长安的国际化程度都很高，都在世界历史上产生了重要的影响，但两者在国际化的具体内容及其发展特点等等方面却有着许多明显的不同，对汉唐长安国际化这些相同与不同内容及其原因的探讨，当然极具学术意义和现实的借鉴意义。

当然，国际长安学不仅具有极其丰富的历史比较的内容，而且具有一些历史比较结构。事实上，真正的国际长安学的历史比较将是一个内容极其复杂、多样的有机体。尽管如此，由于局部与全局的关系在国际长安学的比较结构中具有突出的地位，这也就要求我们在比较研究中，必须正确认识局部与全局之间既相联系又不同的历史内容，并在此基础上处理好局部与全局二者之间的辩证关系。对于国际长安学的历史比较研究而言，正如马克·布洛赫所指出的："没有这些地方性的研究工作，比较历史就将一事无成，但是没有比较历史的，地方研究工作也将一无所获。总之一句话，如果你们同意这么说的话，但愿我们能够结束这种互相不理解的无休止地从民族史到民族史的讨论。"① 在马克·布洛赫看来，如果没有基于不同地方、不同国家的认真而扎实的充分研究的话，所谓的不同地方、不同国家之间的历史比较将不会产生任何真实的历史意义。因此，国际长安学的比较特点是建立在对不同个体进行充分研究基础之上的比较研究，其比较的内容既具有独特的个性又具有普遍性。归根结底，国际长安学的比较是个体性和普遍性辩证统一的过程。

在此史学比较观念指导下，国际长安学的比较研究中正确处理局部与全局的关系应注意以下三个方面。

其一，应在全局观念的指导下，发挥研究者个人的学术特长，在现代比较史学理论和方法的指导下，认真对国际长安学的局部，如历史、政治、经济和文化等学术领域进行专业、精深的研究。对于国际长安学的比较而言，其突出的特点在于研究的范围很广阔，关注的问题很重大，但这并不意味着一开始就必须进行全面而宏观的历史比较。事实上，国际长安学比较研究的起点和基本的方法侧重于具体而实在的比较研究。从史学比较的实践来看，只有在对众多的具体历史事实进行深入研究之后，才可能对国际长安学历史全貌有较为深入的了解。也就是说，不管自身所从事比较研究的题目有多大，意义有多么的深远，比较研究都是从一点一滴开始的，只有尽可能多地研究一些具体的历史现象，才有可能逐渐深入下去，不断地向历史本质趋近。对此，马克·布洛赫指出："比较只有在以对有关事实的大量资料

---

① [法]马克·布洛赫：《比较史学之方法》，齐建华译，见项观奇编：《历史比较研究法》，山东教育出版社，1986年，第138页。

及事实本身进行深入细致的研究和考证为依据的时候才会有价值。"①也只有这样，才能够充分体现国际长安学的历史研究特色。

其二，在重视分析研究的同时，要注意及时对研究的成果进行综合，以形成包含更多内容的新成果。一般而言，在对历史现象进行具体分析的过程中，人们往往首先看到其中种种相异的历史内容，而容易忽视其中隐含的种种内在的相同的内容。当然，从认识论来看，分析活动的开展并不只为发现相异，其实相异的发现是因为相同已被认识，相异和相同两者之间存在着深刻的关联。因此，从根本上来看，历史的分析是一个无穷尽的过程，人们对问题的分析研究永远都具有历史的相对性，从这一点而言，我们的分析都只是自己所研究问题的一部分或大多数，不可能穷尽研究问题的各个方面。由此，我们对历史现象的认识都只是不同程度地达到管中窥豹的作用，国际长安学的比较研究也不例外。换言之，只有在分析与综合相联系的条件下，对历史现象的研究结果才是有意义的，否则，分析就失去了其意义。马克·布洛赫指出："从原则上讲，分析对于概括综合来说，只有当分析以综合为目的，并注意为综合服务的时候，才会是有用的。"②在这里，我们所强调的是进行历史比较时，要正确处理分析和综合两者之间的对立统一的辩证关系。

其三，在国际长安学的比较研究中，要以比较史学的理论为指导，进行多方面的反复研究，以求得对国际长安学各个研究领域的融通，尽可能从整体上达到对国际长安学学术本质内容的真正理解。当然，这种真正理解的含义是在对具体问题的比较研究前提下，在认识"异"与"同"内容的基础上，对产生"异"与"同"的历史原因进行探讨，并将对具体历史问题的多层次、多角度的探讨上升到一个较高的类型范畴进行认识，从而将这一具体的历史问题的探讨上升到普遍的层次上。对此，马克·布洛赫指出："简言之，来一点比较历史，对于引导他们的注意力是有益的。全面的比较只能放到后面去做，没有初步的地方性的研究，全面比较就是一句空话；但是只有全面比较，才能从杂乱的、臆想的原因中理出那些具有某种普遍作用的、真正的原因。"③当然，在我们看来，这种"具有某种普遍作用的、真正的原因"只能是国际长安学历史比较中所发现的属于深层次的、具有规律性的历史内容。

---

① ［法］马克·布洛赫：《比较史学之方法》，齐建华译，见项观奇编：《历史比较研究法》，山东教育出版社，1986年，第134页。
② ［法］马克·布洛赫：《比较史学之方法》，齐建华译，见项观奇编：《历史比较研究法》，山东教育出版社，1986年，第134页。
③ ［法］马克·布洛赫：《比较史学之方法》，齐建华译，见项观奇编：《历史比较研究法》，山东教育出版社，1986年，第117页。

因此，将历史的宏观研究与微观研究相结合，从大处着眼，但从小处着手，以获得那些具有普遍性意义的内容，不仅是以马克·布洛赫为代表的年鉴学派所坚持的历史研究的理论和方法，也正是当今国际长安学进行史学比较研究时所应该努力的学术方向和目标。

四、正确对待国际长安学历史比较的成果是保持其科学性的根本

历史比较是探讨国际长安学的一个行之有效的重要研究理论和方法，对这一方法的运用，必将提升国际长安学研究的广度和深度。但在此还需说明的是，正确而全面地理解国际长安学的历史比较成果不仅是保持史学比较科学性的根本，也是保持国际长安学史学比较科学性的客观要求。换言之，国际长安学的比较研究并非包治万病的灵丹妙药，它在表现了明显的客观适应性和相对的有效性的同时，也表现出一定的历史局限性。因此，还需对其有一个更为全面的科学理解。

简言之，对国际长安学历史比较研究的科学理解主要包括以下三方面的内容。

首先，任何关于国际长安学的比较研究成果，只是对其中的某一问题在特定条件下的认识成果，具有突出的历史条件性。具体而言，这种历史条件性指的是在历史比较的理念和方法指导下、在特定的时期，对国际长安学的一些具体问题进行研究所取得的学术成果。因此，通过历史比较所得出的研究成果具有明确的有限性、条件性和相对性，它是建立在一系列复杂而多变的、真实而具体的历史原因基础上的，决不可无限放大研究的成果及其意义。以此为据，国际长安学的比较研究从其本质而言是一个长期而深入的研究过程，唯有在此不断的比较研究进程中，才有可能逐渐接近历史的真理。

其次，从"问题史学"的角度而言，运用比较的方法进行国际长安学的研究有其明确的现实目的性、针对性，因此也表现出突出的效用性。不可否认，这种有着直接对象和目的的特定历史范畴内的比较成果，为今日西安国际化大都市的现实发展提供了历史的借鉴，或者说是从历史的角度为现代西安国际化大都市的建设发挥了重要的历史作用。但这绝不意味着，这一重要历史效用可以代替今日西安国际化发展的真实历史实践。因为，从历史比较中获取的国际长安学的研究成果，与过去的客观真实和正在进行的国际大都市的历史实践具有相同的一面，同时，也具有不同一面。换言之，古今固然有其相通的一面，但古今还有其不同的一面，对古今的这种相同性和不同性的研究及其成果，只是有助于我们以更为清晰的目标和方法进行当代的社会历史实践，指导我们用创造性的心态和观念进行现代西安国际化大都市建设。对此我们必须要有清醒的历史意识。

再次，比较研究的方法只是国际长安学研究的诸多研究方法中非常重要的一个，它和众多的史学研究方法一样，只是从各自的研究角度入手，对国际长安学的一个方面或某些方面的问题进行一种历史的探讨，有其明确的学术边疆。这一研究方法及其成果，一方面充分表现了它所具有的突出的优势，另一方面也不可避免地带有其自身的一些弱点和局限性。这些弱点用著名史学家刘家和先生的话来讲就是："既有角度的选择，就必然有视域的规定性。而规定即否定，在选定视域以外的，自然就是被忽略的。"①因此，我们必须冷静、理性地对待比较史学的理论方法，必须正确、理性地对待国际长安学的比较研究成果。唯在此基础上，才可能对国际长安学视域下的史学比较有一个较为全面、客观的理解和认识。也就是说，国际长安学的比较研究理念和方法绝不排斥，也不能代替其他理论和方法对国际长安学研究的作用，而正确的抉择则是历史比较研究与其他研究方法相互参照、相互补充，从而使国际长安学的研究不断走向深入。

显然，对于历史比较而言，其科学性的表现在于对自身学术对象、学术方法和学术边疆的正确认识。由此出发，国际长安学的史学比较是一个有特定比较内容和目标的研究理论和方法，具有突出的学术特性。这一特性突出表现为其明显的学术优势，也表现为其明显的相对性和局限性。既有其长，必有其短。当然，这种局限性也从另一侧面显示了其比较成果和意义的科学性。因此，理性地认识其学术特性，不仅是国际长安学比较研究得以顺利进行的客观要求，也是保持其科学性的内在要求。

结语

综上所述，史学比较在国际长安学研究中的作用和影响是国际长安学研究中一个重要的问题，对于国际长安学研究的深入发展具有重要意义。

随着史学研究的不断深入，比较史学应运而生，由于其所具有的浓郁的时代感和问题意识，也获得了学界越来越多的赞同。作为新兴的、极具生命力的国际长安学，其中包含了异常丰富的历史内容，具有极其重要的历史意义和现实意义，而运用历史比较则是揭示其历史真相和意义的重要方法之一。因此，比较研究在国际长安学的研究进程中将会发挥越来越重要的作用，大有可为。

国际长安学的研究与史学比较的方法存在着深刻的内联关系，这一关系不仅彰显了比较史学的重要性，更重要的是，通过比较史学的观念可以更为有效地指导国

---

① 刘家和：《历史的比较研究与世界历史》，《北京师范大学学报》1995年第5期；刘家和：《愚庵论史——刘家和自选集》，首都师范大学出版社，2010年，第405页。

际长安学的研究,已取得预期的学术研究成果。在这一过程中,正确认识历史比较的可比性原则是实现国际长安学比较的意义和特色的关键,而正确把握国际长安学所存在的辩证比较结构是其比较研究得以顺利进行的基础,但决不可忽视的是,正确对待国际长安学历史比较的成果是保持史学比较科学性的根本。

总之,正确理解并把握比较史学理论方法的基本问题,正确认识国际长安学历史比较研究的内容、特点和意义,科学而全面地对待历史比较研究的成果,不仅对于国际长安学的学术比较研究本身,而且对于正在进行中的西安现代国际化大都市的历史实践,都具有重要意义。

原载《长安学研究》(第1辑),科学出版社,2016年
(王成军,陕西师范大学历史文化学院教授)

从文化哲学的视角看长安学的哲学内涵

王晓勇

一、长安学的哲学定位

无论在西方哲学史还是在中国哲学史上,都有用地域名称来冠名哲学流派的先例,比如西方的维也纳学派、法兰克福学派就是如此,宋代的关学、闽学、蜀学也是如此。不庸置疑,这些哲学流派确实是在一定的地域上形成的,并且深受该地域所特有的文化背景和历史背景的影响。而究其实质,任何一个哲学流派的思想必然要通过一定的文化历史视域来开显,或者说,文化历史是哲学思想显现思想自身的必要条件。在文化和思想之间,有一种本质上的关联,长安学就是在这种本质关联的意义上提出的。王船山在《周易外传》中就说过:"未有弓矢而无射道,未有车马而无御道,未有牢醴璧币、钟磬管弦而无礼乐之道,则未有子而无父道,未有弟而无兄道,道之可有而且无者多矣。"①当文化条件不具备时,思想(道)只能是处于"可有而无"的隐蔽状态,还不能被开显出来。

长安学作为文化哲学,它不是一门地域之学或地理之学,而是研究中国传统思想如何从自己的文化历史背景中凸显出来,成为知识界所关注的思想对象的学问。在认知活动之初,无论什么对象总是作为有意蕴的东西被指向,并且对象只是在一种意蕴状态下才能和人照面、被人发觉,具有深刻意蕴的中国传统思想当然更不例外,它更有理由成为一门独立的学问。文化是丰富多彩和无所不包的,从文化的特有意蕴中开显出中国传统思想是长安学研究的首要任务,因而长安学的哲学内涵首先应该定位为——中国传统思想的现象学。

长安学又不仅仅是一门关于思想如何显现的现象学,作为专门课题,它总隶属于自己特定的时间域和特定的空间域,而任何一种思想只有放在特定的时空之域中才能获得理解和解释,时空之域是理解和解释思想现象的先决条件。从"长安"

---

① 〔明〕王夫之:《船山全书·周易外传》,岳麓书社,1998年,第1028页。

二字上看，它既代表着一片特定的空间区域，又代表着一段特定的历史区域，这两个区域正好构成中国传统思想由之产生并最终定型的核心背景，是理解和解释中国传统思想如何显现的先决条件。诚然，任何一个地名都可以拥有自己特定的时空区域，然而并非每一个地名都可以从中开显出来一种思想。长安学之所以具备理解和解释中国传统思想的条件，就在于长安作为中国古代周秦汉唐四大盛世的古都，是一个意蕴非常特殊和极其丰富的文化世界和生活世界，它是中国传统文化各种时空之域的聚焦点，只有在这个聚焦点上，思想现象才能得到本真的理解和解释。因而长安学的哲学内涵还应该定位为——中国传统思想的解释学。

事实上，现象学与解释学密不可分，解释学的解释其实就是事物对其自身的显明，而且事物总是通过一定的解释处境来显明自身的。海德格尔就认为："每一种解释都具有如下三个因素：一是它或多或少明确地占有固定的视位；二是一个以视位为动因的视向，在其中，阐释的'作为什么'（das "als was"）及其'何所向'（das "woraufhin"）得以规定自己，而阐释的对象就是在这个'作为什么'中得到先行把握的，并且是根据这个'何所向'中得到阐释的；三是一个以视位和视向限定起来的视域，阐释的当下客观性要求就在这个视域范围内活动。"①我们之所以提出长安学这个概念，正是因为"长安"是理解和解释中国传统思想的一个"固定的视位"，通过这一视位就规定了中国传统思想的基本"视向"，也就是确立了一般意义上的文化方向，从而使"长安"构成了理解和解释中国传统思想的处境。中国传统思想就是借着"长安"这一富有意义的处境来显明的，而显明正是解释学的开端，通过显明，事物就会如其所是，回到自身。由此可见，中国传统思想首先必须借着一种特有的处境如其所是地"现"出自己的"象"，从而才能得到本真的解释。于是在现象学和解释学之间，处境成为事物现出自身、解释自身的尤为重要的中介，甚至可以说，在现象学和解释学之间还应该存在一种中介的学问——处境学。而研究中国传统思想的背后所特有的处境的学问也是长安学所涉及的内容和范围，那么这样说来，长安学的哲学内涵又应该定位为中国传统思想的现象学与解释学之间的中介——处境学。

现象学、解释学和处境学是长安学最基本的哲学定位，其中现象学和解释学不仅是西方现当代哲学中最著名的思想体系，而且已成为举世公认的科学方法论之一（事实上，伽达默尔认为解释学超越了科学方法论，他的《真理与方法》就是为了

---

① ［德］海德格尔：《对亚里士多德的现象学阐释》，孙周兴译，见倪梁康等编：《中国现象学与哲学评论》（第5辑），上海译文出版社，2003年，第113页。

"去探寻那种超出科学方法论控制范围的对真理的经验"①，该文的科学方法论也是从真理意义上而言的，并不是指狭隘的科学主义上的科学方法论），用它们来研究中国传统思想绝不是学术上的牵强附会，反倒可以开显出中国传统思想之本真。处境学则是介于现象学和解释学之间的一个关键环节，它既符合西方哲学的科学方法论，也符合中国传统思想的思维特征。因而，长安学说到底是一种立足于现象学、解释学和处境学这三个维度上的方法论，它集现象、处境、解释三大哲学主题于一身。

二、长安学得以开显的哲学根据

如果把现象学和解释学作为两种不同的哲学来看待，诚然不错，然而不足。黑格尔有一个伟大的发现，就是他认为各种思想和各种哲学之间的关系不是孤立的和各自封闭的，而是在发展中联系的，他说："如果我们明白了发展的意义，则所有其余部分都自会产生并引申出来。哲学史的事实并不是一些冒险的行为，一如世界的历史并不只是一些浪漫的活动，换言之，它们并不只是一些偶然的事实，迷途骑士漫游事迹之聚集，这些骑士各自为战，作无目的的挣扎，在他们的一切努力里，看不出任何效果。哲学史同样也不是在这里异想天开地想出一个东西，在那里又主观任性地想出另一个东西，而是在思维精神的运动里有本质上的联系。精神的进展是合乎理性的。"②长安学作为关于中国传统思想的现象学和解释学之间的过渡桥梁，是精神发展中的一个中介环节和必要环节，也必然是合乎理性的。这里涉及的问题不再是中学西用或西学中用的传统问题，而是将一种合理深刻的方法介入文化哲学的研究，没有地域国度之限，没有文化范型之限，就理论理，就道论道，打破过去的国学体系或西学体系所形成的森严壁垒，让思想在文化的会通与交融中得到开显，而且是自然而然地开显。就像两个陌生人在同一环境中共同生活、相互熟悉了以后，就可以深交和谈心一样。不同的文化初遇时也是陌生的，随着接触的频繁，慢慢在两种文化之间形成了共同的文化处境，这种共同处境正是事物显明自身的现象学根据，也是理解和解释诞生的解释学发源地。所以要解决今天的全球化问题，其实从根本上还是要理解共同处境的问题，以及在这种共同处境之中能够开显出怎样的思想，这种开显当然也包括对本民族传统思想的开显。共同处境并不意味着会开显出同样的思想，思想总是从传统文化的大背景中开显出来的。因而从细处辨别，背景和处境是两个非常重要又相互区别的概念。每个民族都有其独特的文

---

① ［德］伽达默尔：《真理与方法》，洪汉鼎译，商务印书馆，2007年，第4页。
② ［德］黑格尔：《哲学史演讲录》，贺麟、王太庆译，商务印书馆，1997年，第24页。

化背景，但同时又都有共同的文化处境。有背景不一定能开显出自己的思想，而真切的处境却非常有可能从中发现自我的某种潜力。处境也并非都是好的境遇，也很可能是坏的遭遇，有时甚至可能会让一种思想的开显生不逢时，开显得过早或过晚都是不恰当的。比如在晚清时期，现代意识对中国来说开显得太晚了，直到外来的各种压力给中国带来不幸的境遇，我们的现代意识才得以觉醒和开显。而在面临全球化困境的当代，中国儒家的"和"与"中庸"的思想则开显得适逢其时，恰如其分。

所以前文提到的处境学并非笔者的臆想之论，而是在思想开显过程中的必不可缺的一个关键环节，所谓处境其实就是不同文化相遇时所形成的某种意蕴，这种意蕴决定了自己将以何种态度和何种方式对待对方，也决定了自己将如何在这种处境中去现场评价自我和理解自我。海德格尔在1923年举办的夏季学期讲座时就说过："现在我们只是有意在一种有限的但大多最切近的（zumeistnächsten）相遇机会中来说明'事情'（Sachen）的相遇方式，这些事情在它们相遇的有限场合中被发现。相遇的作为什么（Als-was）和相遇的如何（Wie）可以称为意蕴（Bedeutsamkeit），而这本身被解释为存在的范畴。'意蕴'（Bedeutsam）是说在某种特定的意指（Be-deutens）方式中的存在、此在，这种意指的内容及其规定性何在、此在如何在所有这些东西中显明自身，这是我们现在要根据具体情况加以揭示的。"[①]从这段话可以看出，海德格尔明确表示事物的相遇方式构成了意蕴，而意蕴就是事物之间在照面时自身的显明，也是事物对自身的实际解释。处境作为解释学和现象学的中间环节，在中国传统的文化观念中并不鲜见。《红楼梦》第22回中就有一首偈子讲道："你证我证，心证意证。是无有证，斯可云证。无可云证，是立足境。"所谓立足境，就是证（思辨）的处境，也就是形成意蕴所必需的处境，这是任何哲学思维活动都躲避不开的东西。哲学思维总是在一定处境中形成意蕴，从而让意蕴从文化大背景中脱颖而出，显现出自身的存在。从深层次来说，处境问题所涉及的是现代哲学中非常根本的一个问题：存在者和存在的关系问题。我们在认识过程中所认识的其实并不是存在者，而是存在者的存在。宇宙万物本来就是一片混沌，无所不包，无所不有，无处不在，无时不动，甚至随便一个东西也都是一片混沌，包含着无穷无尽的可能性。当我们面临这样一个混沌不分的世界，当我们面临这样一个无穷可能的东西，将会遇到一个很大的困扰：这个世界将作为什么世界被人认识？这

---

① ［德］海德格尔：《存在论：实际性的解释学（1923年夏季学期讲座）》，何卫平译，人民出版社，2009年，第93页。

个东西将作为什么东西被人把握？要说明这个问题，中国佛教名著《华严金狮子章经》中的"金狮子"就是一个很好的比喻："谓金无自性，随工巧匠缘，遂有狮子相起。……谓狮子相虚，唯是真金。"意思是说，如果将金子看成工匠手中的雕刻材料，金子本身会被遮蔽，被人遗忘，而用金子雕刻成的狮子形象就开显出来了；如果想到狮子只不过是人工雕琢的假东西，狮子形象立刻就被遮蔽，被人遗忘，而作为雕刻材料的金子就开显出来了。金狮子的例子只不过包含着两种可能——金子和狮子，就让人看到了不同的相。而实际上任何一个事物都有无穷无尽的可能性，也就意味着人会看到无穷无尽的相，这会令我们对事物的认知无所适从。在日常生活中，人之所以只看到事物的这个相而不是另一个相，其实是由人面对事物时所形成的意蕴指向决定的，意蕴怎样去指向，事物就以怎样的相去显现（存在），是事物的当下存在或意蕴所向让我们看到了存在者。正因为有了存在，存在者才能使自己被开显出来，呈现出自己的相。我们所看到的不可能是存在者，它太混沌，太丰富，它的可能性太多了。我们看到的只是存在者的存在，或者说看到的只是存在者对我们所呈现的存在。

以上的理论解释似乎有些冗余，然而上面的理论正是长安学得以开显的哲学根据。试想，我们已经是21世纪的现代人了，我们应该让传统成为存在，让我们自己也成为存在，并学会在当代的处境中去开显出如其所是的文化思想。唯其如此，长安学才有其双重价值：学术价值和社会价值。另外，中国文化向来就有重意境、重处境的传统，即使从现代哲学的观念看，"境"的思想也不落后，它恰恰是思想开显过程中的一个关键前提。现象学和解释学交融于处境，会通于处境；中西哲学也交融于处境，会通于处境。处境正是长安学得以可能的哲学依据。

综上所述，长安学涉及的关键词是：现象、处境、解释。现象总是在一定的处境中呈现出自己的相，解释总是立足于一定的处境如其所是地去表明事物。长安学研究将运用现象、处境、解释这三大哲学维度，将中国传统思想文化真实地带进现代人的视野。

三、长安学是一门具有深远意义和研究前景的文化哲学

面对现代化危机，海德格尔不无悲哀地叹息道："今天人类恰恰无论在哪里都不再碰到自身，亦即他的本质。"[①]很多哲学家都像海德格尔一样，他们普遍认为现代人在生存中采取的不再是生活的方式，而是代之以技术的方式，从而愈来愈远

---

① ［德］海德格尔：《海德格尔选集》，孙周兴选编，生活·读书·新知上海三联书店，1996年，第945页。

离自我。对技术的追问来自人们对自我生存状况的怀疑,德国哲学家雅斯贝斯甚至认为,技术和机器成为群众生活的决定因素,人们无时无刻不处于机器的统治下,"由于那提供人的生活的基本必需品的庞大机器把个人变成单纯的功能,它就解除了个人遵循传统准则的义务,这时旧时的传统准则曾经使社会得以巩固。已有人指出,在现时代,人们是像沙粒一样被搅和在一起的。他们都是一架机器的组成部分,在这架机器中,他们时而占据这个位置,时而占据那个位置"[1]。由技术和机器操纵着的社会,不仅让人迷失自我,也毁掉了旧的文化传统和社会秩序,人在这样的处境下都变成了零件。甚至连海德格尔的老师——现象学泰斗胡塞尔都认为,实证主义将科学的理念还原为纯粹事实的科学,科学的危机表现为科学丧失其对生活的意义。他说:"科学的客观的真理仅在于确定,世界,不论是物质的世界还是精神的世界,实际上是什么。但是如果科学只允许以这种方式将客观上可确定的东西看作是真的,如果历史所能教导我们无非是,精神世界的一切形成物,人所依赖的一切生活条件,理想,规范,就如同流逝的波浪一样形成又消失,理性总是变成胡闹,善行总是变成灾祸,过去如此,将来也如此,如果是这样,这个世界以及在其中的人的生存真的能有意义吗?"[2]胡塞尔的批评更彻底更尖锐,他揭示出科学的危机并不在于科学自身,而在于科学对人而言已经丧失了生活的意义。面对这些现代化危机,他们也从哲学上设想出一些解决方案。海德格尔认为要解决技术对人造成的疏离,人应该诗意地栖居在这片大地上,即应该以艺术的方式去生活。甚至对技术无休止的追问本身也是一种艺术的生存方式,"我们愈是以追问之态去思索技术之本质,艺术之本质便变得愈加神秘莫测。我们愈是邻近于危险,进入救渡的道路便愈是开始明亮地闪烁,我们便变得愈是具有追问之态。因为,追问乃是思之虔诚"[3]。只有诗(艺术)和思(哲学)可以拯救人类,可以让我们重新发现自己的存在(生存的意义)。雅斯贝斯同样认为人要获得自己的实存就要哲学式的生活,"人的未来寓于他的哲学生活样式中。这样式不应该被视为人必须依之指导自己的指示,也不是他必须向之趋近的理想类型。一般地说,哲学生活不是单一的、对一切人都相同的。它犹如星光放射、流星奔泻似的掠过生活,不知来自何方、去

---

[1] [德]雅斯贝斯:《时代的精神状况》,王德峰译,上海译文出版社,2008年,第19页。
[2] [德]胡塞尔:《欧洲科学的危机与超越论的现象学》,王炳文译,商务印书馆,2001年,第16—17页。
[3] [德]海德格尔:《海德格尔选集》,孙周兴选编,生活·读书·新知上海三联书店,1996年,第954页。

往何方"①。即使以哲学的方式去面对未来,也是不可知的。然而这毕竟给人生带来了希望。胡塞尔甚至借助历史去寻求突破精神困境的办法,他认为:"在文艺复兴时期,欧洲的人性在自身中完成了一种革命性的转变。它反对它的迄今为止的存在方式,即中世纪的存在方式,否定其价值,它要自由地重新塑造自己。……在指导文艺复兴的理想中,古代人是按照自由理性理智地形成的人。对于复活了的'柏拉图主义'来说,这就意味着,不仅需要从伦理方面塑造自己,而且还需要从自由的理性,从普遍哲学的洞察出发,重新塑造人的整个环境,人的政治的和社会的存在。"②最后胡塞尔发现拯救危机的办法就是回归生活世界。什么是生活世界呢?"这是一个完全自封闭的主观东西之领域,以它自己的方式存在,在一切经验中,一切思想中,一切生活中发挥功能,因此到处都是不可替代地存在着,然而却从来没有被考虑,从来没有被把握和理解。"③生活世界是一个存在的世界,而不是存在者的世界。进入这个世界有两种方式:一个是用朴素自然的态度,直接地面对当下的对象;二是用超越论的态度对客观科学进行悬置。这也就是海德格尔所说的存在者只有通过存在才能进入生存,人作为存在的守护者而诗意地栖居。

欧洲发生的种种现代性危机,我们中国人也一样要面临,我们拿什么来拯救自己呢?长安学作为文化哲学,其最终的目的就在于拯救。这就是长安学的深远意义。

中国传统思想的思维方式是意蕴的方式,是艺术的方式而不是技术的方式。艺术和技术作为不同的在世存在方式,前者是有丰富文化意义和历史意义的存在,是人类本真的生存方式;后者则视万物是为我所用的外物,主张人是万物主宰,否认人是万物之一,因而也就否认了存在本身。事实上,人是在和万物打交道的过程中才成为人的,才能发现生命之本真。海德格尔所谓的"在其存在中的存在者的开启,亦即真理之生发"④指的就是这个道理。人通过与外物打交道,就会进入物我两忘、天人合一的境界,这是中国传统思维的优势所在。这种近乎诗性的思维方式,使中国人的生活是一种艺术方式而不是技术方式。比如李白的"众鸟高飞尽,孤云独去闲。相看两不厌,只有敬亭山"就充分表现了中国传统思维的状态。因为长安学的研究不仅要借助西方哲学中的方法论优势,也要借助本民族思维方式的优

---

① [德]雅斯贝斯:《时代的精神状况》,王德峰译,上海译文出版社,2008年,第180页。
② [德]胡塞尔:《欧洲科学的危机与超越论的现象学》,王炳文译,商务印书馆,2001年,第17—18页。
③ [德]胡塞尔:《欧洲科学的危机与超越论的现象学》,王炳文译,商务印书馆,2001年,第136页。
④ [德]海德格尔:《林中路》,孙周兴译,上海译文出版社,2004年,第23页。

势，从而才能从中国传统文化中开显出适合中国现代社会的有价值的东西。另外，中国文化博大精深，有足够潜力预先对付各种处境，为思想的开显提供坚实的精神储备。

长安学作为一种文化哲学，一方面要利用现象学和解释学等比较先进的哲学方法论去研究当代全球化处境下的各种现代危机，为解决危机提供理论依据；另一方面还得从中国传统文化自身中开显出它的当代精神形态。这些就是长安学的研究前景。

限于篇幅，关于长安学研究的具体方式将放在另外的论文中阐述。

原载《长安学研究》（第5辑），科学出版社，2020年

（王晓勇，陕西省社会科学院中国马克思主义研究所副研究员、

实践哲学研究室主任）

长安学三层次说

何　夫

"长安学"，这是多么美好的一个名字。过去，著名学者李之勤先生曾写过一篇文章，名字叫作《帝京长安孕嘉名》。其中说："长安是个有美好含义的嘉名。长治久安，长年安乐，永远平安、安康、安宁，既是一般平民百姓，也是各代王朝的统治者心所向往的。"[①]以"长安"名学，是将长安学者们长期学术研究的成果以学科的形式所作的一种概括，反映了21世纪学术发展的新要求。她一经学者和相关人士倡导，很快便在2009年、2013—2014年掀起两次研究高潮，其后以陕西师范大学国际长安学研究中心创办的《长安学研究》年刊为标志，转入常态化发展。目前，该刊已经出版了五期，在学界产生了一定积极影响。前不久，一家国家级权威报纸的学术专版有文章称，长安学研究"已蔚为大观"[②]。这一事实表明，不管你承认与否，长安学，都以其平稳、健康的势头向前迈进着。

长安应该有学，长安也必须有学。这是大家普遍的呼声。现今，长安学的旗帜虽已经高高竖起，但有关长安学自身的一些问题似乎还需要进一步澄清和明确。只有这样，才利于长安学更好地发展。这之中，首当其冲者便是长安学研究的范围问题。

对此，研究者黄留珠先生曾提出"小""中""大"长安学研究之说。他认为，"小长安学"以"周秦汉唐文明"研究为对象；"中长安学"以整个陕西历史文化（古代、近现代均涵盖在内）为研究对象；"大长安学"是既包括历史，又包括现实，也包括未来的综合研究。[③]应该承认，这一看法不无道理。它是把"长安学"看作以周秦汉唐文明研究为依托、为前提的。不过，黄氏当时就指出，"长安

[①] 陕西省地方志办公室编：《陕西故事》，三秦出版社，2018年，第506页。

[②] 蒋爱花：《身份、记忆、变迁——从墓志看隋唐时期的幽州》，《光明日报》2019年9月2日。

[③] 黄留珠：《长安学之我见》，见李炳武主编：《长安学丛书·综论卷》，陕西师范大学出版社、三秦出版社，2009年，第118页。

学也需要与时俱进",认为当年首倡长安学时称其以周秦汉唐文明研究为依托,仅仅是一种较笼统的认识,随着时间的推移,就需要更加细致的表述了。①

果然,正如作者所预言的那样,十二年后,其观点发生了变化。他说:"原来的小长安学研究即扩展至周、秦、汉、唐,而忽略了汉唐长安城本身的研究,在逻辑上讲是不妥当的。"②于是新提出了长安学研究三层次说:一般而论,长安学研究分为三个层次,第一层次的长安学,局限于汉、唐长安城的研究;第二层次的长安学,研究范围扩大到关中地区,时间则为周、秦、汉、唐;第三层次的长安学,研究整个陕西,不仅包括它的古代,而且包括其近代、现代、当代,乃至未来。③

很明显,此新说是在原来的基础上,将周秦汉唐细分出汉唐长安城,在关系的划分上更为细致。但这一点,却是认识上的一大飞跃。前文已经指出,原提法显然忽略了汉唐长安城本身的存在,在逻辑上讲不通。实际上,关于汉唐长安城的研究就自成体系,足以构成长安学的基本内容,最能体现长安学这个名称的含义。在此基础上,长安学才得以衍生其他新的层次。所以,把长安学第一层次确定为汉唐长安城的研究,意义重大。下面,让我们逐一对长安学的三层次略加分析:

长安学研究的第一层次,是有关汉唐长安城本身的研究。大家知道,京师长安城这个名字从西汉开始,唐代京师仍叫长安城。所以,长安学研究理所当然的第一层次应是汉唐长安城本身的研究。这里面包括的内容相当丰富,举凡有关长安城的方方面面,无论是政治的、经济的、军事的、文化的都在其内。当年荣新江教授所提长安学正是这种意义上的长安学——从《唐研究》第15卷《"长安学"研究专号》所发表的文章来看,其好像仅限于唐长安城而已。

长安学的第二层次,是在第一层次的基础上扩展至周秦汉唐研究。这也就是我们常说的长安学以周秦汉唐文明研究为依托的意思。从汉唐长安城本身到周秦汉唐文明,这明显是研究范围的扩大。我们知道,周秦汉唐文明,从某种意义上说,可以视为中华文明,或中华古文明的精髓。这是个研究范围极其宽泛的领域,但其核心是以长安为中心的关中地区。舍此,中华文明就无从谈起。所以,从一定的意义上讲,研究周秦汉唐文明也就是研究中华文明。正是从这种视角出发,研究者认为周秦汉唐时期的长安学研究必须大大突破地域性界限,从全国乃至世界的范围着

---

① 黄留珠:《长安学之我见》,见李炳武主编:《长安学丛书·综论卷》,陕西师范大学出版社、三秦出版社,2009年,第118页。

② 黄留珠:《长安学研究与大西安建设》,见黄留珠、贾二强主编:《长安学研究》(第4辑),科学出版社,2019年,第7页。

③ 黄留珠:《长安学研究与大西安建设》,见黄留珠、贾二强主编:《长安学研究》(第4辑),科学出版社,2019年,第7页。

眼。换言之，长安学有其超地域性的一面，是具有全国性的学问，不能简单地视之为纯粹的地域性学术研究。

话说到这里，似乎需要对文化和文明的区别再做一点交代。关于这个问题，黄留珠先生曾在《周秦汉唐文明》的"绪论"中有特别的说明。他认为："文明"与"文化"既有区别又有联系。从概念而论，"文明"是人类的进步状态；"文化"是人类特有的历史现象。从性质上看，"文明"标志着进步，是人类发展到一定阶段的产物，重在历史的进步性；而"文化"的根本属性是与人类共生存的，更重民族性和时代性。从词语上看，"文明"是褒义词；"文化"是中性词。但这两者相互作用，相互渗透。"文化"发展是"文明"进步的前提，"文化"是具体"文明"形成的因素和表现，"文明"又给"文化"进步创造条件，"文明"是先进的"文化"形态。①

新近，葛兆光先生引用德国学者伊里亚斯《文明的进程》中的见解，即认为"文化"是使民族之间表现出差异性的东西，它时时表现着一个民族的自我和特色，因此，它没有高低之分。而"文明"是使各个民族差异性逐渐减少的那些东西，表现着人类普遍的行为和成就。换句话说，"文化"使各个民族不一样，"文明"使各个民族越来越接近。接下来他又指出，"文化"是一种不必特意传授，由于耳濡目染就会获得的性格特征和精神气质，而"文明"则常常是一种需要学习才能获得的东西，因而它总是和"有教养""有知识""有规则"等词语相连。②

以上所引两种关于文化与文明相区别的观点，乍看起来似乎很不同，但实际上二者是从不同的视角观察问题的结果，其实质还是相通的。试想，"有教养""有知识""有规则"等不正是一种进步的状态吗？明乎此，我们再把话说回去，所谓周秦汉唐文明，就比较容易理解和把握了。所以长安学研究的第二层次由汉唐长安城扩大到周秦汉唐，是要求我们去研究周秦汉唐时期那些有进步意义的东西。这无疑是一种极高的要求，需要大大突破狭隘的地域界限。

长安学研究的第三层次，是关于整个陕西的研究，其中既有古代，也包括近现代及当代、未来。众所周知，五代之后政治中心东移，长安失去首都地位，陕西由昔日的辉煌沦落为偏居大西北东边的一个省。在这里，长安学只有地域性而没有超地域性。

研究陕西问题，应该注重其历史亮点，像张载的关学、李自成的大顺政权、西

---

① 黄留珠主编：《周秦汉唐文明》，陕西人民出版社，1999年，"绪论"第3—4页。
② 葛兆光：《对中国文化最大曲解是刻意窄化和盲目自大》，见"凤凰网·国学"，2019年8月29日。

安事变等等，特别是中国共产党在延安十三年，领导了全国革命斗争，谱写了历史的新篇章，具有全国意义。对于这些，显然都是需要大书特书的。不过也应该看到，此时陕西毕竟不是周秦汉唐时期的陕西，因此在表述时应全面考虑各种情况，做到定位准确、恰如其分。另外应该扩大视野，深入挖掘过去很少注意的领域，譬如学术界，在古代之外，现当代的像陈直、史念海、石声汉等名家，以及科技方面因工作保密而隐姓埋名的那些专家学者，似乎也应对其整理总结，进行研究，纳入陕西的历史亮点。

此外，还应该看到，五代至明清这段历史对于陕西的特殊塑造。昔日那个奋进、开放、蓬勃的陕西，之所以变成落后、封闭、保守的陕西，主要原因当在于此。陕西一些习俗，如陕西八大怪，以及方言、秦腔等的形成，亦在于此。一些好心的朋友误认为今天的陕西话就是当年的汉唐古音，在不做任何考证研究的情况下，便用这样的话去朗诵唐诗，演唱古曲，说什么这就是再现汉唐，实在让人大跌眼镜。这就像另一些朋友硬讲古代中国在鸦片战争前GDP居世界第一名一样，是一种主观臆测。尽管其用心良苦，但非科学也，并不可取。

长期以来，不少人还有一种观念，说到陕西似乎就只包含关中，把陕北与陕南两大块忘记了，这是相当片面的。其实，陕西由关中、陕北、陕南三大部分组成，三者一体，缺谁也不行。研究陕西问题，这亦是不能不注意的。

陕西西安，作为丝绸之路的起点，在当代作为欧亚大陆桥的东方桥头堡，成为内陆型改革开放的新高地。尤其大西安的建设，使我们深感振奋。长安学如何在这个过程中发挥作用，是我们每个人都必须考虑的大问题。黄留珠先生曾发表《长安学与大西安建设》[①]一文，从四个方面谈了自己的认识。但这只是开了一个头，更多的研究还有待于后来者。可见长安学第三层次关于陕西的研究，大有作为，前途无量。

总之，长安学研究的三层次，可以说包括了长安学的各个方面，全方位地说明了长安学的研究对象，或可视为对长安学的一种完整阐释。

2019年11月13日写讫于郭杜

原载《长安学研究》（第5辑），科学出版社，2020年
（何夫，自由撰稿人）

---

① 黄留珠：《长安学与大西安建设》，见黄留珠、贾二强主编：《长安学研究》（第4辑），科学出版社，2019年。

长安学与敦煌学

荣新江

2003年，笔者在编辑《唐研究》第9卷《长安：社会生活空间与制度运作舞台》研究专辑时，曾撰文《关于隋唐长安研究的几点思考》[①]，对比敦煌学，提出要建立长安学，加强对隋唐长安的研究，并从四个方面做了论证。文章对比敦煌和长安的研究时说道：

> 笔者在研究隋唐史和敦煌学的过程中，不断在思考一个问题，即长安是兴盛的大唐帝国的首都，敦煌是唐朝丝绸之路上的边陲重镇，由于特殊的原因，敦煌藏经洞和敦煌石窟保留了丰富的文献和图像数据，引发了一个多世纪以来的敦煌学研究热潮；相反，虽然有关长安的资料并不少于敦煌，但因为材料分散，又不是集中被发现，所以有关长安的研究远不如敦煌的研究那样丰富多彩，甚至也没有建立起像"敦煌学"那样的"长安学"来。

话虽然是这么说了，但笔者并没有对于敦煌学和长安学的关系加以仔细的论说。经过若干年来对于长安学的探索，包括2009年主编《唐研究》第15卷《"长安学"研究专号》，笔者逐渐对两者的关系有所体悟，这里略加阐述。

与敦煌城相比，长安的城市空间要大一百多倍。长安是中国古代最盛期的隋唐王朝的都城，也是当时东亚地区的一大都会，它既是各种人物活动、各类事件发生演变的中心舞台，也是包罗万象、融汇各种文化因子的社会空间。

长安地区虽然没有像敦煌藏经洞那样发现整整一窟的文献，但目前留存下来的隋唐典籍，其实大多数都是在长安撰写、编纂而成的。长安为帝国都城、宫室所在，因此属于政书类的著作，如《唐六典》《通典》《唐律疏议》，以及集中在《唐会要》《唐大诏令集》中、散见于各种文献中的诏令及格式，除少部分产生在

[①] 荣新江：《关于隋唐长安研究的几点思考》，见荣新江主编：《唐研究》（第9卷），北京大学出版社，2003年，第1—8页；荣新江：《中国中古史研究十论》，复旦大学出版社，2005年，第181—193页。

洛阳外，其他都是在长安编纂或制作出来的。长安是文人荟萃之地，唐朝大量的诗赋、小说、碑铭赞记等各类文体作品，像《文苑英华》《太平广记》《全唐文》《全唐诗》搜罗的篇什，大多数都是在长安写作的。长安寺观林立，学僧道长汇聚其间，许多佛经都是在长安大寺中传译出来的，道教典籍也是在此地编纂而成，佛道文献中的传记、感应故事等等，多是以长安为背景而撰写的；甚至摩尼教、景教的译经，也都产生在这里。加上地面上耸立的石碑，地下埋藏的墓志，也都是长安文献的组成部分。因此说，长安虽然没有发现过藏经洞，但长安的文献要比敦煌藏经洞的文献不知多多少倍，而且敦煌藏经洞中的一些文献，也是长安的传抄本，或者就是长安传来的真正的长安文献。

敦煌与长安相比，的确可以说不可同日而语。但敦煌自有敦煌的特色，在某些方面闪烁着光芒。敦煌是个边塞城市，带有很强的军事色彩，这里的大街小巷都有士兵的足迹，民众百姓喜欢有关战争的作品即可为证。敦煌又是一个典型的丝路城市，它位于东西交往的丝绸之路要道之上，更是几条丝路汇集的咽喉之地，因此城市呈现出多元文化景观，不仅有佛教、道教，也有三夷教流行；不仅有印度来的僧人，也有中亚来的粟特商队。敦煌当然更具有佛教都会的色彩，佛教无疑在各种宗教文化当中占据主导地位，而且影响着民众的社会生活和精神思想。

敦煌莫高窟幸运地发现了一个藏经洞，在石窟壁画、雕像之外，集中了大量的有关敦煌或产生于敦煌的各类文献资料。这里面三教九流，无所不包：既有高僧念诵的烦琐宗教哲学经典，也有民众喜闻乐见的讲经文、变文；既有正规的儒家典籍藏书，也有学子抄录的识字课本；有代表唐朝诗歌最高水平的李白、王维、白居易的诗歌，也有民间诗人"王梵志"的白话诗，以及学生游戏之作的打油诗；而大量的公私文书、寺院账簿，种类繁多，记录了敦煌社会的方方面面。

因此可以说，长安与敦煌的文献可以互补，长安学与敦煌学可以相互促进。从材料出发，特别是对比更具有地方特色的出土文献，我觉得两者的互补性亟待开发，特别就长安学的发展来说，可以有许多研究旨趣，这里略举数端。

（1）传世的长安文献往往能够告诉我们大历史。研究一个王朝的政治史是如何演进的，我们离不开两《唐书》，离不开《资治通鉴》；研究一个王朝的制度变革，我们也离不开《唐六典》《唐会要》等。这些都是历史研究不可或缺的部分，也是一个王朝的根本骨架，同时是我们搭建长安历史殿堂的基础。而敦煌文献往往能够告诉我们小历史，一卷文书，一个手卷，记录的范围十分有限，但这些公私文书中保留着很多历史细节，这些细节正是传世隋唐历史文献所不具备的，有些材料可以与明清史料相媲美，甚至更为细致。因此，在传统的政治史、制度史、经济史、思想史、文化史之外，我们还可以利用敦煌文书，来做一些新史学的课题，比如可以做一些社会史、新文化史、性别史、医疗史、儿童史的研究。长安和敦煌，都是中古时期的都市，其中发生的事情也有许多共性，因此，我们可以利用长安文献，来构筑敦煌历史的总体发展面貌；运用敦煌文献，来补充长安历史的细节层面。

（2）后现代理论给利用传统的编纂史料撰写历史著作提出挑战，而中国古代一个王朝修完前朝历史即烧掉史馆档案的做法，给这种对正史的质疑提供了借口。但中国古代的史料其实是丰富多彩的，不仅仅有正史，还有私人修的史书，以及文集、笔记、传奇小说等其他材料，它们相互印证，因此有关长安的传世史料是极富价值的宝贵财产。与此同时，我们也拥有长安及有关长安的大量出土碑志材料，这些虽然大多数也属于编纂史料范围，但和正史、政书毕竟不同。而敦煌文书中的许多牒状、契约、书信、杂写，是完全无意识地保留下来的，是原始的档案，是真实的历史记录。像晚唐沙州归义军在长安的进奏院写给归义军节度使的状文，完全没有任何避讳的词语，极其鲜活地呈现了两班专使对于为节度使求取旌节的不同态度，以及在朝廷上下送礼走门路的真实过程。①因此，对比传世史料、出土墓志、敦煌文书，对同类史事加以研究，或许比只依赖某一类史料的研究更加接近历史。在这方面，我们不论研究长安，还是研究敦煌，都应当尽可能地汲取另类史料。比如我们最近很幸运地找到传世史书、新出土的李浔墓志和敦煌文书《张议潮变文》三类史料对于大中十年（856）唐朝册封回鹘可汗的不同记录，从中体会到不同史料对于同一事件的处理方式，以及三类史料最终给予我们的历史面貌。②

（3）传世的佛教传记和长安保存的寺院碑刻，记录了长安寺院的盛衰历史。一些著名的碑刻，可以说是中国佛教史的坐标点，但高僧的碑记和传文往往只是其本人修学和讲道的记录，我们可以从中了解佛教教学和宗教思想的情形，却无法知道长安佛教寺院的全貌。敦煌保存了大量寺院文书，既有各种不同层次的佛教经典，也有大量的寺院行政、财政文书。③因此，我们可以利用敦煌资料来了解唐朝下层僧侣的思想；我们可以利用敦煌的寺院文书，来推拟长安寺院的社会生活；我们可以使用敦煌寺学的丰富资料，④来想象长安寺院的教育功能；我们也可以依据大量存在

---

① S.1156《沙州进奏院状》，见荣新江：《归义军史研究——唐宋时代敦煌历史考索》，上海古籍出版社，1996年，第87—189页。
② 荣新江：《大中十年唐朝遣使册立回鹘史事新证》，《敦煌研究》2013年第3期。
③ ［法］谢和耐：《中国五—十世纪的寺院经济》，耿升译，甘肃人民出版社，1987年；姜伯勤：《唐五代敦煌寺户制度》，中华书局，1987年。
④ 郑阿财、朱凤玉：《开蒙养正——敦煌的学校教育》，甘肃教育出版社，2007年。

的敦煌讲经文和变文，①来知晓长安佛寺作为大众娱乐场所的世俗化情境。敦煌的数据有许多都可以折射出中晚唐长安寺院的同样情形。

（4）传世史料和长安出土的墓志，已经为长安的坊里增补了大量人物宅第，但限于编纂史料的性质，特别是墓志本身所记以历官为主，所以相关人物在坊里的行事，我们知之甚少。最近由于郭子仪家族墓的发现，我们对郭家在长安坊里的居住情形有了新的认识，②但坊里生活的细节还是十分缺少的。敦煌，还包括吐鲁番出土的文书，有时候或许可以增加我们对长安坊里生活的认识。比如敦煌有一些坊巷结社的社条，③完全可以借此推想长安一些坊里同样的社会组织和社会运作。而我们幸运地在吐鲁番墓葬文书中，找到一组来自长安新昌坊质库（当铺）的账历，使得我们对于安史之乱以前长安街东新昌坊穷困人家的生活状况有了了解。安史之乱后文人官僚如白居易等人的入住新昌坊，使这里的人文、自然景观大为改观，变成长安城内最宜居住的区域。④如果没有吐鲁番文书数据，我们无法看出新昌坊的变迁。在敦煌、吐鲁番文献的帮助下，我们或许可以做某些小区，或某类长安坊里的研究。至少我们可以利用敦煌文献来补充长安历史的一些细节。

（5）长安作为一大都会，曾经聚集了大量的财富，其中包括各种收藏，有典籍，有艺术品，还有各种"宝物"，但随着历史车轮的前进，长安的收藏早已不复存在。长安留存下来的文献，又经过宋代以后的刻本化，书籍的原始形态也已无法展现。幸运的是，敦煌文献中保存了抄本时代书籍的原本形式，可以让我们知道长安书籍的主体面貌。同时，敦煌文献里也保存了一部分原本就是长安的文献，比如所谓"宫廷写经"，即武则天为其父母供养的《金刚经》和《妙法莲华经》，极其精美；一些拓本、写本、刻本，都是从长安直接或间接传来，还有一些是长安文献的转抄本或再转抄本，如开元道藏和律令格式，都是经过凉州而转抄到沙州，长安东市的刻本《灸经》，甚至被改作抄本流传到敦煌。⑤

---

① 黄征、张涌泉校注：《敦煌变文校注》，中华书局，1997年。
② 田卫卫：《唐长安坊里辑补——以大唐西市博物馆藏墓志为中心》，见西安碑林博物馆编：《碑林集刊》（第18辑），三秦出版社，2012年，第108—129页；荣新江、李丹婕：《郭子仪家族及其京城宅第——以新出墓志为中心》，《北京大学学报》（哲学社会科学版）2013年第4期。
③ 郝春文：《中古时期社邑研究》，新文丰出版公司，2006年；孟宪实：《敦煌民间结社研究》，北京大学出版社，2009年。
④ 王静：《唐代长安新昌坊的变迁——长安社会史研究之一》，见荣新江主编：《唐研究》（第7卷），北京大学出版社，2001年，第229—248页。
⑤ ［日］妹尾达彦：《唐代长安东市的印刷业》，见唐代史研究会编：《東アジア史における国家と地域》，刀水书房，1999年，第200—238页。

（6）长安的寺观早已毁灭，壁画、雕像荡然无存，只有《历代名画记》《寺塔记》等书的记载，可以让今人想象吴道子等隋唐时期最有名的画家画壁的样子。所幸敦煌石窟保存了大量同类的图像，虽然不是像长安那样多是高手所为，但可以根据这些雕刻和绘画，部分复原长安寺院壁画中的一些尊像、经变、佛传等画作。敦煌壁画的图像对于长安研究还有更为广阔的功用，建筑史家早已指出，敦煌壁画中的一些城市、坊里、宫殿、宅居的形象，并非敦煌本地所有，而是长安的景象，因此可以作为复原、模拟长安地上建筑景象的参考。[①]敦煌石窟壁画中还有对于当时物质文化许多层面的表现，有些是写实的场景，可以据此来看包括长安在内的唐人物质生活；有的则是对佛教天国的描写，那也表现了唐人最理想的物质文化形态。这些影像材料可以和敦煌文书中的寺院财产账历（什物历）结合起来，与法门寺出土的物账单加以对比，来考察长安、敦煌两地佛教物质文化的面相和层级。

以上所举，只是利用敦煌学的成果来研究长安的几个可能方向，相信在今后的长安学研究中，敦煌学的成果会起到直接、间接的作用。我们期待着长安学与敦煌学相互促进，比翼双飞。

原载《长安学研究》（第1辑），科学出版社，2016年
（荣新江，北京大学历史系教授）

[①] 萧默：《敦煌建筑研究》，文物出版社，1989年。

长安学与长安学派

葛承雍

地方文化是彰显一个城市特色的独特名片，一个城市如果没有与高雅的学术紧密相连，没有具有独特魅力的学派，很难突出一座城市的历史文脉与文化特色。学术，让一个城市获得尊重的理由，也凝结着地域的历史性格，是一种富有魅力的地域财富。

近几年来，一些学者仿效敦煌学、吐鲁番学、徽学、孔学、故宫学、法门学、黄河学等等名称，提出要建立长安学。从新学科建设来说，这是加强地方文化热潮的又一品牌打造。此前西安历史地理领域已有专家建立了"西安学"研究会，并开展若干活动。杭州城市建设领域也有专家拓展了"杭州学"研究会，恢复以西湖美景为中心的南宋都城景观。我感到，发掘中华民族之根，接续核心文化薪火，广开文脉源头活水，建立这个"学"或设立那个"学"，在争议中逐步达成共识都是可以的，至少秉承精神基因、彰显中华标识、增添城市文化资源，从宏观上说是不会误判、错判的。

但是，从众多地域学的实践来看，空洞无物有之，挂牌虚名有之，极端理解有之，虎头蛇尾有之，受到的挑战接踵而来，甚至难以为继，不了了之。因此，我认为以"长安学"命名一个研究项目仅仅是初级层次，关键是上升到一个学派远播弘扬，如果以"长安学派"命名，更能为城市的文化建构添色增辉，因为学派往往会与传统、底蕴、层次、品位直接联系，会凝聚、树立、造就一批大师级的学者，这比简单设立一个"学"更有档次，更为长远。

长安有石鲁为代表的"长安画派"，有以柳青为代表的长安乡土小说，直到"陕军东征"的文学流派，有西影以"黄土风情"为代表的曾经风光一时的电影艺术流派，但是学术上从来没有高扬起"长安学派"的大旗。长安有3000多年建城史，1600多年建都史，虽然历史不可再现，可是学术传统也无还魂，这无疑值得我们反思。

桐城学派不仅是清代影响最大的散文流派，也是清代理学的一派中坚力量。桐城学派为安徽南部这个小城市带来了极高的知名度，使得桐城地方特色成为全国古文科举波澜的一角，一代代桐城学派通过在各地书院的讲学活动，宣传程朱义理为官方哲学，突破了地域的局限和时间的限制，顺应了当时的文学、学术大势，从而使以桐城的名义展现的学术主张超越了地域，扩展了地方的文化美名。

所谓敦煌学也是如此。1900年以后，如果没有海内外学术界对敦煌文书的重视、解读、研究，仅仅依靠敦煌石窟壁画、泥塑也不会产生世界性的影响。敦煌文书中各民族、各宗教以及与中亚、波斯交往的史料具有吸引人的魅力，所以敦煌学给这座河西走廊上的小城市带来了巨大的影响，超越了地域的限制。很多人不知道甘肃，但知道敦煌。这也是学术给地方城市带来的文化影响，并将其转化为地方文化产业的发展动力，敦煌飞天甚至成为佛教和中国文化的符号。

学术历来是阳春白雪，学者掌握着学术资料，但是由于学者们不会普及、简化，将其为社会所需，常常惨淡经营；又不会将其转化为政府部门急需的智库，常常束之高阁。设立长安学只是一个试图发展地方文化的切入口，怎么将切入口变为突破口，或将突破口变为着力口，还需要我们将古代与现代紧密联系，将研究与转化紧密联系，将文化与创新紧密联系。

我认为，如何使一个地方学派获得超越地域的名声，走出自我封闭的局限，在中国和世界上彰显学术特色，是我们扎根丰厚土壤的前提。传承、践行一定需要"天下"的胸怀，需要以"中国心、全球脑、世界观"来扩展我们的视野："中国心"是指富有家国使命情怀，"全球脑"是指东西对比、取长补短，"世界观"是指理性洞察、充实新知。希望学者专家扎根地域本土又有远见卓识，宽阔视野，激发起智慧灵感。有人抨击现在科技、经济常常使人成为单一的不懂得高度思考的专业动物，而文史哲能帮助我们从历史角度、全球角度分析解决问题。有更宽广的世界观和远大的心胸才能懂得世界大事，才能可持续发展。

我们不想在文科、理科分工上做过多评论，仅就长安学或是笔者提倡的长安学派讲一些话题。

（1）学术结合实际，互相汲取营养。学者要将"文化使命的学术自觉"与当地主政者"发展城市的责任认领"结合起来，形成城市的气质，地域的自信，无论课题怎样艰深，无论专业如何偏窄，都能探讨未来的方向，都能全面提升长安地域的人文素养，增强地域文化创新性发展的底气与骨气。

（2）积极参与对话，参与城市建设。研究长安学离不开对一个城市的依赖，对一个地域的辐射，对一个朝代的扩展。在扎根地方的同时，学者要告别内陆封闭思维，东走西向，北驰南下，跳出地方圈子对长安、关中进行反观。要认识到秦兵马俑不是陕西的而是全人类的，丝绸之路起点也不是西安的而是欧亚文明交流的线性遗产。

（3）启动文化产业，传播文化特色。有必要将文化产业列入长安学研究开发系列，目前学术与产业的链条往往被市场经济的重锤砸断，重新联结亟须学者直接参与。各地博物馆、文化艺术创作中心等制作的影视作品常常穿越主题，"雷人"而离谱；而文化仿制品又偏离历史，张冠李戴，粗制滥造。长安学派的学者有能力、有必要纠正、引导它们走向正途，努力拓展学科的优势并使之被合理地应用。

（4）平等适度竞争，惠及不同学科。长安学派不仅仅是历史、考古、文物的学问，也是文学、艺术、语言的学问，不是简单叠加，而是不同学科多元分工，大局融合自成一体，标志性意义的成果一定要成系列地不断推出，代表长安学的重量级成果要赢得海内外的认同、肯定，不能用保守的小农意识自傲自得、自说自话、自我满足。

（5）不隐恶遮蔽、回避历史教训。要注意"长安的伤痕"，研究究竟是什么原因阻滞了长安文明在宋元以后的延续，汉长安2000年来与唐长安1500年来的繁华与衰落，从高楼甲第到废墟遗迹，从思想活跃到僵化保守，需要精细阐释、凝练沉淀。

长安学的建立有着很好的资源基础，但长安学派的高扬则是一个漫长的过程，万万不可急功近利，学派的发展本身就是城市文化不断改写形象、确立形象的过程，是文化符号输出与吸纳的过程，是文化辐射力和影响力昭示的过程。学派促进着文化品位的高低，激励着一代又一代学人的创新理念，特别是文史的力量对人的影响是潜移默化的，它不可能立竿见影改变社会，但是它能使人的心灵变得更加丰富美好，使人的头脑更加充满智慧。只有集成已有成果才能推进学术创新，只有扩大国际交流才能开展跨学科研究。在历史研究、文物考古以及文化遗产等领域形成具有中国特色的学派是一项长期的事业，长安学能为这一事业发展提供理论与学术的支撑。

长安学研究一定要超越地区史的研究模式，突破固步自封的思维定式，打破门户之见的藩篱，向跨地区、跨民族、跨文化、跨国家的互动型研究模式转变，这是真正的学术增长点。当一个以地方为名的学术派别走出了自我地域的范围，积极发挥自己的独特价值与作用，它的名字其实会更加彰显于世，更会赢得社会的广泛尊重。

2014年11月22日于北京

原载《长安学研究》（第1辑），科学出版社，2016年

（葛承雍，陕西师范大学人文社科高等研究院学术委员会主任、特聘教授）

"长安学"概念的首次提出
——长安学学术史的一则重要资料

何 夫

一般说来,学界树起"长安学"的旗帜是2009年的事。该年,北京大学《唐研究》第15卷推出《"长安学"研究专号》,陕西省文史研究馆成立"长安学研究中心"并出版首批8册"长安学丛书"。以这两件事为标志,长安学的旗号正式树起来了。这很自然地使人认为,长安学概念的提出似乎也应该始自该年。其实,这是一个极大的错觉。今可考见的数据告诉我们,早在2000年长安学的概念已经被提出来了。这年4月25日在陕西《人文杂志》举行的座谈会上,西北大学黄留珠教授曾有一个书面发言,其中便明确地谈到了长安学的问题。这是我们迄今能够见到的"长安学"概念首次被提出的确切记录。近期,笔者有幸获得这一书面发言的打印件,征得黄教授同意,兹将原件全文转发如下:

《人文杂志》座谈会书面发言

各位专家、各位领导、女士们、先生们:

首先衷心感谢《人文杂志》编辑部盛情邀请我参加这次座谈会,给我一个很好的学习机会。同时我也要向大家表示深深的歉意!由于临时接到通知,需要到省教委参加一个会,而其在时间上又恰好与我们的座谈会相冲突。无奈之下,只好请我的学生陈博博士与会代我宣读一个书面发言,算是《人文杂志》一位老作者所尽的一点微薄心意。不恭之处,尚祈鉴谅!

《人文杂志》在省级学术刊物中,办得较好,影响十分广泛。特别是自1999年改版之后,正如评论已经指出的那样:大气、深沉、明晰、清新。《人文杂志》全体同志的辛勤劳动,结出了丰硕之果!当然,我这么讲并不意味着《人文杂志》就已经十全十美了。实际上,十全十美的事情在世界上是不存在的。今天我们之所以举行这个座谈会,也就是要在总结已有成绩的基础上,找出不足之处,确定今后努力的方向,探讨进一步改进的措施，以求把《人文杂志》办得好上加好。为达此目的，这里我谈几点希望，仅供参考。

一、希望《人文杂志》在西部大开发中为人民立新功

西部大开发战略是中央做出的伟大战略部署，其深远的意义，大家都很清楚。面对轰轰烈烈举世瞩目的西部大开发，我们的《人文杂志》自然也必须把工作的重心转移到这方面来。事实上，从理论学术的层次，为西部大开发提供精神产品，是大有可为的。就拿史学来说，历代王朝经营治理西部的成功经验及失败教训，便是一个很值得深入研究的课题。再如20世纪三四十年代国民党政府开发西北的历史，也非常值得我们做出科学的总结。还有历史上以陕西关中地区为核心的周秦汉唐文明与当代西部大开发的承续关系，更是需要认真研究的大课题。至于其他的经济学、法学、教育学以及哲学等等，有关西部大开发战略的课题同样也相当多。希望《人文杂志》能够紧紧围绕西部大开发这个主题，积极引导相关课题的研究，有目的有计划地组稿，把杂志办成一个研究西部大开发战略的理论学术中心，让我们的杂志在西部大开发中为人民立新功。当然，这里需要注意分寸的把握。由于我们的杂志毕竟是理论学术性的刊物，所以我们讨论的问题，必须限定理论学术的范围之内。一些政治方面的事，特别是某些政策性很强的问题，应该放在与之相适应的场合去讨论研究。作为学术性刊物，不宜涉及。这方面，我们省曾有过教训，需引以为戒。

二、希望《人文杂志》为树立陕西的学科形象作出贡献

陕西是历史上十多个王朝的建都之地，特别是周秦汉唐这几个最令中国人感到骄傲的朝代，都以陕西为其政治、军事、经济、文化中心，所以陕西的历史文物资源雄居全国之冠。这也是我们陕西同志时时引以为自豪的事。然而，令人不无遗憾的是，我们陕西却缺少必要的学科形象。就拿我们的邻居甘肃省为例来说，他们至少有两个在全国乃至世界都叫得响的学科——敦煌学和简牍学。尤其是敦煌学，不仅设有博士点，而且是全国首批设立的文科科研基地。真是令人叹羡不已！据我所知，目前各地差不多努力寻求、树立自己的学科形象。如安徽省就充分利用自己地域文化的优势搞了一个徽学，居然也获批全国首批的文科科研基地。我们陕西作为堂堂的历史文化大省，自然应该有也必须有自己的学科形象。按我愚拙的想法，当前陕西相对比较成熟的学科，至少已有两个：一是以周秦汉唐文明研究为依托的"长安学"；再是以世界第八大奇迹研究为依托的"秦俑学"。

特别是后者，在秦俑馆同志们的努力下，已经召开了多次的学术研讨会，建立了秦俑学研究会，出版了多种有关专著，在国内外产生了积极影响。只是可惜我们陕西人不太善于推销自己，所以迄今这个早已存在的学科还没有列入国务院学位办所认定的学科分类名单。这对于我们陕西学术事业发展显然是很不利的。

有鉴于此，我觉得作为陕西省权威性学术刊物的《人文杂志》，有责任也有义务为树立陕西的学科形象尽量多做工作。希望通过《人文杂志》这个阵地，把我们的长安学、秦俑学等学科影响进一步扩大。其实，我们陕西有很多事情，总是自己视而不见，结果造成遗憾。像已故的西北大学陈直教授，国外早就有人提出要建立"陈直学"，以彰显其巨大的学术成就。相反，我们自己对此倒淡然处之，使一笔巨大的学术遗产未能充分发挥其应有的作用。今年是陈直先生逝世20周年暨100周年诞辰，我们拟借纪念之机，正式对陈直学做出理论阐释，以把这位学人的业绩学科化，使之上升到一个更高的层次。当然，学科建设完全不同于商品推销，不可能仅凭强大的广告宣传就达到一定的目的。这里需要的是扎扎实实的研究，需要的是高水平的成果。我们衷心希望在《人文杂志》上，看到更多的有助于树立陕西学科形象的好作品。

三、希望进一步积极提高从业人员的学术素质与学历层次

这是一个本不应该由我提出的问题。但大家知道，一个学术刊物质量的好坏、水平高低，与从业人员的学术素质有着直接的关系。因此我斗胆借这次座谈会的机会，坦率地谈一点自己的感受。如果说错了，愿请同志们给以批评指正！去年我有幸参加了省社科系统的职称评审工作。由于近10年来我一直担任省高教系统职称评审的评委，因此便很自然有一个比较。结果我非常吃惊地发现：社科系统中低学历所占比例出奇得多，而博士、硕士学位所占的比例却出奇得少。当时参加评审工作的同志几乎一致认为，我省专业社科研究队伍的学历状况同其所肩负的科研任务是不相称的。当然，无可否认，现实中确有学历很高而学术水平一般化的实例，但总体来看，学历高低与学术水平高低还是成正比的。否则，国家花那么多钱搞那么多硕士点、博士点做什么？！由此我想到，要进一步提高刊物的水平和质量，必须提高从业人员的学历层次与学术素质。这是一个根本性的问题。大家知道，世界上的不少国家，对其公务员都有严格的学历要求，像英国还要求必须是名校牛津、剑桥毕业生。想来，这是有其科学道

理的。我这么提出问题，绝不是说现在《人文杂志》的同志学术水平差，或者学历低，而只是希望你们百尺竿头更进一步，希望杂志社的领导尽可能给大家提供和创造继续学习的条件，同时也希望每个人积极寻找学习的机会和自我创造学习的条件，从而保证我们从业人员的整体素质能够与《人文杂志》在新世纪所承担的伟大任务相适应。

谢谢大家！

从以上黄教授的书面发言，我们可以清楚看到首次提出长安学概念的时代背景和黄教授提出问题的视角与初衷。值得注意的是，在黄教授看来，长安学的研究在当时就已经存在了，而且相当"成熟"，眼下的问题是要为其"正名"而已。应该说，这是长安学学术史上一则极为重要也极为宝贵的资料，值得重视。

据说，黄教授的书面发言在座谈会上引起了强烈的反响，特别是所提的第二个问题，与会者甚感兴趣，大家展开了热烈的讨论。令人不无遗憾的是，当时《人文杂志》的领导似乎对"长安学"的提法不太看好，倒是认为讨论中提出的"秦学"值得进一步探讨，于是在座谈会后不久，与陕西省史学会联合，召开了专门的"秦学"研讨会，并在《人文杂志》刊发了一批讨论文章。也可能因为"秦学"这个概念太大和过于空泛，所以关于"秦学"的讨论未能持续进行下去，日后也再没人提及此事。相反，长安学的提法在以后的几年内，却先后被北京、陕西两地学界、文化界重新提起，并演绎出一番轰轰烈烈的大场面。这也许正是长安学强大生命力的反映。

2016年12月20日

原载《长安学研究》（第2辑），科学出版社，2017年

（何夫，自由撰稿人）

长安学研究与大西安建设

黄留珠

长安学的名称,首见于2000年4月《人文杂志》举行的座谈会上笔者的一篇书面发言。[①]三年后,北京大学荣新江教授在所办的《唐研究》第9辑上再次提出了"长安学"的问题。[②]2005—2006年,时任陕西文史研究馆馆长的李炳武又一次提出了"长安学"的问题,[③]并运用行政资源,于2009年成立了陕西省文史研究馆长安学研究中心,自任主任,首批推出"长安学丛书"8册。说来凑巧的是,就在这一年,《唐研究》也推出了《"长安学"研究专号》(第15卷),刊发有关论文19篇。这两件事交相辉映,形成了长安学研究的第一次高潮。

2013年,陕西省文史研究馆长安学研究中心实现华丽转身,开始由政府文化部门主办变为高校主办,陕西师范大学国际长安学研究院正式成立。这是由四所高校(陕西师范大学、西北大学、长安大学、西安文理学院)和陕西省文物局、陕西省人民政府参事室(陕西省文史研究馆)、日本学习院大学、韩国忠南大学共同组建的一个研究机构,院址设在陕西师范大学。次年,由西安市社科院、西安市丝路经济带研究院和韩国庆州新罗文化遗产研究院联合召开的"长安学与新罗学关系研究学术会议",由西安文理学院长安历史文化研究中心召开的"第九届西安历史文化

[①] 何夫:《"长安学"概念的首次提出——长安学学术史的一则重要资料》,见黄留珠、贾二强主编:《长安学研究》(第2辑),科学出版社,2017年。

[②] 荣新江在《关于隋唐长安研究的几点思考》中说:"笔者在研究隋唐史和敦煌学的过程中,不断在思考一个问题,即长安是兴盛的大唐帝国的首都,敦煌是唐朝丝绸之路上的边陲重镇,由于特殊的原因,敦煌藏经洞和敦煌石窟保留了丰富的文献和图像数据,引发了一个多世纪以来的敦煌学研究热潮;相反,虽然有关长安的资料并不少于敦煌,但因为材料分散,又不是集中被发现,所以有关长安的研究远不如敦煌的研究那样丰富多彩,甚至也没有建立起像'敦煌学'那样的'长安学'来。"

[③] 李炳武在《唐代历史文化研究·代序》(三秦出版社,2005年)中讲:"一部《红楼梦》能够衍生出风靡全国乃至世界的'红学';一处敦煌石窟能够形成独立一派的'敦煌学';那么在创造了周秦汉唐灿烂文明的长安大地上,完全有条件、也应该建立一门'长安学'。"

国际学术研讨会",由陕西师范大学国际长安学研究院召开的"长安学与古代都城国际学术研讨会",相继在古城西安举行。尤其陕西师范大学国际长安学研究院召开的会议,实现了"京源"和"陕源"长安学学者的胜利会师,意义重大。如此多的长安学学术会议的集中召开,加上陕西长安学研究阵地的华丽转身,形成了第二次长安学研究的高潮。

此后,《长安学研究》年刊于2016年1月由中华书局出版创刊号,接着,2017年、2018年又由科学出版社相继出版了第二、第三辑,长安学研究步入常态发展。

总之,在世界的东方,长安学的勃兴发展已经是不争的事实。现在的问题是,这样一种勃兴发展起来的学科,对当前正在进行的大西安建设能提供哪些历史的理据呢?换言之,长安学研究对大西安建设有何意义呢?在我看来,至少有以下四个方面的内容:

一、大西安建设体现了较早的"秦地""关中"概念,是对古义的一种回归

西安,周曰"丰镐",秦曰"咸阳",汉、唐曰"长安"。西安名称的确立及设府是在明洪武二年(1369),设市是在20世纪20年代,都比较晚。历史上,较早的概念只有"秦地""关中"而无"西安"。例如,当年娄敬劝刘邦迁都的一番话使用的是"秦地"。原来刘邦打下天下后,最先准备把首都定在洛阳,认为历史上周(实际是东周)以洛阳为都长达数百年之久,而秦以咸阳为都只有十几年时间。刘邦的手下多是山东[①]人,也都主张定都洛阳,这样离家乡近一些。后来一名叫娄敬的戍卒建议迁都,他说:

> 且夫秦地被山带河,四塞以为固,卒然有急,百万之众可具也。因秦之故,资甚美膏腴之地,此所谓天府者也。陛下入关而都之,山东虽乱,秦之故地可全而有也。夫与人斗,不搤其亢,拊其背,未能全其胜也。今陛下入关而都,案秦之故地,此亦搤天下之亢,拊其背也。[②]

而谋臣张良劝刘邦迁都时使用的则是"关中":

> 夫关中左殽函,右陇蜀,沃野千里,南有巴蜀之饶,北有胡苑之利,阻三面而守,独以一面东制诸侯。诸侯安定,河渭漕挽天下,西给京师;诸侯有变,顺流而下,足以委输。此所谓金城千里,天府之国也。[③]

[①] 秦汉时,把函谷关、殽山以东叫"山东",也叫"关东";殽山、函谷以西叫"山西",也叫"关西"。这里是一种特指概念。

[②] 《史记》卷九九《刘敬列传》。

[③] 《史记》卷五五《留侯世家》。

司马迁《史记》、班固《汉书》在叙述此事时使用的也是"关中",即"西都关中"①。

刘邦西都关中后,先驻栎阳,然后找了个未被项羽烧毁的秦兴乐宫,改建为长乐宫,作为汉朝廷都城的基址,又把长安乡之名改成新都城之名,新建了未央宫,立东阙、北阙、前殿、武库、太仓。刘邦见这些建筑十分壮丽,甚怒,就批评萧何"治宫室过度",萧何用"天子以四海为家,非令壮丽无以重威"作回答,使刘邦转怒为喜,于是"自栎阳徙都长安"②。从此,长安就正式揭开了它作为西汉首都的历史。

从上述可以清楚地看到,在西汉初人们的心目中,只有"秦地""关中"这类概念,尚没有"长安",更谈不上"西安"了。我们现在的大西安建设,就是要跳出西安城墙的圈子,回归到原来的"秦地""关中"概念,回归它的古义。

二、大西安建设是在恢复汉唐长安城规模的基础上,与时俱进的、进一步的更大飞越

西安城是在唐末韩建缩城基础上经历代修葺,至明初基本奠定的。其东城墙长2886米,西城墙长2708米,南城墙长4256米,北城墙长4262米,全城面积11.9平方千米(含墙体周边)。后来的西安市大致在这样一个范围之内,城圈内是市区,城圈外是市郊。目前的汉长安城遗址保护区总面积达65平方千米,城垣内面积35平方千米。这就是说,汉长安城面积约有35平方千米,旧西安的市区仅占其三分之一左右。

唐长安城平面呈横长矩形,东西宽9721米,南北长8652米,面积一般说是83.1平方千米或84平方千米,但这不含大明宫在内;如包含大明宫,则应为87.27平方千米,是汉长安城的2.5倍,是旧西安市的7倍多(网上有说9倍或10倍者)。很明显,唐长安城要比如今的西安市大得多。

1949年以来,西安市规模随着建设的发展滚雪球似的不断扩展。现今的西安,下辖11区(新城区、碑林区、莲湖区、雁塔区、灞桥区、未央区、阎良区、临潼区、长安区、高陵区、鄠邑区)、2县(蓝田县、周至县)和1个国家级新区(西咸新区),总面积1万平方千米以上,相当于上海、深圳、澳门及香港面积总和。③这不仅恢复了汉、唐长安城的规模,而且大大有所超越。

西安市十六届人大常委会第十一次会议审议的"2020—2035城市总体规划"中规

---

① 分见《史记》卷五五《留侯世家》、《史记》卷九九《刘敬列传》、《汉书》卷四〇《张良传》、《汉书》卷四三《刘敬传》。

② 《汉书》卷一《高帝纪》。

③ 本统计截至2016年底。

定,将来的西安市总面积为1.76万平方千米。这是整个关中平原的一半。也就是说,未来八百里秦川有二分之一将是西安市。像这样体量的城市,应该说世界少有。所以,现今的大西安建设,是在西安市现有规模上,与时俱进的、进一步的更大飞跃。

三、周秦汉唐治理国家的经验、汉唐帝国对国际化大都市——长安的管理,都给大西安建设提供了历史的启示和借鉴

《史记·货殖列传》有一段论述全国各地风俗的话,后录入《汉书·地理志》,被进一步完整化。文中虽然写的是"汉兴"以来,但实际表明中国这块土地自古以来各地就存在习俗方面的差异。对这样一块土地进行卓有成效的治理,周、秦、汉、唐各代各有其方法。周实行的是分封制,秦是郡县制,汉是郡国并行,唐是更复杂的州县制。这些,各有利弊得失。各代在治理国家的过程中,都积累了丰富的经验,可供我们借鉴。

汉、唐的长安不仅是首都,而且都是国际化的大都市。尤其唐长安城,国际化的程度更高。在唐代,与唐有交往的邦国达70余个(或说300多个)。唐前期实行积极的外交政策,帝国以其繁荣的经济、强盛的国力、灿烂的文化,以及海纳百川的胸怀吸引着全世界的商人、学者、僧人和一切对唐有兴趣的人们。据美国学者爱德华·赫策尔·谢弗的研究,唐时的外来物计有人、家畜、野兽、飞禽、毛皮和羽毛、植物、木材、食物、香料、药物、纺织品、颜料、工业用矿石、宝石、金属制品、世俗器物、宗教器物、书籍18类近200种之多。[①]这是何等广泛的文化交流啊!来自世界各地的外交人员和其他人员给长安城注入别样的新鲜血液,多元文化在这座城市中交流碰撞。长安城多彩多姿的文化气氛与兼容并蓄的包容精神还成为宗教传教士的天堂,祆教、基督教、摩尼教、伊斯兰教等外来宗教的传教士在长安的自由天空下传播自己的宗教思想,长安成为世界各国人民所向往的精神圣地。对如此国际化的城市进行有效的管理,是很不容易的。帝国在这方面的经验,也给我们以有益的启示。

总而言之,无论周、秦、汉唐的治国经验,抑或汉、唐对国际化大都市的管理,对我们大西安建设来说,都值得重视。

四、长安学研究的某些内容,可以为大西安建设提供参考

一般而论,长安学研究分为三个层次:第一层次的长安学,局限于汉、唐长安

---

① [美]谢弗:《唐代的外来文明》,吴玉贵译,中国社会科学出版社,1995年。

城的研究；第二层次的长安学，研究范围扩大到关中地区，时间则为周、秦、汉、唐；第三层次的长安学，研究整个陕西，不仅包括它的古代，而且包括其近代、现代、当代，乃至未来。①在第三层次的长安学研究中，不少内容是可以直接供大西安建设参考的。例如，20世纪30至40年代的西京建设，大张旗鼓、轰轰烈烈，这一活动有何经验需要发扬，有何教训值得吸取，都是长安学研究的重要内容，也都可以直接供大西安建设参考。

再如，著名水利专家李仪祉先生在陕期间的水利建设活动对今天有何意义、对今天有何宝贵的经验教训，无疑是长安学研究的重要内容之一，同时也直接可以供大西安建设参考。

又如，中华人民共和国成立后，西安市作为西北大区最发达的城市，先后制定了四次城市总体规划和城市定位，即1953—1972年的首轮总体规划和定位，1980—2000年的第二轮总体规划和定位，1995—2010年的第三轮总体规划和定位，2008—2020年的第四轮总体规划和定位。2009年，国务院批复通过《关中—天水经济区发展规划》，将西安定位为国际化大都市。2012年，西安市启动建设渭北工业区。2013年，国务院批准西安市对第四轮总体规划进行修改。2014年，国务院批复建设西咸新区。这一系列宏伟的规划和城市定位，是如何与时俱进的，有何特点及可取之处，又有怎样的时代局限性？显然是我们长安学研究必不可少的内容，同时亦可供大西安建设直接参考。

长安学研究与大西安建设，是一个全新的课题，牵扯的问题很多。以上四点内容，仅是荦荦大者，或有不妥，希望得到读者的指教！

2018年9月20日写讫于望山居
同年国庆期间修改

原载《长安学研究》（第4辑），科学出版社，2019年
（黄留珠，西北大学历史学院教授）

---

① 长安学研究三层次说与笔者早年提出的小、中、大长安学之说（黄留珠：《长安学之我见》，见李炳武主编：《长安学丛书·综论卷》，陕西师范大学出版社、三秦出版社，2009年，第117—118页）略有不同。原来的小长安学研究，即周、秦、汉、唐研究，而忽略了汉唐长安城本身的研究，在逻辑上讲是不妥当的。本人将另外专门拟文做出说明。

地方史、志关系并兼说长安学性质
——答《陕西地方志》杂志主编问

黄留珠

作者按：2007年教师节之际，我接受《陕西地方志》杂志主编张世民先生的采访。访谈从我的师承源流和著作入手，结合近10多年我编写陕西、西安地方史的实践，着重论述了地方史与地方志之间关系的若干问题，同时也谈及了对长安学性质的认识。拙意以为，就本质而言长安学研究无疑是一种地域性学术研究，应该归于地方史的范畴之内。不过在一些特定的时期，它又明显具有非地域性的特点。例如对周秦汉唐几代来说，其长安学研究就必须大大突破地域的界限，而从全国乃至世界着眼。这表明长安学实际是兼有地域性和超地域性双重性质的学科，而不能简单地视之为纯粹的地域性学术研究。现谨将这次访谈录公开发表，希望得到读者的批评指正！

问：黄老师，您多年来致力于历史研究，尤其在秦汉史研究领域成果卓著。请介绍一下您在史学研究领域的师承源流。

答：一般来说，治学分为创新、综合二途。早年我推崇创新，不那么看好综合，主要是受大学时两位来自中科院（今中国科学院）历史研究所的老师的影响，而读研时的导师陈直教授更是一位力主创新的学者。在这种学术环境下一路走来的我，重视创新也就理所当然了。我沟通史学与管理学，主张历史与企业家对话，试图建立新的"历史·管理学"，应该说就体现了这样一种创新的学术理念。不过日后我也逐步改变了对综合的看法，深感学术研究仅有创新远远不够，还需要综合，甚至在某些情况下，上乘的综合本身也是一种创新。之所以发生这样的变化，同受西大几位擅长综合的老师的影响直接有关。我研究秦汉仕进制度，秦的部分多于创新，汉的部分多于综合，即反映了我思想改变后的治学路数。时至今日，回头来看，我的师承源流可以说出自多元，择善而从，并非单一，其中，导师陈直先生的影响虽然最大，但明显也有变通，或许这就是我们常说的与时俱进吧！

问：您的著述数十种，能否就其主要者略作介绍？

答：我撰文写书，基本是随着兴趣走。虽也有若干奉命、应命之作，但属个别现象，而非主流。我已出版的著述大体可分七类：

一是研究中国古代选官制度的。1985年西北大学出版社出版的《秦汉仕进制度》是其代表作。该著首次把计量史学的方法引入仕进研究并取得不错的效果，被日本学者称为"杰出的研究"。后来这一研究模式被史界同仁广为仿效，对史学的新发展起了积极的推进作用。1989年陕西人民出版社出版的《中国古代选官制度述略》，是在秦汉断代基础上扩展研究而成的一部仕进通史。全书的内容提要在《西北大学学报》发表后，即被《新华文摘》全文转载，后又被收入中学教材，产生了广泛影响。而这两部书均被北大中国古代史研究中心列为学生学习的必读参考书。

二是研究中国古代管理思想的。1992年西北大学出版社出版的《历史与企业家对话——关于历史·管理学的思考》是其结晶之作。上海《社会科学报》评论称赞该书"为历史学做了新的开拓"。《光明日报》（史学版）（当时叫《史林》）因为此书特约我写了一篇《中国古代的管理思想及其影响》的命题作文发表，并参仿此书的形式于1995年春推出"史学家与企业家对话"专栏，连续刊发十二组史学家与企业家对话的文章，从而在中国大陆掀起了"史""企"对话的飓风。值得注意的是，海峡对岸台湾"中研院"许倬云院士在差不多的时间段亦有"从历史看管理"的高论，而21世纪伊始许院士又应邀赴北大以"从历史看管理"为题讲学，并在大陆出版其讲学录音稿。看来海峡两岸史家在沟通史学和管理学、实现二者交叉结合方面，可谓所见略同、心心相通也。

三是研究秦文化及周秦汉唐文明、文化的。1997年山东美术出版社出版的《中国地域文化·秦文化卷》与1999年陕西人民出版社出版的《周秦汉唐文明》是两部典型之作。前书由于特殊原因主要销售于海外，不过其内容提要曾在秦俑博物馆主办的《秦文化论丛》及其精选文集两次刊发，有着广泛的影响。后书一出版即获得史家好评，被公认为全面系统研究周秦汉唐文明的开山之作。受其影响，三秦出版社与西北大学联袂创办了《周秦汉唐文化研究》专刊（以书代刊），迄今已出版9辑正刊1辑增刊，在海内外产生了积极影响。西北大学还将该书作为研究生教材开设选修课，后又施之本科教育，被评为精品课程。为此，特出版了40万字的"简本"，以方便学生使用。

四是研究两汉人物的。2003年人民出版社出版的《刘秀传》、西安出版社出版的《古都西安·汉武帝》、2008年陕西人民出版社出版的《汉武大帝》、2009年三秦出版社出版的《董仲舒与灾异说》均属此类。特别是《刘秀传》一书，虽然出版社将其定位为学术专著，但我却大胆地加入了通俗史学的写法，因此颇受读者的欢迎，出版后不久便重印，至2014年又出了第二版。2017年初，国际文化出版公司以《光武大帝》的书名，还出版了其修订版。

五是研究陈直学的。1992年西北大学出版社出版的《陈直先生纪念文集》是较早的成果汇编。当时由于我们资历尚浅，故以"秦汉史研究室"署名。前不久见到网上拍卖有我签名的该书，定价100元，为原书价的近20倍。没想到该书还有如此的升值空间。2010年三秦出版社、陕西师范大学出版社合作出版的《长安学丛书·陈直卷》和2012年三秦出版社出版的《陈直先生著作三种》，皆是以整理陈先生著作形式为主的近年新成果。计划日后还将编辑出版《陈直全集》并编写《陈直学术编年》《陈直学》等专著。

六是研究陕西、西安地方史志的。2009年西北大学出版社出版的六卷本《话说陕西》、2013年中华书局出版的《中国地域文化通览·陕西卷》、2014年西安出版社出版的《西安十三朝》、2016年西北大学出版社出版的《陕西历史大事鉴览》、陕西人民出版社出版的四卷本《西安通史》，皆是这类研究的成果。其中，《话说陕西》《西安十三朝》及前面所说的《刘秀传》，是我实践通俗史学的三部尝试性作品。《话说》是我主编，通俗程度最彻底；《十三朝》为合作产品，通俗度居中；《刘秀》是独著，部分通俗。我希望通过这些著作展示、宣传我的通俗史学主张。

另外，我与贾二强教授共同主编的《长安学研究》第1、2辑于2016、2017年分别由中华书局、科学出版社出版。就本质而言，这也具有地方史研究的性质，只不过所探讨的对象为地域性学术罢了。当然如果进一步细究，应该看到这样的认识仅仅是问题的一个方面，而实际上某些历史时期的长安学研究还有其非地域性的另一面。例如周秦汉唐时期的长安学研究就必须大大突破地域的界限，而从全国乃至世界的角度着眼。这表明长安学实际是兼有地域性和超地域性双重性质的学科，而不能简单地视之为纯粹的地域性学术研究。这里，由于我们只是一般泛论，故而仅仅把它当作地域性学术研究来看待。在此如果换个视角，从一定的意义上来看，我完成的一系列陕西、西安地方史的著作，也应属于长安学研究的范围。这就是说，地方史与长安学之间是具有某种互释性的。

七是论文集。现有两种，即三秦出版社于2002年出版的《秦汉历史文化论稿》及于2005年出版的《传统历史文化散论》。两书共收录2005年前我撰写的学术论文90篇，其中绝大多数都是已经发表过的；而未刊发的几篇小文亮相之后，也引起了学界朋友的重视。例如《秦汉人的精神风貌》一文，即被985高校山东大学收入所编教材《中华民族精神读本》之中。出乎我意料的是，《论稿》问世后很快便售罄，出版社不得不在9个月后再版重印。还有读者将所买之书寄我请求签名，其中一位热心人甚至附写了长信对书加以评赞。这些，都令我深深感动。谨借此机会向他们表示衷心的感谢！

问：20世纪90年代您参与《陕西通史》的编写，近年来又参与该书的修订工作，还担任执行主编。请介绍一下有关情况，并由此谈谈对各地编纂地方史工作的看法。

答：《陕西通史》是由我省著名的文化教育系统领导人郭琦和著名学者史念海、张岂之主编的地方史专著，于20世纪90年代中期出版，属地方通史问世较早者，影响很大。我和周天游教授有幸共同撰写《陕西通史·秦汉卷》，我负责秦国、秦朝、西汉部分，周教授负责新莽、东汉部分。应该说，这是一个相当理想的搭档组合。然而不久后周教授荣任陕西历史博物馆馆长，繁忙的行政工作使他仅完成了部分文稿，这样全书最后只好由我整合而付梓。

总体来看，《陕西通史》质量是好的。《秦汉卷》则属于其中的个性鲜明之作，特别是在通俗化方面的努力，受到了郭琦老校长的点赞和表扬。不过随着时间的推移，当20年后再回头看这部通史时，自然就不难发现其不论观点方面抑或史料方面均存在许多不足，需要进行修订。于是乎由主编之一张岂之先生郑重地提出了修订《陕西通史》的建议，而省委领导也很快便批准了这一建议，并拨出专款给予实实在在的支持。这样，在张岂之先生主持下《陕西通史》的修订工作于2016年夏全面展开。由于张先生年事已高，所以他指派陕西师大原副校长萧正洪教授和我担任执行主编，协助处理具体编务。目前，修订工作正稳步按计划向前推进。其中需修订的各卷修订任务已初步完成，需重写的少数几卷和新增的《文学艺术卷》也已写作过半，估计2018年下半年或2019年上半年新的修订版《陕西通史》即可面世。

通过参与《陕西通史》的写作和修订，使我深深感到，地方史的研究是一件饶具潜力的工作，大可有为也大有作为，需要我们高度重视，将之作为文化建设的大事认真对待。就拿地方通史研究而论，试想如果全国各省区、市、县都拥有一部自己的通史的话，当把这些通史集中展示出来，那将是何等壮观的文化景象啊！届时，整个国家的文化实力、文化建设，势必会提高到一个新的台阶之上。

当下，随着我国经济的突飞猛进，国力的不断增强，各地的文化事业大发展，地方史研究亦在这样的背景下取得空前显著的成绩。不过在新形势下，也出现了一些新问题，例如各地争名胜、争名人、争地方文化资源等等。特别是有些地方大搞狭隘的地方主义，不适当地突出本地区的重要性，以致达到失去理智的程度。记得有个省由主要领导署名刊发文章说：一部某某史，半部中国史。这位领导力图提高本地历史文化重要性的心情和愿望可以理解，但他讲的话实在有失分寸。请问：一个省的地方历史就占去了二分之一的中国史，而其他的三十几个省、自治区、直辖市总共才占另外的二分之一，如此的比例分配符合历史真实吗？这样的说法科学吗？

问：近期您主持完成的《西安通史》，填补了西安市无通史的空白，意义重大。您是如何策划、组织编纂这部城市通史的？您怎样理解地方史与地方志的关系？从史、志源流而言，两者之间有何异同？

答：长期以来，古都西安仅有简明的"历史述略"，而没有较大部头的通史。这种情况与西安崇高的历史地位极不相称。数年前在一次会议上，西安市方志办的领导向我征询对今后科研项目的建议，我毫不犹豫地回答应该上《西安通史》这个项目。市志办领导当即就表示赞同，这样《西安通史》工程很快便"破土动工"了。

上述《西安通史》的策划，看似很简单，其实它的酝酿过程却漫长而曲折。那是20多年前的一天，某出版社一个部门的负责人匆匆来访，提出由我主持编写一部《西安通史》，并表示事出急迫，希望我尽快拟出全书的大纲和实施计划。因我过去曾有过撰写《西安通史》的想法，这次突然遇此机会，自然好生高兴，于是便以最快的速度完成了所交代的任务并交付对方。不想结果却是"泥牛入海无消息"。当时我手头事情很多，所以也没时间追问这件事，此事也就不了了之。也许老天爷怜悯我这个"只问耕耘不问收获"的书呆子，也许我与写《西安通史》有着剪不断的缘分，若干年后上苍再次给了我一个机会，而这次我没有被"忽悠"，终于圆了编写《西安通史》的梦。

由于近年来我一直在做陕西地方史，身边已经形成了一个以西大历史学院教师为主体的相当成熟的老、中、青结合的写作班子，所以承担《西安通史》的编纂工作在人力方面并无困难。原计划全书分作上、中、下三卷，后考虑到唐代在西安历史上的特殊地位，遂把唐独立出来单列一卷，这样就变成了四卷本。其第一卷写史前、三代及秦时期的西安历史，第二卷写两汉魏晋南北朝时期的西安历史，第三卷写唐代的西安史，第四卷写宋元明清民国时期的西安历史。全书由我制订写作大纲，撰写总序，综论西安自然环境、区位优势、历史发展特点、在中国和世界城市史上的地位，以及本书撰写缘由等问题。各卷按大纲"命题作文"，但也允许根据实际情况作适度调整，字数控制在每卷30万字左右。各卷初稿完成后，特聘请赵世超、王子今、杜文玉、李建超四位权威专家分卷予以审读。最后，全书由我统稿、定稿。如此严格按程序完成的《西安通史》，从学术质量上说应该还是有保证的。

在编写《西安通史》过程中，我自然也对地方史的诸多问题作了一些思考。这当中遇到的最普遍也是最使我感兴趣者，要数地方史与地方志的关系。这实在是一个众说纷纭、仁者见仁智者见智的问题。过去有人认为史、志是一回事，这显然不对。实际上，史、志一直是同源异流、殊途同归、同时存在、共同发展，二者既有共性，又各具特点。通过《西安通史》的编写实践，我觉得地方史与地方志的关系似可以简单地归纳为三个"相互"，即相互并存、相互补充、相互渗透。这样的看法对不对？欢迎大家批评指正！

至于地方史与地方志的异同，这也是一个讨论较多的问题。不过一般说来，对于史与志的共同点，大家的认识相对较为一致：它们都属史著，而且是专门记述某一地方史事的历史著作。而对于史、志的区别，人们的看法似乎相对多样一些。著名史学家谭其骧先生曾总结二者的三点区别云：第一，地方史以记叙过去为主，地方志则以记叙现状为主。第二，地方史主要是记叙该地区几千年来人类社会的活动，包括生产斗争和阶级斗争、生产力和生产关系的变化发展，物质文明和精神文明的变化发展，以及大的政治、经济、军事事件等，即便记录了自然现象，侧重点也是它们对人类社会的影响。地方志则不然，至少自然和社会两者是并重的，应将当地的地形、气候、水文、地质、土壤、植被、动物、矿物等各个方面都科学地记载。而其对社会现象的记载也与地方史不同：史以大事为主要线索，记录政治、军事、经济、社会、文化等方面的重大变化；志则分门别类，面面俱到，对农、林、牧、副、渔、工、矿、交通、人口、民族、风俗、制度、职官、文化、教育、人物、古迹等等均加以叙述。第三，地方史写作主要须依靠史料，作者应做的工作主要是收集、整理史料，用历史唯物主义加以分析、鉴别，科学地记述历史发展的过程。地方志主要是依靠调查采访：一部分没有现成资料的完全要依靠调查，一部分虽然有现成的资料，也要通过调查予以核实。

应该说，谭先生的说法很有见地，也确有其道理，为我们认识史、志的不同指明了大方向。不过细绎之则不难发现，似乎最要害的地方还没有被凸显出来。这个要害是什么？拙意以为，那就是地方志的资料性与地方史的叙事性——这种叙事性用后现代的话语来说叫作"宏大叙事"，而按大历史史观的看法，这种叙事不仅限于社会方面，而且包括自然方面，二者必须并重。唯其如此，国务院颁发的《地方志工作条例》对地方志下定义道："地方志是全面系统地记述本行政区域自然、政治、经济、文化、社会历史与现状的资料性文献。"请注意这里的"资料性"三个字。它明明白白告诉我们，地方志属于资料，其只能原原本本记录史实本身，而不能像地方史那样在记述史事时进行理论分析，作某种推论甚至推测，并需要总结所谓的规律。地方志是为人们提供地情资料的，所以也叫地情书。这就是地方志与地方史最根本的区别之所在。

问：请您谈谈对我国地方志事业的基本认识，并就如何办好《陕西地方志》期刊谈点意见。

答：我国有悠久的方志编纂历史，形成了诸如"国家有史，地方有志，家族有谱""隔代修史，当代修志""盛世修史，懿年修志"等整套带有理论性的说法与规则，这些都成为我们优秀传统文化的一个重要组成部分。中华人民共和国成立后，党和政府高度重视方志事业，从中央到地方省市县各级都设有方志办公室作为政府部门之一。数10年下来，方志编纂成绩斐然。记得2001年我应日本学术振兴会邀请赴日，在东京、京都等地的高校图书馆中都看到他们所采购的大量的新出版的地方志著作。当时一种既兴奋又骄傲的心情油然而生，同时内心深处也充满了对方志工作者们辛勤劳动的崇高敬意。是啊，只有在这时，我们对方志工作的重要意义才会有全新的认识。

《陕西地方志》期刊办得不错。图文并茂、雅俗共赏、信息量大、紧贴专业是其几个突出的特点。今年该刊第1期发表了我在方志大讲堂所作的《陕西二陈》的演讲稿，当我收到刊物时立即便被其新颖的风格、匠心独具的设计吸引，产生了很好的印象。现期刊主编又邀我作此访谈，深感荣幸。我只是一个普通的史学工作者，无甚大的作为，且垂垂老矣。希望今后在刊物上能够看到更多的名家作品，也希望能够倾听到更多来自基层的声音。

衷心祝愿《陕西地方志》期刊越办越好！

七七叟2017年教师节作答于西大南校区

原载《长安学研究》（第3辑），科学出版社，2018年

（黄留珠，西北大学历史学院教授）

答宁博士十问
——兼说辑刊《长安学研究》

黄留珠

《长安学研究》编者按：前不久，宁江英博士访问了本刊主编黄留珠先生，就史学如何突破创新、不落窠臼的话题进行了有益的讨论，并顺便说到辑刊《长安学研究》。黄先生历任中国史学会理事，中国秦汉史研究会副会长，陕西省史学会会长，秦文化研究会会长、名誉会长、顾问等学术职务。主要研究秦汉史，中国古代管理思想，周秦汉唐文明、文化，陕西及西安地方史。主张历史与企业家对话，力挺大历史史观，倡导通俗史学、陈直学、长安学。现将黄先生回答宁博士访问的对话记录——《答宁博士十问——兼说辑刊〈长安学研究〉》公布如下，以飨读者。

一

宁：您在20世纪80年代先后出版了《秦汉仕进制度》（西北大学出版社，1985年）和《中国古代选官制度述略》（陕西人民出版社，1989年）两部专著，完成了对仕进制度从秦汉断代史到通史的考察。请您谈谈制度史创新研究的总体思路。

黄：《秦汉仕进制度》一书，广泛为学界同仁所征引，颇有点影响。为什么要研究秦汉仕进制度？这还得从我研究生阶段写学位论文说起。原来我准备写秦汉刑徒问题，导师陈直先生认为刑徒的考古资料很难搜集全面，鉴于我曾经在《西北大学学报》上发表过一篇论东汉孝廉的文章，于是建议我改写仕进制度。我听从了导师意见，先摸了一下秦汉仕进的材料，觉得两汉仕进问题研究成果较多，而秦仕进基本没有研究，古人甚至感叹说"秦制无闻"。于是我集中力量攻克无闻的秦制，写出了《秦仕进制度考述》的学位论文，并有幸在新创刊不久的权威杂志《中国史研究》1982年第1期上发表。此事给我极大鼓励，促使我进一步研究，于是先完成了《秦汉仕进制度》，接着又写出了《中国古代选官制度述略》。这样，在仕进制度研究上，我终于走完了由一篇学位论文到一部断代专著，再到一部通史性专著的

"三级跳"式发展,也就是你所说的"完成了对仕进制度从秦汉断代史到通史的考察"。整个过程,历时近10年,大体上应了古人所谓的"十年磨一剑"精神。

这期间,不敢说有什么"总体思路",但一些具体想法还是有的。论文阶段,更多考虑的是如何突破的问题,即攻克难关,填补空白。扩大到秦汉时期后,则想的多是如何创新的问题,具体就是研究一些更细的问题,并引进新的研究方法,能够超越前人。譬如对于汉代孝廉的研究,元人马端临《文献通考》是公认的过细研究之作,但两汉孝廉不过举出了百余人,且与察廉者不分。我在前人基础上,继续做工作,搜得两汉孝廉300多人,是以往收集的数倍。这样当我使用计量史学的方法,做出量化分析后,就比较有说服力,就能够更接近历史的真实。到通史阶段,除了叙述历朝历代的仕进制度外,主要是总结一些规律性现象,例如仕进制度发展的分期、仕进制度的特点、仕进制度所遵循的原则、对仕进制度的评价等等。我曾把这些总结缩写为一篇题为《中国古代选官制度纵横谈》的小文发表,不想此文先为《新华文摘》全文转载,后又被收入中学语文读本作为教材,对青年学子产生了启蒙性影响。如果将这些不同阶段的不同想法综合起来,也许就是所谓的"总体想法"了。

二

宁:20世纪90年代,您发表了一系列与中国古代管理思想有关的文章,如《中国古代的管理思想及其影响》(《光明日报》1994年7月18日)。您是如何实现从制度史到思想史的跨越的?有没有遇到什么障碍?如果有,您是如何克服的?

黄:随着科技的进步、时代的发展,思想史研究领域需要适当拓宽,像什么中国古代治国理政思想、中国古代经济管理思想等等,都可以归入其列。也许专门的、传统的思想史学者认为这是离经叛道或不务正业的,但我却一直不这么想。在中国史学会第七届年会的发言中,我曾公开阐述了自己的看法。正是有此看法,所以我认为自己所做的仕进制度,可以与古代的管理思想挂上钩,进一步跨学科研究。一次,我看到《光明日报》发表有一篇开展中国古代管理思想研究的报道,很受鼓舞。正当我设法寻找这一消息来源之际,恰好有机会参加1986年夏中组部召开的第三梯队建设理论研讨会,并有幸认识了中国人民大学的虞祖尧教授。不想,虞教授正是《光明日报》所报道消息的当事人之一。这正是"踏破铁鞋无觅处,得来全不费工夫"。于是我与虞教授深谈开来,大有相见恨晚之感。在他的热情介绍下,我参加了中国古代管理思想研究会(简称"古研会")的学术组织,并当选为理事。

在古研会里,我接触了不少新的知识、新的学问,大大开拓了学术视野;荣幸地结识了如潘承烈、马伯煌、陈炳富、赵靖、苏东水、沈祖炜等名家,交结了许多经济学界、管理学界以及企业界的朋友。不过，我研究古代管理思想的路子，颇有点与众不同。也许由于我是一名史学工作者的缘故，所以我始终是从历史学的视角去研究古代管理思想的，而不仅仅把它当作是一个单纯的管理学问题。在我看来，古代管理思想的研究，应该是历史学与管理学相互交叉渗透产生的一门新兴边缘性学问，而我们所做的只不过是在二者之间"搭桥"罢了。经过数年摸索，我终于找到了一句通俗而形象的话对这门学问加以概括，这就是：历史与企业家对话。1990年，在中国古代管理思想研究会第四次学术讨论会上，我首次提出了有关对话的观点，并得到包括古研会领导在内的大多数与会者的认同。

与此同时，我把研究的体会引入教学活动，在所供职的西北大学开设了中国古代管理思想的选修课。听课者不仅限于历史、中文、经济等文科院系的学生，还有数学、物理、化学、化工、地质、地理、生物等理工科院系的学生。其人数之多、兴趣之高，大大超出预料。听课者普遍反映：闻所未闻，学所未学，大有收获。后来，我以选课讲稿为基础，采用对话体的形式，撰成了《历史与企业家对话》的小册子并于1992年底出版，引起了较大的社会反响。上海《社会科学报》发表评论，称该书"为历史学做了新的开拓"。《光明日报》（史学版）主编来信，称"非常钦佩您的眼光、见识及与时俱进的精神"，并约写、发表了《中国古代的管理思想及其影响》的专文（为《新华文摘》全文转载），还参照《历史与企业家对话》那本书的形式，推出了"史学家与企业家对话"专栏，连续发表了12组对话文章，在中国史学的一个重要论坛上掀起了历史与企业家对话的高潮。此后不几天，《光明日报》又在北京召开学术会议，邀请参加对话的史学家与企业家，就优秀传统文化与企业文化建设问题的关系进一步深入探讨。这些学术活动，在中国当代学术史上都留下了深刻的印迹。

值得注意的是，海峡对岸也有史学家"出关一游"，从历史看管理。这就是著名史学家许倬云院士。此举与我提出的"历史与企业家对话"有许多近似之处，可谓异曲同工。这说明海峡两岸学者是心心相印的，只是表达方式不同罢了。许院士曾赴北京大学光华管理学院讲学，有力促成这座知名高等学府"管理学院与历史系强强联手"的新局面。为此，北大光华管理学院曾不止一次在《三联生活周刊》上做广告。许院士的讲稿由广西师大出版社出版，书名就叫《从历史看管理》。

以上所述，都是一些自然而然的过程，我实在不敢说这就是从制度史到思想史的跨越。当然，从客观上一定要讲这是一种"跨越"的话，似乎也未尝不可。不过，此过程中的变化还是有一些的，早年我曾用"开辟第二战场"来形容，也许还比较合适。至于此过程中遇到的"障碍"，主要就是缺乏企业生产、经营的实践，讲管理多为纸上谈兵，缺乏生动的案例。这些，属于条件的限制，个人无可奈何，克服的办法只有一个，即老老实实学习。

三

宁：有些学者认为，不少青年学者对政治、经济、军事避而不谈，专注道教史、佛教史、数术等过往研究的边角地带，出现了"让开大道，占领两厢"畸轻畸重的局面。这是追求创新的科学路径吗？您怎样看待这种现象？

黄：历史研究，需要全面，无所不包。历史研究既要注重政治、经济、军事等大的方面，也不可忽视宗教史以及文化史等过往研究较少的地带。有些青年学者之所以出现你所说的"让开大道，占领两厢"现象，恐怕与他们觉得这么做容易出成绩有关。这完全可以理解，但仅属于研究中的取巧行为，与追求创新的科学路径还不是一码事。不过，实际的情况相当复杂，还需要具体情况具体分析。就拿我个人所经历的一件事为例来说：改革开放初期，学术界尚有不少"文革"期间"假、大、空"的遗风。我所任职的西大秦汉史研究室，当时在室主任林剑鸣教授领导下，写出了一部包括秦汉实业、秦汉衣食住行、秦汉精神生活在内的《秦汉社会文明》的书。此书求实务细、不尚空谈，饱含着一股清新气息，受到大家的欢迎。为此我们四个作者被秦汉史界同仁戏称"四条汉子"。不久，台湾谷风出版社便将此书翻印出版，普遍作为研究生教材使用。须知，该书大多是综述前人的研究成果，只有很少部分系自己的东西，却被公认为创新之作。由此可见，是否科学创新？在某种程度上是受制于时代因素的，应该从不同的时代去考察问题。总之，对于某些青年学者专注于比较偏冷课题的研究，不必厚非，要多正面引导，使之对科学创新有正确的认识。

四

宁：王国维提出："古来新学问起，大都由于新发现。"您对秦简的研究开始得很早，《秦简"敖童"解》（《历史研究》1997年第5期）一文创造性地运用简牍、瓦书、传世文献、民族史资料、西方材料诠释了睡虎地秦墓竹简"敖童"的内涵。近年来的秦汉史创新点与考古新发现密不可分，如何科学、合理地运用新材料推动秦汉史研究的新进展？

黄：对于简牍，虽有所好，但仅能心向往之，远不敢说有什么研究。读简过程中，每每遇到一些词语的解释，颇有与时贤不同的看法，遂顺手写出商榷意见，甚或发表。《秦简"敖童"解》即属于此类札记，是较典型的一篇，曾被《新华文摘》重点介绍，有一定影响。大家知道，"敖童"少见传世文献，在云梦秦简里也仅两件，研究者多把它释为"成童"或"小"，而忽视了早在1948年出土的文物"秦封宗邑瓦书"中亦出现的"敖童"一词。经把秦简里的"敖童"与瓦书里的"敖童"对照之后，明显可看出其表示一种具有"奴"的身份的特殊人口。这里，"童"字不当"幼""小"讲，而应取其古义"奴曰童"。"敖童"这种特殊人口虽然不同于一般农户，但在享有授田、承担赋役方面又同于一般农户。因此国家十分重视对这部分人口的控制，以防止赋役流失。"敖童"就是"豪童"的意思，即"童"中豪强有力者。至此我觉得，"敖童"基本上得到了较正确的解释。当然，这只是以我的一家之言发表出来，请大家讨论。

一般说来，古史研究创新点多与考古新发现密不可分。如何科学、合理地运用新材料推动秦汉史的新进展是一个很难用一两句话就说清楚的问题。这里，首先需要搞清楚考古新材料的基本含义。像上述的秦简"敖童"，如果不认真进一步研究其含义，稀里糊涂就按通行的释文去理解，那岂不相差甚远！如何谈推动秦汉史研究的新进展呢？这不仅不能创新，反而会闹出笑话，让人大跌眼镜。再如北大藏简《赵正书》，确为令人吃惊的考古新材料，但到目前为止，似乎大家对其性质仍存在较大的争议。当年司马迁是否见过它？它所表述的是历史真实吗？为什么司马迁采用了与此不同的事实写入《史记》？是《史记》骗了我们吗？在没有搞清这一系列问题之前，就贸然使用这一新材料，试图重写秦史，也同样会出问题。所以，必须先搞清考古新材料的基本含义，然后才能谈得上研究新发展，才能有所创新；如果新材料的基本含义搞错了，那不仅不能发展、创新，反会造成无法想象的不良后果。

五

宁：您曾将历史研究分为"人类史"研究与"自然史"研究两大类，并指出21世纪的史学要更多地关注自然史研究［《21世纪史学应当更多地关注自然史研究》，载《西北大学学报》（哲学社会科学版）2002年第4期］。您如何看待医疗史、环境史、海洋史、数学史、天文史等自然学科与历史学科的交叉研究及其遇到的问题？

黄：把历史理解为人类史与自然史的观点早已有之，并不是我的创造发明。当年马克思、恩格斯《德意志意识形态》中的一个注文就讲过这样的观点，我正是引用马、恩的话提出这个问题的，而且一直坚信其正确性。最早我按辞书的说法称其为"广义史学"，后来改称"大历史"。

现在有一批学者从事医疗史、环境史、海洋史、数学史、天文史等自然科学与历史学科的交叉研究，甚或在疫情期间积极开展疫病史研究，都是非常值得称道的现象，凸显了历史研究不能只有人类史、还应该包含自然史在内的观点，完全符合我所认为的21世纪史学发展趋势——随着科技日新月异的发展，这种趋势越来越显见出来。过去我办《周秦汉唐文化研究》年刊，每期都要发表一定数量的自然科学史文章，目的也是要打破目前历史研究仅限人类社会史、而不包括自然科学史的现状，鼓励自然史方面研究的积极开展。当前，随着全世界新冠病毒广泛流行及疫情反复、病毒多变的新形势，越发显现出历史研究必须包含自然史的重大意义。

关于自然史研究当前遇到的问题，恐怕主要还是史学工作者自身缺乏自然科学素养的问题。大家知道，历史学科一直是文科，不学高深的自然科学知识，所以史学工作者这方面的水平仅停留在高中的水平，相对缺乏有关素养。让现在的史学工作者去搞自然史研究，除了极少数外，一般是相当困难的。当然，这是一个与学科体系、教育体系等都有关的问题，绝非短期可以解决。拙意认为，不妨分两步走。第一步，先将传统的历史学科细分为人类社会史和科学技术史两个学科。前者是文科，后者为理工科。这样分而治之，可以逐步解决人才培养问题。有了相关人才，研究工作才能正常开展。第二步，彻底改革教育体系、学科体系的问题，把历史学科放到既文又理的位置上去。这也就是说，历史专业所培养的人，必须是全才——既能搞人类史方面的研究，也能搞自然史方面的研究。当然，这是一个极高的目标，需要付出超乎寻常的努力才能做到。

六

宁：您出版了很多与陕西、西安历史有关的专著，还主编了《长安学研究》辑刊。您认为区域文化的研究如何避免低水平重复，在多学科综合研究背景下实现学术创新与进步？

黄：近若干年来，我相对多地关注陕西及西安的地方史，先后出版了一批书籍，而且基本上得到地方政府有关部门的支持，其中不乏卷帙比较多的大部头作品。例如六卷本《话说陕西》，是陕西省委宣传部、陕西省出版局领导的金版图书工程。该书用讲故事的形式珍珠串线，图文并茂、比较独特地展现了陕西从蓝田猿人时期到中华人民共和国成立的历史，深受读者欢迎，为宣传陕西、了解陕西做出积极贡献。再如四卷本《西安通史》，是西安市地方志办公室立项的项目。该书彻底改变了长期以来西安仅有历史述略而无通史的遗憾，是一部目前为止最详尽叙述国际知名古都西安历史的著作。此外，我还应陕西师大国际长安学研究院的邀请，主编了《长安学研究》年刊，目前已出刊5辑。研究者称赞长安学发展已"蔚为大观"，产生了一定积极影响。那么，为什么要创办辑刊《长安学研究》呢？这就需要把话稍微展开来说一说。

大家知道，长安学是用汉唐都城"长安"之名命名的一个学科。它所研究的对象虽然以长安城、长安文化、长安文明为主，但却又不完全局限于此，而扩展至建都关中地区的周秦汉唐等王朝的历史文化，另在地域上亦远远超出长安城的范围而扩大至整个关中以及更广泛的相关地区。实际上，学人有关长安城、长安文化、长安文明的研究，有关周秦汉唐的研究，有关以关中为中心的区域文化研究，历史悠久，源远流长。当这类研究发展、积累到一定程度之后，自然会产生一种用学科形式对其加以总结、升华的需求。时值20世纪结束、21世纪开始之际，这一需求集中爆发，在短短数年间，京、陕两地研究者先后三次提出"长安学"问题，呼吁用这一学科名称来概括以往对于长安城、长安文化、长安文明以及周秦汉唐历史文化的研究。如此就出现了蓬勃兴起的倡导长安学的学术活动。2009年，陕西省文史研究馆长安学研究中心成立，并推出"长安学丛书"第一批8册。同年，北京方面被命名为《"长安学"研究专号》的《唐研究》第15卷出版，发表有关研究论文19篇。这两件事，共同把长安学发展推向了一个空前的高潮。2013年，陕西省文史研究馆长安学研究中心华丽转身为设在陕西师大的国际长安学研究院。该院是由陕西的四家高校（陕西师大、西北大学、长安大学、西安文理学院）、国外两所高校（日本学习院大学、韩国忠南大学）以及陕西省文物局、陕西省文史研究馆共同合作的一个研究机构，其以传承并创新以长安为载体、以长安学为主要内容的中华民族优秀文化为根本任务。研究院需要设一个日常学术交流的平台，于是乎创办了大型辑刊《长安学研究》。当第5辑出版之际——也就是该刊创办5周年之时，因疫情关系，编辑部十分低调地发了三条标语以示庆贺。这就是创办《长安学研究》的缘由。

下面回到原来的话题。我后来相对重视地方史研究的原因，不说你也清楚。一个人到了老的时候，自然会怀念自己成长、工作、生活的故地。这样，就有了对陕西、西安历史的更多关注，聊解乡愁而已！值得一提的是，2013年由中华书局出版的《中国地域文化通览·陕西卷》，是由中央文史研究馆主持领导的"中国地域文化通览"丛书之一，是陕西文史研究馆具体组织编写的一部有关陕西地域文化的专著。该书由我先写出大纲，然后在全陕西范围内按照提纲要求寻找权威专家担任各方面的撰稿工作；初稿完成后，由我修改、定稿，交由中央馆审查通过，再交出版社审核。如此两上两下，最后才付梓。应该说这部书代表了陕西的最高水平，为此我也付出了很大努力。在编写此书过程中，我自然遇到区域文化研究如何避免低水平重复，以及在多学科综合研究背景下实现区域文化研究学术创新与进步的问题。根据我的肤浅体会，解决它需要从以下几个方面入手：

须有好的理论指导。历史研究是否能有所创新、进步，理论指导至为重要。我们的指导理论，自然是马克思主义。不过我们知道，马克思主义理论是随着时代前进不断发展的。马、恩时没有"社会主义市场经济""一国两制"这些东西，现在有了。这就需要我们用发展了的马克思主义理论做指导，而不是墨守某些过时的成规。另外，对于世界上一切先进的理论成果，也应吸纳。像与马克思列宁主义唯物史观相通的西方年鉴派理论、美国大卫·克里斯蒂安的大历史理论等。

及时吸取考古新材料。任何时候，考古的新材料都是宝贵的，有助于我们避免低水平重复以及学术创新、进步，需要我们及时吸收到地域文化研究中来。例如新发现的石峁遗址、凤翔血池遗址等等。

深入挖掘常见资料，发现其隐藏的含义。前不久，有研究者发表了《秦始皇的海洋意识》一文，学界普遍认为是学术创新之举。其实，该文能创新主要还在于对那些常见资料隐藏含义的深入挖掘。可见挖掘常见资料的隐藏含义，对于避免低水平重复、实现学术创新与进步是有意义的。

善于捕捉新的视角。观察问题视角不同，结论就不同。新视角捕捉到了，本身就是一种创新；而在此基础上进行的研究，自然更是创新与进步。例如有日本学者用文化史的眼光，转换视角，对秦汉时代确立和实行的文书行政，做了别开生面的考察。其紧紧围绕上起战国下至魏晋书写材料演变的主线，着重探讨了这种变化与国家行政的关系，从而对"古代中国"的国家行政演进作了令人信服的解读，便是一个很好的例子。

七

宁：请您谈谈如何平衡史学的经世致用功能与学术创新之间的关系。当史学家与企业家对话、为治国理政提供借鉴、史学通俗化时，是否可以暂时忽略学术创新？经世致用的思想会不会催生新的学术增长点？

黄：经世致用，指学问必须有益于国事。此词由明清之际思想家王夫之、黄宗羲、顾炎武等提出，是当时的一种流行思潮；究其渊源，一般可上溯到孔子与儒学。王、黄、顾等人认为，学习、征引古人的文章和行事，应以治事、救世为急务，反对伪理学家不切实际的空虚之学。他们的这一主张，对后世影响很大。史学的经世致用功能与学术创新不仅不对立、不矛盾，反过来学术创新还会推进史学的经世致用功能更好地发挥作用。在我看来，二者的关系，就是如此。不论史学家与企业家对话也好，为治国理政提供借鉴也好，史学通俗化也好，都不可以忽略学术创新。至于经世致用思想会不会催生新的学术增长点，我的回答同样也是肯定的。

话说到这里，想顺便就史学的经世致用问题再多谈几句。长时期以来对历史的经世致用功能，人们津津乐道的只限于政治方面。"鉴于往事，有资于治道"是相当典型的说法。在这方面，毛主席属于顶级高手。不过，随着时代的变化，历史的经世致用功能也需要发展，需要从过去单一地为政治、革命所用，转化成为经济建设服务。这种变化，也可算作与时俱进吧！过去我所提出的历史与企业家对话，应该说正是这种变化的反映。所以对于历史的经世致用功能的理解要全面，要突破以往的老框框。我所要谈的，也就在于此。

八

宁：请您谈谈近年来对秦汉史和历史学发展的思考。

黄：前面所谈关于历史学科发展需要分两步走的设想，实际也就是我对历史学发展的初步思考，但这还只是个人看法，欢迎大家批评！这里我想着重谈谈对秦汉史发展的某些思考。

秦汉史是历史研究中人们特别熟悉的专业。大凡搞历史的，几乎人人都能对此领域多少说几句话。正因为这样，所以其创新与进步特别难。拙意以为，在秦汉史方面想有所突破，应该尤其注意两点：一是变换研究视角，二是特别注意秦汉简牍的研究。

关于捕捉研究新视角的意义，前面已有论述，并举了日本学者的例子说明。其实，这方面国内研究者的实例也不少。对此，就不多说了。倒是简牍研究方面需要再讲一下。大家知道，汉简出土较早，秦简自1975年云梦简发现后，才井喷式相继出土。这些秦汉简牍多为官府档案，是极宝贵的第一手文字资料，使我们对秦汉的认识大开眼界，不少学者甚至提出需要重写秦汉史。过去一段时间，包括我在内的不少人都存在一种偏见，以为不是简牍的出土地就无法见到简牍实物，很难研究它。其实，国外特别是日本研究者远远打破了这种框框，为我们做出了很好的榜样。他们在仅见简牍图片资料情况下照样研究，而且研究范围和研究的细致程度，可以说都是无以复加的。我有幸多次参加京都大学人文科学研究所举办的简牍研修班。在那里，我亲眼看到日本学者极其认真研读中国简牍的样子，真是感动极了。试想，一群外国人，那么一丝不苟，那么上劲，而且研究的是别国古代的东西，每每还争得面红耳赤，这是多么可贵的精神啊！这使我深感以往认识的错误。不在简牍出土地，没有见到简牍实物，同样是可以研究的。在这方面，我们应当向日本学者学习，要学习他们认真的研究精神。我相信，只要有了这样的精神，我们的研究工作必定会有收获的。

另外我要强调的是，如何把科技最新成果运用于简牍研究，也应是我们需要关注的一个大问题。20世纪末，我曾在台北"中研院史语所"目睹了同行利用从日本购买的红外线仪器，看到简牍上肉眼无法看见的字迹，使许多无字简或字迹不清楚的简重新获得了价值，因此十分赞叹先进科学技术为简牍研究所做的贡献。现今这么多年过去了，科技又有日新月异的发展，完全更有条件把科技手段同简牍研究结合起来，取得简牍研究的新突破。

九

宁：请您谈谈史料数字化与史学创新之间的关系。

黄：当年跟随陈直先生学习的时候，最害怕老先生布置的一种作业题，即问某人在某书里凡几见。遇到这样的问题时，就需要老老实实地把某书从头至尾细读一遍，然后认真统计出某人在该书中出现的次数，方能给出答案，极其麻烦细碎。这大概是对未来从事史学研究者是否具有强记博闻能力的一种考验吧！须知，老一辈史家差不多都具有这种强记博闻的基本功，能够记住某书里某人、某物凡几见之类的问题。而他们也总爱用这样的问题来培养自己的学生，希望学生像自己一样具备这样的本领。

不过，今天再要回答这样的问题，就容易得多、便捷得多了。我们在电脑上，只要移动一下鼠标，单击键盘，问题全解决。之所以有如此大的变化，完全靠史料数字化的功劳。由此例不难看出，史料数字化将大大解放人力，大大提供方便，因此节省的巨大精力可移用到创新及其他方面，将大大有利于史学创新与进步。数字化带来的是革命性变化，实质性变化，根本性变化。如果一定要说史料数字化与史学创新之间的关系，上述或近是。

当然，数字化有优点也有缺点，不可一概而论，更不能只看优点不看缺点。从这种意义上着眼，老先生们强调的基本功，还不可或缺。需要把数字化带来的便捷与老先生们强调的基本功结合起来，也许这就是史料数字化与史学创新之间关系的另一面。

十

宁：请谈谈您的成长及治学历程。您对后辈如何实现自我学术成长有何忠告？

黄：我这人运气不怎么好。1960年高考时为了取得高分进入心仪的高校，我毅然报考了文史类。不想临考前突然接到通知，说所心仪学校中文、历史两系在西安不招生。这突如其来的消息，犹如晴天霹雳，搞得我晕头转向。大学期间，有幸得到来自中国科学院历史所（今社科院历史所）的两位老师悉心指教，学业大有长进，终生获益匪浅。毕业后被分配到长白山一家森工企业的子弟学校当教师，按规定先去搞了一段时间社教，等回单位后"文革"已开始，整天乱糟糟的，把人生最宝贵的时光全荒废掉了。粉碎"四人帮"后，恢复高考及研究生招生。当时我已调回西安一家军工企业子校工作，而且超过了35岁的报考研究生年龄限制。正当我深感遗憾之际，传来报考年龄放宽到40岁的消息，于是终于有了报考机会。不过，我已经完全没有了报考外地学校的勇气，便就近报考了西安的一所大学，选择了大学时就已非常崇拜的陈直先生为导师。这些，就是我之所以当了一回"老学生"的经过。1981年，我研究生毕业后留校工作。已年过不惑的我，这时才开始真正的学术生涯，陆续搞了对仕进制度、古代管理思想、秦文化、周秦汉唐文明文化、两汉人物、大历史、通俗史学、陈直学、长安学以及陕西与西安地方史方面的研究，取得了一些小小成果。其中虽有奉命之作，但基本是随着兴趣走。总结我成长及治学的过程，大体可用一位前辈说过的读书、教书、写书六个字来概括，一辈子不过是一介极普通的"教书匠"而已！

说到对后辈如何实现自我学术成长的忠告，不由得想起数年前为西大历史学院学生所办刊物《史林新苗》编辑部的题词，曰"今天史林新苗，明日参天大树"。我想，此题词可以转赠给这些后辈。须知，当前是中华人民共和国成立以来最为难得的一个时代，是一个通过不断努力就能够实现自我目标的时代，要珍惜它。一个史学工作者，任何时候，两种功夫不可缺：一是理论功夫，一是史料功夫。二者不宜偏废，都需要认真钻研，这是硬功夫。高水平的史家，应把史、论相结合，揭示历史的真相，科学地阐释历史发展规律，寻找历史启示与智慧，使人们变得聪明起来。历史研究非常重要，不可缺少。从大历史的眼光来看，目前历史研究还有自然史的大片空白，需要我们耕耘，因此历史研究的工作也是大量的。在这里，真是"海阔从鱼跃，天高任鸟飞"，足以大显身手。当然，历史研究不能够大轰大嗡，不需要对体星、影星、歌星那种激励方式，搞那么多评选、颁奖一类活动。它需要的是踏踏实实、一步一个脚印向前推进。相信有志于史学的年轻人会在这里大展宏图。我高度赞赏祖先说过的"后来居上"这句话，希望大家人人都成为居上的后来者。

谢谢大家！

2020年7月16日答问于西安

原载《长安学研究》（第6辑），科学出版社，2021年
（黄留珠，西北大学历史学院教授）

浅析《长安学研究》之特色

何 夫

《长安学研究》（以下简称《研究》）是陕西师大国际长安学研究院主办的大型学术刊物，自2016年1月推出创刊号以来，每年一辑，至今已出6辑，在学术界产生了较大影响。《光明日报》（史学版）有文章称，长安学研究"已蔚为大观"。应该说，此言不差。

大家知道，陕西师大国际长安学研究院（以下简称"研究院"）是由陕西的四所高校（陕西师大、西北大学、长安大学、西安文理学院）和陕西省文物局、陕西省人民政府参事室（省文史研究馆）、日本学习院大学、韩国忠南大学共同组成的研究机构。而一家研究机构办一种或数种学术刊物，以此作为平台，来宣传自己的学术主张，发表学术观点，凝聚学术队伍，进行学术交流，这无论是在中国或在外国都属再正常不过的事情，是通例。唯此，《研究》的诞生，是自然而然的事。面世以来，它共发表文章180余篇，字数达240余万字，发文作者达190余人，内容涉及长安学、长安学者、汉唐长安城、典籍与古文字、墓志碑石、出土文献、新出文物、历史文化、中外交流、宗教、书评等各个方面。

读者一定会问，如此"研究院"办的辑刊《研究》，有些什么特色呢？答曰：有四大特色。

第一，该刊栏目设计，总体稳定，适量灵活。这就是说，该刊的栏目"长安学与长安学者"一栏每期都是要有的，这是刊物的灵魂，要不然，怎么叫《长安学研究》？！因此，这一基本栏是稳定的。至于其余的栏目，要视此期文章的具体情况而定，所以叫"适量灵活"。据统计，《研究》每辑所设栏目数如下：第一、二辑设4个栏目，第三、四辑设5个栏目，第五辑设6个栏目，第六辑设5个栏目。

统计表明，所设栏目数大体差不多，平均每辑约4.8个。每辑的"长安学与长安学者"栏逐辑所发文章数依次为4、8、5、4、4、3，总计为28篇，占所发总文章数的百分之二十以上。正是这一点，成为该刊的点睛之笔，成为刊物之特色。

第二，该刊敢发长文，也敢发短文。长者如第二辑所发《〈史记〉新本校议》

一文，长达70页，近7万字。在当今各家学术刊物和各高校学报中，敢于这么做的，恐怕没有。一般都以六七千字为宜，达到万字便算长文章。此点，明显应为该刊亮点。同时，该刊也敢发短文。三五千字的短文，自不必说，最短者竟有千余字的小文。一个大型学术刊物，敢这么做，也实属少见。由此，使人不禁想起著名史学家顾颉刚先生当年编《古史辨》的情形。大家知道，该书所收文章，字数多少不一。既有数万字的长篇大论，也有极短的来往书信。这种做法，今天已经极其少见。从某种意义上说，《研究》既敢发长文又敢发短文，打破了目前学术刊物发文的惯例，恢复了顾先生当年的传统。仅此而论，便有相当的价值，而这自然也就成为该刊特色之一。

第三，该刊既重文献资料研究，也重文物、考古资料研究，特别是墓志方面的研究，所占比例日益增多。关于文献资料和文物、考古资料并重的研究原则，王国维首发其端，陈直等发扬光大，现为越来越多的传统学术研究者所认同，其重大意义不用再说。已出6辑《研究》中，如《史记》研究、寺庙文献研究，以及《衮史》《南村辍耕录》《女诫》《女论语》《入蜀记》《奇器图说》《荆楚岁时记》等10余种具体文献的研究，是文献研究的典型；而像对骨签、长安城考古资料、出土金文、文字瓦、多友鼎、关中地区20世纪50年代考古资料等研究，皆是文物、考古资料研究的典型。特别是关于骨签的研究，具有相当的前沿性。其中，有关墓志的研究，占了相当的比例。据统计，各辑研究墓志文章的数量如下：第一、二辑1篇，第三辑2篇，第四辑3篇，第五辑6篇，第六辑9篇。

从统计数字看，墓志类文章基本呈上升趋势，尤其第五、六两辑，数量急剧增加。显然，研究文献资料和研究文物、考古资料并重，是该刊的又一大特色。

第四，不定期选刊新书的重要篇章。这里"新书"有两种含义：一指新出版的书，二指即将出版的书。前者的例子如四卷本《西安通史》，2016年11月出版，2017年1月出版的《长安学研究》第2辑便选刊了该书的总序及各卷前言。后者例子如修订本《陕西通史》10篇样稿选刊于第三辑，《陕西经济通史》5篇样稿选刊于第四辑，《秦地国风——公元前后千年的陕西》13篇样稿分刊于第五、六两辑。像《研究》这样如此密集地选刊新书重要内容的，国内学术刊物并不多见。这么做，既为新书作了宣传介绍，扩大了影响，又使读者对新书重点内容先睹为快，加深了对有关新书重要篇章的理解，可谓一举两得。像如此的好事，何乐而不为？！

以上简略分析了《研究》的四大特色。由于只是"简略分析"，故曰"浅析"。最后，拟再就《研究》的性质略说几句。有关这个问题，笔者曾访询过辑刊的主编黄留珠先生，承蒙见告，说《研究》除了学术目的外，再无其他目的，是一份纯学术性辑刊，以研究、传播长安文化、长安文明以及建都关中乃至陕西的王朝，尤其是周秦汉唐王朝的文明文化为己任，使人们汲取历史智慧，变得聪明起来。正是这样的性质，才决定了刊物如上的特色。所以我们看到，《研究》并不像其他刊物那样，十分热衷时下的评价体系，热衷标榜自己，把什么"核心""重点""百强"之类挂在脑门上；更不搞大轰大嗡，特别看重所谓"评选""颁奖"一类激励活动，而是老老实实做事，一步一个脚印前进，以一种平和的心态特立独行，立身于学术之林，立身于世界的东方。

2021年3月30日于西安南郊

原载《长安学研究》（第6辑），科学出版社，2021年

（何夫，自由撰稿人）

《长安学研究文献汇刊·考古编·金石卷》前言

李向菲　贾二强

金石文献上古时即已出现，指以青铜器为主的金属器具以及以石砖陶器作为载体的文字、辞句或篇章，是除了竹木简牍、丝帛、纸质载体形态文献之外，中国古代文献的另一重要渊薮，其包含的历史文化信息，具有其他形态不可替代的作用，因此历来受到学者们的高度重视。作为一个系统并有着自身学理的学科——金石学，其兴始于北宋，刘敞《先秦古器记》、欧阳修《集古录》、赵明诚《金石录》，确立了据金石保存文献考订史籍的学术传统；至南宋时期获得巨大发展，出现专录汉碑的洪适《隶释》、备录全国石刻目录的王象之《舆地碑目》、陈思《宝刻丛编》、偏于记录书家石刻的佚名《宝刻类编》、专录古器物的王黼《宣和博古图》、王俅《啸堂集古录》和主要著录商周青铜器铭文的薛尚功《历代钟鼎彝器款识法帖》等，诸体大致齐备，表明是时金石之学已基本成熟。

元明两朝，受空谈心性、不务实学的学术风气影响，加之金石器物出土较少之故，经历了一个相对沉寂的时期。其间虽仍时有金石学者与著作，如元代之吾丘衍《周秦刻石释音》、杨钧《增广钟鼎篆韵》、潘昂霄《金石例》，明杨慎《石鼓文音释》、盛时泰《苍润轩碑跋》、都穆《金薤琳琅》、赵崡《石墨镌华》等，或订石刻之音训，或采石刻古文奇字，或述碑碣之制作义例，间有考订经史者，然多疏漏舛谬，罕有新见。

明末清初金石学再度勃兴。清代前期中期，经过顾炎武、朱彝尊、钱大昕、毕沅、孙星衍、王昶、阮元等著名学者的倡导，到嘉庆、道光间金石学成为显学。有清一代，搜讨、收藏、鉴赏、研究金石的风气盛行不衰，有关金石的著述层出不穷，研究成果蔚为大观，重要著述达1000多部。其研究方法虽难出宋人窠臼，研究范围却已全面扩大，体例亦更臻完善，既有存目、录文、摹图、摹字等环节的材料整理，又有通过题跋方式从内容上进行经史、小学、义例等方面的考订阐发；既有专门研究，又有通论；既有地域研究之分，又有全面总括。

在金石学研究中，"陕西"是一个特殊区域。关中作为周秦汉唐故都之所在，碑碣吉金文字之富甲于海内，商周青铜器，秦汉瓦当，唐代昭陵、宋代碑林碑石，汇集了一大批宝贵的金石文献。加之历代不时有新的金石出土，因此自北宋以来，陕西一直是金石学家青睐的一方宝地，如吉金之学的开山之作北宋刘敞的《先秦古器记》，就是作者根据他在陕西任职期间所获古器而作；而第一部专记一地金石的北宋田概的《京兆金石录》，则是记录长安古碑的著作。明末清初以来，更是形成了长久不衰的访古求碑热潮。

前代金石著录虽详于古，直到清代中叶，元明以下金石都不大受到学者关注，然陕西正是汉唐碑石的集中之地，因此在历代金石著作中，对陕西金石的研究占有很大比重。以清人名家著作为例，顾炎武《金石文字记》有一半左右的篇幅记录秦地金石，朱彝尊《曝书亭金石文字跋尾》、钱大昕《潜研堂金石文跋尾》、王昶《金石萃编》等也分别有三分之一左右的内容为陕西金石。又有多种专以秦地金石为研究对象的著作，如朱枫《雍州金石记》、毕沅《关中金石记》、毛凤枝《关中金石存逸考》等等，约有数十种之多。

陕西金石学在整个金石学研究中占有极其重要的地位，自宋至清也经历了几个不同的发展阶段，呈现不同的特色。

金石文字，可资正经订史，可评其文之优劣，亦可赏其书体之美。然自刘敞《先秦古器记自序》中提出古器研究有明其制度、正其文字、次其世谥三法，欧阳修在《集古录目序》中指出金石"可与史传正其阙谬"，赵明诚《金石录序》称"盖史牒出于后人之手，不能无失，而刻词当时所立，可信不疑"，以《集古录》"是正讹谬，有功于后学甚大"，之后论金石者多以"正经补史"为研究宗旨，为清代金石考据学的繁荣奠定了基础。

元明学风空疏，然就陕西地区而言，由于受关学影响，研究风气稍有不同。明代关中大儒吕柟继承北宋张载理学传统，以"文必载道，行必顾言"为号召，高扬"关学"的旗帜，使"关中自古称理学之邦"不仅引为乡里之荣，也成为天下公论。关学一向讲求经世尚用，强调实践功夫，影响及于金石之学，形成一种重实地考察、注重金石文献可靠性的研究风气。被钱谦益誉为"关中汲古二士"的赵崡与郭宗昌是其中的典型代表，其金石著作《石墨镌华》《金石史》，发论虽然未脱明人空疏积习，但因有着亲身实地访碑著录的研究基础，所以多能纠正宋人因仅据拓本或辗转传抄而导致的文本和考订失误。

清初顾炎武、黄宗羲等治学以返孔孟真淳为要旨，大力提倡"经世致用"之学，金石作为"实学"之一类，重新受到学人关注。顾炎武首开风气，提倡金石考订的学术观念，正与关学的学术风气相契合。他多次前往关中，晚年定居于陕，整理刊刻了其一系列金石著作，揭示金石可资考证的意义，亦开清代金石考据学的先声，因此可以说，清初金石学的复兴实与陕西的学术同气相求，密切关联。这一时期关中本土学者，如王弘撰等人的研究兴趣却多在金石书法，他们倡导汉碑，其尊碑抑帖的主张对后来的碑学有很大影响，于清代金石学重考据的主流研究之外别开生面。

乾嘉时期汉学发展至高峰，陕西的金石研究在这一时期也发生至关重要的一大变局，对于整个金石学的发展产生很大影响。毕沅是乾嘉学派的领军人物之一，乾隆三十六年至五十年（1771—1785），其莅陕为官，位至封疆大吏，且究心于金石之学，将政治权力广施于学术研究，故群贤毕至，少长咸集，一时蔚为大观，也成就了陕西金石学之高峰。毕沅对于陕西金石的研究成就，主要有三：一是有组织地、大规模地搜访金石，修护金石文物。这一方面使金石器物在这个时期大量出土，同时也使很多金石文物，如碑林、昭陵等得到了很好的修缮保护。二是组织幕府学者编撰方志金石志。宋代方志中金石的相关内容多收录在艺文、碑记或其他相近门类之下，直到明末《吴兴备志》，"金石"方首次作为一级类目出现在方志中，然而这种做法仍属偶然，到清初此种局面未有太大改观，设立金石类目的方志屈指可数。而毕沅在陕共编纂方志28种，设有"金石"门类者达13种，且其中11种为一级类目，这种为金石立志的做法大大提升了金石的学术地位，对于乾嘉时期金石学科格局的确立有奠基之功。三是这类金石专书和金石志十分纯熟地运用金石文字以考经订史，使得这一宋人提出、在清初由顾炎武倡导的金石考据的学术方法，在此时演变成为金石之学的主流，同时也使之广泛推及文字学、音韵学等研究领域，取得了多方面的卓越成就。此外，毕沅陕西幕府中培养出一大批金石学者，如严长明、孙星衍、钱坫等，均在金石学研究上取得了不凡的成绩。

道光以降，汉学高潮渐至消歇，风光不再，陕西金石学也后继乏力，故其学渐入低谷。然筚路蓝缕，遗风尚存，学人仍孜孜以求，其学术风貌虽蹈其旧，然拾遗补阙，求全求真，精化深化，亦成一时之特色。其中传统金石考据方面的集大成者则属毛凤枝无疑。毛氏长期居陕，遍搜关中金石文字，著成《关中金石文字存逸考》《金石萃编补遗》《古志石华续编》《关中金石文字古逸考》《关中金石文字古存考》诸书，以传统金石考据的方法，对关中遗留金石文献做了精深考证，堪称清末陕西金石学的代表。然因其生涯寥落，《关中金石文字古逸考》《关中金石文字古存考》两种不知存世与否，其《关中金石文字存逸考》《金石萃编补遗》《古志石华续编》三书，幸得其门生顾家相、顾燮光父子前后历数十年之功，在毛氏身后梓行于世。

陕西拥有深厚的金石学传统，这类丰富的学术资源，对于长安学、地方史、学术史乃至中国古代历史文化的研究，具有无可替代的价值。由于成书时代绵长，各类文献性质各异，保存状况复杂，利用这些材料存在种种不便。有鉴于此，本编意在将历代陕西金石文献汇为一编，俾其为当今社会文化发展发挥应有的作用。

本编所收宋至清末民初陕西金石文献120余种，基本涵盖传统金石之学的目录、录文、题跋考订、义例、摹图、方志相关金石部分等主要类别，赏鉴品评书法艺术之帖学类前代即为别途，近世之影印则多入现代学术，因而未予收录。各书如有不同版本则以文本完足文字精审可以信据为主要准的，而前代所谓珍罕秘本，则非主要考虑因素。

编辑过程中，国家图书馆、陕西省图书馆、陕西师范大学图书馆慨允提供数据，俾全书得以成编，谨致衷心感谢。

时间匆迫，思虑未周，所在差谬，尚乞学人读者指正。

2016年10月

原载《长安学研究》（第2辑），科学出版社，2017年
（贾二强，陕西师范大学历史文化学院教授；李向菲，西安文理学院文学院副教授）

关学传人孙景烈及其学术成就

王雪玲

孙景烈（1706—1782），字孟扬，号酉峰，陕西武功人，雍正十三年（1735）考中举人，乾隆元年（1736）出任商州学正，乾隆四年（1739）考中进士，入翰林院任庶吉士，乾隆七年（1742）升检讨，次年"会大考，不及格，以原官休致"[①]。孙景烈为人耿直，一生讲学授徒，著书立说，先后主讲关中、兰山、明道等书院，撰有《易经管窥》《诗经讲义》《四书讲义》《性理讲义》《关中书院课解》《酉麓山房存稿》《滋树堂文集》等著作，又先后纂修《乾隆郃阳县志》《乾隆鄠县新志》《郃封闻见录》，整理出版康海的《对山集》和《武功县志》，为昌明关学、弘扬陕西文化做出了贡献，是关学发展史上的重要学者之一。目前关学研究成果斐然，但关注的焦点主要集中在张载、冯从吾、李颙几位大家身上，至于孙景烈，由于其本人著述鲜见流传，史料记载又极其有限，因此相关研究相对薄弱，本文拟在梳理孙景烈生平的基础上，总结其学术成就及贡献，敬请方家指正。

一、献身教育

孙景烈仕途短暂，几无可言之处，一生"惟以讲学为事"[②]。孙景烈入翰林院就职前曾任陕西商州学正，致仕归乡后，则以讲经授徒、著书立说为己任，正如他

[①] 徐世昌等编：《清儒学案》卷二〇六《孙先生景烈》，沈芝盈、梁运华点校，中华书局，2008年，第8038页。按：《清高宗纯皇帝实录》卷一九〇"乾隆八年闰四月上"载乾隆帝于正大光明殿阅大考试卷，"按其文字优劣，分为四等"，孙景烈等七十一人被定为四等，"俱着休致"，"其四等未经降调休致者均罚俸一年，以示彰瘅"（中华书局，1985年，第11册第86页），然李元度《国朝先正事略》卷三谓"以言事忤旨，放归；深自韬晦"（岳麓书社，2008年，第883页）。江藩《国朝宋学渊源记》亦作"以言事忤旨放归"（中华书局，1983年，第163页）。《清史列传》卷六七《儒林传·孙景烈》言"以言事放归"（中华书局，1987年，第5381页）。《清史稿》卷四八〇《孙景烈传》亦曰"以言事放归"（中华书局，1977年，第13127页）。

[②] 〔清〕王心敬：《关学续编》卷二《酉峰孙先生》，见〔明〕冯从吾：《关学编》，陈俊民、徐兴海点校，中华书局，1987年，"附录"第109页。

在写给崔纪的信中所言："景烈自回籍后，以舌耕为业，与作诸生时无异也。"[①]时人亦谓孙景烈致仕归乡后，"与学者日讲性命之学，凡三主关中书院，一主兰山书院，一主鄠县明道书院，家居授徒又三十余年。自致仕学日益粹，名亦日益高"[②]。

1. 执教商州

雍正十三年（1735），孙景烈出任商州学正，期间"勤于课士，不受诸生一钱"[③]，颇得时人好评。孙景烈的弟子张洲在总结其师任商州学正期间的所作所为时说：

> 先生为商州学正，廉以持己，勤以教士，月课弟子员，无故不至者必加惩儆，至者具饮食以待，为讲明义理，训诫开示之。商州人士，竞相劝勉，兴于学，皆以为耳目所闻见，数十年广文官无有如孙先生者，人人称颂之，至今不忘先生。每曰：教官为学校所由兴废，而人固冗视之，而居是官者亦遂莫能自振，奋举其职，此甚非也。故其所以为商州者有异于人。[④]

劝学课士之外，孙景烈在任商州学正期间还做了两件值得称道的事。一是革陋规。孙景烈初到商州，学生前来拜见，无论是否带礼物，他都以礼待之，有的学生因未带礼物而致歉，孙景烈则安慰说："我为诸生时亦如是也。"当时商州州学有诸生丁忧递呈时"各与学师送制钱一二百文不等"的风气，孙景烈认为这是"乘人之丧而取财"的陈规陋俗，"不可一日留者"，于是起草了《革商州儒学诸生丁忧陋规揭示》，规定以后凡文武诸生丁忧，"但令亲属抱呈投递，并取里邻户首甘结，除匿丧假冒违碍等弊，例宜查究外，如有玩法书役，诈称从前陋规需索者，许递呈亲属，即赴学禀明，以凭究处"。[⑤]此外，当时商州州学教授过生日，"诸生皆送祝仪"，孙景烈说自己二十七岁丧母，"常抱风木之悲，生辰从不置酒，亦不见客，祝仪从何而来？"认为这是非道非义之物，不得受之丝毫，并亲自拒绝了一些学生的贺礼。二是倡社学。孙景烈认为作为基础教育的社学是实现崇儒重道、教化百姓的关键，地方政府应当视之为头等大事。之前商州城内有四座社学，各乡社学

[①]〔清〕孙景烈：《滋树堂文集·复崔虞村先生书（戊辰）》，见《清代诗文集汇编》编纂委员会编：《清代诗文集汇编》（第307册），上海古籍出版社，2010年，第104页。

[②]〔清〕李元春：《桐阁先生文钞》卷一〇《检讨孙西峰先生墓表》，见杨健主编：《北京师范大学图书馆藏稀见清人别集丛刊》（第14册），广西师范大学出版社，2007年，第608页。

[③]〔清〕江藩：《国朝宋学渊源记》，钟哲整理，中华书局，1983年，第163页。

[④]〔清〕张洲：《征仕郎翰林院检讨孙先生景烈行状》，见〔清〕钱仪吉等：《清代碑传全集·碑传集》卷四八，陈金林、齐德生、郭曼曼整理，上海古籍出版社，1987年，第256页。

[⑤]〔清〕孙景烈：《滋树堂文集·革商州儒学诸生丁忧陋规揭示》，见《清代诗文集汇编》编纂委员会编：《清代诗文集汇编》（第307册），上海古籍出版社，2010年，第180页。

则设在寺庙中，孙景烈认为这是古代"家有塾、党有庠、术有序"的遗规，应当恢复，于是起草《商州学正议复本州社学牒（戊午拟呈知州）》呈知州，建议恢复商州城内及各乡社学，为书院输送人才，"以书院育英才，而以社学正蒙养，不患人文之不盛也"。不仅如此，孙景烈还就社学运行及教学内容阐明自己的意见和主张：

> 堂台择诸生品端学优，或现为约正而长于文者，延为社师，优以礼貌，命各社附近诸童肄业其中。先授朱子小学以端其本，次授四子书，各治一经，各读一史，能兼诸经诸史者，随材授之。每年四季，堂台发题各社，课试诸童优劣。优等给以笔墨，尤异者拔入书院。某社人文盛者，即将某社师奖励，或给之匾，或值文宗岁试日，准举优生。若怠于训诲者，即请退师席。嗣后乡饮介宾，未为社师及约正者，不准滥举。此又奖励社师之一端也。至诸童所学时艺，务步趋大家，一切俗套，勿令入目。其余诗古文，亦须博览讲明，每课兼试一道，而经史外，宋五子《近思录》更为身心切要之书，宜熟观而勉学焉。如此本末兼修，教立于社学，而详于书院，庶乎人才蔚然，有造有德，出为良吏，处为真儒，薪尽而火传，所谓化民成俗，以佐圣天子久道之治者在是，不但文风蒸蒸日上，科第蝉联而已也。①

具体而详尽，切实而可行，效果不日可见。此外，孙景烈还撰有《商州丁祭牒呈本州三条》《商州丁祭复本州牒》，对商州儒学举行祭孔之礼提出意见和建议。

2.主讲书院

孙景烈致仕归乡后，应各地官员的聘请，"先后主讲兰山、明道、关中诸书院，而关中书院为最久"②。

孙景烈曾先后三次主讲当时陕西的最高学府关中书院。乾隆八年（1743），孙景烈受陕西巡抚陈宏谋的聘请主讲关中书院，十年（1745）三月，因会讲时与陈宏谋发生矛盾，"语涉嫌疑"，于是辞去关中书院主讲之职。乾隆十二年（1747）冬，陕西巡抚徐杞因公至武功，力聘孙景烈再掌关中书院，孙景烈不得已再掌关中书院教席。次年，徐杞被召回京候旨，陈宏谋再任陕西巡抚，孙景烈亦辞归。时隔

---

① 〔清〕孙景烈：《滋树堂文集·商州学正议复本州社学牒（戊午拟呈知州）》，见《清代诗文集汇编》编纂委员会编：《清代诗文集汇编》（第307册），上海古籍出版社，2010年，第181—182页。

② 〔清〕王心敬：《关学续编》卷二《酉峰孙先生》，见〔明〕冯从吾：《关学编》，陈俊民、徐兴海点校，中华书局，1987年，"附录"第109页。

不久，陈宏谋写信给孙景烈，邀其主讲关中书院，于是"旧日嫌疑，彼此冰释"①。直至乾隆二十二年（1757）孙景烈归乡省亲，偶感风寒，患上腿疾，于是派儿子赴西安辞馆，并将书篋带回，"而当事者雅意延之，随复勉力到馆"，至年底解馆时，又"以母老不便再主讲席为辞"。乾隆二十三年（1758）正月，"当事者复延之至再"，孙景烈以母亲年逾古稀，"不敢远游，亦不敢近游"力辞。②孙景烈主讲关中书院期间，著有《关中书院课解》《关中书院讲义》，同时还制订了《关中书院学约》，按照"学之本末轻重"安排学习内容，并做如下三条规定：

> 功课必用册记。每日分早、午、晚三时，各将所读所看之书，据实填写起止，以备不时查问。如有怠于填写及虚写而未曾用功者，一经查出，即送监院戒饬。

> 讲书之期。定于三、六、九日，诸生于前两日各将所讲之书细心体验，每逢讲期，早饭后齐集讲堂，候掌教出，诸生向上打三躬，分左右坐，听掌教讲说，或命诸生面讲，或制掣轮讲，务求明辨。如有素未用功，临时不能发挥者，罚站立听讲。

> 课期定于每月初三、十八日。首出《四书》题一道，次题或经或策论类间出，三题或诗或赞铭等类间出。每逢课日，诸生黎明盥洗毕，自置桌凳于讲堂两旁，候题会课，务尽一日之长，申刻交卷，迟者文虽佳不录。③

孙景烈在主讲关中书院的间隙，还曾主讲甘肃兰山书院。据孙景烈自述其掌兰山书院时，"值榕门先生前辈调抚湖南"④，陈宏谋自陕西移任湖南在乾隆二十年（1755），同年孙景烈在给陈宏谋的书信中亦写道："金城送别后，光阴駚流，岁月又欲更新矣。晚拟于腊之六日起程归籍，明春不能再赴兰山讲席，实缘家慈年近七旬，晨昏定省，岂敢常令子弟代之。"又曰："书院诸生，近有五十余人，颇知向上，课艺亦渐有进机，但晚学问空疏，半载内不能大为启迪，以副先生千里延师，为国作人之盛意，是可愧耳。"⑤可知孙景烈主讲兰山书院在乾隆二十年，为时

---

① 〔清〕孙景烈：《滋树堂文集·复崔虞村先生书（戊辰）》，见《清代诗文集汇编》编纂委员会编：《清代诗文集汇编》（第307册），上海古籍出版社，2010年，第104页。
② 〔清〕孙景烈：《滋树堂文集·复陈榕门先生书（戊寅）》，见《清代诗文集汇编》编纂委员会编：《清代诗文集汇编》（第307册），上海古籍出版社，2010年，第108页。
③ 〔清〕孙景烈：《滋树堂文集·关中书院学约》，见《清代诗文集汇编》编纂委员会编：《清代诗文集汇编》（第307册），上海古籍出版社，2010年，第186—187页。
④ 〔清〕孙景烈：《滋树堂文集·与陈榕门先生论黄石斋九种经传书（丁丑）》，见《清代诗文集汇编》编纂委员会编：《清代诗文集汇编》（第307册），上海古籍出版社，2010年，第107页。
⑤ 〔清〕孙景烈：《滋树堂文集·与陈榕门先生书（乙亥）》，见《清代诗文集汇编》编纂委员会编：《清代诗文集汇编》（第307册），上海古籍出版社，2010年，第106页。

仅半年，时间虽然不长，但其心系书院、关心学子课艺的殷殷之情跃然纸上。

明道书院系乾隆三十四年（1769）鄠县知县舒其绅购买民宅而创建，创立之初因"膏火无资"没有运行，直至乾隆三十九年（1774）汪以诚来任是邑，始与乡绅谋划并筹集膏火之资。同年，聘请孙景烈主讲明道书院。孙景烈主讲明道书院期间，制订了《明道书院举业课程》，对于早课、午课、午后及灯下的学习时间及内容做了详细规定，并要求"逐日据实登记在册，起止分明，阅五日呈院长考查"。每月初二、十七写作文，"四书题一道、诗古文题一道"，学生拿到作文题后，"禁应酬，禁观书，禁抄袭，务尽一日之长，酉刻即交手册，不许燃烛"。[1]此外，孙景烈还应诸生之请撰写《明道书院后记》，详述明道书院的创办经过，肯定舒其绅、汪以诚等地方官员兴办书院的功绩。

二、昌明关学

关学是儒学发展史上一个承前启后且具有地域文化特征的学术流派，始创于宋代张载，流行于关中地区，自北宋至清末，延续了八百余年，誉播华夏，影响深远。明代著名学者王阳明曾说："关中自古多豪杰，其忠信沉毅之质，明达英伟之器，四方之士，吾见亦多矣，未有如关中之盛者也。"[2]明清两代关中地区出现了许多关学的追随者和传播者，吕柟、韩邦奇、马理、杨爵、冯从吾、王徵、李颙、李因笃、李柏、王杰、王鼎、贺瑞麟、刘光蕡、宋伯鲁、牛兆濂等都是其中的佼佼者，孙景烈亦是其中的一员。《清史稿·儒林传》在总结清代关学时说："关学初以马嗣煜嗣冯从吾，而（白）奂彩、（党）湛、（王）化泰皆有名于时。武功冯云程、康赐吕、张承烈，同州李士滨、张珥，朝邑王建常、关独可，咸宁罗魁，韩城程良受，蒲城宁维垣，邠州王吉相，淳化宋振麟，皆笃志励学，得知行合一之旨。至乾隆间，武功孙景烈亦能接关中学者之传。"[3]

首先，孙景烈作为关学传人，继承了关学学者世代恪守的"躬行礼教为本"之宗旨，宣扬朱子之学，主张明体适用。王心敬称孙景烈"教人专心小学、四子书。讲四子书，又恪守考亭注，而析理之细，直穷牛毛茧丝，多发人所未发"[4]。《清史

---

[1] 〔清〕孙景烈：《滋树堂文集·明道书院举业课程》，见《清代诗文集汇编》编纂委员会编：《清代诗文集汇编》（第307册），上海古籍出版社，2010年，第187—188页。
[2] 〔明〕王守仁：《王阳明全集》卷六《文录三·答南元善》，吴光、钱明、董平等编校，上海古籍出版社，2011年，第235—236页。
[3] 《清史稿》卷四八〇《儒林传·王化泰》，中华书局，1977年，第13126—13127页。
[4] 〔清〕王心敬：《关学续编》卷二《酉峰孙先生》，见〔明〕冯从吾：《关学编》，陈俊民、徐兴海点校，中华书局，1987年，"附录"第110页。

列传》总结其关学思想如下：

> 其为学恪守朱子，而以《四书集注》为主，诸经子史，悉荟萃印证。以此讲学，亦体之以持身涉世。其讲《大学》格致，谓陆王之说，混穷理于去私；讲《中庸》天命之谓性，谓天命善，不命恶；讲《四勿》章复礼，谓礼即为国以礼之礼。尝举真西山语曰："古之学者为己，为青紫而明经，为科举而业文，去圣人之旨远矣。"①

《清儒学案》则谓孙景烈为学"以求仁为要领，以主敬为工夫，以《小学》一书为入德之基，期为切实近里。……其诲人汲汲孜孜，合经义治事为一"②。弟子王巡泰谓其"务实不务名，务真修实践，不尚标榜浮华邻于虚车轮辕之饰"③。凡此说明孙景烈在发扬关学知行合一、不尚空谈、求实致用等方面比其他关学学者有过之而无不及。早在任商州学正时，孙景烈就特别关注现实，革陋俗，倡社学，致力于社会风气的改良。乾隆十五年（1750），陕西永寿县知县王居正写信给孙景烈，言及永寿百姓近有刁悍之名，孙景烈认为一地风气之好坏关键在于地方官的所作所为，"官不贪则民敬，官不酷则民亲，官明且断则民莫不服。刁悍之辈，何自而生？"同时，孙景烈认为士乃四民之首，是百姓效仿学习的样板，而士风不好，士习不端，关键在于学校教育没有做好，"今欲培养人才，必令生童各奉朱子所辑小学为根柢，文风俟其自变，若急急于文，导之以浮华，则士习愈坏，士习坏则刁悍之民效尤而作矣"④。孙景烈的弟子张宝树谓其"与亲族朋友往来赠答，每不屑为周旋世故之词，间有不得已而为文者，亦皆勉学敦品，崇实黜华，盖又醇乎其醇矣"⑤。

其次，孙景烈作为关学传人，与其他学者一样，亦将书院作为传播关学的重要阵地，借以昌明关学，培养人才。孙景烈先后三次主讲关中书院，又曾主讲甘肃兰山书院、鄠县明道书院，关中学子受业孙景烈门下者不计其数，其中通过科举走上仕途的多能"有所设施以自表见"，未入仕者"亦俱务为醇谨，不为非义之行"。

---

① 《清史列传》卷六七《儒林传·孙景烈》，王钟翰点校，中华书局，1987年，第5382页。
② 徐世昌等编：《清儒学案》卷二〇六《孙先生景烈》，沈芝盈、梁运华点校，中华书局，2008年，第8039页。
③ 〔清〕王巡泰：《太史孙酉峰先生文集序》，见《清代诗文集汇编》编纂委员会编：《清代诗文集汇编》（第307册），上海古籍出版社，2010年，第69页。
④ 〔清〕孙景烈：《滋树堂文集·答王永寿居正书（庚午）》，见《清代诗文集汇编》编纂委员会编：《清代诗文集汇编》（第307册），上海古籍出版社，2010年，第105页。
⑤ 〔清〕张宝树：《太史孙酉峰夫子文集后序》，见《清代诗文集汇编》编纂委员会编：《清代诗文集汇编》（第307册），上海古籍出版社，2010年，第188页。

"故一时海内之士，无不知有酉峰先生者"。①因此孙景烈门下不乏名人，大荔李法、武威孙俌、吴堡贾天禄、雒南蒋宁廷、武功张洲、韩城王杰均出其门下，人称"关中书院六士"。其中韩城人王杰"初从武功孙景烈游，讲濂、洛、关、闽之学，及见（陈）宏谋，学益进，自谓生平行己居官得力于此"，乾隆二十六年（1761）中进士，系清朝开国以来陕西省第一个状元，官至内阁大学士、左都御史，为官忠贞亮直，持守刚正，"历事两朝，以忠直结主知"。②王杰擅长诗文及书法，撰有《惺园易说》《葆醇阁集》等著作。武功人张洲曾在关中书院求学，乾隆二十二年（1757）进士，历任广西修仁、浙江德清县知县，清介廉明，人人称颂，著有《对雪亭文集》《诗集》《论语讲义》《诗经讲义》等著作。此外尚有陕西临潼人王巡泰，字岱宗，号零川，受业孙景烈门下，乾隆十九年（1754）进士，历任山西五寨、广西兴业、陆川等县知县，所到之处皆有惠政，先后主讲临潼、渭南、华阴、望都、解州、运城等地书院，"多所成就，学舍或不能容"③，著有《四书日记》《格致内篇》《仕学要言》《河东盐政志》《兴业县志》等十余种。因此时人称孙景烈为关西夫子，海内大儒，造就关中人才甚众，"三秦学者翕然宗之"④。

三、弘扬文化

孙景烈一生除讲经授徒、著书立说、昌明关学外，还致力于家乡的文化事业，先后整理刻印康海的《对山集》，校注《武功县志》，还修纂了三部陕西地方志，在宣传陕西学人、弘扬陕西文化方面做出了一定贡献。

1.刊校康海著作

康海（1475—1540），字德涵，号对山，陕西武功人，明代著名文学家，与李梦阳、何景明、徐祯卿、边贡、王九思、王廷相合称"前七子"，著有诗文集《对山集》、杂剧《中山狼》、散曲集《沜东乐府》，由其纂修的《武功县志》颇受时人推崇，被誉为关中名志。

---

① 〔清〕张洲：《征仕郎翰林院检讨孙先生景烈行状》，见杨健主编：〔清〕钱仪吉等：《清代碑传全集·碑传集》卷四八，陈金林、齐德生、郭曼曼整理，上海古籍出版社，1987年，第256页。
② 《清史稿》卷三四〇《王杰传》，中华书局，1977年，第11085、11088页。
③ 〔清〕王心敬：《关学续编》卷二《零川王先生》，见〔明〕冯从吾：《关学编》，陈俊民、徐兴海点校，中华书局，1987年，"附录"第110页。
④ 〔清〕王巡泰：《太史孙酉峰先生文集序》，见《清代诗文集汇编》编纂委员会编：《清代诗文集汇编》（第307册），上海古籍出版社，2010年，第69—70页。

康海的《对山集》自明嘉靖以来凡六刻，各刻本所收篇目出入较大，孙景烈于乾隆二十六年整理刻印的《对山集》十卷本即其一。孙景烈所刻《对山集》共收策论一卷，书一卷，序二卷，记并杂著一卷，墓碑并墓表一卷，墓志、祭文、行状共二卷，诗赋二卷，此本与以前各刻本体例不同，采用文在前、诗赋在后的编排方式。孙景烈刻本除保留了嘉靖张太微刻本和万历马逸姿刻本所载各家序言外，还附有张治道、朱孟震、张光孝、杨一清、吕柟、崔铣、胡缵宗、李濂、王世贞、余宪、何良俊、张卤、王学谟、王九思、张文邦、钱谦益诸家及《明史》对康海诗文的评价。诸家评语后载马理所撰《对山先生墓志铭》，卷后又附武功人张洲乾隆二十六年所作《康对山先生文集后序》一篇。《四库全书总目》谓孙景烈所刻《对山集》盖以嘉靖张太微本为底本"又加刊削而刻之"①。韩结根先生研究认为，乾隆孙景烈刻本卷内篇目次序虽大体依嘉靖张太微校订本，但其中尚有序七篇，记五篇，墓碑二篇，墓志三篇，祭文一篇，赋二篇，四言古诗一首，五言古诗四首，七言古诗二首，五言律诗一首，七言律诗一首，五言绝句一首不见于嘉靖本，系出自万历本。"所以乾隆十卷本实际是嘉靖本与万历本的合选本，而自成一系统。"②四库馆臣认为《对山集》之嘉靖张太微本"玞玟燕石，间列错陈"，而万历马逸姿增刊本又"颇伤芜杂"，孙景烈刻本虽晚于嘉靖、万历刻本，"而去取谨严，于诗汰之尤力，较诸本特为完善，已足尽海所长矣"。③

孙景烈在整理刊刻康海《对山集》的同时，还校注并刻印了康海所纂《武功县志》。康海《武功县志》纂成于明正德十四年（1519），分三卷七篇，"凡山川、城郭、古迹、宅墓，皆括于地理。官署、学校、津梁、市集则归于建置。祠庙、寺观则总以祠祀。户口、物产则附于田赋。艺文则用《吴郡志》例，散附各条之下，以除冗滥。官师则善恶并著，以寓劝惩"④。康海《武功县志》特色鲜明，文简事略，全书仅两万余字，向以文简事核而为世人称道，四库馆臣称"自明以来，关中舆记，惟康海《武功县志》与此志（《朝邑县志》）最为有名"⑤。清初学者王士祯则曰："以予所闻见，前明郡邑之志不啻充栋，而文简事核、训词尔雅，无如康对山志武功。"⑥陈宏谋亦曰："对山《武功志》文简事核，凡所记载，悉关国计民

---

① 《四库全书总目》卷一七一《集部·别集类·对山集》，中华书局，1965年，第1499页。
② 韩结根：《康海年谱·〈对山集〉版本述考》，复旦大学出版社，1993年，第255—261页。
③ 《四库全书总目》卷一七一《集部·别集类·对山集》，中华书局，1965年，第1499页。
④ 《四库全书总目》卷六八《史部·地理类·武功县志》，中华书局，1965年，第602页。
⑤ 《四库全书总目》卷六八《史部·地理类·朝邑县志》，中华书局，1965年，第602—603页。
⑥ 〔明〕王士祯：《蚕尾集》卷一〇《新城县新志序》，见《四库存目丛书》集部第227册，齐鲁书社，1997年，第277页。

生，人心风俗，确乎可传，可为志乘之极则。"①同时，批评的声音也不绝于史，尤其是清代史志学家对前人称誉有加的康海《武功县志》、韩邦靖《朝邑县志》多持否定态度。

康海《武功县志》自成书后屡经刊印，版本甚多，卷数也有三卷、四卷之别，加之此志乃名人名志，自明正德十四年冯珝初刻本刊行后，"许多慕名者竞相刷印，尤其是历任知县官与当地缙绅们纷纷刷印，以之馈赠亲友上宪，视为'礼货'。而刷印的频繁致使板片受损，字迹剥蚀，历经补板递修，正德初刻初印本极为罕见，后印本仅有极少数几本存世。而万历许国秀重刻本及清雍正沈华刻本也都是比较稀有了"②。孙景烈对家乡先贤康海甚为崇拜，对其所修《武功县志》更是称赞有加，自称读康志数十年，爱之甚笃，称之"实为明以来郡邑志中第一部书，亦为对山文中第一佳作"③。鉴于《武功县志》原刻已不得见，"翻本多豕亥相淆"，多失本来面目，孙景烈于是着手校勘，"欲复对山之旧"，所用底本为张莱峰家藏善本，并与其他刻本参校，"爰正其讹谬，阙其所疑，而又以素所管窥者，妄加评点而略注之"。④武功县知县玛星阿将孙景烈校注本予以刊刻，并在刻书序中说："在籍太史孙酉峰先生觅旧刻，细为校雠，正其谬，阙其疑，加之评注有年矣，而志之善乃益章焉。予求观之，遂付梓以公诸同好者，当不徒取其文而遗其所载，视为饰轮辕之虚车也。"⑤此刻一出，风行海内，甚是知名，并收入《四库全书》。孙景烈评注本在嘉庆、道光、同治、光绪年间均有重印、重刻，是康海《武功县志》中流传广、影响大的一个版本。

2.纂修陕西方志

孙景烈校注康海《武功县志》并深受其修志体例的影响，在讲学之余，仿效康海《武功县志》之体例，纂修了《邠阳县志》和《鄠县新志》两部陕西方志，又搜集资料编纂《邠封闻见录》，为续修《武功县志》做准备，其在清代方志修纂历史

---

① 〔明〕康海纂、〔清〕孙景烈评注：《正德武功县志》卷首《诸家评语》，见凤凰出版社编选：《中国地方志集成·陕西府县志辑》（第36册），凤凰出版社，2007年，第6页。
② 冯宝琳：《康海〈武功县志〉版本考略》，《北京图书馆馆刊》1998年第4期。
③ 〔清〕孙景烈：《滋树堂文集·复陈榕门先生书（戊辰）》，见《清代诗文集汇编》编纂委员会编：《清代诗文集汇编》（第307册），上海古籍出版社，2010年，第103页。
④ 〔清〕孙景烈：《滋树堂文集·新刊武功县志序（辛巳）》，见《清代诗文集汇编》编纂委员会编：《清代诗文集汇编》（第307册），上海古籍出版社，2010年，第75页。
⑤ 〔明〕康海纂、〔清〕孙景烈评注：《正德武功县志·玛星阿序》，见凤凰出版社编选：《中国地方志集成·陕西府县志辑》（第36册），凤凰出版社，2007年，第2页。按：此序系孙景烈代写，见《滋树堂文集》。

上亦占有一席之地。

孙景烈纂修邰阳志之前，邰阳旧志凡四修，分别是嘉靖二十年（1541）蔺世贤、魏廷撰修纂的《邰阳县志》二卷，万历二十年（1592）叶梦熊修纂《重修邰阳县志》七卷，顺治十年（1653）庄曾明、叶子循修纂的《续修邰阳县志》七卷，以及康熙四十九年（1710）钱万选纂修的《宰莘退食录》八卷。乾隆三十年（1765），席奉乾任邰阳知县，于为政之暇审阅邰阳旧志，嘉靖、万历志已不得见，《宰莘退食录》又未曾刻印，可见的最早志书乃顺治十年修成的《续修邰阳县志》，"迄今百有余年矣"。因此，身为地方父母官的席奉乾不得不将修志工作提上议事日程，但又不敢苟且从事，于是接受乡绅的建议，聘请关中名士、武功人孙景烈纂修新志。乾隆三十四年（1769）正月，孙景烈来到邰阳，着手修志，历时三个月即告完成。孙景烈所修《邰阳县全志》凡四卷七篇，首绘县境图一幅，卷一为地理、建置；卷二为田赋、官师；卷三为人物；卷四为选举、杂记。其体例与康海《武功县志》大同小异。当时邰阳人张松在《新刻邰阳县全志序》中说：

> 先生讲学之余，尝评注《武功志》，以抉对山精蕴，为世所珍，则其洞然于志法者久矣。今于仲春来合开馆纂修，阅三月书成，余受而读之，见其质文相丽，而脉络贯通，七篇直如一篇，至其叙事简明，立言醇正，皆本诸讲学心得者，盖以程朱之理为史汉之文，不独举对山、五泉两志之善兼而有之，且似过之也。三长并擅，五难无讥，吾邑之志，其自今足以征信而备辖轩之采矣乎。是则贤侯之盛举，太史之鸿裁，相与有成、功垂简册也。①

现存最早的鄠县方志是康熙二十一年（1682）康如琏、康弘祥修纂的《鄠县志》，此志是在明万历时人刘璞所修《鄠县志》的基础上增补订正而成的，其记事谨严，文字简练，图文并茂，但是缺载两周史实及经籍志，康熙五十一年（1712）又有续补，未曾刻印。雍正十年（1732），鲁一佐又再事增补，合前志一同刻印，是为雍正《鄠县重修续志》。乾隆三十九年（1774），汪以诚任鄠县知县，到任后即搜访王九思《鄠县志》准备重刻，虽然"悬重价购之，终不可得"，②于是决定重修新志。当时适逢孙景烈主讲鄠县明道书院，孙景烈亦曾搜寻王九思的《鄠县志》而未果，鉴于孙景烈熟悉志法，评注过康海的《武功志》，又纂修过《邰阳志》，

---

① 〔清〕席奉乾修、孙景烈纂：《乾隆邰阳县志·张松序》，见凤凰出版社编选：《中国地方志集成·陕西府县志辑》（第22册），凤凰出版社，2007年，第7页。
② 〔清〕汪以诚修、孙景烈纂：《乾隆鄠县新志·汪以诚序》，见凤凰出版社编选：《中国地方志集成·陕西府县志辑》（第4册），凤凰出版社，2007年，第1页。

均颇得好评，是纂修新志的不二人选，汪以诚于是再三力邀，孙景烈以古稀之年不得已而任其事。乾隆四十一年（1776）开始纂修工作，历时十月即告完成。志书修成后，孙景烈不甚满意，辞去明道书院讲席返回武功时，随身携带志稿，重新修改完善，然后寄回，并特意嘱咐汪以诚付梓前务必请陕西巡抚毕沅过目审定，其做事认真严谨，于此可见一斑。乾隆《鄠县新志》共六卷八篇十余万字，卷一地理，卷二建置，卷三田赋、官师、风俗，卷四、卷五人物，卷六选举、杂记。记事止于乾隆四十一年，体例与孙景烈所修《邠阳县全志》大同小异，变《邠阳县全志》四卷七篇为六卷八篇，各篇名目、次序基本相同，仅增加了一篇风俗志，由此可见康海《武功县志》对孙景烈的影响之深。

孙景烈系武功邰封里人，邰封因后稷封邰作邑而得名。孙景烈晚年归乡闲居期间，一方面整理出版康海《武功县志》，纂修《邠阳县志》《鄠县新志》，另一方面也广泛搜集资料，为续修武功县志做准备。为有别于历代官修的《武功县志》，孙景烈以居里名其书，称《邰封闻见录》。《邰封闻见录》效仿康海《武功县志》的体例，分为七篇，删去祠祀，而增加艺文。后人称《邰封闻见录》"地理篇考证独详，人物多依康氏志及续志、后志，所增加者仅数人。艺文未成篇，而征引繁富"[1]。遗憾的是，《邰封闻见录》未及完成，孙景烈于乾隆四十七年（1782）辞世，未竟稿亦佚于嘉庆年间，乾隆、嘉庆两朝武功县修纂志书，对孙景烈《邰封闻见录》多有参考。继康海《武功县志》后，康熙、雍正两朝，武功均修有志书，孙景烈纂《邰封闻见录》时，武功县令钱君正着手修纂《武功县志》，未及完成，继任黄景略又聘请吴泰来继续修纂，增补付梓，于乾隆四十九年（1784）完成，从黄景略所作序言中看似未得见孙景烈所撰《邰封闻见录》。嘉庆年间，董教增巡抚陕西，偶然读到康海《武功县志》，"欲合三志（康熙、雍正、乾隆三志）续前志后，以便检阅，而未得其暇"。嘉庆十八年（1813），武功县令张树勋聘请罢官在家的延长县令王森文修纂志书，特意嘱其合纂续志，"依据三次递修旧本，参以乡先生孙检讨景烈所撰《邰封闻见录》，并绅耆采访新册合为一编，事无挂漏，而义例恪遵康氏"[2]。《嘉庆武功县志》记事起于明嘉靖元年（1522），止于清嘉庆十九年（1814），成书五卷七篇。

---

[1] 陕西省地方志编纂委员会编：《陕西省志·著述志（古代部分）》，三秦出版社，2000年，第236页。
[2]〔清〕张树勋修、王森文纂：《嘉庆续武功县志·董教增序》，见凤凰出版社编选：《中国地方志集成·陕西府县志辑》（第36册），凤凰出版社，2010年，第159页。

四、结语

孙景烈身为关学传人,继承了关学学者世代恪守的"躬行礼教为本"之宗旨,宣扬朱子之学,主张明体实用、知行合一,是颇有成就并受人敬重的关学学者,陕西督学杨梅似谓"关中一时人才济济,尤以先生为当世无双"[①]。孙景烈一生不尚浮华,不务虚名,身体力行,以移风易俗、教化百姓为己任,早在执教商州之始就致力于人才的培养和社会风气的改良,致仕后则以书院为阵地,以讲学授徒为手段,以昌明经学为目的,讲经传道,著书立说,"成就关中人才甚众"。不仅如此,孙景烈还热爱家乡,推崇先贤,先后整理出版了康海的《对山集》和《武功县志》,编纂志书《邠阳县全志》《鄠县新志》《邠封闻见录》,在宣传陕西学人、弘扬家乡文化方面做出了贡献。总而言之,孙景烈是关学发展史上的重要学者之一,在清代学术史上亦占有一席之地。

原载《长安学研究》(第3辑),科学出版社,2018年

(王雪玲,陕西师范大学历史文化学院教授)

[①] 〔清〕王心敬:《关学续编》卷二《酉峰孙先生》,见〔明〕冯从吾:《关学编》,陈俊民、徐兴海点校,中华书局,1987年,"附录"第110页。

论毕沅及其陕西幕府的金石学成就

李向菲

清代考据学在乾隆、嘉庆时期发展至极盛，这种以考据训诂的治学方法研究经史文献的学术流派在这个时期几乎占据了整个学术界。金石学作为其中一个分支，也出现繁荣景象，金石出土既数倍于往昔，研究成果也斐然可观，遂"彪然成一科学"[1]。

任何学术的发展都有一个渐变的过程，探讨这个过程中的每一个细节问题，对于把握学术变迁的大趋势都是很有意义的。目前的研究往往都是将"乾嘉"作为一个笼统的时段，对于这一时期的金石学所取得的成就，从各个方面做了比较深入的探索。但是仍有一些问题，如金石是如何由部分学者的研究兴趣转变成整个学术界普遍关注的对象的？清初顾炎武所强调的金石研究当以考据经史为目标的学术观念，如何占据了金石学研究的主流？也就是说，在金石学的繁荣景象出现之前，学术观念到底经历了一个怎样的演变？期间还有很多问题没有解决。本文以毕沅及其陕西幕府学者的金石研究为切入点，探讨其取得的成就、造成的影响，并尝试回答以上问题。

一、毕沅及其陕西幕府

毕沅（1730—1797），字纕蘅，一字秋帆，自号灵岩山人，江苏镇洋（今太仓）人，乾隆二十五年（1760）进士。乾隆三十六年（1771）到陕，历任陕西按察使、布政使、巡抚、陕甘总督等职，直至乾隆五十年（1785）离任，在陕任职达十余年之久。之后历河南巡抚、湖广总督等，嘉庆二年（1797）卒。毕沅一生政绩平平，但是作为清代著名的学者型官员之一，毕沅博学多才，精通经史，旁及小学、金石、地理，擅长诗文，著述甚丰；又利用自己的特殊地位，奖掖人才，校刻书籍，对清代学术发展产生了巨大影响。

毕沅十分爱惜人才，在陕西、河南、湖北任职时期均广泛延揽文人入幕，幕府

---

[1] 梁启超语，见梁启超：《清代学术概论》，东方出版社，2012年，第50页。

极一时之盛，无论在规模还是影响上于乾隆时期都是首屈一指的，只有后来的阮元幕府超过了他的影响。乾隆时人符葆森《怀旧集》评论毕沅幕府曰："（毕沅）开府秦、豫，不独江左人才半归幕府，而故人罢官者亦往往依之""一时士之奔趋其幕府者，如水赴壑，大都各得其意以去"。①而毕沅在陕为官最久，陕西幕府也是其幕府最辉煌的时期。入其幕者最著名的有严长明、洪亮吉、孙星衍、钱坫、吴泰来、张埙等，均为当时的博学硕儒。

严长明（1731—1787），字冬友，号道甫，江苏江宁人。自幼奇慧，幼从方苞授业。曾客两淮盐运使卢见曾幕府。乾隆二十七年（1762），高宗南巡，严长明以献赋召试，特赐举人，授内阁中书。充方略馆纂修官，入直军机处，擢内阁侍读。以父忧去官，筑归求草堂，藏书三万卷，金石文字三千卷。乾隆三十七年（1772），毕沅招其"至官斋为文字交，因得游太华终南之胜，诗文益奇纵，所得金石刻益富。在秦中十载，撰成《西安府志》八十卷、《汉中府志》四十卷，皆详赡有法"②，《西安府志》为西安设府以来第一部府志，体例甚佳，历来评价很高。另外著有《知白斋金石类签》《汉金石例》《金石文字跋尾》等金石著作。

钱坫（1744—1806），字献之，号十兰，江苏嘉定（今上海）人，钱大昕族侄。乾隆三十九年（1774）登副榜贡生，遂至关中，入毕沅幕中，后就职乾州州判，摄兴平、韩城、大荔、武功知县，乾州、华州知州。《清儒学案》称其"在毕制府沅陕幕最久"③。精训诂、舆地之学，于古器款识多有研究，著有《十六长乐堂古器款识考》等金石著作。

孙星衍（1753—1818），字渊如、伯渊，号季述、薇隐，江苏阳湖（今武进）人。乾隆四十五年（1780），经钱大昕举荐，入毕沅陕西幕府，乾隆五十年（1785）又随毕沅至河南任上，乾隆五十二年（1787），进士及第后离开毕沅幕府。治学范围很广，对经史、文字、音韵、诸子百家、金石等均有涉及，工篆隶，精校勘，擅诗文。著有《尚书今古文注疏》《周易集解》《晏子春秋音义》等。毕沅幕中的著述活动，孙星衍参与最多。毕沅撰《关中胜迹图志》《山海经新校正》，校正《晏子春秋》，校勘惠栋诸书，皆孙星衍手定。所著以金石著作为最多，有《寰宇访碑录》《平津馆金石萃编》《魏三体石经遗学考》《京畿金石考》

---

① 〔清〕李桓辑：《国朝耆献类征初编》卷一八五《疆臣·毕沅》，清光绪刻本。
② 〔清〕陈其元：《庸闲斋笔记》卷八《毕卢二公之爱才》，杨璐点校，中华书局，1989年，第181页。
③ 〔清〕钱大昕：《潜研堂文集·内阁侍读严道甫传》，商务印书馆民国二十五（1936）年排印本，第581页。

《泰山石刻记》等。

洪亮吉（1746—1809），字君直，一字稚存，号北江、更生，江苏阳湖人。早年入朱筠幕，与汪中、邵晋涵、王念孙、章学诚、吴兰庭等学者过往甚密。乾隆四十六年（1781），孙星衍自关中来信，言毕沅钦慕之意，遂至陕西，至乾隆五十四年（1789）离陕入京应礼部试之前，均在毕沅幕。洪亮吉深于史，尤精地理沿革所在，《乾隆府厅州县志》《补三国疆域志》《东晋疆域志》《十六国疆域志》等均为其代表作。亦留意声韵故训，有《春秋左传诂》《六书转注录》《汉魏音》等研治经籍之作及诗文集多种。

张埙（1731—1789），字商言，又字商贤，号吟芗，又号瘦铜，别号小茅山人、石公山人。江苏吴县（今江苏省苏州市）人，乾隆三十年（1765）成顺天举人，官内阁中书、景山学宫教习，乾隆三十八年（1773年）入四库馆任编校。乾隆四十二年（1777）丁忧，毕沅邀其入陕，修成《兴平县志》二十五卷、《郿县志》十九卷、《扶风县志》十八卷。后以三志金石部分为基础，纂成《张氏吉金贞石录》五卷，又有《太白山志》二卷、《竹叶庵文集》三十三卷。精鉴赏，故考证金石及书画题跋详瞻可喜。生平散见《苏州府志》《竹叶庵文集·序》等。

吴泰来（1730—1788），字企晋，号竹屿，江苏长洲（今苏州市）人。乾隆二十五年（1760）第进士。车驾南巡，召试赐内阁中书，不赴。应毕沅之请，主讲关中书院。后又随毕沅至河南，主讲大梁书院。事见《清史稿》《清史列传》。著有《砚山堂集》《净名轩集》等。

王复（1747—1797），字敦初，一字秋塍，浙江秀水人。工诗，喜搜刻金石遗文，有《晚晴轩稿》等著作。乾隆四十八年（1783）入毕沅幕。

黄景仁，字汉镛，一字仲则，自号鹿菲子，江苏武进人。乾隆四十六年、四十七年（1782）、四十八年（1783）均曾短暂入毕沅幕中。

以上学者是毕沅陕西幕府中声名较著、入幕时间较长者，其他短暂入幕者更是不胜枚举，说"江左人才半归"毕沅幕府毫不夸张。

由于雍正、乾隆两朝的政治高压，"文网太密"，思想界极度不自由，影响到地方幕府中，政治性活动极少，校订注释古典文献、编修方志、纂辑著作等学术工作是幕府文士的主要活动内容。这种幕府活动不仅给学者们提供了相互切磋、交流乃至争论的平台，促进了各自的学术研究，而且在幕主的组织下，他们对大量的古典文献进行了训诂、注疏、辑佚、考订，整理出众多大型经史著作，对中国古典文献大规模的整理和研究做出了贡献。这是清代学人学术活动的特殊之处，也是清代学术文化尤其乾嘉汉学发展兴盛的一个非常重要的原因。

毕沅的陕西幕府就是其中一个典型代表，其学术活动也是以修书、著书、校书为主，毕沅个人在陕期间所有著作基本上都有其幕府学者的参与。编撰史书类著作主要有《续资治通鉴》《史籍考》，所编著地理类著作有《山海经新校正》《三辅黄图》《晋书地道记》《太康三年地记》《晋书地理志新补正》《关中胜迹图志》等，金石学著作《关中金石记》，所撰文字学著作有《说文解字旧音》《经典文字辨证书》《音同义异辨》等，又主持纂修多部陕西方志，钱坫主纂《朝邑县志》《韩城县志》，洪亮吉主纂《延安府志》《泾县志》《澄城县志》《淳化县志》《长武县志》，严长明主纂《西安府志》《汉中府志》，孙星衍主纂《直隶邠州志》《醴泉县志》《三水县志》等等，均为清代名志，对保存地方历史地理文献有重要意义，取得了多个领域、多个方面的学术成就。

幕主个人的学术兴趣也会影响到整个幕府的研究方向，当时各个幕府的学术成就各有各的特点，以乾隆时期的著名幕府为例，卢见曾幕府学术贡献主要在校刻书籍方面，朱筠幕府对汉学的发展起了巨大的推动作用，谢启坤幕府在史学、目录学、方志编纂方面都做出了很大贡献。[1]如上所述，毕沅幕府虽然也在多个学术领域都取得了很大的成就，但是却有一个其他幕府没有涉及的学术领域，那就是金石学。

由于毕沅爱好金石，影响到他的幕府学者们大都有此研究兴趣。而关中作为秦汉隋唐定都之地，历代文物古迹遗留甚多，有着丰富的金石资源，周代的吉金、唐代的昭陵诸碑，建成于宋代、被誉为"石质书库"的碑林等，一直吸引着众多的金石爱好者前往访碑。毕沅利用其权力和地位，动用了当时所有的资源去从事金石学研究。一方面，大规模地、有组织地、有系统地去搜访金石资料，大量的碑石在这个时期出土面世，同时这些金石文物也在他们的修缮之下得以保存；另一方面，以幕府良好的学术氛围发挥影响，将金石可以考据经史的学术观念一步步强化并传播开去，把金石学研究逐步引向深入，也把金石证史的学术方法广泛应用到了其他经学、史学、音韵等相关研究当中。成就最著者如孙星衍，嘉、道间撰成《寰宇访碑录》，荟萃诸家，为目录类之最完备者，是书所录关中金石即据其在陕时访问"残碑断碣""怀墨握管，拓本看题，录入兹编"者。[2]如钱坫《十六长乐堂古器款识考》，所收乃其"宦游秦甸"，"闲得商周秦汉器物，必縪其故事故言，使合于魏颗、孔悝之典"，因此数年之后"念诸器有物中有足证文字之原流者，有足辨经史

---

[1] 参见尚小明《学人游幕与清代学术》（社会科学文献出版社，1999年）相关论述。
[2] 桑椹：《历代金石考古要籍序跋集录》卷二，浙江古籍出版社，2010年，第495页。

之讹,皆有裨于学识",①而编成史书。

这在之前及同时期的金石研究中都是很独特的学术现象,他们的研究不仅仅影响到整个陕西地区的学术风气,更重要的,为金石学发展成为一门显学、一门独立学科,取得多方面的成就,也奠定了坚实的基础。

二、大规模的访碑活动

随着明末清初学术和社会思潮中实学的兴盛,陕西关中金石圈率先形成了亲身访碑、重视金石文献可靠性的治学态度和学术风气,金石大量出土,自清初以来,就吸引了众多的金石学者前往。顾炎武一生数次入陕访碑,朱彝尊、朱枫等研治金石的学者多有利用公余、访友或其他闲暇时间辛勤访碑的经历,至乾隆时期,此风更为炽盛。

和前代学者一样,毕沅所到之处均留心碑石,这在他和他幕府学者的著作中留下了大量的记载,如孙星衍跋《关中金石记》所说:"公厮渠所及,则有隋便子谷②造像,得于长安;唐尔朱逵墓碣,得于郃阳;朱孝诚碑,得于三原;临洮之垣,亘以河朔,公案部所次,则有唐姜行本勒石,得于塞外;梁折刺史嗣祚碑,得于府谷;宝室寺钟铭,得于鄜州;汉都君开道石刻,魏李苞题名,得于褒城。公又奏修岳祀,而华阴庙题名及唐华山铭始出焉。"③其访碑足迹遍及陕西各地。严长明亦云时常陪侍毕沅"穷日搜访",以史籍所载按图索骥,对于碑石仍存、文字完好的,或钞或拓,对于碑石已毁无存的,则寻访当地曾经目击者搜集相关资料。④

然而这种访碑又有着和前代学者截然不同的一个特点,那就是,毕沅的访碑不再是个人的、零散的、随机式的访问,而是有组织地、系统地、竭泽而渔式地搜访。也就是说,毕沅利用他的地位和权力,发动了所有能够利用的资源去搜访碑石,组织了一个包括毕沅、幕府文士、各级官员、地方乡绅这样的大规模的访碑团体。毕沅幕府学术活动的一个重要内容是编修方志,下文将会讨论到,毕沅在陕主持编修二十余部方志,在修志的工作中,各级官员,各府县举人、廪生、生员、乡绅等基层知识分子都参与了进来,而这些方志中有近半数设有金石志,因此,搜访金石的工作必然也有这些人的参与,洪亮吉所修《延安府志》所收诸多碑目下有注

---

① 〔清〕钱坫:《十六长乐堂古器款识考》,浙江人民美术出版社,2015年影印本,"自序"。
② 即椵梓谷,今称天子峪。
③ 《关中金石记》,《经训堂丛书》本。
④ 《(乾隆)西安府志·序》。

云"碑文县未打送",可推知毕沅是要求各属县将该县所有碑石拓送府中的。因此,在这样的组织之下,形成了"拓工四出,毡拓无虚日"的访碑盛况。①这是明末清初赵崡、顾炎武、朱彝尊等学者仅凭个人力量是无法做到的。

访碑所获,前代学者不能望其项背。这种大规模的访碑活动,一方面,使陕西碑石在乾隆中后期大量出土,为世人所知;另一方面,毕沅对于陕西碑石做了系统的修缮、维护、载录,对于保护金石文物、保存金石文献做出了巨大的贡献。

金石文物虽号称百世不朽,但风雨剥蚀,渐形漫漶,其所保留的文献价值在逐步递减,这是毫无疑问的,特别是人为或自然的破坏,会使千年旧物毁于一旦,更令后人唏嘘不已。这种情形古人早有认识,甚至形之于传奇《荐福碑》之类,留下无穷之憾。而关中金石更是遭到多次自然及人为的破坏,严长明在《西安府志》"金石序"中说:"顾自唐末五季兵燹而后,一坏于宋姜遵之营浮图,再坏于韩缜之修灞桥,三坏于嘉靖乙卯地震,先后数百年间,十盖已亡其七八。"②自乾隆年间至于我们今天,又历经二百年,中有兵燹之乱,尤其是"文革"毁灭性的破坏,很多毕沅时期还能见到的碑石今天已踪迹无觅。如长安楩梓峪口百塔寺,其地为唐显贵墓葬集聚处,有大量墓碑墓志存焉,毕沅等人在乾隆年间所见,仍为洋洋大观。但笔者近来探访,所有碑石已荡然无存矣。故更可见毕沅等人的这种抢救性地保存的价值。

碑林石刻较多且集中,因长期无人维护,废坠已久,经毕沅的整理修复而焕然一新,规模甚大;昭陵及陪葬陵墓碑石亦较多,毕沅也进行了维护,"诸臣有碑者建亭覆之,无可考者别立一石,大书昭陵陪葬诸臣之墓,以垂永久"③。而其他散落各处的碑石毁废的可能性更大,如唐《无忧王寺碑》,在扶风法门寺,唐大历十三年(778)立。此碑现今一半已毁,碑文多半不可辨识。而乾隆时碑文尚未损毁,但"无人守护,有日损之势",于是张埙"急为攟录",将全文载入《扶风志》,并据旧拓本校补了数字,其保存文献之功确可"垂诸艺苑"④。又如华岳庙碑刻中,历代文人题名极多,极易磨泐不存,李天秀《华阴县志》云:"岳祠碑碣碎于明地震之变,当事者斫为砌石,其厄甚矣。嗜古之士往往摩挲斧余,录记数字,载之简编。乾隆四十四年毕中丞公修理庙宇,拆取摹搨,一石一字收入《关中金石记》,复橛将残石聚嵌庑壁,以垂永久。而监工者委之无知胥匠,辄将数石锤凿纷乱,莫

---

① 〔清〕张埙:《张氏吉金贞石录·自序》,民国十八年(1929)燕京大学刻本。
② 《(乾隆)西安府志·序》。
③ 《(乾隆)西安府志·金石志》"昭陵诸碑"条。
④ 《张氏吉金贞石录》卷二"唐无忧王寺碑"条。

得首尾，而文字销毁者已多，且委弃不知其几！如汉时分书碑阴及唐宋题名数残碣者，皆捡于废苑荒坑之中，余可知也。然则寥寥残块于此又一厄矣。犹幸其姓氏见录于中丞《记》中，不泯也。"①凡此，可见毕沅维护、载录之功不可没。

前人对毕沅对陕西文物的保护之功论述已多，不再赘述。明末清初以来关中地区访碑活动的主要目的在于确保金石文献资料的可靠性，这是以金石文献来考据经史的基础与支撑。因此，毕沅和他的幕府学者的访碑活动及其保存文献之功，把整个金石考据学研究推向一个前所未有的深度和广度。由于其幕府广泛的影响力，对于金石学从之前部分学者的研究兴趣转变成整个学术界普遍关注的学术类别起到了推波助澜的作用。这一点，也是学者的个人努力所难以达到的。

毕沅幕府在搜访碑石的基础上，对陕西金石做了进一步深入的研究，一方面撰写金石著作，如《关中金石记》，对于此书的成就及局限性，笔者已撰专文进行了考述；②另一方面则是编纂方志金石志，以下详论这一方面研究的价值。

三、方志金石志的编纂

金石学正式成为一门学科始于何时，可以通过史志目录类目的变化看出端倪。史志最初设立类目的方法，即西汉刘向、刘歆父子创立的六分法。其法是"有其书才有其类，有其类才有其部略，可以对学术门类作最实时而真实地反映"，之后的史志目录"在第二级类别中随机反映学术变迁，是传统目录学中较常见的现象"。③以此来观察乾隆年间的各类史志目录，可以发现两个几乎同时出现的信息。

一则信息是乾隆年间由官方组织、集全社会优秀学者之力修成古代最大的丛书《四库全书》，在乾隆五十四年（1789）刊印的《总目》中，史部目录类较其他史志目录有一个重要的变化，即设立"金石"子目，其小序云："金石之文，隋唐《志》附小学，宋《志》乃附'目录'。今用宋《志》之例，并列此门，而别为子目，不使与经籍相淆焉。"④从金石类目的设立可以看出，这一时期社会上金石著作已经达到一定数量，金石学研究已经得到了普遍的关注，需要设立类目去反映学术变迁的现状。同时，四库设置金石类目也可以说是对金石这一学科门类确立的官方认可。

另一信息则是，毕沅任陕西巡抚之后，组织幕府学者，集中纂修、刊刻了一大

---

① 《华阴县志》卷一六，乾隆五十三年（1788）。
② 李向菲：《毕沅〈关中金石记〉考论》，《西部学刊》2015年第12期。
③ 周彦文：《由〈隋书·经籍志〉论浮动式分类法》，《东亚汉学研究》第4号。
④ 《四库全书总目》，中华书局，1997年，第1128页。

批陕西方志，其中有近半数方志在一级类目中设立了"金石"门类，这在之前和当时其他地域的方志纂修中都是极为少见的一个现象。方志的编纂办法，无论是在旧志的基础上进行补充，还是收编旧志修成之后出现的新数据，所反映出来的总是地方上出现的新情况，因此必然带有鲜明的时代特色。方志编修者根据实际需要或者遵循时代的变化，在类目的设置上采取灵活机动的方法，或新增类目，或调整类目的隶属关系，或更改类目的名称，或调整类目收录的内容。因此，毕沅所做，反映出了当时金石资源的大量出土已经引起了学术界的普遍关注，对其考据经史的重要性也已形成共识，因此需要在方志中专门立目著录。这与《四库全书》的做法几乎同时出现，体现了一种大势所趋的学术旨趣，也可以说是宣告了金石学在乾隆中期作为一个学科门类正式确立。

以下详考毕沅及其幕府学者纂修方志金石志的相关情况。

1.修志的基本情况

由于清初康熙、雍正两朝多次敕令各地纂修方志，地方官与士绅对修志有极大的积极性，各地涌现修志热潮，一直延续至乾隆年间。据学者统计，康熙年间共修方志一千三百六十五部，乾隆年间共修一千余部。[①]毕沅任职陕西期间亦热衷修志，有学者统计，毕沅领衔编修陕西地方志共二十八部，占乾隆后半期近三十年全国所修全部志书的90%。[②]在毕沅所修这批方志中，有一个很突出的特点，其中有近半数方志中增设"金石"为一级门类，且编纂体例多样、内容翔实，取得了很高的成就。这一点，无论是和此前的方志还是同时代其他地域的方志相比，都是极为特殊的。

宋代方志中金石的相关内容被收录在艺文、碑记或其他相近门类之下，尚未被列为类目，更不用说收录内容的简略，多寥寥几篇碑刻文字。元、明两朝仍然如此，直至明末天启年间董斯张纂《吴兴备志》设有"金石征"，"金石"第一次作为一级类目出现在方志中，然而极具偶然性，这种做法并没有被后来的纂修者延续。到清初这种情况仍没有发生太大变化，设立金石类目的方志屈指可数。笔者以《石刻史料新编》所收方志金石志作了统计，至乾隆初年，方志一级类目中涉及金石的仅有五种，且以收录碑刻为主。其类目或名之曰"石刻"，如康熙十二年（1673）严经世纂《归安县志》；或名之曰"碑碣"，如乾隆元年（1736）沈翼机

[①] 李金华：《毕沅及其幕府的史学成就》，博士学位论文，南开大学，2010年，第110—111页。

[②] 刁美林：《毕沅的方志学思想成就探析》，《中国地方志》2012年第4期。

纂《浙江通志》、乾隆四年（1739）厉鹗纂《甘泉县志》；或标以"碑目"，如乾隆八年（1743）所修《江都县志》。碑刻和吉金兼收、在类目中明确称为"金石"的，则仅有康熙五十七年（1718）裘琏所纂《钱塘县志》。到乾隆中后期，除毕沅所修陕西方志外，各地方志中以"金石"为一级类目的仅见于乾隆四十九年（1784）邵晋涵纂《杭州府志》。而且这些方志设立金石志的做法仍然具有偶然性，并没有成为一种典范为后来的修志者继承。这种惨淡经营的状况在康熙、乾隆两朝修志热潮中实在微不足道。

在这个背景之下，来考察毕沅所修陕西方志，其独特性就显得十分突出。这些方志取得了多方面的成就，为陕西方志的编纂做出了很大的贡献。在这二十八种陕西方志中，有十三种设有"金石"门类：

《西安府志》卷七二、卷七三"金石志"，严长明主纂，刻于乾隆四十四年（1779）。分录西安府及府内十四县之金石，每题下著录书者、书体、年月、所在等基本信息，并作考证。以往大多数学者论及此志，都将其金石志部分归于毕沅所修。然笔者将同时收入该志和《关中金石记》的碑石做了考察，两书所做题跋考证虽然大多一致，但也有全然不同者。如《褚亮碑》的立碑年月，《关中金石记》云："亮，遂良之父，贞观中封阳翟侯。碑无号年，因其卒于贞观时，故附置于此。"《西安金石志》则云："中有'龙朔封阳翟侯'等字，知立于高宗朝也。"两书所考不同。今按，此碑收入《全唐文》，据碑文有"贞观中封阳翟侯"等字，非龙朔，此当严长明误记。两书此类考证不同之处尚多，故其具体纂修者为严长明无疑。

《兴平县志》卷八"金石"，《扶风县志·金石》《郿县志·金石》，三志均为张埙所修，《兴平县志》刻成于乾隆四十四年（1779），扶风、郿县两志目前未见，据张埙《张氏吉金贞石录·序》云，乾隆四十三年（1778），"（毕）中丞以兴平、扶风、郿三县志属予重辑，予纂列金石一门"，至乾隆四十四年三志修成，乾隆四十五年张埙将三志重做整理之后收入《张氏吉金贞石录》。今有《涵芬楼秘籍》第五集题为黄树榖辑的《扶风县石刻记》，笔者将其与《吉金贞石录》扶风部分对校，发现《扶风县石刻记》与《扶风志》所收相同，而删去金刻，且考论部分做了删节，因此容庚认为《扶风县石刻记》"乃节取张氏原作而嫁名于黄氏"[1]。又宣统元年（1909）沈锡荣增修《郿县志》，卷八至卷九题为"金石遗文录"，笔者将其和《张氏吉金贞石录》郿县部分比对，发现沈锡荣只是在张埙所做基础上加了

---

[1] 〔清〕张埙：《张氏吉金贞石录·序》，民国十八年（1929）燕京大学刻本。

三种清代碑刻。张埙所做考证严谨精当。

《朝邑县志》卷一〇"缀录·金石",钱坫纂修,刻于乾隆四十五年,收金石六种,仅列目。

《同州府志》卷二六"金石志",吴泰来纂修,刻于乾隆四十六年。小序云:"金石证地,始《水经注》《舆地碑目》,非可依附。我朝魁儒,精于欧赵,考献征文,方志补要,述金石志第十四。"说明金石考证的作用。分录府内九县金石,自周至元,明清以下不录。大部分已见于他书著录者,详录他书所考,亦有大量未见他书著录者,题下录其撰书者、书体、年月等基本信息。

《长武县志》"附录·金石录",洪亮吉纂修,刻于乾隆四十八年。

《延安府志》卷六七"金石",洪亮吉纂修,据陈光贻考证,此志为洪亮吉乾隆四十八年之前在陕纂成,后洪离陕,由延安知府洪蕙刊于嘉庆七年(1802)。[①] 著录始于宋代碑石,每题下书年月、撰书者、书体、录文,文末加按语考证所涉人物、史事等。

《淳化县志》卷二三"金石略",洪亮吉纂修,刻于乾隆四十九年(1784),著录宋代以下碑石,每题下著撰者并录文。

《醴泉县志》卷一一"金石",孙星衍纂修,刻于乾隆四十九年。收录自汉至清金石,题下注明存逸,引录他书著录,后加按语做详细考证。

《澄城县志》卷一六"金石",孙星衍、洪亮吉共同纂修,刻于乾隆四十九年。收录唐以下碑刻,题下注明存逸,部分录文,部分有小字按语。

《韩城县志》卷一六"金石考",钱坫纂修,刻于乾隆四十九年。据此志傅应奎序云:"钱君精其义例,密其体裁,书未竣而钱君署汉阴通守。"后傅应奎做了修补。然从金石这一部分来看,其题跋均缀"钱坫曰"云云,应即钱坫所纂。此志前半部分为"周晋姜鼎汉梁山鋗考",录吉金四种,先摹图,次录前人释文,次为己之考证,并云:"夫方土方物,每恨失传,缀笔之徒,往往略此。韩邑为周汉名区,宜多旧物,所见仅此,余犹叹其少,焉得不志之。"后半部分为碑刻考,录宋以下,宋元部分所录碑目、年月、所在、署撰人等信息基本和《关中金石记》韩城部分相同,部分考证与《关中金石记》略有差异,明清以下则多为《关中金石记》所未收。

《华阴县志》卷十六"金石",李天秀纂修,刻于乾隆五十三年(1788)。李天秀,字子俊,号焦娄、进晏,华阴人,雍正十一年(1733)进士。此志刊刻之

---

① 陈光贻:《稀见地方志提要》(上),齐鲁书社,1987年,第217—218页。

时，毕沅已离开陕西，然据该志序言，实为李天秀奉毕沅命而修。此志所收先吉金、后贞石，每题下引他书著录，部分加小字按语考证。

这十三种金石志，类目均明确题为"金石"，说明兼收吉金与贞石，改变了过去方志中以著录碑刻为主的面貌。且其中只有《朝邑县志》《长武县志》两种"金石"为二级类目，其余十一种都为一级类目，这种做法彻底改变了金石在方志中不受重视的现象，具有多个方面的重大意义。

2.金石单独立类之后，收录数量大增

以往放到艺文志里的金石，只有寥寥几篇录文。如《（隆庆）淳化县志》卷八"艺文"著录碑石有宋代两篇、明代五篇，且不涉及任何石刻信息，其中明代几种修桥记、碑楼记，仅从文字内容上尚判断不出是否为刻石。几种设立金石类目的方志，其著录还是很简略的，大多仅列碑目，且从其碑题下所注数据源信息来看，基本是从旧志及传世文献中辑出来的。

而毕沅所修陕西方志所收录的金石，仅有极少部分参以旧志及传世文献，绝大部分是毕沅及其幕僚通过亲自访碑所得，收录数量远非以往方志所能比。如洪亮吉重修《淳化县志》时，设"金石略"一门，增至三卷，收宋碑两种，明碑十六种，清碑二十种，数量上远超旧志。受旧志体例影响，毕沅幕府所修金石志又不止收现存之碑，如孙星衍《醴泉志》"金石序"云："古人作金石之例，止载见存之碑，此系县志，当搜辑旧闻，即已失之碑亦依《金石录》《集古录》诸书载其名，且录欧阳修、赵明诚说于下，或残碑剩碣复出于后者，当可补其阙也。"因此著录数量相当可观。

《西安金石志》收录碑石三百一十余种，《兴平金石志》收十七种，《扶风金石志》收二十二种，《鄠县金石志》收二十三种，《醴泉金石志》收一百零六种，《同州金石志》收两百八十一种，《澄城金石志》收三十九种，《韩城金石志》收二十五种，《淳化金石志》收三十八种，《延安金石志》收十七种，《华阴金石志》收二百八十余种，《朝邑金石志》六种。其中《西安金石志》里的兴平、醴泉两地金石和《兴平金石志》《醴泉金石志》有部分重合，除去重复，以上金石志所收并非陕西全部金石，总数仍逾一千种，其中包括十余种吉金。

因此从数量上来讲，不但旧志无法相比，同时期其他专录陕西金石的著作也不能与之相提并论，朱枫《雍州金石记》收录仅一百七十余种，毕沅《关中金石记》收录七百九十七种，和方志所收相比都有很大差距。当然其中有金石志和金石著作学术取向不同的原因，金石著作不重宋元以下，更不收当代碑石，而金石志兼收明

清碑石，数量自然巨大；但是恰恰因为这点，金石志可以弥补其他金石著作因不重元明以下碑石所形成的研究缺憾，对我们今天的研究大有裨益。

如张塇所修三志共著录宋元以下金石三十五种，其中元代碑刻十三种，容庚评其曰："《金石萃编》《金石续编》《八琼室金石补正》等书不收元代碑刻，而此独著录十余种；金代碑刻，《萃编》等书虽收矣，尚不若此之备。"①其所收宋元碑石，多未见他书记载。如《扶风志》收《宋人诗刻》云："提举鲁公留题□□□远爱亭（此十二字是上石人标题）。溪南一带列千家，高下楼台傍水斜。天阔乱鸿横晚照，烟轻白鸟戏晴沙。波光莹澈涵山影，秋色澄清鉴物华。僧倚上方云绕槛，市声昏晓自喧哗。辛卯八月二十八日行部至扶风，登此亭。吴兴鲁百能懋成题，承议郎、知凤翔府扶风县管句学事兼管劝农公事兼兵马都监、武骑尉高完上石。"按《全宋诗》录鲁百能诗二首，而未及此诗，应据此碑补入。今人《重修凤翔府志》收录此诗，作者误题元鲁懋，又有误为元卢懋者，②均应据此碑正之。又如《郿县志》收至元十五年（1278）冯时贲诗残句"疏通汧渭河千里，灌溉岐郿稻万畦"，至元廿一年（1284）陈亚题天庆宫诗："郿邑西连五丈原，琳宫一境绝偹然。窗含太白山头雪，门锁华阳洞里天。坞记堆金无逆党，丹成换骨有飞仙。我来不过庚桑楚，聊向青童借榻眠。"均可补元诗之佚。

3.金石考据观念在志书中的体现

对于毕沅及其幕府学者来说，金石学研究最根本的目的还是保存原始文献，用以考据经史。这种观念也体现在了金石志中。如《西安府志》所表达的史学观念："金石小道，而其中岁月、地理、职官、事迹，多与史传相证明，知亡者之可惜，则幸存者当愈知宝贵矣。"其他志书也进行了反复申说。因此，和以往方志中著录金石的目的有根本的不同，毕沅诸学者是将方志金石志作为如《关中金石记》一类的金石著作来撰写的。

首先，在内容体例上，确保文献数据的可靠性。此前及同时的金石著作大多不录碑文，清初至乾隆时期的金石著作收录碑文惟顾炎武《求古录》、陈奕禧《金石遗文录》、吴玉搢《金石存》等寥寥几种。而毕沅幕府所修金石志，乃有意识地保存金石文献，张塇所论最有代表性：

> 能为前史之助者，维贵金石。然汝南擅道人之号（《汝南公主墓志》
>
> 曰："公主，陇西狄道人。"不知谁家一本割去"公主陇西"字，而郑樵

---

① 〔清〕张塇：《张氏吉金贞石录·跋》，民国十八年（1929）燕京大学刻本。
② 宝鸡市文化广播电视局编：《历代诗人咏宝鸡》，三秦出版社，1988年。

《金石略》直书曰"狄道人"。墓志,虞世南书,未详,此可关也)、虢国公主之称(《虢国公杨花台铭》为骠骑大将军杨思勖作,《金石记》乃以为"虢国公主"),嗜古者不免嗤笑,若见全碑,讵抱此憾?或里中奸黠,厌于承应。泻金壶之墨,檀索升高;抚翠珉之文,毡椎犇命。公然曳倒,大致捶缺,是虽关乎人事,实必陷于天刑。用告君子,无坠斯文。①

要确保文献资料的可靠,以为考史之一助。因此除了《西安府志》《韩城县志》《同州府志》和《朝邑县志》四种不录碑文之外,其余诸志均有录文。

同时,在著录碑文的基础上,诸书常常就其文字与传世拓本或其他传世文献记载相校勘,校订文字的异同,如严长明访得唐《裴艺碑》,"亲为摹拓,归后取旧所藏弆互为校勘,字数较前多寡不一,盖帖估每以碑文剥蚀,仅拓其半,今所摩乃全幅,故文字间有增益也"②;孙星衍在《醴泉金石志》中录唐《尉迟恭碑》碑额及碑文,因碑文又见《文苑英华》,遂据以对校,"知版本之讹,依碑改正,分注误字于其下"③。

其次,在校订文字、确保数据可靠性的基础上,再考证碑文所涉史事。这些金石志中精彩的考证之例不胜枚举。

张塇《扶风县志》所收《宋人诗刻》的作者鲁百能,按此人《宋诗纪事》卷三二录其《醉仙崖》诗,作者小传谓其吴兴人,元祐元年(1086)进士。《重修浙江通志稿》:"鲁百能,安吉人,元丰八年(1085)进士。大观(1107—1110)初通判庆源州,领云骑尉。长于吏治,兼工文藻。尝作《望汉台铭》《庆源军使厅续题名记》,为世所称。历知虔州,卒。有《文集》三百余卷。"④据此刻可补其字"懋成"。其历官亦可据碑石补之,《嘉泰吴兴志》卷一三"等慈院"条载:"大观中重修,宗子博士鲁百能撰记。"按宗子博士为宗子学博士的省称,《宋史·职官志五·宗学》:"崇宁五年(1106),又改称某王宫宗子博士,位在国子博士之上。"则鲁百能当庆源州通判之后,又于大观中任宗子学博士。又据此碑,其于政和元年(1111)八月已任提举。张氏考此碑提举是学事司,当由上石之高完题衔中有"管句学事"而误。今按,据《宋会要辑稿·职官》载"政和二年(1112)十二月二十四日,提举秦凤路常平鲁百能奏事"⑤,则此碑所谓提举为提举常平司,《宋

---

① 〔清〕张塇:《张氏吉金贞石志·兴平志·序》,民国十八年(1929)燕京大学刻本。
② 《(乾隆)西安府志·金石》"裴艺碑"条。
③ 《醴泉金石志》"尉迟恭碑"条。
④ 民国浙江省通志馆编、浙江省地方志编纂委员会整理:《重修浙江通志稿·著述考》,方志出版社,2010年。
⑤ 〔清〕徐松:《宋会要辑稿》,上海古籍出版社,2014年,第4887页。

史》卷一六七《职官志七》："提举常平司，掌常平、义仓、免役、市易、坊场、河渡、水利之法。视岁之丰歉而为之敛散，以惠农民。"①高完又兼管扶风的劝农公事，当隶于提举常平司。

《鄠县志》所收"元天真观四至题字"，张氏考曰："前至元十一年云版题款称鄠州，此题字在十六年，称鄠县，则知省鄠州为鄠县在至元十一年之后、十六年之前，史称至元元年省鄠州为鄠县者，此语不确。中统三年立陕西四川行省，治京兆，至十六年改京兆为安西路总管府，此在十六年正月，故犹称京兆鄠县也。至皇庆初，乃改安西路为奉元路耳。赵明诚曰：'若夫岁月、地理、官爵、世次，以金石考之，抵牾十常三四。盖史牒出于后人之手，不能无失，而刻词当日所立，可信不疑。'旨哉斯言。"此段考证，对于研究鄠县之建置沿革很有参考价值，对于揭示金石可靠性优于史书亦很有意义。

洪亮吉《延安府志》收《阎使君祠堂后记》，此碑《关中金石记》亦收，题为"□□祠堂后记"，毕沅据碑文考其非传说中的浑瑊庙后记，然使君之姓失考。洪亮吉则于此条下考使君为阎姓："按阎使君，《通志》、前府志俱不载，未详何人，然迁丹州于赤石川，实始使君，其有功于宜川明矣。又此碑相传以为浑瑊庙后记，误。《关中金石录》（按'录'为'记'之误）亦不言其姓阎，兹特据碑补入。"

孙星衍《醴泉志》收昭陵的"诸番君长刻名"，考云："按《续志》云，记称十四人，而列名止十二人，未详者，盖因游师雄《昭陵图石刻》误合利苾可汗及阿史那弥射为一，又合真珠毗伽可汗及吐蕃赞普为一，又合诃黎失布失毕及于阗信为一，又误分吐谷浑河源郡王乌地拔勒豆可汗慕容诺曷钵为二人也。"以下结合史书考十四人生平，均翔实可据。

钱坫古文字造诣极高，他所修《韩城金石志》收吉金四种，分别对其铭文做了释文和考论，至今仍有参考价值。

4.对后世修志的典范意义

乾隆五十年春，毕沅调任河南，严长明、洪亮吉等学者随至河南幕府，同时又有邵晋涵、章学诚、武亿等学者入其幕中。毕沅将陕西金石学研究的学术氛围带到了河南，一方面在河南继续访碑，撰成《中州金石记》，另一方面继续编修金石志，如洪亮吉纂《登封县志》即列有"金石录"。

毕沅这种做法，影响到以后的修志均延续性地补充金石文献。乾隆以后，虽

---

① 《宋史》，中华书局，2000年，第1659页。

然仍然并非所有的方志都列金石一门，但情况已完全不同。笔者粗略统计，清代中后期陕西方志中列有金石志的至少有以下数种：嘉庆二十年（1815）董曾臣纂《长安县志》，嘉庆二十四年（1819）陆耀遹纂《咸宁县志》，道光十二年（1832）蒋湘南纂《泾阳县志》，道光间蒋湘南纂《同州府志》，道光间姚景衡《重辑渭南县志》，咸丰元年（1851）韩亚熊修《澄城县志》，光绪元年（1875）袁廷俊修《蓝田县志》，光绪八年（1882）刘域修《三续华州志》，光绪十七年（1891）谭麐修《富平县志稿》，光绪三十一年（1905）王学礼纂《蒲城县新志》，光绪间马先登等修《同州府续志》，光绪间周铭旗修《乾州志稿》，光绪间焦联甲修《新续渭南县志》，等等。其他各省方志中设立金石一门亦很普遍，而且这些金石志的著录体例更趋细密、多样化，著录金石名目同时要对其所涉进行考证也成为常例。

四、结语

综上所述，毕沅及其幕府学者的金石学成就至少体现在三个方面：第一是保存文献之功。第二是在方志中为金石立志，提升了金石的地位，对于金石学科的确立有创始之功。这两点上文论述已多，不再赘述。第三，也是最重要的一点，即以金石文献来考据经史的学术观念，上文亦做了反复申说，然而还有一点需特别指出。

1925年，王国维先生针对当时史学界的疑古风气，在《古史新证》《殷墟文字类编序》等论著中提出了著名的二重证据法，以出土文献与传世文献互证来探索古代历史文化的真实状况。这一方法论业已形成一种公认的学术榜样，对于20世纪的史学研究产生了难以估量的影响。

然而，通过以上对毕沅及其幕府学者的金石学成就的探讨，我们可以看出，"二重证据法"事实上正是顾炎武、毕沅诸学者所使用的以金石文献和经史互证的方法，这种方法至少从宋代欧阳修等人就已经开始运用，清初顾炎武重提其意义与价值，乾隆中期，毕沅等学者已将这种方法运用得十分纯熟。毕沅等学者不仅仅将这一方法应用于史学研究实践，使金石学中最开始只是作为一个流派出现的、由顾炎武所强调的以考据经史为目标的学术观念，在此时演变成了金石学研究的主流；同时将这种方法扩展到文字学、音韵学等各个领域，取得了多方面的卓越成就，从而也成为乾嘉学者考据学的重要内容之一。

原载《长安学研究》（第3辑），科学出版社，2018年
（李向菲，西安文理学院文学院副教授）

人文情怀、社会责任和史念海先生的历史观[*]

萧正洪

史念海先生，字筱苏，1912年6月24日出生于山西省平陆县。平陆位于中条山南麓、黄河之滨，人文传统颇为深厚，而先生家族一直有尚古学之风。先生生前曾言及其家学渊源，云："先高祖邃于易学，垂老之年，犹时时讲授，为乡里所崇敬。远道来学者，前后相望。"而先生之父亦颇寄望于爱子承继中国传统文化而有所发扬光大，故取"苏海韩潮"之义而为先生取名及字。中条山瞰视晋南、豫北和陕东，森林植被发育良好，其地理环境颇具多样性。而平陆北望汾水盆地，南临黄河，为晋、陕、豫三省交界之要冲，其周边地带曾是中国古代文明起源与发展的重要地区。特殊的地理环境以及历史上文明与文化发展的丰富多彩的复杂历程，特别是二者间的相互影响，足令一个好学上进的少年对自然环境与人之间的关系产生深刻的印象。

先生六岁入学，先后在平陆、运城和太原接受小学和中学教育，1932年入北平辅仁大学历史系。先生的弟子们探讨其学术历程，往往溯及既往，将先生的少年经历同后来的学术方向选择联系起来，盖有由也。及至今日，无论是先生的弟子还是学术界的同仁，研读先生著作，总能从字里行间感受到先生对于黄河、黄土的深厚情感，而这种情感无疑源自家乡水土的养育。

先生入辅仁后，其学术潜质很快就得到陈垣、顾颉刚等老一代学者的注意。陈、顾皆为史学大师，而陈还是辅仁大学校长。先生有幸，本科期间经常得到二位老师的指点。先生曾多次同弟子们提及一件终生难忘之事。1935年盛夏某日黄昏，史先生同一起寓居北平景山西侧一处四合院的几位大学生在院中乘凉聊天，衣着颇不整。忽有一身着长衫的中年学者来访，抬头一看，竟是顾颉刚先生。顾先生登门，为的只是当面指出对史先生一篇习作所作之改动及缘由。当年名师奖掖后学，对初出茅庐的青年学生的精心培养，至今令我们感慨万端。此外还有谭其骧先生。谭先生仅年长史先生一岁，1932年于燕京大学研究院毕业后，亦曾在辅仁开设中国

---

[*] 本文是作者为《史念海全集》（人民出版社，2012年）所作序言。

古代地理沿革史课程，其长于讲课，给尚为大学二年级学生的史先生留下了极为深刻的印象。后来谭先生同史先生亦师亦友，被传为学术界佳话。

由于史念海先生少年时即奠定了坚实的国学基础，故大学期间很快就进入了学术研究的阶段。升堂入室，究其阃奥，其思维敏锐，进步之速，颇得顾颉刚等先生称赞。故后来谭其骧先生说：筱苏"早岁即以淹贯经史群籍，覃思卓识，著称当世"①。顾颉刚、谭其骧等于1934年2月发起筹组以研究中国沿革地理和相关学科为宗旨的"禹贡学会"，创办《禹贡》半月刊。史先生的第一篇学术研究论文，即发表于当年6月的《禹贡》半月刊第一卷第8期上，题为《两汉郡国县邑增损表》。两月之后，又于第12期上发表《关于〈两汉郡国县邑增损表〉》。现在读史先生在《禹贡》所发表之早期论文，应当说，皆属传统沿革地理研究范围，其踵续乾嘉精于考据的才华得到充分表现。然而，史先生早期学术生涯中一个更值得注意的标志性事件，乃是不久之后，即1935年在顾先生指导下撰写《中国疆域沿革史》。从内容看，此书虽基于沿革地理，但实际上已经突破了沿革地理的范畴。正如书的"绪论"所揭示的，其写作意图并非如前清学者那样在于考辨学问，而是"处于今世，深感外侮之凌逼，国力之衰弱，不惟汉唐盛业难期再现，即先民遗土亦岌岌莫保，衷心忡忡，无任忧惧！窃不自量，思欲检讨历代疆域之盈亏，使知先民扩土之不易，虽一寸山河，亦不当轻轻付诸敌人，爰有是书之作"。故出版此书的商务印书馆将其列为文化史丛书之一，良有以也。在我看来，此书之写作，其实已经蕴含了后来在史先生学术思想中占有极重要地位的"有用于世"观念的根基，乃是学术自觉的萌芽。先生生前自己亦曾总结说："当时如果只受陈垣先生的熏陶，只有钱大昕的沿革地理学的影响，也许达不到今天的样子。"

从20世纪30年代始，史先生的学术活动持续了七十年之久。其著述之丰，堪称等身。凡所涉领域，无不精深。举凡历史政治地理、历史自然地理、历史经济地理、历史军事地理、历史文化地理、中国方志学、中国地名学、中国古都学等诸多方面，先生皆有重要贡献，其中有的领域甚至是先生所开创的。人民出版社所编辑出版的《史念海全集》，将先生一生的著述尽力收集，大体上可见先生的学术历程。

概而言之，史先生的学术历程，从研究对象、领域、旨趣和方法看，有过几次重要的变化，而每一次变化既影响了先生本人的成果产生，也对学术界特别是历史地理学研究产生了广泛而深远的影响。尽管学术风格的变化总是渐进的，可是稍加留意，我们即能看出其脉络，以及在不同的时代所表现出的不同特点。

先生在20世纪30年代学术研究之始，深受钱大昕等乾嘉学者之影响，但在顾颉刚等

---

① 史念海：《河山集》（第4集），陕西师范大学出版社，1991年，"谭其骧授序"第4页。

先生和《禹贡》半月刊的引导下,很快就注意到历史地理学的现代性和科学性问题。总体上说,50年代和60年代前期,先生所撰写的论文已经表现出突出的现代意义。以《河山集》第一集为例,其所关注的内容集中于历史经济地理,其研究架构和思想,同现代经济地理学颇有异曲同工之妙。然而,这一时期先生的研究方法基本上仍可归属于传统的史学研究,即主要依靠历史文献同时参考考古资料复原历史时期经济地理的面貌。从《河山集》第二集开始,史先生的研究对象和方法有一些重要的变化。《河山集》第二集所收录的,主要是先生20世纪70年代关于黄土高原自然环境变迁研究的论文,[1]堪称我国第一部历史自然地理论文集。在对黄土高原环境变迁的研究中,先生以历史文献资料为基础,引入野外考察方法和一些地理学的分析手段。即便是历史文献分析,与此前的研究亦有所不同。在此之前,先生对文献的考辨主要还是历史学性质的,但《河山集》第二集所收录论文以及此后的一些研究著述,相当突出的一个特点是大量地借助了自然科学的分析方法,以对文献的内在意义和历史过程的真实性进行分析与判断。就历史过程的真实性而言,先生的一个突出贡献,是除了重视历史文献的自洽外,特别注意文献记录同环境遗存的互洽。这在当时的历史地理学研究中是非常少见的。

如果说上述改变是史先生的学术历程中研究旨趣和方法的第一次重大变化,那么,20世纪80年代初以后,先生仍然非常注意不断地推陈出新。

首先是先生特别提出重视历史地理学的"有用于世"。如前所述,20世纪30年代先生协助顾颉刚先生撰著《中国疆域沿革史》,即蕴含了"有用于世"的理念,而后来几十年中,这样的意识始终深藏于先生内心。先生认为,"至于为世所用的问题,不能说沿革地理学就不可能为世所用,即使能够为世所用,究竟不是十分广泛的"[2]。据先生自述,抗日战争时期先生就在思考这一问题,而且其想法得到了顾颉刚先生的赞许和鼓励。1985年,先生明确指出:"历史地理学这样一门学科不仅应该为世所用,而且应该争取能够应用到更多的方面。一门学科如果不能为世所用,那它是否能够长期存在下去,就成了问题了。历史上曾经有过若干绝学,最后终于泯灭无闻。沦为绝学自各其因素,不能为世所用可能是其中一个重要原因。"[3]这种观点,偶尔也会被一些人认为可能导致脱离历史学的纯学术本身。所以这里需要特别指出,史念海先生一生人格高洁,作为史学名家,于20世纪60—70年代的特殊政治环境中,从不趋炎附势、随波逐流,也从不搞史学的政治影射。先生所说的"有用于世",是一种基于人文精神和科学理性的学术自觉,也是先生强烈的社会责任感的自然表达。所以,我

---

[1] 除黄土高原环境变迁问题外,还有几篇论文讨论古长城和《尚书·禹贡》。
[2] 史念海:《中国的运河》,陕西人民出版社,1988年,"序"第2页。
[3] 史念海:《中国的运河》,陕西人民出版社,1988年,"序"第3页。

们不难理解，在20世纪80年代初以后的十余年中，何以先生会以历史地理学研究为基础，发表了很多直接针砭现实的文章。其主题，涉及农业、森林、土壤、河流、城市建设、文化等多个方面。其中关于西安周边地区森林、河流的变迁与历史上人类活动的关系等的研究结论，现在已经成为关中地区城市发展与环境建设的重要依据之一。

其次是不断拓展学术研究的领域。20世纪80年代以前先生关注的领域已经相当广泛，但主要精力还是集中于历史经济地理和历史自然地理，这是一个显著特点。然而80年代初以后，先生发表了大量关于历史军事地理、历史民族地理、历史人口地理、历史文化地理、中国古都学等方面的著述。这当然不是一个突然发生的变化。应当指出，史先生治学有一个重要特点，就是极为重视学术积累。一旦在某个领域有重要文章发表，通常都经历了数年甚至十年以上的学术思考。关于这一点，我个人有极为深刻的印象。1998年暑假后，我去看望先生。先生书桌上堆满了中华书局版的《全唐诗》。先生说，为了进一步了解唐诗中同环境变迁有关的史料，他用了一个假期将《全唐诗》读了一遍，并将一些数据用于一篇文章之中。我听后不禁愕然，对于一位87岁的老人，这如何可能？但我随即在先生书桌上看到许多纸质发黄的笔记，仔细一读，全是数十年前先生研读《全唐诗》时所记！故此，在我看来，先生后来研究领域的拓展，其所涉及的问题，其实在此前很多年就已经开始思考了。此所谓厚积薄发，绝非轻易之论。

再次是先生投入很多精力研讨历史地理学的理论体系和学科发展问题。史先生学术生涯的最后十多年中，撰写了相当多的关于历史地理学基本问题、理论体系形成与发展方面的著述。事实上，从《禹贡》半月刊创刊以来，关于传统沿革地理研究的地位与意义、沿革地理学同现代历史地理学的关系、历史地理学的学科属性及其同历史学以及现代地理学的关系等等问题，一直颇有争议。时至今日，历史地理学界的观点虽仍谈不上达成一致，但至少思路已相当清晰。这当然是许多前辈学者共同探讨的结果。其中，史先生的研究成果起了相当重要的作用，其相关著述，迄今仍是历史地理学科人才培养和科学研究中必须引用的经典文献。

人民出版社出版的《史念海全集》，相信可以完整地展示史先生的学术历程。据之，我们可以清晰地了解史先生的学术贡献。除此之外，我认为，《史念海全集》亦为后人提供了便利条件，可以将史先生的学术成就置于20世纪中国历史学发展的大背景中，准确地认识史先生的历史观，特别是历史地理观。

在20世纪的几代历史学者中，史念海先生是承前启后的标志性人物之一，在学术风格上也具有特定的时代特征。他不同于陈垣、顾颉刚等更老一代的史学家，也有异于后来对西方学术有更多接触的学者。在我看来，史先生具有特殊时代特征的历史观及历史地理观，最主要的特点可以概括为以下三点：一是以人为中心的人地关系辩证论，二是历史发展和环境变迁的过程论，三是理论与方法方面的科学主义和人文主义统一论。而先生的学术旨趣，又集中地表现为深切的人文情怀和强烈的社会责任感。我们阅读先生的著述，无论其研究的是何种问题，总能感受到先生对于人和社会的关切。从这一点出发，先生研究历史地理，总是将人置于问题的核心位置，并在变化中看待历史发展、环境系统的变迁及其同人类社会系统之间的关系，而在其研究方法方面，就能将科学主义的理性思考和人文主义的价值判断有机地结合在一起，并综合考虑诸如观念、意象、传统、习惯、政策、宗教、民族、哲学、科学、技术等多个因素的相互作用。像史先生这样地从20世纪30年代开始成长的历史学家，当然无法像今日的一些历史研究者那样，采用更为现代的技术手段对历史地理和环境变迁的过程与机制进行分析，但相比之下，在充分利用传统历史文献数据，并将其同现代地理学的一些行之有效的方法结合起来进行综合研究方面，史先生无疑达到了非常高的境界。毋庸讳言，当代的一些研究有时也存在一种倾向，即在历史地理及环境变迁研究中，片面强调手段的技术性，而忽视人的行为选择、社会组织运行及制度安排的复杂性，以至表现为历史学的智慧与洞察力严重不足。虽然在研究方式和叙事结构上，像史先生这样的老一代学者往往有"轶事型"[①]的特点，但作为中国传统史学的特质之一，正是这样的研究方式和叙事结构，恰恰能够很好地表现史家的智慧和洞察力，而这种智慧和洞察力乃是真正理解以人为中心的历史地理学及环境史的必要条件。

作为一生献身学术的大智者，史念海先生留下了丰富的学术遗产。这是一座宝藏，后人自当珍惜。而作为弟子，我们似乎比别的读者更幸运一些。因为先生的许多思想，并没有写入他的论文，而是在言谈中留在了我们的记忆中。迄今，我脑海中经常会浮现先生晚年在书房中同学生讨论学术的场景。先生的书房异常狭小，且被书籍完全围绕。先生端坐于破旧的沙发之上，眯着眼睛，陶醉在天马行空般的思维之中，时或严肃，时或幽默；兴奋之时，身体后仰、再后仰，皮肤松弛的眼角边往往会挂上一滴泪水。学生则围坐其侧，感受着先生无穷的人格魅力。作为学术上的晚辈，有此机缘，或许只能用幸运来解释吧。

原载《长安学研究》（第3辑），科学出版社，2018年

（萧正洪，陕西师范大学历史文化学院教授）

[①] 所谓"轶事型"的叙事结构，是伊懋可（Mark Elvin）教授对史念海先生环境史研究特点的一种评论。见刘翠溶、伊懋可编：《积渐所至：中国环境史论文集》，"中央研究院"经济研究所，1995年，"导论"。

长安学者的领军人物——陈直先生
——《陈直著作选》出版说明

黄留珠

这是上下两卷本《陈直著作选》。上卷收录《汉书新证》与《史记新证》，下卷收录《两汉经济史料论丛》和《文史考古论丛》。可以这样说，陈先生著作的最精彩部分，基本收录于此。

陈直先生（1901—1980），字进宧（宜），号摹庐，中国现代著名历史学家、考古学家。生前任西北大学历史系教授，考古教研室、秦汉史研究室主任；学术兼职有西北大学学术委员会委员，中国考古学会理事，中国秦汉史研究会筹备组组长等；社会兼职有西安市文物管理委员会委员，陕西省政协委员，陕西省社科联顾问，陕西省历史学会顾问等。

陈先生治学，直接师承清代朴学传统，同时深受王国维近代考据学二重证据法的影响，既重文献资料，亦重考古资料，提出"使文献与考古合为一家""使考古为历史服务"的学术主张。先生又与时俱进，自觉以马克思主义唯物史观为指导，积极倡导"搞人民史""搞手工业史"。

陈先生虽非陕籍，但他长期生活、工作于古城西安，主要学术成就也完成于这里，是不折不扣的长安学者——而且是长安学者的领军人物。

陈先生著述宏富，早期著作主要有《史汉问答》、《楚辞大义述》、《楚辞拾遗》（收入大东书局印行之《楚辞四种》）、《汉晋木简考略》、《汉封泥考略》、《列国印制》、《周秦诸子述略》、《摹庐金石录》等；50岁之后著作总名曰《摹庐丛书》，具体包括《汉书新证》、《史记新证》、《两汉经济史料论丛》、《读子日札》、《读金日札》、《居延汉简综论》、《居延汉简解要》、《居延汉简纪年》、《居延汉简甲编释文订误》、《敦煌汉简释文平议》、《关中秦汉陶录》（考证部分独立成册，题为《关中秦汉陶录提要》）、《秦汉瓦当概述》、《盐铁论解要》、《三辅黄图校证》、《古籍述闻》、《颜氏家训注补正》、《南北朝王谢元氏世系表》、《文史考古论丛》18种。这些著述，深受中外学界推崇，反映了20世纪中国史学特别是秦汉史研究所达到的上乘水平。日本著名学者大庭修教授甚至提出了应该建立"陈直学"的倡议。不过，陈先生自述他早年的各种著作"不足观"，只有50岁以后写的《摹庐丛书》才可"存世"。

截至1994年，陈先生《摹庐丛书》的17种，已分别由天津人民出版社、天津古籍出版社、齐鲁书社、陕西人民出版社出版，1种《读金日札》部分内容由《社会科学战线》1980年第1期刊出，全文经整理由《南京博物院建院六十周年纪念文集》（1993年）发表。2000年11月，正当陈先生100周年诞辰前数月，配图本《读金日札》由西北大学出版社出版，至此，《摹庐丛书》18种，全部出齐。如果从1959年《汉书新证》初版面世算起，整个丛书的出版，经历了半个多世纪的漫长历程。自2006年开始，中华书局又将《摹庐丛书》陆续重印出版。

陈先生著作选集的出现，可追溯到2010年。该年，陕西省文史研究馆长安学研究中心推出《长安学丛书·长安学者文集·陈直卷》。其选取陈先生最具代表性的《史记新证》《汉书新证》《两汉经济史料论丛》三种著作，整理为横排简体本，由三秦出版社、陕西师范大学出版社联合出版。2012年，时值西北大学校庆110周年，西大历史学院特将《陈直卷》所收录著作重新排序，名曰《陈直著作三种》，作为《周秦汉唐文化研究》第8辑增刊，由三秦出版社出版。以上两种选集的问世，对于广泛传播陈先生著作，起到了相当大的推动作用。

为了弘扬西大老一辈著名学者的优良学术传统，继承、光大他们的治学精神，进一步彰显他们的学术成果，惠及学林，激励后学，西大拟出版"西北大学名师大家学术文库"系列丛书，《陈直著作选》即其中的一种。与以前出版的两种选集相比，特意增加了有关文学、考古及古文字方面的内容，希望对陈先生在这些领域的卓越成就有全面呈现。

2021年1月30日

原载《长安学研究》（第6辑），科学出版社，2021年

（黄留珠，西北大学历史学院教授）

论长安学者陈直后期的思想转变

黄留珠

陈直先生是20世纪几位影响较大的史学家之一，是著名的秦汉史和秦汉考古专家，是典型的长安学者。2021年，西北大学出版社特地推出两卷本《陈直著作选》，作为"西北大学名师大家学术文库"的一种，隆重纪念陈先生120周年诞辰。西北大学历史学院等亦拟于当年10月举行盛大的纪念会与学术讨论会，寄托对先生的无限思念之情，只是因为疫情关系，会议被一再拖延至2022年10月于网上举行。这里，我想就陈先生后期思想转变问题，谈点肤浅的看法，以就教于诸位贤达！

一

陈直先生的治学，明显可分为前、后两个时期。而两期大体以中华人民共和国成立为界——确切地说，应以他入职西北大学的1950年为界。

大家知道，1901年陈先生出生在一个破落的读书人家庭，自幼受到良好的家庭教育，有着严格的旧学训练，继承了清代朴学传统。他又积极与时俱进，报考当时的清华研究院，力图进一步深造。虽然他考中了，无奈家境贫穷，没有力量支付高昂的学费，求学之路由此而作罢。客观条件逼迫他，不得不走上一条艰难的自学成才道路。

综观前期陈先生为学之道，基本未超出朴学的范围。虽然他十分仰慕清华研究院导师王国维，深受其近代考据学二重证据法的影响，既重文献资料，亦重考古资料，但运用还很不成熟。所以这时期的著述，用他自己的话说"不足观"[1]，自认为不能成为传世之作。就拿已问世的《史汉问答》二卷为例来看，"可存之说，仅百分之五而已"[2]。由此不难推知其他著述的情况。

---

[1] 陈先生生前曾多次对我们说过这样的话。应该看到，此乃先生的自谦之辞。其实，今有研究者致力于收集、整理先生的前期作品，特别是某些收藏爱好者，对此很感兴趣。据先生见告，他将早期著作打包寄赠镇江图书馆。据网上讲，该馆所藏陈氏早期著作计有：《说玺堂金石经眼录》《考魏六朝碑刻题跋》《摹庐书跋》《考证汉鼎小记》《秦居瓦谈》《摹庐自写精骑诗卷》《东坡词话》。

[2] 陈直：《史记新证》，天津人民出版社，1979年，"自序"第1页。

然而他的后期治学，情况就完全不一样了。在《史记新证·自序》中他描写自己当时的境况云："历岁签记，多有可取者，以个人之限度而言，则学与年进""六十平头，精力尚未过衰，由于晚际盛时，心情跃进，将从社会主义过渡到共产主义，三五年中，拟更多写作，以古为今用也"。之所以发生如此大的变化，与他后期的思想转变有直接关系。换言之，是他后期的思想转变决定了他后期所取得的学术成就。

二

陈直先生后期的思想之所以发生转变，在于中华人民共和国给他带来的巨大变化。他回忆说：

> 我在一九四〇年至四九年，在金融机关中工作十年，终日忙于簿书，学非所用，文字亦日渐荒芜。解放以后，转业西大，始得重理旧闻。在党和伟大领袖毛主席正确领导下，方能获得此区区之成绩。……日月光华，春晖温暖，心情并不自觉其老也。[①]

从这些话不难看到，中华人民共和国成立成为他一生重大的转折点，由此他生活稳定，重新从事自己心爱的学术事业，并取得显著成绩，心情无比舒畅。正是这样的变化，有力地促使他的思想也发生转变：自觉接受马克思主义，运用唯物史观来研究历史。

当然，我们应该看到，还有三方面因素，大大加速了他的思想转变过程。

一是自身较好的先天条件。前文说过，陈先生是贫苦家庭出身，这使他天然地具备了比别人更优越的阶级基础。

二是大气候使然。中华人民共和国成立后，举国大张旗鼓、轰轰烈烈学习马克思列宁主义、毛泽东思想。如此大形势下，一个人发生思想转变，也就有某种必然性了。

三是小环境的影响。此指当时西北大学的小环境的的确确有利于他的思想转变。例如时任西大校长的侯外庐先生，是著名的马克思主义史学家。再如担任西大历史系古代史教研室主任的冉昭德先生，同样也是坚定的马克思主义史学家。此外，还有如高扬这样的中共地下党员，如李之勤、张岂之等出色的马克思主义历史学者。这些人都是直接和他打交道者或朝夕相处者，可以讲他径直被一群马克思主义史家所包围。人们常说：近朱者赤，近墨者黑。这样的耳濡目染，使陈先生发生思想上的转变也是自然而然的事。

三

当陈先生后期思想发生转变后，他的治学之道也有了明显变化。其中，最显著

[①] 陈直：《汉书新证》，天津人民出版社，1979年，"自序"第10页。

者有两点。

对王国维二重证据法的运用日臻成熟，明确提出了"使文献与考古合为一家"①的学术主张。

先生后期的著述，总名曰《摹庐丛书》，具体包括《读金日札》、《读子日札》、《汉书新证》、《史记新证》、《居延汉简综论》、《居延汉简解要》、《居延汉简纪年》、《居延汉简甲编释文订误》、《敦煌汉简释文平议》、《关中秦汉陶录》（考证部分独立成册，题为《关中秦汉陶录提要》）、《秦汉瓦当概述》、《两汉经济史料论丛》、《盐铁论解要》、《三辅黄图校证》、《古籍述闻》、《颜氏家训补正》、《南北朝王谢元氏世系表》、《文史考古论丛》18种②。在整个丛书中，他对王氏二重证据法之运用，已达到前所未有的高度，因之也取得了空前的成就。尤其丛书中的代表作《汉书新证》和《史记新证》，充分体现了他

---

① 在增订本《两汉经济史料论丛》"自序"中，陈先生对这一学术主张还有如下的表述："力求使考古资料与文献资料合为一家，使考古资料为历史研究服务。"

② 这里是按陈先生自己的排序所列。先生生前曾把《摹庐丛书》18种手写了4种："一、甲种计四十七册，已归四川省图书馆。二、乙种计五十四册，已归陕西省图书馆。三、丙种计四十六册，存给西北大学图书馆。四、丁种计四十六册，现存家中。四种类型有繁简，编次有先后，皆不尽相同。"著名学者生前能将自己的著作做如此整理者，实不多见。这一点，也是陈先生认为平生最满意的事情。其中的甲种本，先生见告，由徐中舒教授经手，归川图。乙种本经戴南海教授中介，归陕图。在该馆典藏部我亲眼见过这部手写稿，其装订考究，毛笔蝇头小楷，书写工整，不失为精品。我曾建议把它影印出版，可惜未能实现。存西大图书馆的丙种本，我曾两次访求，得到的答复均称没有收藏。不过，曾任西大图书馆馆长的周天游教授在所发表的《陈直先生与〈摹庐丛著〉》一文中说："楷书底稿本四十七册，另附原始材料二十五册（此与陈说略有差异），归西北大学图书馆。"今不知这两种说法，孰对孰错？尚待进一步核查。家存的丁种本，为毛笔、钢笔混写，纸质不甚好，保存亦较差。西大110周年校庆时，经时任西大校办主任宋志远之手，转售学校，陈列于西大校史馆。"摹庐丛书著"除《读金日札》外的17种，分别由天津人民出版社、天津古籍出版社、齐鲁书社、陕西人民出版社出版。《读金日札》的部分内容，由《社会科学战线》1980年第1期刊出，全文由《南京博物院建院六十周年纪念文集》（1993年）发表。2000年，经周晓陆整理的配图本《读金日札》，由西北大学出版社出版。至此，"摹庐丛书著"18种全部出齐，历时近半个世纪。2006年开始，经周天游教授调整内容、重新编次的"摹庐丛著"，由中华书局陆续出版。至于陈先生著作的选本，2010年由陕西省文史研究馆长安研究中心推出的《长安学丛书·长安学者文集·陈直卷》，选取先生最具代表性的《史记新证》《汉书新证》《两汉经济史料论丛》，整理为横排简体本，由三秦出版社、陕西师大出版社联合出版。2012年，西大历史学院将上述《陈直卷》收录著作重新排序，名曰《陈直著作三种》，作为《周秦汉唐文化研究》第8辑增刊由三秦出版社出版。2021年，西北大学出版社隆重推出的《西北大学名家大师学术文库·陈直著作选》，其上卷收录《汉书新证》《史记新证》，下卷收录《两汉经济史料论丛》《文史考古论丛》，是为陈先生著作选本的又一种组合。特别是出版社对底本的选择，用心十分良苦。《汉书新证》《史记新证》均用天津人民出版社1979年本，《两汉经济史料论丛》则用陕西人民出版社1980年增订本。原因是这三种本子陈先生都亲自看过，相对比较可靠。西大历史学院领导高瞻远瞩，还准备把陈先生前期和后期著作合并出版，且已与有关出版社签了合同，现因版权问题遇到某些困难。希望这一问题能够尽快解决，以实现著名学者李学勤先生生前呼吁出版《陈直全集》的夙愿（见配图本《读金日札》李序）。

运用考古材料考订文献记载、使二者相互参验以求得信史的高超本领。

先生强调，他所用的方法，"使考古为历史服务，既非为考古而考古，亦非单独停滞于文献方面"①。这一方法，实际上也就是他提出的"使文献与考古合为一家"的学术主张。而如此一条"新道路"，先生视为自己的生命线，并公开宣布："为推陈出新者所赞许，为守旧不化者所睚眦，知我罪我，所不计已。"②这是何等了不起的勇气和魄力啊！正因为如此，陈先生认为，他五十岁以后完成的《摹庐丛书》，可以传世；正因为如此，陈先生赢得了世界学人的尊敬。日本学者之所以不遗余力倡导陈直学③，究其缘由，盖亦出于此。

按照唯物史观的原理，旗帜鲜明地提出"搞人民史，搞手工业史"的学术思想。

陈先生当年在给报考他研究生的青年文史爱好者杨东晨④的信中说："我们治秦汉史，与一般学者有所不同。搞人民史，搞手工业史，不搞帝王家谱。"而最能体现他这种学术思想的，莫过于《摹庐丛书》中的《两汉经济史料论丛》这部名著了。

该著初版于1958年，当时仅有《西汉屯戍研究》《关于两汉的手工业》《盐铁及其它采矿》《关于两汉的徒》《汉代的米谷价及内郡边郡物价情况》五篇文章。1980年，该著增订再版，增加《两汉工人类别》《两汉工人题名表》，如此就成为"六文一表"的新格局。三十年前，我在《陈直先生的治学精神和学术思想》一文中分析这"六文一表"说：

> 从这个目录不难看出，作者的着眼点，全在社会下层的民众和他们所从事的行业与工作，以及同他们日常生活有关的一些问题。特别是《两汉工人的类别》与《两汉工人题名表》，乃作者独具匠心之作。前者在考察大量文献记载与考古资料的基础上，将两汉工人划分为官府手工业及私人作坊两大类，分别就私人作坊、工人技艺的发展与提高，工官设置，工人范围的扩大，官府手工业铸器存在与分工问题，画工、寺工、供工并工问题，工官署中主要器与兼作器的区别，官民工互助，京师考工令拨工帮助郡国，大司农工巧奴，官工兼多门技艺，一工兼两工，漆工工龄，工人

---

① 陈直：《汉书新证》，天津人民出版社，1979年，"自序"第4页。
② 陈直：《汉书新证》，天津人民出版社，1979年，"自序"第7页。
③ 倡导陈直学的日本学者，以关西大学大庭修教授为代表。此消息最先由林剑鸣先生见告。后读大庭教授《秦汉法制史》，见其"自序"中对陈先生的高度赞扬，始悟这是与林先生所说相呼应的。2000年，我应邀去日本访学，特意将有关陈直学的一篇文章呈奉大庭教授请教，未见他任何否认表示。可见林先生所言，当有所据。
④ 杨东晨，陕西省历史博物馆研究员，已退休。当年陈先生给他回信时，他任职陕西省铜川市教育局，主编《铜川教育》杂志。

题名次序、称呼、位置诸问题及义工、辈工、佣工等多方面的内容展开了讨论。文中作者高度称赞了工人的创造性劳动，歌颂了他们的高贵品质和团结合作的精神，尖锐揭露了当时工人"能造各器而不能享用各器"的社会不合理的现实，并对士大夫贱视工人现象做了批判。后者收集了汉代工人题名三百一十六个，其中见于文献者仅十余人，其余皆从出土古物中发现。表中详细罗列了工别、籍贯、时代、题名作品及所见著录等情况。古今中外史学家当中，如此精心为工人树碑立传者，实属仅见。①

至今，我仍然坚持以上的分析，认为是十分得当的。实际上，在全部《摹庐丛书》里，几乎随处可见这种对劳动人民的高度赞扬及对统治者的严厉控诉。例如在《三辅黄图校证》一书的序言里，陈先生尖锐指出："当时宫阙之嵯峨，楼观之耸峙，可以看出当时人民建筑之技巧，具有高度之水平，因此有表彰之必要，并非夸张统治阶级之奢侈享乐也。"正是出于这样的目的，先生对这部古籍做了整理。

行文至此，不由想起20世纪60年代崛起的西方激进派史学家们，像吉若维斯（Eugene Dominick Genovese）、古特曼（Herbert G. Gutman），特别是津恩（Howard Zinn）所著《美国人民史》（*A Peoples History of United States*, 1980），其以黑人、美洲印第安人、白种工人、农民、囚犯、妇女、移民等社会下层民众为中心来考察和解释整个美国历史。这种"自下而上"的研究路数，近若干年来无论在国外抑或在国内都相当流行，被许多史学工作者奉为圭臬。其实，这一研究取向在中华人民共和国的史学实践中早已存在。此中，陈直先生的《两汉经济史料论丛》等著作无疑是这方面的典型作品了。

陈直先生没有受过系统的近现代教育，没有出国留洋，没有文凭，是所谓的"土包子"学者。然而随着时代的前进，特别是他后期的思想转变，自觉接受马克思主义，用唯物史观研究历史，取得某些"洋学者"不曾取得的成就，堪称中华人民共和国学人的典范。可见，思想的转变，是否用唯物史观指导历史研究，实是问题的关键。不错，陈先生的研究，也存在一些失误，但这很大程度上乃客观原因所致，并非他的过错。这一点，我们也应有正确的认识。

2021年9月于西安，2022年11月修改

原载《长安学研究》（第7辑），科学出版社，2023年
（黄留珠，西北大学历史学院教授）

---

① 黄留珠：《陈直先生的治学精神和学术思想》，《人文杂志》1991年第3期。

魂归天一阁

——写在《陈登原全集》出版之际

黄留珠

前不久，获得国家出版基金资助、列为"十二五"国家重点图书出版规划项目的《陈登原全集》（简称《全集》），由浙江古籍出版社出版行世。这是我国文化界、学术界的一件大事，值得拍手称贺。

陈登原（1900—1975），我国现当代著名历史学家，与王国维、陈寅恪、钱穆等学术大家齐名，民国时即被并称为近世史学宗师。早年，曾先后任金陵、之江、中山等大学历史系教授。中华人民共和国成立后，应西北大学校长、著名历史学家侯外庐的邀请赴古都西安，自1950年起，执教于西大历史系，任教授；另还担任图书馆馆长、校务委员会委员等职。在这里，他一干就是25个春秋，把自己的一生最成熟的年华献给了祖国大西北的文教事业。从这种角度来看，陈先生虽非长安籍人，但却是一位地道的长安学者。而他的《全集》出版，无疑为长安学研究增添了新亮点。

陈先生治学，以其深厚的文献学功底为基础，于广征博引、综合梳理中显现深邃的见解，树一代史家之风范。早在1926年，他便出版了第一部著作，而该年上半年他还是东南大学的学生。此后漫漫的半个世纪中，他始终笔耕不辍，著作等身。今16卷《全集》收录专著24部、论文集1部、诗集1部，向我们全面展示了这位大师级学者的学术面貌，可谓篇篇均精品，部部皆佳作。例如《古今典籍聚散考》，为我国第一部全面研究典籍聚散问题的专著，在陈氏以前还没人系统、全面探讨过这一问题。再如《中国文化史》，与其师柳诒徵专著同名，被誉为"文化史双璧"，在国内外均有着广泛的影响。特别是他自三十九岁开始写作，直到二十年后才得以陆续付梓的200万字巨著《国史旧闻》，乃国内第一部笔记体的中国通史，更是蜚声海内外，深受学界的推崇。另如他1933年编著的《高中本国史》教材，第一次列有"四大发明"的条目，把古代科技成就的弘扬宣传提升到一个新高度。这样一部《全集》，学术价值高，学术意义大。其对于存续学脉、承继学统，可谓功莫大焉！同时也为世人的研究、后学的学习提供了极大的方便，亦堪称功德无量也！

尤其需要一提的是，陈先生不仅学问好，而且为人率直，从不隐瞒自己的看法，具有正直知识分子的传统特点。多家报刊曾登载的陈登原争稿费的故事，便是一个很典型的例子。大家知道，在"极左"思想影响下，相当一段时间内对知识分子劳动价值估计偏低。1958年三联书店出版《国史旧闻》第一分册时，拟定的稿费为千字12元，陈先生认为不合适，提出千字15元的要求。在当时的政治形势下，如此争稿费，是需要有相当的勇气和冒很大风险的。尽管此事后来的发展确实给先生带来可怕的政治麻烦并使他吃尽了苦头，但他"敢争"的精神却是值得肯定的。对此，《全集》最后所附《陈登原先生年谱》有详细的记述。所以《全集》于全面展现先生的学问之外，也反映了他的为人，并使我们得以窥见那样一个特殊时期的异样政治生态。

对于一个学者来说，作品就是他的灵魂。当一个学者逝世多年之后，他的作品如果能在自己家乡得以出版，无疑是极大的幸事，颇符合"魂归来兮"的古义。陈先生，浙江余姚人，其出生地周巷镇，今属慈溪。现陈先生《全集》由浙江古籍出版社出版发行，应该说是实现了"魂归故里"之愿望的。

不过，事情的因缘似乎到此还不算完结。离余姚、慈溪不远的宁波天一阁，为我国现存最早的私家藏书楼，也是亚洲现存最古老的图书馆和世界最早的三大家族图书馆之一。对于这样一处文化圣地，陈先生自然也有着读书人普遍心存的崇仰之情和研究兴趣。凑巧的是，1928—1930年陈先生在宁波女子中学及宁波商业学校任教，特地造访天一阁，并撰成《天一阁藏书考》，于1932年9月由南京金陵大学中国文化研究所印行。

此著被论者誉为全面研究天一阁藏书史的第一部著作。全书分为9章："三百年前浙东藏书之胜""天一阁主人""天一阁收藏之来源""天一阁之组织及管理""天一阁与四库全书""天一阁书目及其内容""菁华小记""天一阁之散佚""天一阁之善后问题"。另有附录4篇：《书天一阁书目后》《天一阁始末记》《重编天一阁藏书目录序》《重编宁波范氏天一阁图书目录》。令人不无慨叹的是，如此一部天一阁藏书研究的开山之作的出版，却遭遇日本侵略者的战火蹂躏，书稿被毁。陈先生记其经过云：

> 兹稿成于二十年春（此指中华民国纪年，下同），即付上海商务印书馆印刷。工事未竟，沪变忽兴，覆瓿之物，亦遭国难。伤哉！嗣后追事补缀，半载始成。哀邦家之艰难，痛典籍之飘零。抚物感时，又岂仅一人一书之厄而已哉。
>
> 登原又识。二十一年九月。

尽管如今天下大变，当年的"艰难""飘零"已经不复存在。但读先生这一小记，昔日的国难似仍然历历在目，使人唏嘘不已、没齿难忘也。

也许因为如上这段特有的天一阁往事的缘故，所以当陈先生逝世35年后，其子女将他的遗著与手稿共54种、172册，捐赠给天一阁博物馆。而慧眼识珠的浙江古籍出版社不失时机地主动与天一阁博物馆合作，以陈先生子女捐赠的全部手稿为基础，又广泛搜集已出版、发表过的著作和论文，梳理编辑成《陈登原全集》出版。

综观陈先生《全集》成书及出版过程，似乎总感到冥冥中有一种机缘的力量在推动它的前进。先生从浙江一个小镇走出，历经大半个中国而落脚于古都西安，终其不寻常的一生。但最后他的著作却集中回到家乡，出版为《全集》，演绎了一段学者"魂归故里"的佳话。而这当中，天一阁无疑是联结的关键。如果说当年先生撰著《天一阁藏书考》是带有某种偶然性的行为的话，那么21世纪初先生家人捐赠手稿、遗著给天一阁，则明显是一种带有必然性的结果了。是的，像陈先生这样一位关注天一阁、研究天一阁的学者，其学术成果即其灵魂的最后归宿，自然非天一阁莫属。从这种角度来看，《全集》演绎的"魂归故里"的佳话，更确切地说应该叫作"魂归天一阁"才最为妥帖。

附录

《陈登原全集》第1—16卷目录

第1卷

《荀子哲学》《颜习斋哲学思想述》《国名疏故》

第2卷

《中国文化史》（上）

第3卷

《中国文化史》（下）

第4卷

《古今典籍聚散考》《古今书话》《天一阁藏书考》

第5卷

《甸南读书志》《太白读书记》

第6卷

《国史旧闻》（一）

第7卷

《国史旧闻》（二）

第8卷

《国史旧闻》（三）

第9卷

《国史旧闻》（四）

第10卷

《中国土地制度史》《中国田制丛考》

第11卷

《中国田赋史》《地赋丛钞》

第12卷

《历史人物评考》《论文》

第13卷

《明史蒙拾》《无据集》

第14卷

《国史学习导论》《历史之重演》《中俄关系述略》

第15卷

《高中本国史》《世界史教本》

第16卷

《词林佳话》《宋词话选注》《唐人故事诗》《三水小牍》《旧诗姑存录》《陈登原先生年谱》（陈宜张编）

2016年10月25日草讫于西安望山居

原载《长安学研究》（第2辑），科学出版社，2017年

（黄留珠，西北大学历史学院教授）

黄永年先生传略

贾二强

黄永年先生，江苏江阴人，出生于1925年10月24日，2007年1月16日辞世，享年82岁。

黄先生的少年时代在常州度过，1944年毕业于苏州中学常州分校，同年考入中央大学南京部历史系，后退学并于1946年重新考入复旦大学史地系（后改历史系），1950年毕业。同年分配至上海交通大学担任助教，1956年任讲师，同年随交通大学迁校来到西安。1957年在"反右"运动中被错划成"右派"，下放劳动一段时期后，被安排在西安交通大学图书馆工作。1978年调入陕西师范大学，1979年"右派"问题正式平反改正，恢复讲师职称，1982年晋升教授。先后在学校图书馆、历史系、唐史研究所、古籍整理研究所工作，1983年任陕西师范大学古籍整理研究所副所长，1987年任所长。2001年退休。主要社会兼职有全国古籍整理出版规划领导小组成员、国家文物鉴定委员会委员、教育部全国高等院校古籍整理研究工作委员会委员、中国唐史学会顾问、北京大学中国古文献研究中心兼职教授、复旦大学古文献研究中心兼职教授、《中国史研究》编辑委员会委员等。

黄先生学识广博，视野开阔，尤以深厚的文献功力享誉学界。他几十年潜心精研，著述等身，在历史学、中国古代文学和古文献学等诸多研究领域均有精深造诣和巨大建树，不仅是中国古代史尤其是北朝隋唐史及唐代文学、古典诗词小说的著名研究专家，更在版本学、目录学、碑刻学、古籍整理等领域内做出了开拓性的贡献，是古文献学学科享有盛名的一代宗师。

黄先生终身从事教职，在退休后仍然坚持为研究生授课，直至辞世前一年，由于体衰无力，方恋恋不舍地告别近60年的教学生涯。他是"文革"结束恢复研究生教育后陕西师范大学最早招生的研究生导师之一，也是陕西师范大学历史文献学的创建人，自1979年起他先后招收中国古代史、历史文献学两个专业的研究生，得其亲传的及门弟子近百人。专业建立之始，研究生各门课程均由他亲自开设，先后为研究生、本科生讲授史学概论、目录学、版本学、碑刻学、唐史史料学、唐史专题研究、文史专题研究、《旧唐书》研究、韩愈文研究、吴伟业诗研究、《太平广记》研究、文史工具书等10多门课程，教材也都由他亲自撰写。他授课内容丰富，贯通古今，挥洒纵横，深入浅出，具有极大的启发性。他堪称教书育人的楷模，所培养的学生，多人已成为学界翘楚、国家栋梁，他所传授的各门学问薪火传承有序，他所倡导的谨严治学的优良传统和朴实学风惠及几代门人。

黄先生从小喜爱读书，《春秋左传》《资治通鉴》《太平广记》等古代典籍多在中学时即已通读，由此对史学产生浓厚兴趣。他先后师从史学大师吕思勉先生、童书业先生、顾颉刚先生，受业名门，传承有自，学有渊源，根底深厚。他早在大学学习期间发表的论文就引起学界关注，受到著名史家陈寅恪先生的嘉许。近60年的学术生涯里，他笔耕不辍，即使在错划"右派"期间，仍未放弃学术追求，其间撰写有关唐代经济和碑刻书法的文章，直到"文革"以后方得以陆续刊布。20世纪80年代到90年代初，他主要从事唐史研究，兼及古典诗词和小说。90年代中后期又上溯北齐、北周和杨隋，探讨这一时期的史事。黄先生的诸多研究成果以史料扎实、考证细密、见解精卓而引起学术界的广泛瞩目和推崇，他的学术论文多收在已结集出版的《唐代史事考释》《文史探微》《文史存稿》《树新义室笔谈》《学苑零拾》《学苑与书林》《长安学丛书·黄永年卷》等著作中。

黄先生对古代文史知识的普及工作十分尽力，主持完成教育部古籍整理重点项目"二十四史全译"中的《旧唐书全译》与《新唐书全译》；并为"祖国丛书"撰写《旧唐书与新唐书》《唐太宗李世民》；还承担了"古代文史名著选译丛书"内《旧唐书》等六种选译，成为该类读物具有典范性的佳作。

黄永年先生学术兴趣广泛，其笔触所及，涉猎多个领域。在史学方面，其研究重点上起南北朝，下迄唐代中后期。尤其是凝聚他数十年研究心血的中古史力作《六至九世纪中国政治史》，就历史上北朝至中晚唐一系列影响深远的事件和制度进行了系统考察。他以敏锐的历史洞察能力，全面深厚的文献功底，缜密娴熟的考据方法，不仅厘清了诸多千古疑案，大大扩展了对这一时期某些重大史实的深入认识，填补了北朝及隋唐史研究的空白，而且以历史发展的宏观视野，提出若干独具创见的新观点，代表了对这一时期政治史研究的最高水平，充分展现了一代史学大家的风范。长久以来，人们多已习惯政治史以王朝为限的研究方法，黄先生却打破了人们习见的传统政治史格局，独辟蹊径，选取北朝至中唐作为中国政治史上相对完整的一个时期予以考察。这绝非一时心血来潮、别出心裁，而是对这一时期的中国历史精心钻研、深思熟虑的结果。他认为，发生在北齐、北周和隋的若干重大史事及其创建之制度，如"关中本位政策"及关陇集团的存在，北魏迁都以后汉化政策的影响，齐、周间的文化差异及特点，文武合一、文武分途及与门阀士族之关系等等，皆对入唐以后的政治发展影响甚深。依照他的看法，唐朝后期尤其是黄巢攻入长安，以及安史之乱后唐廷长期赖以维持的主要军事力量神策军的解体，标志着历史开始转入地方藩镇相争的阶段，而这一阶段实应与五代十国的动乱割据视为一体。这些见解，可谓发前人之所未发，不惟令人耳目一新，更是颇具灼见的论断。

黄先生在中国古代史尤其是唐史研究方面成就卓著，在这一领域享有崇高的学术声望，是学界公认的唐史研究一代大师。

黄先生在古文献学领域造诣精深，卓然成家。他参与了古文献学学科体系的创立和建设，撰写了《古籍整理概论》《古籍版本学》《古文献学四讲》《史部要籍概述》《子部要籍概述》《唐史史料学》等多部著作，享有很高声誉，被国内多所著名大学选作教材，为文献学人才的培养发挥了重要作用。黄先生还积极从事古籍整理事业的实践，精心标点校勘《类编长安志》《雍录》《西游证道书》等多种古代典籍，均以质量精良而被视作权威性的版本。

黄先生治学贯通文史，精于考辨，盖源自"冰冻三尺"的文献积累。他于古书版本目录之学的造诣，当世少有其匹。但非如一般藏家往往精鉴赏而疏学术，黄先生的文献修养则体现在其治学中，可谓几无所不在，这一点尤其难能可贵，令人往往生望尘莫及之叹。黄先生博雅广闻，学富五车，研治古代文学同样重视实证，所见多不同凡响，于古代文化诸多方面亦常有不凡见地。

黄先生一生襟怀坦荡，为人耿直，刚正不阿，疾恶如仇，虽身历坎坷而志向弥坚。尤其在学术问题上，更以一丝不苟、率直敢言而著称学界，甚至不惜遭人误解为过于严苛。他从不迷信权威，他对史学大师陈寅恪极为敬重，但在学术著述中却时有就陈寅恪先生的一些见解的商榷和修订，黄先生辞世后，国内某大学发来挽联就此评价道："书传天下高名万古，此老能匡陈义宁。"[①]他平生唯以学术和育人是尚，诚如己言："科研是要多出成果为学术大厦添砖加瓦，为自己的国家争光彩；教学是培养青年使后继有人，且能超越前人。至于其他得失荣辱，就都是身外之物了。"他以终生不渝的实践很好地完成了一己的追求。

原载《长安学研究》（第2辑），科学出版社，2017年

（贾二强，陕西师范大学历史文化学院教授）

---

① "义宁"为陈寅恪先生乡贯。

黄永年先生与全国高校古委会

杨 忠

黄永年先生名满天下，史学研究是他的本行，成就卓著，古典文学研究成果丝毫不逊色于当今名家，此外，他的古文献学研究论著影响深广，目录版本之学自成一家，书法篆刻之学既专且精，诸子百家之学亦博而深。治学范围之广、学问钻研之深、学术成果之丰，当今学人能望其项背者少，可与其比肩者几希，这些，在座诸公当多有论述。但黄先生还是教育部任命的全国高校古籍整理研究工作委员会委员，又担任陕西师范大学古籍研究所所长，常参与高校古委会的各种工作，和古委会实有不解之缘，也是古委会秘书处人员公认的良师益友。作为古委会秘书处工作人员，在和黄先生的交往中，有许多事令我感动，黄先生在古委会的一些工作和他对古委会工作的大力支持，也是他对我国古籍整理研究和人才培养工作的杰出贡献。

我粗略回忆，黄先生对高校古委会工作的贡献集中表现在三个方面：一是大力支持普及读物"古代文史名著选译丛书"的编纂和审定工作，二是积极参与古文献学学科建设和中国古文献学奖学金评议工作，三是全力以赴编纂古文献学教材——《古文献学基础知识丛书》。

全国高校古委会自1983年建立之后，制定古籍整理研究规划，陆续组织了一些大型整理项目，如《全宋诗》《全宋文》《全元戏曲》《全明诗》《李白全集》《杜甫全集》《柳宗元集》等。20世纪80年代中后期，古委会主任周林同志提议编纂一套着眼于普及中国传统文化精华的中型古籍读物，定名为"古代文史名著选译丛书"，从经典古籍名著中挑选适当篇幅，简注精译，使中等文化程度的人能读懂受益，并委托章培恒、安平秋、马樟根三位先生主持。三位主编于1986年5月正式启动该项目，成立编委会，确定选目和承担人。黄永年先生是该丛书的常务编委，在确定选目和编纂凡例方面做出过重要贡献。"丛书"最终确定译注134种古代名著，以古代文史典籍为主，实际包罗了经、史、子、集四部，承担译注工作的共有164位学者，分布在20余所高校。"丛书"虽有统一的撰稿要求，但译注者各自的领会不一，收集来的稿件质量不一，审稿便成为最重要而又繁难的工作，也是保证丛书质量的关键环节。在三位主编主持下，编委会召开过十几次审稿会议，以常务编委为主的十几位先生承担了审稿工作，听安平秋先生说，黄先生审稿最多，且承担的译注工作也最多。有一些书稿质量不高，编委会决议换人重做，但这就意味着新承担人撰写书稿的时间将非常迫促，这时，大家会把目光投向黄先生，因为他向来文思敏捷，黄先生也往往不辞辛苦，承担了许多额外的工作。最近我统计了黄先生在"古代文史名著选译丛书"中的工作量，发现在134种译注中，黄先生居然撰写了6种，即《颜氏家训选译》《北齐书选译》《周书选译》《韩愈诗文选译》《旧唐书选译》《吴伟业诗选译》，其中《吴伟业诗选译》为他与马雪琴老师合撰，其余5种由他独立完成。黄先生完成了6部，其余162人完成了128部，黄先生的工作量是其余译注者的七八倍。黄先生还审改了14部书稿，审稿量是其余审稿人的2倍。"古代文史名著选译丛书"是古委会重点规划项目，自1986年开始，至20世纪90年代前期由巴蜀书社全部出版完成，前后近十年，应了"十年磨一剑"的旧话。出版之后，该丛书得到学术界好评，获第一届古籍整理成果奖，台湾的出版社后来出了繁体字本，前几年凤凰出版社又出了修订本，可见得到社会的承认和好评。黄先生无疑是这套丛书中撰稿、审稿出力最多的人。

黄先生还为古委会的人才培养工作做出过重大贡献。古委会成立之后，经过一段时间的工作，秘书处感到除日常工作之外，有一些关系到高校古籍整理整体工作的大事需要组织一些专家共同完成，以利于集思广益、做好规划。于是在20世纪80年代中后期相继成立了科研项目评议小组、学科建设与人才培养工作小组、对外学术交流工作小组。古委会学科建设与人才培养工作小组从成立伊始，便聘请黄永年先生为小组成员，黄先生也在小组内做出了杰出贡献。学科建设与人才培养工作小组主要有两件工作。

一是做好古文献学的学科建设工作。小组成员与古委会秘书处人员一起去古委会直接联系的北京大学、杭州大学（现浙江大学）、南京师范大学、上海师范大学四个古典文献专业做调研，了解课程设置和教学计划、听老师上课、与师生座谈，并举行过几次教学观摩活动，由四个古文献专业负责人及教师代表轮流去四个学校听课、座谈，相互学习、取长补短。经过若干年的努力，到20世纪90年代中期，四个古典文献专业的课程设置和教学计划逐步完善，古文献学学科建设有了较好的基础和一定的成绩，黄先生以他丰富的教学经验和高远的学术眼光，为古委会的这一工作贡献了不少切实可行的意见。

二是评议中国古文献学奖学金。这也是这个小组的成员和古委会秘书处人员经过几次调查之后，向古委会领导建议，经批准而采取的措施。这个小组的成员兼任中国古文献学奖学金评议员。奖学金分博士生、硕士生、本科生三档，分别设一、二、三等奖，一等奖零至一名，二等奖、三等奖各若干名，每两年评议一次。奖学金评议非常严格，评委认真审读申请者的论著，经充分讨论、无记名投票决定。特别是博士生的一等奖，有时宁愿空缺，也不降格以求。获得过该奖一等奖的博士生后来几乎都成了活跃在学术一线的著名学者。黄先生在评议中坚持原则，不和稀泥，不太在乎各校得奖名额是否平衡，在小组内以严格著称。后来在评议条例中特别写明评议以论著水平为依归而不考虑学校之间的平衡。记得在有一年的评议中，黄先生指出某生论文中的诸多问题，该生未能获奖，事后该生所在学校评委无意中泄漏了黄先生的一些意见，该生居然写信给黄先生，出言不逊，黄先生一笑置之，并未和那位评委理论。在后来的评议中，仍然坚持标准，毫不马虎。黄先生的举动给大家留下了深刻印象，也获得评委的一致好评。至今我每当回忆起奖学金评议时，黄先生的风采依然如在目前。

黄先生在古文献学教材编纂工作中的突出贡献，也令人难忘。古委会直接联系的四个古文献专业的学科基础和课程设置互有差异，具体的教学内容亦不尽相同，在教学实践中，大家认识到，尽管四个古文献专业的具体情况不同，但基础课程的设置应大体统一，而为了保证教学质量，课程内容应该有一定规范，并且要有一套质量较高的教材作为教学的保障。鉴于各古籍研究所招收的研究生中也有不少人本科出身于非古文献学专业，他们在本科学习阶段很少接触古文献学课程，古文献学基础知识不够扎实，为了提高研究生的质量，也需要有一套古文献学基础知识丛书作为他们学习时的参考书。

为此，1995年在当时的古委会常务副主任兼秘书长安平秋先生（现任古委会主任）主持下，成立了"古文献学基础知识丛书"编委会，由裘锡圭先生和我任主编，规划丛书的编写工作，黄先生为编委之一。在裘先生主持下，编委会经过几次讨论，明确了编撰宗旨，即这套丛书既能作为古文献专业本科生的教材或主要教学参考书，也能作为古文献学科研究生及古代文学、古代历史、古代哲学和宗教等学科研究生的参考书，还可以作为广大文史工作者和爱好者的参考读物。黄先生在几次编委会讨论丛书子目时，都发表了很好的意见，如丛书不设《目录学概论》，而将有关内容入《古籍版本学》，便是黄先生的意见。丛书最后完成了11种，即《音韵学概论》《训诂学概论》《古籍版本学》《校勘学概论》《文史工具书概述》《古代文化知识》《文献学文选》《经部要籍概述》《史部要籍概述》《子部要籍概述》《集部要籍概述》。其中的《古籍版本学》和《史部要籍概述》大家自然希望由黄先生承担，黄先生也毅然接受了任务。但《子部要籍概述》却一下子找不到合适的撰稿人，裘先生找我商量，经反复斟酌，我们二人都觉得黄先生是最合适的人，但他已承担了两部著作的撰写任务了，我们实在不忍心也不好意思找他商量了。又过了一段时间，《子部要籍概述》仍没有找到合适的承担人，我们只好试探黄先生的意见，他略一沉吟，却爽快地答应了，只要求稍缓一点交稿时间。这样，这套"古文献学基础知识丛书"所包含的11种著作，竟然有3种是黄先生完成的，而且如期交稿并出版了。黄先生的渊博和快捷，他乐于为人解决困难的精神，大家都十分敬佩。这套丛书是古委会的重点规划项目，也是国家高校"十一五"和"十二五"国家级规划教材，黄先生对这套丛书的贡献是我们永远不会忘怀的。

我第一次见黄先生是1987年在华中师大古籍所承办的古委会会议上，我是临时到会的，对黄先生印象不深。第二年古委会在西安开会，实际上是文史名著选译丛书审稿会和古委会委员会两个会连着开的，先在华清池，后来移到芷园。黄先生作为承办会务的古籍所所长，大小事务都集中到他那儿，忙碌是可想而知的。当时火车卧铺票非常难买，返程票更是无法预购的，与会者中教授多老人，要买到足够的车票实在困难，我们古委会秘书处与会人员和陕西师大古籍所许多老师清晨即去车站排队，没想到黄先生也来了，当时他已经63岁了，望着他的身影，真令人感动。黄先生支持帮助古委会做了许多工作，对古委会唯一的要求只是每次离京时要给他买火车行进方向的软卧下铺，逆向而坐令他头晕，他又从不乘飞机。因此我们买到逆向票便退掉重买，有时买两张票，然后将逆向票退掉。黄先生的这个习惯，在古委会内部非常有名，他到各古籍所讲学，大家也尽量想法买到合适的火车票。

黄先生离开我们已经8年了，我常想起他的音容笑貌，想起他在古委会各种会议上的发言，想起他在和我们闲谈时讲起的那些学界掌故，想起他的欢乐，也想起他的愤怒。他和古委会系统的各研究所所长以及古委会秘书处人员的关系都很融洽，也常在学术上给晚辈学人指点迷津……我想我们大家都会记住黄先生的好，他一生历经荣辱，热爱国家民族之心不变，学术求真求新之志不移，培养晚辈人才之愿不倦。现在我们专门开会来纪念他，我谨以这些片段的记忆来表达对黄永年先生的敬意和怀念。

原载《长安学研究》（第2辑），科学出版社，2017年

（杨忠，北京大学中国古文献研究中心教授）

只今耆旧贞元尽
——黄永年先生诞辰90周年追思

曹旅宁

邓广铭先生《稼轩词编年笺注》篇末收辛弃疾《感皇恩闻朱晦公即世》:"案上数编书,非《庄》即《老》,会说忘言始知道。万言千句,不自能忘堪笑。今朝梅雨霁,青天好。一壑一丘,轻衫短帽。白发多时故人少。子云何在?应有《玄经》遗草。江河流日夜,何时了。"邓先生笺注,引辛弃疾祭文:"孰谓公死,凛凛犹生。所不朽者,垂万古名。"

一

我最早见到并听黄永年先生关于玄武门、《长恨歌》的学术讲座,还是1984年10月间的事。离现在不知不觉已有30余年。当时老先生一口江南口音,内容不能全部听得懂,但老先生声音洪亮,底气十足,却给人留下了十分深刻的印象。等到第二年夏,我有幸考取老先生的历史文献学硕士研究生,这才开始了有系统的学习生活。当时兰州大学赵俪生先生的公子赵䲡,在青海与我同时报考却没有录取,我听说后颇感骄傲。

黄先生早年受教于吕思勉、童书业、顾颉刚诸先生。黄先生所记《吕思勉文史四讲》已经出版,只是听寿成兄说,笔记原稿多有按语,尚未印出。葛兆光先生曾在2006年3月2日阅读童先生著作时的读书札记中这样写道:"童书业是黄永年先生的岳父。记得当年黄先生在复旦小楼与我同住,常常彻夜闲聊,多次谈起他这位岳翁,对他与吕思勉先生俱极崇敬。回忆及此景,已经20年前旧事了。"当年黄先生的卧室兼书房中,张挂有吕先生的一副对联,还有童先生的一幅小画。而我早已读过《新华文摘》上转载黄先生纪念吕、童二师的文章。最近读到曹道衡先生的回忆录,谈到童先生在无锡国专沪校时对他的学术训练,具体翔实,真可以同黄先生的文章对读。

我们入校时,黄先生就站在陕西师大老西门迎接新生,对大家说一些勉勉的话。记得有"我会把你们当作子侄辈看待的,要取得学习、身体的双丰收!""苦就苦三年,三年以后,同夫人小姐公子同享荣华富贵!"迎新晚会上,黄先生让大家自报家门,并表扬了龚祖培同学撰写的《内言外言发覆》一文。此文是与北大周祖谟先生展开对话的,发表在《中华文史论》上。这无形中也为大家树立了学术标杆。

当时黄先生刚60岁。入校不久,同学们在黄先生上课时为他祝寿,送了一个黑色陶瓷奔马台灯做礼物,李心纯同学还送了一首格律诗,中间用了刘禹锡"二十三年弃置身"的句子,因为黄先生从1957年困厄直至1979年平反,恰好同此年数。黄先生答词中有"本来要请大家到家里吃一碗长生面的,但人太多,实在没有办法"的话语。黄先生1950年复旦大学毕业,被分配至上海交大教政治课,实际上已经脱离了本行学术界。但值得庆幸的是,先生避过了一次次学术批判的"洗澡",也没有经历学生批判老师的心理煎熬,更没有撰写大批判应景文章的懊恼,保存了自己的学术元气。1957年的困厄只是终结了先生的红色仕途之梦,却为中国学术界保留了一颗读书种子。用先生自己的话说,"不许阿Q革命,就弄学问吧!""人活着,总得有点寄托,总得干点有益的事情!"

黄先生当时的科研工作、社会工作十分繁重,时常还要外出讲学,但对学生还是十分关心的。记得黄先生曾带我到校医院找他相熟的一位女大夫看过一次病,这位葛大夫当时还误以为我是先生的儿子。当然,黄先生也不是苦行僧式的学者,衣着整齐,皮鞋锃亮。北大教授们来校参加答辩时,会吸烟的,先生敬上的是牡丹烟;不会吸烟的,先生拿出的是巧克力。

我们受教的主要场合是在课堂。黄先生上课时喜欢漫谈,也喜欢讲学术掌故,但最后总要回到主题。这在无意中拓宽了学生的学术视野。当时听讲的学生人数众多,文史专业的研究生俱在,先生讲得神采飞扬。15年后我在广州见到黄先生,老先生竟然吟起了"忆昔开元全盛日"。我后来发现,黄先生所讲,除了许多自己的学术创见发现,如曹植七步诗的问题,也不乏前人的学术精华,如说《汉书》颜师古注名气大,其实水平并不高。后来我在王念孙《读书杂志》中看到王氏读《汉书》札记中对颜注的尖锐批评。

受教的另一个场合,是黄先生位于陕西师大办公大楼"白宫"的办公室。入校不久,有一次大家晚饭后散步,看到先生的房子还亮着灯,就上楼去见先生。先生要大家购买中华书局影印的《四库全书总目提要》就在此次。当时先生正在灯下翻看《中国版刻图录》,大概是正在撰写相关文字。

受教还有一个场合,便是先生家里。同学们开学来校,总要去家里看望先生。

先生有时也会留座长谈，谈论学术、臧否人物。

黄先生指导学生作文的次数并不太多。第一次作文时，先生总是叫学生单独面谈。记得我所写是一篇关于会昌灭佛的札记，列举了两《唐书》及《通鉴》等不同史料记载的歧异。先生先是鼓励，后又具体指出不足。后来我撰写毕业论文《〈入唐求法巡礼记〉疏证》时，将其扩张写成其中的一节，并改题为《论会昌灭佛与李德裕之关系——读〈隋唐佛教史稿〉札记》发表。记得黄先生还在课堂上说，选题最好不要选什么民族政策、农民起义的题目作文。

黄先生开阔学生视野的一个办法是办资料室买书。先生曾为唐史所、古籍所买了许多书，其中还特别为古籍所购置了台湾"中央研究院"历史语言研究所出的集刊。多年后我在中山大学同一位先生谈起此事，这位先生说，过去的老大学生给图书馆买书都是懂行的。黄先生开阔学生视野的另一个办法，就是请名家来校讲座，如周绍良、徐永年、裘锡圭、严绍璗、章培恒、汪荣祖先生等。记得汪荣祖先生站在讲坛上，看到这么多学文史的研究生济济一堂，吓了一跳说：台大历史系早已招不到几个男生了。1988年毕业的时候，一位同门改行去了税务局，黄先生还大为光火。等到2005年，我在西安看望黄先生时，老先生也有如此感叹："如今学术衰微了，聪明人不愿意学，都想发大财！""如今年轻人写的文章，像一杯淡茶，味道总不够浓！"如今不觉又是10年，在商品大潮的冲击下，学术似乎已走进严冬了。

二

黄先生著述宏富，但我以为最能代表黄先生学术的，还是他的论文集，填补空白、探微发覆、同前贤特别是同陈寅恪先生对话，是其著述显著的特点。这在8年前黄先生逝世时召开的同门追思会上我已讲过。黄先生同陈先生对话商榷立异同曾引起北京某所高校师生的议论。2008年在山西大同举行的一次学术会议上，有一位学术界前辈在得知我是黄先生弟子时，还当面对我讲，黄先生不应该同陈先生立异同。

黄先生《唐代史事考释》初版于1998年1月，由联经出版公司印行，共收录先生的唐史专题论文33篇。我手头这本是2005年4月初版第二次印刷，是我本人在台北诚品书店买到的，实价新台币650元，按当时的汇率，相当于人民币120多块。但此书印制得确实精美，大有当年商务印制《胡适论学近著》的气势，书品宽大，643面木浆纸，厚厚一册。藕色云龙纹封面，红色签条，墨书"唐代史事考释"五字，虽不署书者名，确为黄先生亲笔，虚和流美，不脱前唐褚、虞两家行楷的衣钵。在我书架上黄先生著述的各种印本中，此本确实是最引人注目的。

《唐代史事考释》分上编、下编。从著述体式上来看，颇受吕思勉四部断代通史的影响，这几部巨著以纪传体史为主，兼取《通鉴》，考核异同，寻求真相，对许多重大历史事件提出精辟的看法，远非司马光等旧史家之所能及，而且上半部为政治史、下半部为经济文化史。《唐代史事考释》上编大都为唐代政治史，主要是黄先生与司马温公及陈寅恪先生的学术对话，可视为"新的袁枢《通鉴纪事本末》"（陈寅恪《唐代政治史述论稿》手稿本"自序"中语）；下编主要为经济史、文化史研究的结集，如《唐天宝宣城郡丁课银铤考释》一文，对唐长孺先生相关考述进行补充发明，据黄先生亲口告诉我，这是他复出后公开发表的第一篇论文。还有，《唐代史事考释》由黄先生手定，从学术传承上来说，后学可据其体式探究其学术思想的转移流变。

从方法论看来，《唐代史事考释》显然是乾嘉盛流与五四以来新学术接轨的最佳结晶。西方科学的进步，便主要表现在正反两方的反复诘驳、质问、对话的过程当中，真理最终得到发扬。黄先生与司马温公的对话，特别体现在上编诸篇中仿通鉴考异形式而写成的注释中。黄先生与陈寅恪先生的对话，主要体现在观点与材料的不同认识上。如陈先生强调玄武门之变是李世民联合禁军将领常何后发动的一次政变，因当时禁军司令部在玄武门，故其位置十分重要，要抢先占领。黄先生认为李世民并未掌握禁军，之所以在玄武门内设伏，是由于太子建成、齐王元吉入宫听候唐高祖对己有利的"公断"时必经玄武门，这是东宫入宫最近的路线。玄武门之变的关键不在于掌控禁军，而在于袭杀建成、元吉，进行肉体消灭并控制李渊。玄武门之变史实后来多遭篡改。故南宋朱熹在《朱子语类》中曾批评唐太宗篡改史实，说哪里有三个儿子要拼命，李渊尚在湖上泛舟之事。黄先生也分析了统治阶级内部矛盾和权力之争时父、子之别，身为皇帝的父亲对儿子处理起来，犹反复无定、徘徊困惑；儿子对父亲则往往连这点感情也抛至九霄云外，所以历史上弑父之事比比皆是。至于近来有人主张玄武门之变发生在玄武门之外，更属皮相之谈。

如陈先生强调西胡种在安史之乱中的作用，黄先生则指出奚、契丹为安史叛军的主力。陈先生在《曳落河考释及其相关诸问题》（《"中央研究院"历史语言研究所集刊》第7本第4册）中就有这样的话语："陈先生具告《安禄山事迹》，'其中契丹委任尤重，一国之柄，十得二三，行军用兵，皆在掌握。'"可见，以陈先生的淹博，焉能未注意到此等材料？黄先生与陈先生立异，主要是出于二人立论角度的不同。陈先生先入为主，过于强调西胡在安史之乱中的影响。

陈先生曾撰写《桃花源记旁证》一文，主要阐释当时战乱北方人民避乱自守的实况。唐长孺先生则撰文质疑，认为桃花源记主要来自南方土著的传说。其实，20世纪20年代河南尚有如樊钟秀国民军为避难遁入深山的史事，何况千百年以前呢？

（详见《顾颉刚读书笔记》）吕思勉先生也曾针对《桃花源记》曰："此篇所叙，盖本诸当时事实。永嘉丧乱之后，北方人民多亡匿山谷，以其与胡人杂处，亦称山胡，亦山越之类。近代尚有此事，观《经世文编》中《招垦里记》可知。"黄先生晚年整理吕先生授课笔记时特别标示出此点。

再如陈寅恪先生《秦妇吟校笺》《长恨歌笺证》以诗证史。黄先生始治《长恨歌》，以其非诗史。续治《秦妇吟》亦持这样的看法。黄先生《长恨歌新解》认为《长恨歌》为风情之作，三大情节与十大细节与史实不符。笔者孤陋寡闻，仅见清人龚自珍有类似见解。龚自珍评白居易"真千古恶诗之祖"，"长恨歌'回眸一笑百媚生'乃形容勾栏妓女之词，岂贵妃风度耶？"三大情节之一的马嵬坡之变，黄先生从情理上推论出："玄宗此时高龄已届七十二，贵妃亦已三十八，久已不属青年人徒知沉溺男女之情的年岁，区区床笫之爱何如自身安全之重要，玩弄封建政治几及半个世纪、老于谋算的玄宗自能了然于心。当此不能两全之时，宁从高力士和陈玄礼而舍弃杨国忠和贵妃，正是玄宗必然做出的抉择。"

美籍华人学者陆扬先生2006年5月8日以"云中君"为名在往复论坛上发表《陈寅恪与竹林七贤》一文，引起学界热烈讨论，讨论结果汇集为《从"竹林七贤"说到岑仲勉与黄永年》一文，其中有云：

> 黄先生是我相当佩服的学者，我觉得他基本和唐长孺很相似。借用唐自己很贴切的形容，他们二人和陈的学术的关系是所谓的"教外别传"型。也就是说，他们是因为他们对中古历史的认识到了一个相当高的程度后受陈的影响或和陈的论点发生论争。他们有他们自己的一套看法，不大会因陈而转移。这当然在唐先生身上更明显些。黄永年唐史方面的著作虽不是很多，但往往重要。比如他讲"泾师之变"的文章，我认为是中国学者写中晚唐政治史中极少数精粹的文字之一。而且我相信是陈寅恪写不出来的。这不是能力问题，而是从陈对唐代政治的认识框架下很难推出该文中的种种线索来，而且该文对历史过程的涵盖很周全。黄的文字在其他方面也有此特点。有时他虽然是在讲文献，但时刻注意到史料的历史内涵。比如他在《唐史史料学》里，就常常指出某种史料中体现的历史层面。他对唐长孺的欣赏是很显然的。几年前他在台湾《新史学》上一篇讲门阀的短文里，就直接说这方面最重要的文章是唐讲大族升降的四篇论文。这本身是高明的见解。其他文字中引唐的见解也很多。所以黄永年的文章表面看来常像是对陈的翻案文章，其实不是。此外他说话也很有勇气，让我印象深刻的是他在讲古文献时提到中华书局《大唐西域记》的校注本，认

为序写得不好。我想这大概在国内没有任何其他学者敢提出这种批评。我很想了解他的这种批评的具体依据，因为我也有类似的看法。当然黄永年先生在唐史方面涵盖的面不如唐长孺在魏晋南北朝方面宽广，这很大程度上因为黄很长时间生活在一个无法做研究的环境下。同时再有学识天分的人，也不能独学而无侣。而我觉得在八十年代前，唐史界和魏晋南北朝学界的区别正在于后者有一批水平很高的学者，可以互相呼应，虽然学术环境普遍不佳，终究可以造成风气。而前者虽有大师陈寅恪，却没有这种呼应，以至于陈氏的见解的影响也一度沉寂。所以我猜想对黄而言，陈不是要追随或打倒的对象，而是棋逢对手（worthy opponent）式的对话人。

上述评论十分中肯，但也有需要补充之处。确实陈寅恪先生某弟子曾写过题为《论唐朔方军》一文，主要论证该军是以铁勒人为主力的部落制军队，对该军与中晚唐政治的重大关联则着墨不多。至于是否"黄很长时间生活在一个无法做研究的环境下。同时再有学识天分的人，也不能独学而无侣"，则有待商榷。因为黄先生的论文《〈秦妇吟〉与〈浣花集〉》《唐代两税法杂考》以及黄先生的武则天研究无一不是时代学术风潮激荡下的产物。1949年以后，农民起义是史学研究的主流，所谓"五朵金花"之一是也。均田制与两税法更是20世纪五六十年代史学研究经济史的重中之重。至于武则天研究更是郭沫若在60年代初倡导，在《光明日报》上连篇累牍讨论的热点问题。参加者有郭沫若、罗元贞、陈振、胡守为、董家遵等人，后来饶宗颐也主郭说。黄先生虽然在1957年后陷入厄运，被剥夺了论文发表权，但仍然积极参与上述每一场对话，都有学术研讨上的对手。在关于武则天出生地的讨论中，黄先生给郭沫若去函指出根据《册府元龟》武则天不可能出生在四川广元。1979年黄先生复出后，撰写了三篇武则天与唐代政治史的论文，其中两篇《说永徽六年废立皇后事真相》《开元天宝时所谓武氏政治势力的剖析》收入《唐代史事考释》。黄先生晚年又发表《武则天真相》及《李商隐〈利州潭记〉究竟在说什么》为这场延续30年的讨论画上了句号，所持结论为盖棺定论。[①]由此可见，学人不能脱离时代，学问同样也不能脱离时代。

禅宗形容天才领悟的话语有"从门入者，不是家珍！"时下美国有些人士总结自己成功的要诀时，认为在于"另类思维"。黄先生一生，虽然有令人艳羡的师承，但实际上很大程度上是一个自学探索者。所谓"路漫漫其修远兮，吾将上下而

[①] 参见姚崇新：《巴蜀佛教石窟寺初步研究》，中华书局，2011年。其中有关武则天与广元石窟寺的论述，姚崇新认为《李商隐〈利州潭记〉究竟在说什么》是对此诗最详尽、最确切的解说。

求索"是也。黄先生十分尊重陈先生，将其视为自己在唐史研究领域的领路人，但却不盲从，不迷信，在肯定陈先生学说中超越前贤之处的同时，也发现了不够妥帖之处。

黄先生常说，陈先生的弟子总是在陈先生的圈子里打转转，跳不出陈先生的手心。我曾在旧书店购得1963年版周一良先生《魏晋南北朝史论集》。其引言有云："这些文章的立场观点方法都存在许多问题。现在重印出来，只是希望在马克思主义历史科学的建设中，这些资料考订的'一孔之见'能作为几样零件，起个小小螺丝钉的作用。"时间为1962年7月，与此前发表的《雷锋日记》中的论调何其相似，反映出书作者与时代的关系。周先生受知于陈寅恪先生，该书第13、53、94页三引陈先生说，后二说为陈先生未发表之说。由此可见当时周先生受知于陈先生之深且往还之密。在周先生看来，陈先生为自己的服膺者，而非对话者。这就决定了陈门弟子后来无法超越陈先生。缺乏另类思维，这是一个主要的原因。

唐长孺先生是公认的魏晋南北朝史研究权威大家，唐先生的学术高峰《魏晋南北朝史论丛》，印数大，读者多，包括非本行的。其《魏晋南北朝史论拾遗》水平也极高，发扬吕思勉先生、陈寅恪先生的观点。一方面是开拓者与继承者的关系，另一方面也是对话者与商榷者的关系，从而取得了辉煌的成就。唐先生、黄先生俱出吕先生门下。我曾听武汉大学的朋友讲，唐先生案头有一部吕先生著《两晋南北朝史》开明书店精装本，被唐先生翻阅得"韦编三绝"。我也曾读到过黄先生致唐先生一封信札，是唐先生公子唐刚卯兄提供的，信的内容除感谢唐先生惠赠《魏晋南北朝史论拾遗》一书外，主要探讨了门阀士族自南北朝至隋唐的盛衰，就唐代士族真实的历史地位发表了自己的看法。这封信也可视为一次高层次的学术对话，可为陆扬先生前面的论述做一个注脚。

黄先生是陈氏功臣。黄先生同陈先生对话，既有商榷，也有认同。中华书局于2000年出版的黄先生的《文史探微》所收《论北齐的文化》不仅支持陈寅恪先生之说，而且得到近年考古发现的证实。有一次我在书店无意中读到谢稚柳先生的《鉴余杂稿》，收了一篇讨论北齐娄睿墓壁画的文章《北齐娄睿墓壁画与莫高窟隋唐之际画风》（载《文物》1985年第7期）指出，敦煌莫高窟的北魏、东魏壁画，过去认为代表整个北朝的水平。北齐娄睿墓壁画出土，却揭示了魏与北齐之间画派出人意料的不同，魏与北齐，时期是衔接的，北齐的水平一下子就高出了一大截子。敦煌莫高窟盛唐壁画，显然来源于北齐。这为黄先生之说补充了有力的考古新证据。

前面陆扬先生还指出："此外他说话也很有勇气，让我印象深刻的是他在讲古文献时提到中华书局《大唐西域记校注》，认为序写得不好。我想这大概在国内没有任何其他学者敢提出这种批评。我很想了解他的这种批评的具体依据,因为我也有类似的看法。"黄先生认为中华书局《大唐西域记校注》前言写作枝蔓,其中第50页论唐均田制,注释未引原始文献,而是转引范文澜《中国通史简编》。我本人也发现其第39页:"李唐统治者的血统也不是没有问题的。李唐统治者从父系来讲,实际上是李初古拔的后裔,并不是汉族。从母系来看,什么独孤氏,什么窦氏,什么长孙氏,都不是汉族,所以李唐的血统,在当时看来并不高贵。"并注引自陈寅恪《唐代政治史述论稿》。其实,陈先生的结论在《述论稿》中本已讲得很清楚:"据可信之材料,依常识之判断,李唐先世若非赵郡李氏之'破落户',即是赵郡李氏之'假冒牌'。""李唐血统其初本是华夏,其与胡夷混杂,乃一较晚之事实也。"中华书局版《仰望陈寅恪》中同此说,认为李唐父系、母系均为胡人而非汉族,恐袭自季说。此外,序言中没有写清楚寺院经济为宗教马尔克公社性质,而是照搬唐代贵族地主与中小地主斗争说;也未说清均田制真实含义及作用;当然对于《大唐西域记》的版本校勘也语焉不详。

当然,黄先生也不排除、不反对而且很赞同学术研究中按常理推论解决问题。这里所举黄先生《古籍版本学》"书册制度"有关"旋风装"的论述,便是一个显著例子。2012年11月9日,我在中山大学"中文古籍整理与版本目录学"国际研讨会上得闻国家图书馆程友庆先生宣读《古书旋风装形制赘言》一文,程先生列举五种异说:一是旋风装即蝴蝶装;二是旋风装即龙鳞装;三是旋风装即经折装;四是旋风装即类龙鳞装;五是旋风装即包背式经折装。程主第五说,并以黄先生《古籍版本学》中的论点为出发点,主张黄先生的解释认为旋风装即包背式经折装是比较符合实际的。黄先生反对旋风装即龙鳞装,提出据常理认为龙鳞式最多只能节省点卷子的长度,怎么能旋得起风呢?这句话也正是许多人心中的疑问。这个常理上的推断在此次会议上得到印证。会议上根据顾廷龙女弟子,曾供职于上海图书馆的装裱师潘美娣女士发言:"1964年在北京讲习班学习,师傅说,龙鳞装与经折装完全不同,经折装、旋风装亦有区别,如经折装前后包一张树皮,念经时,用木鱼棒倒着翻,可以无限翻,故称旋风装。"潘女士并做了现场旋风演示,让大家大开眼界。就这样,确定旋风装即包背式经折装,这样旋风装真义始得大白于天下。

《唐代史事考释》中有不少篇章如《读陈寅恪先生〈狐臭与胡臭〉——兼论狐与胡的关系》《〈纂异记〉和卢仝的生卒年》《〈秦妇吟〉与〈浣花集〉》都充分利用了《太平广记》中的材料。我听黄永年先生讲授关于《太平广记》的课是研究生第一学年上学期,时间是1985年9月至1986年1月。黄先生为北京大学中文系古典文献专业讲授此课大概也在此前后。这门课让同学们领略了清代朴学的札记功夫,懂得了什么才是真正读书以及"做学问，除了读书做札记，别无他途"的道理。黄先生2005年2月在为周晓薇《四游记丛考》一书所作的"序"中就说："二十五年前我重登大学讲坛指导唐史研究生，就曾指出如今通行的哲学史思想史，只是讲彼时高级知识分子的哲学的思想，这并不能代表一般人——从平民百姓乃至帝王统治者的思想。一般人的思想正史里固也涉及，看先师吕诚之（思勉）先生的《吕著中国通史》和《先秦史》等四部详博的断代史可知道，但更多的还在史书所不及备采的杂记小说之中。我在1985年应北京大学中文系之邀，除讲授版本学和《旧唐书》研究之外，还开了一门《太平广记》研究，即在这方面做了试探。"黄先生晚年在他80岁寿辰庆祝会上所散发《对指导研究生的自我评估》中就提到此门课程的创新性。后来学术界流传着这样的一段佳话，凡是喜好在自己的论著中征引《太平广记》的，都可能是黄先生的学生。后来，黄先生不仅让研究生撰写《〈孟子节文〉研究》，自己还撰写《读〈全明文〉看朱元璋》《从三峰钟板的恢复说清高宗对世宗时事的翻案》等探讨朱元璋、乾隆帝等统治者的思想及阴暗面，也颇为引人注目。

黄先生首次研读的《太平广记》是从吕思勉先生处借来的三让睦记本，那时他还是一个20岁出头、风华正茂的年轻人。我们注意到，吕思勉先生另一位大弟子唐长孺先生，也熟读《太平广记》，对其中的材料信手拈来，堪称以小见大的典型。如《三至六世纪江南大土地所有制》"后论"中说明庄园土地效率不高，引《太平广记》卷一二七"还冤记"中刘宋永康人吕庆祖在别墅督促奴婢耕种时，被奴教子杀死之事；再如论述夏国赫连勃勃使用俘虏补充工匠，引《太平广记》卷一一〇"南宫子敖"条说子敖在新平城破时被"狒狒虏儿（勃勃）长乐公"所俘，全城数千人尽被屠杀，他却因自称能做马鞍而免于一死。这段故事如果与蒙古国入侵时的情况相比较，可以说明落后部落对手工业者的需要。因此，陈寅恪先生指出："《太平广记》为小说体裁，小说亦可做参考，因其虽无个性的真实，却有通性的真实。"

最后再谈一谈《唐代史事考释》与中国文史传统中"老年结集"故事。过去老一辈的学人大都相信老年结集的说法，以显示治学之谨慎，黄先生也不例外，这本于学术上的认真态度。从撰述时间上看，这部论文集结集的时间跨度从20世纪40年代后期至90年代，前后接近50年。偶读余英时先生怀念钱穆的《犹记风吹水上鳞》一文，余先生曾这样归纳先师钱穆先生的学术："他是开放型的学人。他相信，各种观点都可以用之于中国史的研究。然而学术价值的高下仍有客观标准，也不完全是时人的评价即能决定，时间老人最终还是公平的。他总是强调学者不能急于自售,致为时代风气卷去,变成了吸尘器中的灰尘。但是他承认30年代的中国学术界已经酝酿出一种客观的标准,可惜为战争所毁,至今未能恢复。"这段话对于黄先生及《唐代史事考释》也是适用的,因为20世纪30年代的中国学术界酝酿出的客观标准,正是吸收清代学术精华与域外新知而来,而黄先生本人探微发覆的学术历程正是由这个路数迤逦而来。钱穆先生说:"学者不能急于自售,致为时代风气卷去。"有一位学术前辈素来为我所景仰,他有一本论文集,我在三十年前阅读时,篇篇佩服!三十年后的今天,却只认为集子的最末一篇可以传世,堪称压轴之作。以我浅陋的学力,尚有此等眼光,更何况,在历史的激流中,更是要大浪淘沙呢!

至于本文的篇题"只今耆旧贞元尽",本是黄先生的诗句。先生旧诗有云:"寒柳高文日月光,韦郎卷子亦评量。只今耆旧贞元尽,还拈遗篇说李唐。"如今老宿凋零,学术衰微,撰写此文,不觉有前尘梦影之感!

原载《长安学研究》(第2辑),科学出版社,2017年

(曹旅宁,华南师范大学法学院教授)

黄永年先生的学术品格

郝润华

在我国,"做学问"曾经是一个虽让人感觉到清贫但却不乏荣耀的字眼。因为学问本身就需要追求真实,这种价值取向注定了研究学问就是要对真理负责,对真理不热爱的人也难以做好真正的学问。在传统中国知识分子的身上,学术精神赋予了学者们对学问的渴求与执着,这一点始终没有改变过。因此,对于一个真正的学者来说,最重要的收获不是在专业知识方面,而是他们可贵的学术品格。这一点,业师黄永年先生即给予了我们很大的启示与触动。

一、毕生追求学术,视学术为生命

先秦儒家提倡的"立言"思想与司马迁"究天人之际,通古今之变,成一家之言"的至高目标,成为中国传统知识分子毕生追求的学术精神,他们为此而将学术研究当作生命。

出于对传统观念的继承及对学术研究的高度兴趣,黄先生毕生追求学术,将学术研究当作生命。黄先生从21岁撰写第一篇论文《今本左氏传成书考索》,到他去世前,一生都没有停止过研究学问,即使是在被打成"右派"的日子里,也没有放弃。据黄先生自己回忆说,当时在夜深人静的时候他偷偷将书籍上的封条揭下,在昏暗的灯光下阅读与研究。有一些论文的初稿正是在那个年代完成的。20世纪80年代被摘掉"右派"帽子,自那时起黄先生的学术生涯真正开始,至他去世时只有20多年的时间,在这短暂的时间里,他撰写了100余篇文章,出版了20多种著作,无论在数量上还是质量上都很可观。他的研究涉及文学、历史、文献、艺术等多个领域,尤其在古文献学与唐代文学的研究方面成就最高,如他对目录学、版本学、古籍整理学学科体系的建构,如他对唐代关陇集团的实质、是否存在"永贞革新"、府兵和均田的关系、奚契丹与河北藩镇的关系、两税法的根源等问题的见解,在学术界都处于绝对领先的研究地位,得到了国内外学术界的认可和赞赏。如业师周勋初先生就曾指出:

以往唐史专家大都把注意力放在西北边境的军事设施上，因为唐王朝与吐蕃、回纥等族关系密切，冲突不断。人们印象中奚与契丹只是边防小患，对于唐王朝为什么要把最大的一股兵力放在东北？安史之乱何以在东部发生？后来的河北藩镇到底应该怎么看？总觉得有些讲不清楚。读了黄先生这篇文章后，这些问题都可豁然了。五代、宋代为什么屡受辽、金威胁，也可得到合理的解释。[1]

这些成就的取得都是黄先生不懈努力、勤奋治学的结果。众所周知，黄先生一生没有任何业余爱好，从不运动和娱乐，他将除了吃饭、睡觉之外的所有时间都用于工作，在我们当时看来都觉得不可思议，现在从黄先生的治学经历来看，孟子所言"天将降大任于斯人"与"劳其筋骨""空乏其身"之类原来如此不可分离。

黄先生治学态度十分严谨，其论著中，既有理论研究，又有考证研究，甚至有古籍整理，无论成果形式怎样，他研究学问的态度一贯认真、细致、严肃。黄先生在《古籍整理概论》中讲古籍标点、注释时，一再强调不能仅凭字典、词典，一定要掌握基本的文史知识，要博览群书，要勤于查考。他引用了大量当时校点本《艺风堂友朋书札》中的范例来讲解古籍标点的重要性，如上册董康第四札中的"《庆元条法》已刻数册，《新正兵变》原书失去"看来好像没错。其实，"新正"是新年岁首，原札是说在新正兵变中把《庆元条法事类》的原书丢失了，标点者没有读懂，而把"新正兵变"错当成书名。又如，上册王懿荣第六三札："海源阁书，旧本未出国朝，精印本售与人矣。"杨氏海源阁藏宋元刻旧本书最多，为清后期四大藏书家之一，怎么能说所藏"旧本未出国朝"呢？应点作"海源阁书，旧本未出，国朝精印本售与人矣"。所谓"旧本未出"者，是宋元旧本没有卖掉的意思。诸如此类，均是黄先生严谨治学的例证，对于从事古籍整理的学者来说阅读此书会获益良多。许多笔者认识的学者均坦言初入门便是以黄先生的《古籍整理概论》为启蒙读物的，都是此书的受益者。黄先生不仅在理论上强调学问的严谨性，他整理的《类编长安志》《西游记》等著作，也是既规范又精审，获得学术界的一致好评。因为做学问谨严细致，因此，对于出版的古籍整理著作中的一些失误，黄先生就不能不闻不问，如台湾学者王梦鸥为唐传奇《东阳夜怪录》所作的笺注，黄先生凭借其文献学功底一一纠谬。如"引领修行"条下，王注曰："此皆作明驼千里足，昂首远行之意。"黄先生订正曰："'引领'只是昂首，别无'千里足''远行'诸义。"[2]再如，指出汪向荣校注《唐大和上东征传》中存在的问题："注释没有尽量

---

[1] 周勋初、余历雄：《师门问学录》，凤凰出版社，2004年，第38页。
[2] 黄永年：《文史探微——黄永年自选集》，中华书局，2000年，第468页。

征引文献原文，考证上也欠精博，如传中有'将轻货往福州买船'的话，'轻货'见《旧唐书》卷四八《食货志》，日本安藤更生译本解释为绢帛金银，还是可以的，汪氏却认为'不类'，在'轻货'下注'不详'。"①还如，黄先生在其《古籍整理概论》中批评吕澂先生早年所校《大慈恩寺三藏法师传》，一是未能将"房州刺史"勘正为"坊州刺史"，另一是把"豳州"误为"幽州"，并说："校勘者虽是佛学专家，但对唐代史地尚欠熟悉。"黄先生《治学浅谈》中对于如何治学有精辟的总结，如"做学问，除了读书，做札记，别无他途""研究古代文史必须读古书。"②只有多读古书才不至于出现"硬伤"。

如黄先生所说，古籍校点、注释是一门严肃的学问，从事古籍整理的人需要有认真、细致、审慎的态度，而当前坊间的一些古籍新整理本却存在着很多问题，诸如断句标点不当、校勘记不规范、妄改底本文字等问题，显得有些随意，质量堪忧。有学者甚至认为古籍整理并非学问，似乎任何人都可以从事这项工作。如此一来，便产出了一些粗制滥造的出版物，不仅浪费了人力与物力，而且在社会上造成不良影响。学问深厚如黄永年、王利器等先生者，在从事古籍整理时都不敢大意，而一般学者就更应严肃对待这一工作，绝不可敷衍塞责，马虎行事。有些人或许觉得对于这样的问题，根本不需要大动干戈地去追究，认为似乎是他们过于认真。其实真正做学问的人都是从这些琐碎的小问题开始的，乾嘉时代的考据学家如此，王国维、陈寅恪也是如此，黄永年先生更是如此。

当今社会处于转型时期，价值多元化，学者们做学问也各有其因：在有些人眼里，学问可以用来为"稻粱谋"，是获取物质享受的手段；在另一些奉行"学已优则仕"观念的人看来，学问是做官的前奏，是进入仕途的敲门砖，甚至是交换名利的工具。而在像黄先生这样的真正的学者看来，学问是学人追求的纯洁目标，甚至是终极目标。老一辈学者身上都有这样的优秀品质，他们这种"视学术为生命"的态度与可贵精神永远值得当下的学者们敬仰与学习。

二、敢于说真话，力行"学术之真"

出于对学术真理的执着追求以及文人本该秉持的学术良心，黄先生善于纠错，在国内学术界是有名的富有高度批判精神的学者，是一个真性情的学者。黄先生不仅仅是在授课时，即使是在文章中也经常直言不讳地指责某些所谓学者的学术不端行为以及一些研究中的不确之论。对于不可靠的学术观点，不管作者名位多高，黄

---

① 黄永年：《唐史史料学》，上海书店出版社，2002年，第113页。
② 黄永年：《治学浅谈》，见《学苑与书林》，上海书店出版社，2006年，第297页。

先生都会质疑，并与之商榷。据同门曹旅宁《黄永年先生编年事辑》及黄先生自己的著作记载，黄先生指出过不少学者的研究失误。如：

> 匡亚明的《孔子评传》不知怎样，但批评他的某人却是不学无术的，在复旦人很讨厌，老了一部书还像书吗？①

这里的某人指蔡尚思，其文《评匡亚明的孔子评传》发表于《书林》杂志1986年第1期。

> 杨伯峻《春秋左传注》挖除古人的注，我实在不懂有啥好处。②

黄先生的这一直率性格，在当今学术界是比较有名的，张旭东也说：

> 黄永年先生月旦人物，口无遮拦，于来新夏、胡厚宣、郭沫若、王永兴、谢国桢、范祥雍诸名人，皆有不足之语。讥岑仲勉为高级资料员。《事辑》作者亦有春秋笔法，如"一九八四年四月"条："史念海在西安主持召开了《中国通史》隋唐史卷的具体编纂研讨会。总主编白寿彝亲来主持，分卷主编史念海与陈光崇及部分编写人员参加了会议。先生因故未参加编写工作。"在页下作注云："周勋初说：'上海人民出版社陆续出版了全二十二册的《中国通史》。这部分大概是目前篇幅分量最大的中国历史著作。因编纂人员太多，又分散编写，体例较难统一，水平参差不齐。主编白寿彝也是顾颉刚的学生。因系回族，少数民族学者不多，身份较突出。与国内同行专家相比，他的研究成果不能算是最高的。'"（第145页）读后令人莞尔，黄永年先生"未参加编写"之原因不言而言之。③

曹旅宁《黄永年先生编年事辑》"闲谈"记录了黄先生的一些批评语录：

> 来先生学问平平。胡先生精于甲骨，惜其范围太窄，为人乃是所谓君子……韩先生跳不出教科书的框框，所为也多教科书一类，学生超过他，如杨际平。岑先生，小考证，大了便出错，如对两税法的研究就错得一塌糊涂。④

"来先生"指来新夏，"胡先生"指胡厚宣，"韩先生"指韩国磐，"岑先生"指岑仲勉。又如：

> 谢先生人很好，但他的学问有其先师梁任公的遗风，不深。周先生的文言文做得不纯，《魏晋南北朝史札记》。贺先生的考证，童先生讲是不

---

① 曹旅宁：《黄永年先生编年事辑》，中华书局，2013年，第167页。
② 曹旅宁：《黄永年先生编年事辑》，中华书局，2013年，第170页。
③ 张旭东：《黄永年的脾气》，《东方早报》2014年5月11日。
④ 曹旅宁：《黄永年先生编年事辑》，中华书局，2013年，第185页。

行的……。①

"谢先生"指谢国桢,"周先生"指周一良,"贺先生"指贺次君,"童先生"指童书业。诸人都是史学家。

诸如此类无非是些有趣的《世说新语》式的评论,不能视作刻薄。《茭蒲青果集》中不仅有就其业师童书业先生的补证之作,更有对钱穆、陈寅恪、徐中舒、罗振玉等诸大家的辩驳之文,考订细密,启人思路。

学界还有人说黄先生喜与陈寅恪先生商榷,对于这一点其实黄先生有自己的说法:

> 由于我这一段的研究和陈寅恪先生异同处甚多,引起了北京某大学研究生们的议论。大意是:"黄永年先生的文章逻辑性极强……大凡陈寅恪先生写什么,黄先生必有相同文章,题目都一样,而内容正相反,不知陈先生要建立的是整个文化体系,又何必拘于细处!"这说得自有些过头,并非寅恪先生有什么文章我必写相同文章与之立异,而且有的文章还很支持寅恪先生之说,如《论北齐的文化》。②

黄先生与陈先生的商榷,始于20世纪40年代。黄先生在复旦大学读书时所写《读陈寅恪先生〈狐臭与胡臭〉——兼论狐与胡之关系》,发表于上海《东南日报》。黄先生将剪报寄给寅恪先生,寅恪先生因患眼疾,请夫人代笔给黄先生回信。黄先生回忆说:"头一封他就回了,我一看,是他夫人写的,字比他写得好。按现在做法,他本来可以置之不理,但是他回信,还送给我他在《清华学报》上发表的《长恨歌笺证》。"可见,黄先生的研究也得到陈寅恪先生的赏识。

学术乃天下之公器,学术问题愈辩愈明,黄先生与学术前辈的商榷只能说明他对待学问的认真与严谨的态度。笔者是黄先生1985级文献学专业的研究生,甫一入校,先生就命我们阅读陈寅恪先生的论著,我书柜里的一套《陈寅恪文集》就是在那时所购买,也陆续做了细致阅读,从中获益良多。黄先生对寅恪先生的为人与学问其实是很佩服的,并且"先生的唐史研究深受陈寅恪先生著作的启发。如果说唐长孺先生、田余庆先生在魏晋南北朝史发展了陈先生的学说。先生则在北朝齐周杨隋史事、唐代史事研究上推进了陈先生的论点"③。应该说黄先生的研究有功于寅恪先生。汪荣祖先生在《唐代史事考释》前言之"黄永年及其唐史研究"中的陈述更

---

① 曹旅宁:《黄永年先生编年事辑》,中华书局,2013年,第186页。
② 黄永年:《我和唐史以及齐周隋史》,见《文史探微——黄永年自选集》,中华书局,2000年,"代序"第13页。
③ 曹旅宁:《记我的老师黄永年先生》,见陆三强主编:《树新义室学记:黄永年的生平和学术》,陕西师范大学出版总社有限公司,2015年,第15页。

为详细贴切：

> 1979年以后，黄永年先生发表了一系列有关唐史的论文，考释细密，饶有见解，引起了国内外学者的注目。永年先生告诉我，他研究唐史颇得陈寅恪先生著作的启发，但他并不迷信学术权威，他受陈先生的启发之后，也看出陈先生论点未尽妥适之处，并为文商榷。据永年先生说，有些师友因而有所误会。此令我感到，不敢或不愿碰学术权威与"文革"时一笔抹杀学术权威，同样是一种极端，并不足取。黄先生亦因此经常鼓励他的研究生尽量提出异议，他认为学生一定要超过老师，才能后来居上，学术才有进步。我读黄氏与陈氏商榷的文章，丝毫觉察不到有不尊敬的地方，大都是对陈氏说法的补充与修正，可说是陈氏的功臣。如果陈氏地下有知，必会欣赏这位受他启发的后学及其所作的贡献。

汪荣祖先生是海外学术界公认的史学名家，他的看法应该是有代表性的。学界似乎一提起黄先生就说此先生喜骂人，其实这完全是片面的、以讹传讹的看法。"正常的学术评论"本来就包括"赞赏"与"批评"两个层面，黄先生的批评实属正常的学术评论，且"黄先生评论学术对事不对人"[①]，他当然也不会无缘无故批评人，有时感到某些学者在社会上名气很大，但盛名之下，其实难副，因此在写文章时有针对性地加以批评；有时感到受不良社会风气的影响，学界实质存在着虚假、空泛的学术研究，他处于知识人的良知，对此提出自己的意见，稍加纠谬；有时是看到前辈学者的著述中偶有失误与硬伤，便加以纠正。这样做目的是指导青年学者治学时少走弯路，告诉我们治学不仅要态度严肃认真，而且要有独特的学术眼光与良好的学术修养，不要一不小心被人当成反面教材。更何况黄先生对一些学者学术水平的看法现在看来还较准确。正如辛德勇先生所说：

> 先生对学术的严厉，形诸文字，有目共睹。这里有对欺世盗名者的斥责，有对不良学风的批判，有对不同学术观点的商榷，也有对他人学术论著瑕疵的匡正，性质并不相同，目的却只有一个，这就是切实推进学术研究。先生是以学术为天下公器，其间不掺有丝毫个人意气，一切都出自对学术的真挚追求。

黄先生这种"较真"的、富有使命感的学术批判精神，力求还原学术"本真"的执着态度，在逐步建立学术规范、摒弃虚假学术、推动学术良性发展的今天，是十分值得珍惜与借鉴的，并且有必要大加提倡并发扬光大。

[①] 曹旅宁：《也谈黄永年的脾气》，《东方早报》2014年6月1日。

其实，黄先生也有赞赏他人学术的时候，对于学问扎实的学者及其论著，黄先生肯定是不吝口舌地加以赞扬。如，黄先生对姚薇元《元西域人华化考》一书就赞不绝口，认为此书是"成名作，也是一部名著，无论搞不搞元史，都要读一过"[①]。再如《周勋初文集》出版的时候，黄先生还为此撰写书评《读〈周勋初文集〉》，认为此书体现了作者深厚的文史功底。黄先生指出："勋初兄最初治先秦文史，《韩非子札记》一出便驰誉中外，其后广及汉魏六朝唐宋，所校证《唐语林》一一考得出处，尤为我久思试作而未敢措手者，《唐人笔记小说考索》《唐代笔记小说叙录》亦是传世之作。"[②]有学者也注意到此点：

> 黄永年先生才高学博，一些学者难入其法眼，是情理中事，况且私下里一时兴到之语，亦不必吹求，虽然在我看来，他的评断常常是切中要害的。不过，我们须注意一点：他对学者的称许其实也并不少，比如优劣并举的："周祖谟《洛阳伽蓝记校释》是处理对校的范例。同时有人作了一册《洛阳伽蓝记校注》就不如了。"(第169页)后者指范祥雍先生。又如在致学生龚祖培的信中提到："前得华东师大刘永翔君寄赠所撰《清波杂志校注》，中华书局版，即极精彩。"(第246页)可谓盛赞。《清波杂志校注》的水平在学界也的确是有口皆碑的。[③]

黄先生对周祖谟《洛阳伽蓝记校释》、刘永翔《清波杂志校注》的盛赞可以说明黄先生的学术评价态度是公正的。对自己的学生，黄先生很注意培养方法，态度更不会"刻薄"，就连张旭东也说："黄永年为学生改文章，删掉开头两段，不忘说'当然，这只是我个人的看法，最后定稿，当然由您自己酌定'，又挺客气。"

当下很多学者提倡"回归学术之真"，发扬求实的学术精神。学术风气的澄净、学术品格的高洁，必然要求知识分子坚守"学术之真"的信念。其实黄先生已经给我们做出了很好的榜样。当然当今学术界具有批判精神的学者还不止黄先生一人，周勋初先生《师门问学录》中对学界不正之风也有批评，说明学术批判精神是值得提倡的，这对于净化学术风气、树立良好的学术规范具有积极意义。

三、学术兴趣广泛，学术视野开阔

黄先生治学兴趣广泛，他不仅研究传统文史学问，也研究版本、碑刻、书法、

[①] 曹旅宁：《黄永年先生编年事辑》，中华书局，2013年，第169页。

[②] 黄永年：《读〈周勋初文集〉》，见蒋寅、张伯伟主编：《中国诗学》(第9辑)，人民文学出版社，2004年。

[③] 刘铮：《黄永年先生月旦人物》，《南方都市报》2013年9月15日。

篆刻等"旁门左道"的学问。他既具有知识分子的良好学术修养,学问深厚且学术视野开阔,又具备传统中国文人的人文素养,十分擅长鉴定版本,精通书法、篆刻,书法与篆刻作品享誉海内。另外,黄先生不仅研究古代的诗、词、文、小说,而且他的旧体诗也写得很好,雅致古朴,颇有清诗的味道。可见其身上浓厚的文人气质。

考察宋代以来文人学者,凡是学术影响力大的人必然是在多个领域博通的学者。黄先生一生不断开拓研究领域,成果丰硕,据统计,出版著作20余种,主要有:《古籍整理概论》(陕西人民出版社1985年)、《文献学四讲》(鹭江出版社2003年;再版时改为《古文献学讲义》,中西书局2014年)、《古籍版本学》(江苏教育出版社2005年、2009年)、《唐史史料学》(上海书店出版社2002年,中华书局2015年)、《文史探微》(中华书局2000年)、《六至九世纪中国政治史》(上海书店出版社2004年)、《学苑零拾》(华东师范大学出版社2001年)、《唐史十二讲》(中华书局2007年)、《黄永年古籍序跋述论集》(中华书局2007年)、《史部要籍概述》(江苏教育出版社2008年)、《茭蒲青果集》(中华书局2012年)等。尚有许多文献校点整理的成果,如《北齐书选译》《周书选译》《颜氏家训选译》《韩愈诗文选译》《吴伟业诗选译》(以上五书均为巴蜀书社1991年初版、凤凰出版社2011年再版),《天妃娘妈传》校点(上海古籍出版社1990年,巴蜀书社1990年),《西游记——黄周星定本西游证道书》校点(中华书局1993年),《类编长安志》校点(中华书局1990年),等等,体现了黄先生广阔的学术研究视域。黄先生从没有把自己限制在一个狭小的专业圈子里,画地为牢。他说:"环顾当世,治学者往往从事专门而忽略博通,如治文学者不甚谈史,治史者又多讲断代而于先后因革转欠贯通。"①因此,黄先生力图以其博学打通文史界限,打通时代界限,其研究泛涉文献学、历史学、文学、碑刻学、书法学等诸多领域,且能进行综合研究,而且卓有成就。这一点仅读其学术随笔《学苑零拾》与《茭蒲青果集》就能有所感受,其中内容就已涉及先秦史、六朝史、唐宋史、明清史、古代文学、文献版本、目录学、校勘学、书法、碑刻、文物等领域。

学界有人称黄先生是唐史专家,其实他在唐代文学、民俗学、清代文史方面也有创获。唐史研究是黄先生的"自得之学",主要集中在《六至九世纪中国政治史》一书中,此外,黄先生《唐史史料学》中有对唐人总集、别集的专门叙录,《韩愈诗文选译》《吴梅村诗选译》通过对唐代文学家韩愈、明末清初诗人吴伟业

---

① 黄永年:《读〈周勋初文集〉》,见蒋寅、张伯伟主编:《中国诗学》(第9辑),人民文学出版社,2004年。

诗歌的选录与注译说明唐代与清代的文学发展与历史环境,对王安石《唐百家诗选》的校点整理,对四大名著之一《西游记》的校注,对白居易诗《长恨歌》的新解,从韦庄的《秦妇吟》《浣花集》入手,对韦庄行迹的研究,对王国维《颐和园词》的笺证研究纠正了邓云乡的错误,对元刻《新编红白蜘蛛小说》残页的研究,等等,这些都是黄先生以文史互证方法研究文学问题的很好例证。[①]黄先生在古典文学研究方面还有《释〈天问〉——兼及战国时楚人的历史观念》(《古代文献研究集林》1989年第1辑)、《〈吴梅村诗集笺注〉前言》(上海古籍出版社1983年影印本)、《〈西昆酬唱集〉前言》(上海古籍出版社1985年影印本)、《说陶渊明的爱酒》(见《学苑拾零》,华东师范大学出版社2001年)、《李商隐的〈利州江潭作〉究竟在说什么》(见《学苑拾零》,华东师范大学出版社2001年)、《说〈醉翁谈录〉及其撰人金盈之〉》(见《学苑拾零》,华东师范大学出版社2001年)等论文,可见其学术兴趣之广博,学术视野之开阔,研究范围之宽大。

在民俗学与古代民间信仰研究方面,黄先生则有对《太平广记》的深入探究。同门曹旅宁的《黄永年文史五讲》中的"《太平广记》讲义"记录最详,计分"导言""道教与佛教""神——五岳中祀""泰山府君与阎罗之兴替""唐以前(含唐)人心目中的鬼""狐与胡的关系"六部分。黄先生另撰有《佛教为什么会战胜道教——读〈太平广记〉的一点心得》一文,通过对《太平广记》中佛教与道教故事的综合分析,指出中古时期民间对佛教的信仰要超过道教的原因何在。黄先生认为与二者本身的教义与信仰形式有关。这个研究为后来《西游记》中崇佛抑道情形做了很好的注脚。受到黄先生学术研究的启发,同门中后来以《太平广记》为文献依据研究唐五代民间信仰以及狐狸、动物故事者不绝如缕,至今学界对于《太平广记》与神仙道教、佛教、民间信仰的研究,仍然是受到黄先生的影响,从这一点来说黄先生无疑是开学术先河之人。

因为有《古文献学四讲》《古籍版本学》《古籍整理概论》等著作的影响,学界又普遍认为黄先生是版本学家,其实黄先生在目录学、碑刻学、古代文史理论方面同样有研究发明。笔者以前撰写过《求真探微——黄永年先生的文史研究》(《文史知识》2007年第9期)、《黄永年先生的文学研究》(《社会科学评论》2009年第4期)两篇文章,已经专门探讨过黄先生融通文史的研究方法。此处再略作赘述。

黄先生的目录学研究成果,除《文献学四讲》中对目录学方法与理论的总结探

---

① 有关黄先生的文学研究,可参见郝润华、杨旭东:《黄永年先生的古典文学研究》,《社会科学评论》2009年第4期。

讨外，①还有《唐史史料学》、《清代版刻图录》（与贾二强先生合作）、《陕西师范大学图书馆古籍善本书目》（该书1978年由陕西师范大学图书馆内部印行，启功题签）三部目录著作。《唐史史料学》著录研治唐史的各类著作247种，并每书撰有较详细的解题，内容包括书名、篇目、作者、内容、存佚、版本、学术评价及利用价值。版本部分，以常见版本和与研究相关的版本介绍为主，并指明版本优劣。每类之前有类序，介绍该类内容及相关知识，并指出其中提供唐史史料的文献，如"纪传类"指出"认真阅读纪传史，打好研究历史的坚实基础，这是过去我国史学家的老传统"，最后说明该类中提供唐史史料的主要是"二十四史"中的《旧唐书》和《新唐书》，《隋书》《旧五代史》《新五代史》等也包含部分唐史史料，后人对两《唐书》的笺注、校勘、考订、补缺等也有参考价值。《唐史史料学》作为一部专科性质的目录著作，更多的是从研究方法方面为读者提供史料信息，对于研究唐代文史具有极其重要的参考价值，是研治唐代文史者的必读书目。《清代版刻图录》著录清代版本图录350种。不仅注重善本、孤本，也著录常见通行的甚至是坊刻版本，基本上达到反映清代版本全貌的目的。所收各版本还撰有简要的说明文字。此书集中了清代各个时期各种样式的版本代表，是研究清刻本与清代版本史的重要版本目录。②《陕西师范大学图书馆古籍善本书目》虽未署名，其实也是黄先生所编，是他对馆藏善本书目的贡献。

在碑刻学方面，黄先生独树一帜，《文献学四讲》中就专设一章"碑刻学"，内容包括对碑刻形式与内容的介绍说明，碑刻的文学、史学及书法价值的探讨总结等。此种知识非常专业，一般的文献学著作中绝不讲，但黄先生认为它对于文史研究具有不言而喻的重要性，因此，对此做了详细讲解。如书中介绍古今重要的碑志目录，一一介绍其特点，尤其是揭示其利用价值，如《金石萃编》《八琼室金石补正》之于研治唐代文史的价值，如劳经原《唐折冲府考》利用墓志解决唐代职官问题等等，从方法论方面给予读者大量启示。另外，在一一介绍古代重要碑志的基础上，举例说明墓志的史料价值。虽然内容仍分"绪论"、"分类"、"拓片"（影印本、装潢、藏印题跋）、"史料"、"书法"五个部分，但是笔者感觉黄先生为我们当年开设的碑刻学课程较其《文献学四讲》中的碑刻学内容要丰富一些。③黄先

---

① 关于黄先生的目录学研究，笔者有《文献学架构的新探索——读〈古文献学四讲〉》（《中国典籍与文化》2004年第4期）。
② 黄先生三部目录著作情况，请参见郝润华、侯富芳《二十世纪以来中国古籍目录提要》（华东师范大学出版社，2012年）。
③ 曹旅宁：《黄永年文史五讲》，中华书局，2011年。

生不仅研究碑刻学，而且在研究中也充分利用墓志解决了许多学界尚有争议的学术问题，如《〈全唐文〉杨妃碑记伪证》《敦煌写本常何墓碑和唐前期宫廷政变中的玄武门》《记话雨楼旧藏〈马天祥造像记〉》《读〈唐刘浚墓志〉》《迷信酿成的悲剧——读〈曹辅墓志〉》等，都是这一研究方法的结晶。

黄先生不仅学问深厚，而且其书法、篆刻造诣也很高。《黄永年印存》（中华书局2004年）一书早已饮誉海内外。中华书局2014年又出版《黄永年谈艺录》，收入其《书法源流杂论》《唐人楷书述论》《篆刻艺术》《碑刻学》等相关著述，这些著述集中体现了黄先生在碑刻学以及书法、篆刻方面的综合研究成就。

古人治学讲究"文史不分家"，许多学者甚至身兼数科，如宋代的欧阳修、苏轼、黄庭坚等，都既是大文学家、史学家，同时又精通书法，反映了古代文人的综合人文素养。其实各门学科之间本就有着必然的联系，作为研究人文学科的学者，打通文、史、哲、艺，本应该是最基本的要求。但是近代以来，受到外国学术研究方法与思路的影响，学科分类越来越细密，学者所从事的研究越来越专。其实，就文史研究而言，长时间（或终身）从事"不知有汉，无论魏晋"式的一段、一时、一人的研究，看似很专，其实容易固步自封，不知不觉将自己限于一个狭小的研究视野，不能拓展，不能融通，也难以创新。近现代学者王国维、陈寅恪、顾颉刚等具有极高学养的大师们在学问之路上不断开拓、相互融通的研究方法，已经为我们积累了宝贵的经验，黄先生是在他们之后的为数不多的继承这一优秀传统而又有所超越的学者之一。黄先生治学，"主业"的传统文史之学与"副业"的版本、碑刻、书法其实是相辅相成的，他能将二者有机地结合在一起，并能融通、汇通、博通地解决问题，因此，才达到了"合则双美"的效果。

原载《长安学研究》（第2辑），科学出版社，2017年

（郝润华，西北大学文学院教授）

从黄永年先生的篆刻看当代学人印

张伟然

一、学人印与文人印

本文所谓学人，特指那些以学术研究为业，而且其主业也不是书画艺术研究的学者。与之相对而言的概念是文人。

以往印学研究比较少对文人、学人这两种作者群体着意区分。一般是将元明以降士大夫的印章作品统称为文人印，以与之前不著作者名姓的工人印相对。[①]1973年，沙孟海先生在《蠋戏斋印存题辞》中称"学人治印，昉自襄阳"，提出了一个"学人印"的概念。但他在叙述"八百年来，斯风浸盛"时，列举了一些代表人物，说："赵子昂、王元章、文寿承、程穆倩、黄仲则、赵撝叔，皆文苑之选也。桂冬卉、程易畴，儒林之俦也。吾子行、丁敬身、黄大易、张文鱼，则金石之彦也。若乃一代闳博，文质相宣，讲贯余闲，托兴铁书，晚得绍兴马先生，其艺海之珠光乎。"[②]可见其"学人"包括文苑、儒林两界人物，以及金石考古学者，大抵与其他印史论著所谓"文人"差不多。[③]

中国传统文化讲究博通，士大夫文人与学者之间并不存在清楚的界限。沙先生钩稽传统印学体系，将上述各种人物相容并包，且名之曰"学人"（以与"工人"相对），并无不妥。晚清以降，受到西学东渐的影响，中国现代学术体系渐次建

[①] 黄惇先生在《论元代文人印章发展的三个阶段》一文中指出："自清以降，因赖古堂主周亮工《印人传》问世，文人篆刻史溯源，大抵以文彭为开山鼻祖"，他认为，"真正将实用的印章转化为一门文人艺术的，不能不归功于元人"。该文原刊于《西泠艺丛》1991年第1期；又见中国书法家协会主编：《当代中国书法论文选·印学卷》，荣宝斋出版社，2010年，第271—291页。

[②] 沙孟海：《沙孟海论书丛稿》，上海书画出版社，1987年，第129页；沙孟海：《沙孟海论书文集》，上海书画出版社，1997年，第420页。

[③] 沙先生此所谓"学"，主要指"印学"。他在《印学史》第十七章"印学的形成"中说："今天论印学的形成，可以溯源到米芾。"（西泠印社出版社，1987年，第89页）显然与前引"学人治印，昉自襄阳"同义。

立，学者成为一种职业，出现了许多与文人相区分的身份特征。当然这中间有个过程。民国去古未远，知识群体中风雅犹存，学者而文人的现象还大有人在。管继平先生在《梅花知己——民国文人印章》一书中，就31位人物展开论述，其中包括罗振玉、马衡、马一浮、乔大壮、容庚、董作宾、闻一多、魏建功、商承祚、台静农等多位学者。①不言而喻，这些人兼具文人与学者双重身份。

1949年以后，受到计划经济体制的影响，学者与文人之间的分流空前明显。1979年以来，虽然经济上已经开放搞活，择业的自由化程度也大幅度提高，但学术专门化的程度有增无减。作为一种趋势，可以肯定，民国以前那种学者和文人合流的局面不可能再出现。

刘绍刚先生在《蒋维崧印存》的《编后记》中提出：

> 张宗祥的《书法源流论》，将文人字依作者身份分为"经生""词章家""画家""金石家"诸类。其实近代印人之中，亦有金石家（专职印人）印、画家印、学者印的区别。学者印，多以含蓄、典雅的风格——即所谓"书卷气"和博取金石文字入印见称，蒋维崧先生的篆刻，就是学者印的一个典型代表。②

这段话中，将以往均质化而视的文人印分析为金石家印、画家印、学者印种种，特别是将学者印单列一类，可谓先得我心。不过，把蒋维崧先生的篆刻当作学者印的一个典型代表，恐怕不见得最合适。蒋先生诚然是一个学者，他的印确实可以反映学人印的取向，但他的身份，与其称为学者，还不如说是一个生活在学术体制内的艺术家更贴切。刘先生在上揭文中说："解放后，蒋先生淡出了印坛，将精力转移到教学与学术研究上。"③事实上，蒋先生1955年才调到山东大学中文系工作（此前工作与学术无关）；1956年参与筹建山东大学书画研究会；1980年出任山东书法篆刻研究会副会长；1981年成为中国书法家协会理事；1983年，沙孟海先生推荐他与徐无闻先生同时加入西泠印社，为名誉社员；1986年以后在山东大学招收硕博士研究生，专攻文字、书法方向。④可以说，书法篆刻一直是蒋先生生活中的主旋

---

① 管继平：《梅花知己——民国文人印章》，上海辞书出版社，2014年，第1、40、61、87、100、113、140、147、155、169页。

② 刘绍刚、周冰编：《中国印谱全书·蒋维崧印存》，人民美术出版社，2013年，第293页。

③ 刘绍刚、周冰编：《中国印谱全书·蒋维崧印存》，人民美术出版社，2013年，第294页。

④ 刘绍刚、周冰编：《中国印谱全书·蒋维崧印存》，人民美术出版社，2013年，第275—292页。

律,而且他在印人群体中一直有影响,很难说他曾经"淡出了印坛"。

相比之下,本文更关注这样一些印人:以学术研究为主业,纯粹将篆刻当作业余爱好(亦即古人所谓余事)。从这一角度出发,可以更方便地观察作者的学术素养对其篆刻创作活动的影响。著名文献学家、历史学家黄永年先生正是这样一个案例。接下来先分析黄先生的篆刻艺术,然后再结合其他学人印作,稍谈几点个人认识。

二、黄先生的篆刻经历

黄永年先生(1925—2007)是江苏江阴人,1950年自复旦大学历史系毕业分配到上海交大;1956年随校迁往西安,次年被打成"右派",1962年摘帽后被安排在西安交大图书馆;1978年调入陕西师范大学,先后任职于该校图书馆、历史系、唐史所、古籍所。曾任中国古籍整理出版规划领导小组成员、国家文物鉴定委员会委员、教育部全国高校古籍整理研究工作委员会委员,以及北大、复旦文献学专业兼职教授。

黄先生自中学开始就有志于文史之学。初中时购读吕思勉先生的《经子解题》;高中时听吕先生亲自讲授国学概论、中国文化史等四门课;大学时又师从顾颉刚、童书业先生,并被童先生招为东床。他从大学开始发表学术论文,受到陈寅恪先生嘉许。著述约40种,主要有《古籍整理概论》(陕西人民出版社1985年、世纪出版集团2001年、上海书店2006年)、《唐史史料学》(陕西师范大学1989年、上海书店出版社2002年、中华书局2015年)、《文史探微》(中华书局2000年)、《古文献学四讲》(鹭江出版社2003年)、《文史存稿》(三秦出版社2004年)、《六至九世纪中国政治史》(上海书店2004年)等,身后又由门生为其编订出版《黄永年古籍序跋述论集》《茭蒲青果集》《黄永年谈艺录》(中华书局2007、2012、2014年)等。

也许是作为学问家的黄先生声名太盛,世人对他作为篆刻家的成就知之不多。他的作品除参加过第一届全国书法篆刻展览(1980)之外,只参加过第一、二届全国篆刻艺术展览(1988、1991)等有限的几次展览,直到80岁才出版《黄永年印存》(简称《印存》),这也是目前他唯一公开发行的印谱。马国权先生辑《近代印人传》,在"郭枫谷"条末提及"荷郭先生印弟子黄永年教授致函提供数据"。[1]王家葵先生《近代印坛点将录》,仅于徐永年(无闻)条下"顺便提到黄永年",谓其"亦能刻印,从学于篆刻家郭枫谷,篆刻谨严"。[2]倒是去取甚严的《中国新文

---

[1] 马国权:《近代印人传》,上海书画出版社,1998年,第253页。
[2] 王家葵:《近代印坛点将录》,山东画报出版社,2008年,第383页。

艺大系 1976—1982 书法集》的篆刻部分收录有黄先生的两方印。①《书法》杂志也在黄先生身后介绍了他的部分作品。②至于对黄先生篆刻的评述，《20世纪陕西书法简史》第四章有一篇《黄永年的清婉秀润》；③近年又出现两篇相关的文章。④

黄先生在《黄永年印存》的"前言"中说：

> 刻印初非我的专业，只是业余的一项爱好。记得十三岁时开始购读线装古书，看到书上盖有人家的收藏印记，很羡慕，自己也买了石质印材刻起来，当然只是看猫画虎式地乱来一通，到二十岁遇见郭则豫先生才真开始入门。郭先生字组南，号枫谷，所刻追踪黄牧甫，是一位真正的篆刻家，与时下某些以斯道自诩者不可同日而语。我在他熏陶下购置了黄牧甫、赵撝叔以及时人王福庵等的正经印谱，以后应人之索偶尔学着刻点姓名小印章。⑤

此中所谓遇见郭则豫先生，时在1944年。该年秋天黄先生考入南京中央大学历史系，其时郭先生在该校中文系任教，因而得以相过从。

这段交往持续了仅一年。抗日战争胜利后，南京中央大学师生风流云散，黄先生回常州家中自学，郭先生亦返回福州。不久郭先生移寓沪上，直至中华人民共和国成立初去世；黄先生也于来年来到上海，1956年才移居西安。但此时黄先生已对古籍和文史研究产生浓厚兴趣，对篆刻方面用功不多。尽管他们之间仍时有交往，郭先生还为黄先生刻过好几方印。⑥可以说，郭先生之于黄先生，主要是起到了一个领进门的作用。

黄先生对篆刻真正开始用功，已经是"文革"后期。他在上揭"前言"中述及，当时"除上班外总想干点稍有意义且尚喜爱的事情"，由于学术文章无从公开发表，"可与同好交流的只有刻印这件事情了"。那段时间他不仅自己给人家刻，也请一些名家给自己刻。钱君匋、方介堪、韩登安诸位先生都给他刻过，刻好后邮寄给他。⑦

---

① 沙孟海主编：《中国新文艺大系（1976—1982）书法集》，中国文联出版公司，1987年，第284页。
② 朱琪：《印海拾贝——黄永年》，《书法》2012年第7期。
③ 倪文东：《20世纪陕西书法简史》，陕西人民美术出版社，2000年，第186页。
④ 曹旅宁：《黄永年先生篆刻艺术趣闻》，《收藏·拍卖》2014年第4期；陆三强：《老师教我刻印章》，见裴亚莉主编：《腰间挂着诗篇的师大》，未来出版社，2014年，第11—19页。
⑤ 黄永年：《黄永年印存》，中华书局，2004年，第1—2页。
⑥ 承黄先生哲嗣寿成兄（陕西师范大学历史文化学院教授）告知，2015年6月16日。
⑦ 黄永年：《黄永年印存》，中华书局，2004年，第2页。

1979年，黄先生与西安一些印友发起成立终南印社（后长期担任顾问）。1980年代以后，学界步入正轨，作为学者的黄先生声誉日隆，既要承担繁重的教学任务（他指导过的研究生多达百余人），其他学术活动也日益繁多，大大限制了他在篆刻方面的精力投入。进入1990年代后，加上年龄因素，他就刻得很少了。

三、黄先生篆刻的艺术特点

《黄永年印存》是经过黄先生亲自审订而编成的，收印章180方（其中连珠印6方）。尽管还有部分作品未予收录，但选入的这些基本上已可反映黄先生篆刻艺术的概貌。

上引《近代印坛点将录》曾以黄先生的两方印作，评其"能恪守秦汉风格，不染时流"[1]。这一评价不可谓低，然而以之作为黄先生印艺的基调，则不着边际。《20世纪陕西书法简史》认为，黄先生"治印尊法传统，以秦汉印玺及黄牧甫、乔大壮为宗，追求工稳圆润、秀丽端庄之韵味"[2]。这一认知颇有见地，却失之笼统。上述《书法》杂志的介绍文章简析道，黄先生"所作由赵之谦、黄士陵、王福庵入手，以整饬精美为尚，印章结字善取圆势圆笔，自有其独到之处"[3]。这一论断，后半谓黄先生印作有其独到之处，允称精当；而前半认定黄先生由赵、黄、王三家入手，其实不尽然。

由于黄先生《印存》中所有作品均未系年，现在已很难考订其篆刻风格的形成过程。上引黄先生在"前言"中自述，他受到郭枫谷先生熏陶，曾购置黄、赵、王三家印谱。但《印存》的作品中，满眼是黄牧甫的风声气息。考虑到郭枫谷先生的风格是"追踪黄牧甫"，黄先生自己教学生时也说"先学黄士陵要比赵之谦好"[4]，同时他对王福庵的印评价并不很高；[5]由此可见，黄先生在篆刻上起步，主要是学黄牧甫。

这里面值得玩味的是"追踪"二字。他用此描述郭枫谷先生，其实也是他夫子自道。他深知取法乎上的重要性。当年黄牧甫学赵之谦，曾经在"取法上以赵之谦

---

[1] 王家葵：《近代印坛点将录》，山东画报出版社，2008年，第383页。
[2] 倪文东编著：《20世纪陕西书法简史》，陕西人民美术出版社，2000年，第186页。
[3] 朱琪：《印海拾贝——黄永年》，《书法》2012年第7期。
[4] 曹旅宁：《黄永年先生编年事辑》，中华书局，2013年，第162页。
[5] 黄先生《篆刻艺术》文中云："王禔，学赵之谦而天分不及，细朱文排比均匀则非他人所能及，但绝无变化，我戏称之为篆刻中之'馆阁体'，白文仿汉更平板一些。"这一评价偏于消极；尽管后文又云："初学这一路最好，因为既容易学，又不会发生狂怪的流弊。"（《黄永年印存》，中华书局，2004年，第96页）但黄先生作品中典型的王福庵风格几乎见不到，显然王福庵对他所起的只是借鉴而不是师法的作用。

为榜样"①。他学黄牧甫，岂有拘守一家之理。因此他向黄牧甫吸收的，不仅有黄牧甫本人的独门暗器，更重要的还有黄牧甫的修习途径。他追溯到黄牧甫的成长环境中去直接吸收营养。师其迹，复师其心，这才是所谓"追踪"的正解。

黄先生的白文印，基本表现为中正平和的汉印风格，尤喜作满白文印。布局停匀，结字平正，字画方圆并用，而喜取比较圆浑的笔势。因而他的白文印朴素渊雅，宽徐大方。线条不像牧甫印那样劲挺，却安闲内敛，自有一种斯文气象（见图1、图2）。

图1　　　图2

从表面看，黄先生的白文印似乎较少受到黄牧甫的影响。然而，他《印存》中却有个别吴让之风格的印（见图3、图4），也就是他给学生讲课时分析的"横道粗，竖道细"的那种"很特别"的印②。考虑到黄牧甫在其艺术风格形成过程中曾有过一个"远师邓石如、专注吴熙载"的阶段，在这一阶段其"印风从杂乱中走向了以吴熙载为基础的统一"③；黄先生偶尔借鉴吴让之的风格，恐怕正是受黄牧甫的影响。而黄先生的白文印，只要笔画稍微方正，黄牧甫的意味就呼之欲出（见图5、图6）。

图3　　　图4　　　图5　　　图6

由于风格质朴平实，不瘟不火，黄先生的白文印虽然有其自身特点，但终归不算很突出。相对而言，其朱文印表现出了鲜明得多的个人面目。

黄先生的《印存》中，朱文印占比约三分之二，可见他对朱文印的重视。朱

---

① 唐存才：《黄士陵》，上海书店出版社，2007年，第21页。
② 曹旅宁：《黄永年先生编年事辑》，中华书局，2013年，第162页。
③ 李刚田：《黄牧甫的篆刻艺术及其流派》，见李刚田主编：《黄牧甫流派印风》，重庆出版社，2011年，第3页。

文印中，超过四分之一的印面直接表现出了明显的黄牧甫风格（见图7、图8）。当然，黄先生学黄牧甫并不是一味地死学，他学出了自己的个性。他既保留牧甫朱文印的部分结字与线画特征，[①]使印面形成方圆对比的美术趣味，同时借鉴战国古玺的布局方式，大胆留白，使印面显得空灵而生动。

图7 　　　　图8

与牧甫相比，黄先生的这类朱文印结字更多采用小篆，只是在印化过程中做一些牧甫式的处理，因而他的印面中圆笔更多。圆笔在他的印面中不只是起一种点睛、醒目的作用，而且完全成了一种对比的手段。而为了增加朱白对比，黄先生大量使用宽边。在他《印存》的朱文印中，宽边比例超过三分之二。这样的印面，让人一眼就觉得它来源于牧甫，又不同于牧甫。

更多情况下，黄先生的朱文印喜欢直接采用古玺形式。战国文字，宽边，笔画流丽，结体自然，布局常留出较大空白，并经常形成一个朱钉以积聚神气（见图9、图10）。这类印在黄先生的朱文印中占比近半。这些印线条光洁，气息清新，绝无常见古玺的苍茫之象。不少字画的排列方式带有较明显的牧甫意味（见图11）。显然，这也是"追踪"牧甫的结果。

图9 　　　图10 　　　图11

但黄先生追踪牧甫而学古玺与牧甫本人的法古之作，存在着非常显著的区别。牧甫法古，往往只是取古代文字入印，章法布局则大多采用自己的法度。此所谓"形新而意古"[②]。而黄先生的此类印则不仅用古代文字，还直接取法古玺的布局，

---

① 傅舟《黄牧甫经典印作技法解析》第二章（重庆出版社，2006年）。
② 李刚田：《黄牧甫的篆刻艺术及其流派》，见李刚田主编：《黄牧甫流派印风》，重庆出版社，2011年，第6页。

从黄永年先生的篆刻看当代学人印 | 153

只是线条、格局生机盎然，可谓形古而意蕴、气象俱新。

在此可以作一个具体的对比。黄牧甫有一方朱文印"永保"（见图12），用的是战国文字，布局也参考了古玺。但线条刚劲，棱角外露，两个字各有三笔连接薄边，细看其实是牧甫的家法。而黄先生有一方"保平"（见图13），大小相仿，用的却是宽边，笔画圆转而骨力内敛。整个印面显得空灵、古雅许多。两个人同工而异曲，其效果大抵如是。

图12　　　　图13　　　　图14　　　　图15

黄先生朱文印的第三种类型是铁线篆，这类印占比约四分之一。大多用圆转的小篆，做细朱文，薄边。其显例如前人已多次介绍的"家住吴门久作长安旅"（见图14）。黄先生的这类印大多作均衡布局，因每个字笔画多寡不同而形成一些自然的空白。寓巧于拙，饶古玺分朱布白之趣。笔画粗细统一，方圆并用而多取圆势。其中有黄牧甫的影子，而更多的似乎是吸收了赵之谦的法乳（见图15）。

相对于前两类，笔者认为黄先生的这类朱文印成就不算很高。其中一个很大问题是对边框的处理。据说他刻印"从不做作的有意击边"①，然而他的朱文细边大多破碎，交代很不清爽，与印文缺乏有机联系。特别是一些笔画较粗的朱文印，边框不仅很少相得益彰，相反还往往影响整体效果。上述两例已未免此弊，其余自毋庸枚举。顺便指出，他的朱文宽边有时也存在距印文过于逼仄之嫌。

上述三类之外，黄先生还有一类粗朱文印。结体用小篆，笔画方直，转角分明，参以圆笔或斜势（见图16、图17），形成强烈的视觉冲击。粗看似美术设计，细审却是字画停匀、书法功力深厚的貌新意古之作，非学养丰赡者不能办。这类印的文字印化方式明显采用了牧甫家法，而牧甫及其传人的印作中均未见此类面目，

图16　　　　图17

---

① 陆三强：《老师教我刻印章》，见裴亚莉主编：《腰间挂着诗篇的师大》，未来出版社，2014年，第16页。

可谓是黄先生与古为新的创格。只是黄先生此类作品为数极少，大概是觉得此类印作形貌实在去古甚远，偶一为之权当游戏，以为常制则有所不可吧。

四、黄先生关于篆刻的见解

黄先生关于篆刻的著述不多，只有一篇1983年为授课而写的讲稿《篆刻艺术》，约7000字。该文2004年发表，[1]又收入其《印存》作为附录，后成为《黄永年谈艺录》第二章。2013年，他当年的研究生曹旅宁将1985年秋听他讲授"如何治印"课的笔记整理出来，编入《黄永年先生编年事辑》[2]。这篇笔记较前述讲稿简略，但内容略有溢出。在此就其中一些要点稍加讨论。为避免烦冗，以下出自黄先生《印存》的引文仅括注页码。

首先在黄先生概念中，篆刻本是一门实用的艺术。他认为："姓名印、收藏印、官印，都是为了用，非实用的闲章是少数。"（第91页）作为一个历史、文献学者，具有这样的观念很正常。受此观念影响，他《印存》中绝大多数是实用章，闲章仅寥寥12方。

关于这门艺术的审美标准，黄先生认为，"篆刻之可继承者，前为秦汉，后为明清以来尤其是近现代"（第92页）。其中，秦汉主要是汉白文印和宽边朱文的战国玺。[3]至于明清以来的发展，他觉得文人治印虽始于明代文彭、何震，但直到清代邓石如都不够成熟，"可取之处甚少"。他说："文人治印之成熟的，我认为始于吴熙载（让之），大成于赵之谦（撝叔），其后黄士陵（牧甫）别开生面，吴俊（俊卿、昌硕）、王禔（福庵）、乔曾劬（大壮）、陈巨来均有可取。"（第95页）

虽然列举了这么多人可取，但黄先生对篆刻艺术的风格取向仍表现出相当强烈的个人偏好。沙孟海先生曾在《沙村印话》将吴昌硕的风格喻为"太阳"[4]。黄先生对这一路印风很不接受。他说：

> 吴俊，早年学西泠八家，平平，晚年自出新意，白文收藏印之多字者学吴熙载而更见茂密，白文则差一些，朱文之故作狂怪如"破荷亭"之类更不足取。（第95—96页）

这不能不说是一种极富个性的看法。至于受过吴影响而后自成面目，人称印风"猛利"的齐白石，黄先生的评价更等而下之：

---

[1] 黄永年：《篆刻艺术六论》，《中国书画》2004年第7期。
[2] 曹旅宁：《黄永年先生编年事辑》，中华书局，2013年，第161—164页。
[3] 曹旅宁：《黄永年先生编年事辑》，中华书局，2013年，第162页。
[4] 沙孟海：《沙孟海论书文集》，上海书画出版社，1997年，第354页。

> 齐璜（白石），此人本不擅篆刻，中年仿西泠八家，极平庸，后来借画名来卖印，用单刀乱刻，甚至篆法都有错误，初学学之即万劫不复。

如果说，上引对吴昌硕的看法还属于风格不相容，这里对齐白石的评价恐怕只能说包含一些偏见在里面了。齐白石的个人经历十分独特。他出身贫寒，27岁始习艺事，32岁才学篆刻，花甲以后"衰年变法"，到80岁才形成个人独特风格，[①]是一个典型的生长期很长、大器晚成的艺术家。说他"本不擅篆刻"，这是拿常人的成才规律来要求他，而白石本是个非常之人。说他"中年仿西泠八家，极平庸"，也不尽符合事实。白石从浙派入手，中年以后改学赵之谦，到后来取法《祀三公山碑》，才自辟一片天地。至于说他"借画名来卖印"，在市场环境中，容或有之；而说他"用单刀乱刻"，则完全是一隅之见。

这里面，与黄先生对刀法的理解有关。本来，学人治印，由于训练量的关系，用刀熟练程度往往与职业印人无法相比。黄先生作为从大学起就不断受到前辈奖掖的学者，花在篆刻上的时间更是有限。据他在《印存》前言所述，"文革"后期他"致力"于篆刻，"所刻的印就多起来，毛估一下，大约有一百几十方"；1980年代后主要精力用来做学问，"仍零零星星刻了近百方"（第2页）。就是说，他前后总共只刻了300来方印。以这么少的练习量，能达到这么高的艺术水平，不能不说他天分过人。但平心而论，他对刀的掌握尚未达到使刀如笔的程度，也是客观事实。笔者见过他一些未入《印存》的习作，有些用刀确实是比较生涩的。

正因为如此，他对于齐白石的单刀法根本就不相信。他在劝学生"不要学齐璜的单刀法"时说："也不要相信人家一刀下去就行，不用再来第二刀。这又不是写字，写字不能描，刻印章尽管修。"（第100页）这不能不说是受了他个人实践经验的限制。

不过话说回来，他对齐白石的批评也不是一点道理都没有。"篆法都有错误"，这无论如何是应该避免的。而"初学学之即万劫不复"，可以说明白石一路创新难度之高。白石之后，追随他的印人很少能卓然成家，这也是一个毋庸讳忌的事实。

对猛利印风无好感，而对于工整一路，黄先生也颇有一些不满意：

> 陈巨来，以刻元朱文著称，极精工，但千篇一律，且有习气，刻收藏印好，刻名印即不相宜，白文仿汉尤平平。（第96页）

这一评价，尺度似有过高之嫌。但不能不说，黄先生抓问题确实是很准的。

[①] 罗随祖：《齐白石的篆刻》，见郎绍君、郭天民编：《齐白石全集》（第8卷），湖南美术出版社，1996年，第3页。

"千篇一律""有习气",非胸罗万卷、气雄万夫者不能道。

作为一个竟日呼吸古典气息的学者,不欣赏粗头乱服的印面很正常。而黄先生的眼光就表现在,他也不认为一味的"精工"就是好。即使对素所心折的乔大壮,黄先生也有类似遗憾:

> 乔曾劬,学黄士陵,人极聪明,所治印能变化,缺点是太精工,少黄之朴拙气。(第96页)

在课堂上他还对学生解释,乔大壮的缺点是"太巧",作为一门艺术,"要适当地拙一点"[①]。

在黄先生看来,篆刻的巅峰人物是赵之谦。他将其形容为"印中老杜",点评道:

> 赵之谦,集秦汉印之大成,又参以泉货、瓦当文字,变化万千,其《二金蝶堂印谱》中精美可法者多至百分之九十以上,至今尚无人能企及,更无人能超越。(第95页)

可能正因为觉得赵之谦"无人能超越",黄先生将自己的取法对象锁定为"别开生面"的黄士陵。对黄牧甫的印,黄先生的认知是:

> 黄士陵,早年学吴、赵,中年后自出新意,朱文参汉金文,多用方笔,是一大创新,白文仿汉,也得浑穆拙朴的神韵,且变化多,可谓仅次于赵之谦。(第95页)

这里面,值得注意的有两点:一是关于牧甫朱文印的来源,以往论者都注意到参用金文,但多认为是三代吉金文字;而黄先生则认为是取法汉代的金文。这一点,由于他在课堂上也说的是"汉代的金文"[②],可以肯定并无传写之误。黄先生在世时,笔者尚未注意及此,未及向他当面请教;目下对此尚有不解,容异日探讨。二是他虽然认识到牧甫的印"多用方笔",而他自己在篆刻实践中,却喜欢参用圆势。这显然是他不甘亦步亦趋而有意为之的结果。

令人叹惋的是,黄先生始终未将篆刻当成自己的主业。要是他再多花一点时间,即使不奏刀创作,只将他的见识记录下来,记得更周全、更细致一些,也会增益后学神智不少。现在大体就只有这些了。其余多是一些具体技法方面的心得,相对较琐碎,在此且略过不提。

最后顺便指出,上述黄先生关于篆刻艺术的见解,有些受到了乃师郭枫谷先生的影响。例如,郭先生认为:"悲庵刻印本于学书,使刀直如使气,错综变化,不可方物,真大匠也!"其成就"独有千古",而"同光之间,黟人黄牧甫一异军突

---

① 曹旅宁:《黄永年先生编年事辑》,中华书局,2013年,第163页。
② 曹旅宁:《黄永年先生编年事辑》,中华书局,2013年,第162页。

起，振其坠绪，刻印几伯仲益甫，可称皖派新脉；变而不离于古，雅而见赏于俗，一代长雄，与吴缶庐各树一帜。"①这一看法，显然为黄先生所本，当然也有所变化。至于这中间具体哪些是黄先生的创见，哪些得自前人传授，黄先生又如何吸收转化，还需以后慢慢研究。

五、与其他一些学人印的比较

这一工作颇有难度。因为1949年以后，与黄先生情况类似的以学问为主业的印人数量不多。有些学者情况与他类似，而篆刻活动年代不同。有些与他篆刻创作时代相同的，情况又与他稍有差异。

与黄先生身份最相似的有邓之诚（1887—1960）、宿白（1922—2018）两位先生。邓先生字文如，南京人，1921年任北京大学历史系教授，后兼任多校，1928—1952年专任燕京大学历史系教授，为著名历史学家。其篆刻作品曾自定义《五石斋印存》《五石斋印存二集》《双稳楼印存》。现存主要见于《邓之诚印谱》，收印209方。据该书"前言"说明，这些印主要作于1920—1930年代。宿白先生为著名考古学家，北京大学教授。其篆刻作品有《宿白印谱》，收印501方，主要为1940—1944年宿白先生就读沦陷区北京大学文学院时，参加该校艺文研究会篆刻组的习作，部分作品的创作时间绵延至1970年代或以后。②

篆刻创作活动与黄永年先生基本上同步的，有蒋维崧（1915—2006）和徐无闻（1931—1993）两位先生。蒋先生常州人，本文开头已述及。徐先生成都人，生前任职于西南师范大学（今西南大学）中文系，兼唐宋文学和书法教育专业硕士生导师，且为中国书法家协会理事，其篆刻作品收集较全的是《玉局村舍印存》③。这两位先生与黄先生情况稍有不同，书法篆刻已成为他们的职务工作，他们投入的精力要大得多。

尽管如此，将上述四位先生的印谱与黄先生《印存》合看，还是能看出一些共同特征。在此仅谈三点。

其一，印风都很秀雅，不取猛利、残破一路。邓先生的印作，已有人研究"可归纳为拟古玺、拟汉印、拟宋元朱文印式、拟明人篆刻式、拟邓石如篆刻几大类"，

---

① 郭组南：《枫谷语印》，《学海》1944年第3期。
② 李颖霖、李洪啸编释：《宿白印谱》，中国书店，2007年。该印谱"前言"称，其中作品由两部分构成：一是在旧书店购得的旧印拓，系"宿白先生早年的篆刻作品"；二是出版前"宿白先生又补充了不少印作，皆是珍藏了近五十年的印存原拓"。该"前言"作于2004年，据此，补充的作品似为1964年前所作。然谱中下册第43页有一方犬肖形印，中有年号"庚戌"，显系1970年作品；而该印之后仍有作品，很可能作于此印之后。
③ 徐无闻著，李伟鹏编：《玉局村舍印存》，重庆出版社，2012年。

其中，师法邓石如的作品是邓先生"篆刻面貌的主要体现"，总体来说，"崇尚整饬的古意，富于书卷气"[1]。宿白先生在沦陷区北大文学院就读时，该校艺文研究会篆刻组的导师是金禹民先生，"讲解近代篆刻的渊源流派，对赵㧑叔、黄牧甫两人特色的分析，尤为清晰"[2]，学生的风格可想而知。蒋先生是乔大壮弟子，刘绍刚先生称之为"乔派篆刻艺术的唯一传人"[3]。徐先生印艺传自周菊吾、方介堪先生。据称"菊吾初喜吴氏印，若破荷亭者，诧谓可以惊风雨而泣鬼神。既而怵末流之披猖，乃务归于醇雅"[4]。有师如此，徐先生的风格不言而知。曾与他有直接交往的马国权先生评价其篆刻"绝不曲趋俗好，雍容隽逸，卓然大家"[5]。

有意思的是，上述诸人不仅于猛利、残破印风无取，形之于笔墨的还有批判。1924年邓之诚先生在其《五石斋印存二集》"自序"中写道："时贤刻印，自意浸淫秦汉，或则独辟蹊径，迹其实，则规橅残砖半甓之文，务为丑怪恣肆，不可以规矩强之，盖几几乎风靡一世，谭艺者莫之敢违焉。"表现在技法上，"率刻石奏刀后，复磨之、琢之、击之、锥之、敲扑之、掷之地而践踏之；其于寸铁之外，又必备刀凿斧锯焉，务极破碎支离，然后以为奇古"。他认为这是一种"奇僻诡异之风"[6]。时过周甲，黄永年先生也谆谆告诫："美的真正的艺术品一般能做到雅俗共赏。以粗、狂、怪、丑自诩而其实不美者决不算艺术。只凭自己吹、此外任何人欣赏不了的也决不算艺术。"[7]后先对比，两者何其相似乃尔。

其二，多数受到黄牧甫的影响。上述诸位，蒋先生在师承上就与黄牧甫有关系。他的印艺传自乔大壮；而乔本人私淑黄牧甫，久已为印学界习知。沙孟海先生认为："黄士陵之后，这一派的作者，要推乔曾劬造诣最卓。"[8]身为这一脉传人，蒋先生受到滋乳不言而喻（见图18、图19）。宿白先生的篆刻老师金禹民先生本人并不拘守黄牧甫一家，[9]但显然是教学过程中重点讲解赵㧑叔、黄牧甫的关系，宿白先生的印作几乎为牧甫风格所笼罩（见图20、图21）。

---

[1] 朱琪：《邓之诚的篆刻艺术与印学贡献》，《书法赏评》2010年第4期。
[2] 徐无闻著，李伟鹏编：《玉局村舍印存》，重庆出版社，2012年，"前言"第2页。
[3] 刘绍刚、周冰编：《中国印谱全书·蒋维崧印存》，人民美术出版社，2013年，第293页。
[4] 周菊吾：《周菊吾印存》，四川美术出版社，1988年，"序"第1页。
[5] 马国权：《近代印人传》，上海书画出版社，1998年，第523页。
[6] 李颖霖、李洪啸编释：《邓之诚印谱》，中国书店，2007，第2页。上揭朱琪《邓之诚的篆刻艺术与印学贡献》一文认为，此段话锋所及"正是风靡当时的吴昌硕一派"。
[7] 黄永年：《黄永年印存》，中华书局，2004年，第91页。
[8] 沙孟海：《印学史》，西泠印社，1987年，第164页。
[9] 李颖霖、李洪啸汇编：《金禹民作品选·篆刻编》，中国书店，2001年。

图18 　　　　　　图19 　　　　　　图20 　　　　　　图21

邓之诚先生，上引研究文章称其"篆刻创作是否曾受到黄士陵的影响不得而知"，但从实际情况看，他的部分印作受到牧甫风格的熏沐是显而易见的（见图22、图23），尽管在奏刀过程中刻意做了些变化。而最有意思的是徐无闻先生。他的师承与牧甫并无直接渊源，而其晚年印作中居然也有酷肖牧甫者（见图24、图25）。

图22 　　　　　　图23 　　　　　　图24 　　　　　　图25

沙孟海先生在《近代印人传序》中有一个观察："综观近代印学诸名家，主要数安吉吴缶庐、黟县黄牧甫，给社会影响最大。"① 如果细分一下，似可认为缶庐的影响主要在艺术圈及社会上，而学界则受黟山一脉激荡较多。

其三，重视印章的实用功能。这一点有两方面表现。一方面，篆刻创作以名章、字号章及鉴藏章为主，闲章很少。为便于观察，兹对上述诸先生印谱中的作品进行分类统计，列为表1，加以比较。

表1　五本学人印谱中的作品分类统计

印谱名称	名、字号章	鉴藏章	闲章	总数	备注
《黄永年印存》	152	14	14	180	中华书局2004年版
《邓之诚印谱》	107	28	74	209	中国书店2007年版
《宿白印谱》	65	19	417	501	中国书店2007年版
《玉局村舍印存》	215	21	89	325	重庆出版社2012年版
《蒋维崧印存》	418	35	74	527	人民美术出版社2013年版

---

① 马国权：《近代印人传》，上海书画出版社，1998年，第1页；沙孟海：《沙孟海论书文集》，上海书画出版社，1997年，第645页。

需特别说明的是邓先生和宿白先生的两组数据。邓先生的印谱是以其手订《双稳楼印存》为基础编成的,[①]以自用印为主,显然不是其印作的全部。从统计角度来说相当于一份抽样,只能看出一个倾向性。宿白先生印谱的特别之处在于其中闲章异乎寻常得多。这与本文的论点倒是不矛盾。那些印章应该多是宿白先生学生时代创作的,当时宿先生还不是学者,余暇既多,要创作实用印章其需求量也有限。中年以后,随着他学术事业的壮大,他篆刻作品就很少了。该谱中庚戌年号后面的印章便以实用章为主了。

另一方面表现是,集中精力进行印面创作,对于边款不够重视。上述诸印谱中,仅《玉局村舍印存》边款相对较多,其他各谱中边款都极少,偶尔有之也不过是穷款。邓先生印谱中只有三面,宿白先生印谱中只有两面,内容均甚寥寥。至于蒋先生,刘绍刚先生说:"蒋先生治印,并不重视边款的刻制。"以致他此次新编蒋先生印存,本希望"增加一部分印章的边款"[②],也只有32面,内容均单薄。看来,黄先生《印存》中一面边款都没有,反映了学人治印的一个带普遍性的特点。

六、从上述学人印中得到的启示

毫无疑问,学者是印人群体中的小众。特别像本文重点关注的以学问为主业的印人,更是小众中的小众。上文从黄永年先生的个案分析,到结合其他四位学人的考察,其中不少内容引人深思。限于篇幅,在此仅略谈两点。

一是关于创作题材。舒文扬先生曾检讨1949—1979年上海篆刻的发展历程,不无悲壮地指出:"上海印人在'古为今用'的旗帜下,带着文化传承的使命感,从篆刻的时语入印、毛泽东诗词组印到各种现代题材,上海印人一面虔诚地寻找全新的符合政治标准和与社会环境相契合的创作题材,另一面坚持不懈地致力于传统经典风格的探求。"他认为"就20世纪的篆刻而言,毛泽东诗词这一特殊题材对她的庇护功不可没"[③]。然而当我们把目光投向学者这一特殊印人群体时,会发现情况不完全是这样。

上述诸位学人,邓先生在1949年以后只生活了12年。他的作品中完全没有1949

---

① 这一点,该书编者未予说明,邓瑞在"后序"中直接称之为《双稳楼印存》。
② 刘绍刚、周冰编:《中国印谱全书·蒋维崧印存》,人民美术出版社,2013年,第294页。
③ 舒文扬:《上海印坛三十年的若干细节(1949—1979)》,见《医石斋书法篆刻文论》,上海古籍出版社,2012年,第230—237页。

年以后的气息，在此姑不深论。另四位学者，蒋、徐两位先生作为学术体制内的艺术家，印谱中多少也有些入时的作品。蒋先生《印存》中有7方毛泽东诗词印；徐先生《印存》中则多达12方，除了毛氏诗词，还有"同心同德干四化""心灵美"等时语，以及一方"毛主席万寿无疆"。据边款所记，该口号印系1975年磨去1968年初稿重刻。①而黄永年和宿白两位先生的印谱中，类似题材几乎没有。

谱中没有当然不等于事实上没做。但无论如何，可以表明他们对这一类创作不以为意。黄先生在其《印存》"前言"中说，"文革"中练毛笔字"要写主席诗词方保险"，倒是刻印章"从未听到有什么禁忌"（第2页）。可见他选择刻印章而不是写毛笔字作为当时怡情养性的方式，就是为了回避这一题材。

应该说，不刻时语印，并不妨碍文化传承。只是身处时代潮流，不同人有不同的应对方式。而这种方式，往往是带有群体性的。

二是关于创作风格。从某种意义上讲，上述诸位学人的印作，其风格都可以算不入时的。

这种不入时，在邓之诚先生那里，完全是一种文化的自觉。他在上引《五石斋印存二集》"自序"中自信地说："特欲使后之人知尚有人焉，不随流俗为得失而已。"②其他诸位先生未做类似宣示，但桃李不言，下自成蹊。他们以实际行动做出了自己的判断。

真正的艺术家大多是一些矛盾的个体。一方面，他们要追求艺术上的个性，要力求超凡脱俗。另一方面，他们又需要知音，要交流，甚至不得不兼顾一些世俗的考虑。从后一方面来说，也就免不了要预流，甚至从俗。这中间如何抉择，就看个人如何把持。

艺术的发展需要多元。特别在篆刻艺术日新月异，甚至"有人说最近二十多年在篆刻创作上发生的变化，要大于五百年明清流派篆刻"③的今天，回看学人这一特殊群体的印作，也许可以发现一些异量的美。

---

① 徐无闻著，李伟鹏编：《玉局村舍印存》，重庆出版社，2012年，第114页。
② 李颖霖、李洪啸编释：《邓之诚印谱》，中国书店，2007年，第2页。
③ 李刚田：《篆刻技法百讲丛书总序》，见赵明：《做印技法百讲》，河南美术出版社，2008年，第2页。

附录

图版详细信息表

序号	作者	释文	纵×横（毫米）	出处	页码
1	黄永年	魏武子孙	22×22	《黄永年印存》	27
2	黄永年	马樟根印	22×22	《黄永年印存》	83
3	黄永年	曹伯庸印	16×16	《黄永年印存》	28
4	黄永年	名世周甲后作	17×17	《黄永年印存》	50
5	黄永年	甲寅	21×21	《黄永年印存》	19
6	黄永年	张采凤印	14×13	《黄永年印存》	37
7	黄永年	并蒂	21×20	《黄永年印存》	14
8	黄永年	丽山夕照	29×22	《黄永年印存》	56
9	黄永年	颉刚八十岁后作	33×33	《黄永年印存》	47
10	黄永年	刚主七十又八以后作	23×16	《黄永年印存》	48
11	黄永年	庄严	20×12	《黄永年印存》	41
12	黄士陵	永保	15×15	《钱君匋藏印·黄士陵》	24
13	黄永年	保平	17×17	《黄永年印存》	51
14	黄永年	家住吴门久作长安旅	31×30	《黄永年印存》	26
15	黄永年	阎保平藏书记	34×19	《黄永年印存》	51
16	黄永年	一一风荷举	35×34	《黄永年印存》	15
17	黄永年	洛苑仙谱	35×31	《黄永年印存》	16
18	蒋维崧	聚墨成型	29×23	《中国印谱全书蒋维崧印存》	270
19	蒋维崧	汪辟强所藏金石书画	26×26	《中国印谱全书蒋维崧印存》	96
20	宿白	雪梅香	22×23	《宿白印谱》下册	20a
21	宿白	宿白眼福	22×23	《宿白印谱》上册	5a
22	邓之诚	五石斋印	21×22	《邓之诚印谱》	17b
23	邓之诚	文如父	37×36	《邓之诚印谱》	6a
24	徐无闻	徐无闻校读金石刻辞	29×29	《玉局村舍印存》	255
25	徐无闻	石魂	23×16	《玉局村舍印存》	281

注：《钱君匋藏印·黄士陵》为安徽美术出版社1998年版，其余诸印谱版本与文中所引相同。

原载《西泠印社当代篆刻学术研讨会论文集》，西泠印社出版社，2015年

（张伟然，复旦大学历史地理研究中心教授）

斯维至先生杂忆

郭政凯

作者按：斯维至（1916—2015），浙江诸暨人，乳名赞铃，又名斯全。家贫，以叔舅资助，1931年浙江绍兴越材中学毕业。因家贫辍学，以后刻苦自学。1940年至1949年，曾在四川图书馆、成都中国"工合"（宋庆龄、艾黎主办）工作，编辑《活路》刊物，任华阳实中、国立六中、华英女中等校文史教师。1947年由著名学者蒙文通、徐中舒两先生推荐，任华西大学讲师兼中国文化研究所助理研究员，从此走上先秦史研究道路。1948年首次发表《两周金文职官考》，为海内外学者所称道。1949年后，先后任西北大学、陕西师范大学讲师、副教授、教授，先秦史学会第一届至第四届副会长。陆续发表了关于殷周土地所有制问题等论文60余篇。著有《史学常谈》《周代的方国》《西周史》《中国古代社会文化论稿》《姓名的故事》《斯维至史学论集》等。

每当读书疲倦时，一闭目养神，脑子里总能出现一幅清晰的画面：满头华发的老人斜倚藤椅，用与年龄不相符的丰润双手捧着书本杂志，凑到光亮的窗前灯下，整张脸贴近去，眼镜几乎触到纸张，仿佛不是在读书，更像是用鼻子嗅纸，并深自陶醉于书香。他不同于关云长夜读《春秋》的神武，却尽显一代文人手不释卷的痴迷。这是我去斯维至老师家求学问道时常见的情景，它永远保留在我的头脑中，珍贵无比，是世上最令我感动的画面之一。

我在前半生曾幸运地追随了几位难得的良师。其中对我影响至深至巨、关系也至亲至密的非斯维至老师莫属。

1976年底，乘着工农兵学员的末班车，我进入陕西师范大学历史系。说来很是荒唐，下乡时我被称为知识青年，听上去似乎即使没有学富五车的阔气，也该有一二车的小本钱了。及至上大学身份大变，接受了八年"再教育"，不但没有增加知识含量，反而连原有的千疮百孔的知识外衣也被雨打风吹去，换了顶剽悍的大老粗帽子——工农兵学员，雄赳赳地攻掠了高等学府。不错，若论学历，我是班上最低的，仅受过六年小学和半年初一的正规教育。在陕北插队时，为弥补先天不足，四处搜罗所能找到的各种书籍。不过，千万别误会我已博览群书，事实上许多书到我手上都是残缺不全的，如《论语》被人撕得只剩八章半。古人用半部辗转抄来的孔丘闲话就能治天下，我熟读小半部好像什么都干不成，还是被当作芸芸众生中的"农二哥"。由于文化底子超薄，在窑洞里闷头自学，对所读的东西往往似懂非懂，我是硬着头皮把它们生吞活剥装进脑子里的。那时真想能像《论语》中写的那样，侍坐于名师身旁，听他老人家用孔子的语气招呼着：凯，尔何如？

十年失学造成的极度精神饥渴，使我一进入梦寐以求的大学便昏天黑地猛读起来。除了上课读书，我还挨个拜访了系里所有名声在外的中老年教师。当时虽说"文革"已经结束，但是"工农兵学员上大学管大学"的口号仍在喊着。因此，看到我这个开口京腔、顶着满脑袋小米皮子和玉米须子的四不像汉子居然恭敬拜访和虚心求教，不少老师由惶惶不安而戒备至惊喜。我赢得了他们的信任，都愿推心置腹与我交谈，点拨疑难。

斯老师没有给我们上过课。听中国古代史主讲赵文润老师介绍，他是国内数得上的先秦史专家，很有学问。于是打听了住址，冒昧登门。初次见面，斯老师正在翻检一部线装大书。师母轻推他说有学生来访，他才抬起头，放下书，起立点头示意，状极和蔼客气。后来斯老师告诉我，开始并未特别留意，以为是学生礼节性拜访，知道我是在陕北插队的北京知青才有了点兴趣，因为根据前几届学生中北京知青的表现，认为我们的基础比其他学生要好。再一交谈，终觉"孺子可教欤"。而我一看斯老师雪白而浓密的头发和高度近视的厚片眼镜，顿生敬仰之心、亲近之情。再看有些凌乱的案头摊开着郭沫若的《两周金文辞大系》，更让我觉得神秘高深。心想，研究这种学问的人才是梦中的名师。本来我对现代史极有兴趣，插队时曾着手编排"文革"大事记，想写一部"文革"史。可是这个领域里荆棘丛生，陷阱密布，不由人不将此视为畏途。上学时翻云覆雨的政治已经让我彻底厌倦了。先秦史是我所能接触到的离现代政治最远的专业，它丰富多彩的内容也强烈吸引着我。如此一来，我们师生彼此都感觉十分投缘，来往日渐频繁起来。

熟悉之后，斯老师就不再客气，与我无话不谈了。一见我来，立刻高兴地泡上两杯家乡的毛尖。兴发纵论天下事，闲来几句家常话。这种聊天式的"教学"在古代是师生之间传授知识的重要方式，我觉得好处很多。它的形式活泼，能够摆脱束缚，启发灵智，尤其适合斯老师和我这样的人。斯老师不喜欢墨守成规、正襟危坐、不苟言笑、一板一眼、照章宣讲；我则久居山野，闲散惯了，不耐课堂气氛，上课时常常以手支颐，貌作深刻哲学思索状，实则梦蝶、梦周公去了。然而和斯老师聊天时，我始终精神百倍，并从中获益匪浅。

斯老师是浙江诸暨人，乡风崇儒尚文，自幼熏陶，终生沉浸学问。他少小离家，几十年乡音不改，曾自嘲为"南蛮𫖯舌之人"。不少学生感到难懂，我却觉得字字清晰。越音的抑扬顿挫，苏杭的低吟浅唱，从他的口中迸发流泻出来，充满诵诗般的魅力。在校期间，几日听不到，我会怅然若失。老师也习惯了与我对讲。读研究生时，几日不见，他会蹒跚着走到我的宿舍，坐在床上，半倚被垛，不等呼吸调匀，便滔滔不绝，海阔天空。兴尽起身，我搀扶老师回家。一路上，他靠着我的肩膀兀自顺着思路开讲，全然不睬路人投来的各种眼神。我有时想，魏晋名士大概就是这个样子吧。

斯姓在中国是个小姓，国人多有未闻者。有一年，老师到四川大学拜会当时的图书馆馆长赵卫邦先生。我在门口报上老师姓名，一位年轻人狂奔急告赵老，有个外国人来找您。待到会面，赵老笑得美髯乱抖乱飘。那个年轻人不完全是少见多怪，斯老师的祖先可能真不是汉人，他自认是山越人的后裔，据说康有为曾给斯氏宗祠写过山越考。看老师一派儒雅，很难把他与断发文身的老祖先们联系在一起。我揣测，斯老师以山越人自诩，有返璞归真之意。

返璞归真，说起来容易，做起来很难。现代社会各种污染源太多，历经沧桑，不改赤子之心，不失纯真本性，保持璞玉美质，坚守浑然天成，既无世故的羁绊，又无矫饰的伪装，发乎内心，顺乎自然，不违良知，满天下能有几人？山越人维至吾师做到了！

人常说字如其人，斯老师是书法家，有人这样评论：他"说话直爽，不假雕饰，心口如一，激昂高亢。性格的这些特点都充分反映于其书作中"。"综观斯维至先生的书作，苍郁劲直，有金石之气；挺拔奔放，有豪士之气；随和自然，有书卷之气；笔墨秀逸，有山林之气。数端融会，别开生面，是其独具的风采。"这是公正之论！

斯老师年轻时和大多数小知识分子一样，思想激进。同时，又受到他堂兄的特殊影响。堂兄是中共早期党员之一，为革命不避艰险，长年累月通宵达旦勤奋工作。斯老师耳濡目染，对革命和马列主义有了一定认识，虽未入党，心向往之。谁知世事难料，堂兄努力的结果是既被国民党仇视，列入通缉对象，也不见容于共产党，被定为"托派"，遭到开除。我的老师极度惶惑，百思不解。自忖愚钝，难识政党政治，遂负笈东渡日本求学。从此，他的人生道路彻底改变了，由一个可能出现的社会斗士，转为安守书斋的寂寞学者。有人曾为之惋惜，老师却终生不悔。我觉得这一改变实在是件好事，它保住了"山越人"率真的本性，为中国史学界增添了一位颇有成就的先秦史学家，也为我安排了一位亦师亦友、半世亲人的导师。人生真似有天意主宰，我感谢上苍！

有一次，我感叹上学少，学历残缺不全。斯老师安慰说他还不如我，自初中毕业后，再没有作为学生进过校门。他是自学出身，孤身在茫茫书海中挣扎，手抄笔录，不舍昼夜。浓霜染了头发，昏灯弱了视力，幸有著名学者蒙文通、徐中舒等人的指点与提携，加快了成长速度，跻身于一代大师的行列。

有眼前榜样的激励，我读书更加刻苦。当然，问题也越来越多。有一次，我提出"走快捷方式"的想法，也就是由斯老师预设几个题目，然后我去按图索骥，或许事半功倍。斯老师摇头说我把事情搞颠倒了。带着问题读书，容易有先入为主的偏见，走上断章取义的歪路，知识系统会被搅得支离破碎。不如漫无目的地读书，在深厚累积的基础上，水到渠成地产生问题，然后再进行反复研究。他特别强调走快捷方式是浮躁的表现，急功近利是学术研究的大敌。一盆冷水浇得我清醒了许多。

以后我又热衷训诂小学，专钻牛角尖，偏向发掘"微言大义"的治学老路。沾沾自喜于"活字典"的绰号，张口许慎，闭口段玉裁，自以为有本事"点窜尧典舜典字，涂改清庙生民诗"。斯老师一杯清茶，微呷一口，轻吐梗叶，仿佛随意闲聊说他读书经常不求甚解。对每个字、每个词、每句话都详加考证，会影响整体把握。只管一路读去，"俯而读，仰而思"，尽情享受顺达畅意，如此而已。若做个"寻章摘句老雕虫"，他会很难受。我遽然而惊，知所警惕。

"文革"后，史学界中的年轻一代不满于史学研究现状，纷纷将目光转向西方，引入各种理论，希望改变研究方法。斯老师尽管将届古稀之年，却有着和年轻人一样奔腾的革新思想。他认为自乾嘉学派衰落后，王国维以二重证法使史学研究面目焕然一新，打开了现代史学研究大门，出了一批成果。"五四"后，以顾颉刚为首的古史辨派与郭沫若等人的马克思主义学派，进一步刺激了史学研究的发展，从不同角度充实了研究内容，提高了研究水平。时至今日，如果不能识众家之短，集众家之长，采用新的科学研究方法，历史研究就无法进步。为此，他多次与我讨论各家的优劣与今后的发展方向。为了拓展新路，引进民族学的成果，用"活化石"比较研究古代史，斯老师不顾年事已高，毅然走出书斋。1980年，与四川大学赵卫邦先生、吉林大学赵锡元先生、云南省博物馆赵学谦先生、陕西师大赵文润老师结伴赴云南西双版纳地区考察，我亦陪同前往。我们共举斯老师为"召片领"（傣语，原意为"领主"，这里取"首领"意），他坚辞不就，认为凡事大家协商决定，不必设什么领导。我们阳奉阴违，处处把他推到前面。结果他的华发和赵老（卫邦）的美髯成了我们的招牌，所到之处吸引了无数充满敬意的目光。一路上，老少师生，志趣相投，相互扶持，彼此照顾。白天走村串寨，访问座谈；夜晚围坐旅馆,讨论总结。每个人都觉得眼界大开,收获颇丰。一时在先秦史界传为美谈。不少中年学者纷纷效仿,掀起一阵新实证比较史学的高潮。

斯老师性格率真,推崇独立人格,讲求文人风骨。我曾陪他在昆明拜访过云南大学方国瑜教授。说起方先生的老师陈垣老,方先生谦恭自省,缩颈低头,连连检讨:"人家嘛进步,我落后!"这话在当时极普通,入我耳后,只觉得方先生的神态真诚,并未在心中激起丝毫波澜。返回旅馆,斯老师感慨万端,认为"左"倾路线把知识分子整得只会糟蹋自己,连朋友间交谈也会习惯地动辄低头认罪,实在让人感觉悲哀!如今回想起来,一股巨大的震颤终于传到了心房。1949年后对知识分子不断敲打改造,捏塑出的是低眉顺目、俯首帖耳、背负沉重原罪包袱的机器人。斯老师在"文革"刚刚结束就有如此胆识,真乃吾师也!

斯老师说话直爽,胸无城府,难免得罪一些人。然而对学生后辈总是尽力呵护,宽容温和,保留情面,从未见他当面斥责过谁。有位师弟曾陪老师外出开会,光顾做自己的事,把年迈的老师孤零零丢在旅馆,结果还是其他学校的人护送回家。我知道后很生气,要去批评师弟,斯老师却大度地说:"算啦,谁没有点私事。"竟不追究。斯老师对我就更加和颜悦色,从未稍露疾厉之形。有时我们意见相左,他也不以为忤,笑言"盍各言尔志"。有一次,他眼疾发作,让我誊抄一篇文章。我按照自己的意思改动了几处文字。他淡淡一笑说:"谢谢,不过文章还是自己的好。"待发表后,我看他还是遵从了两处我改动的文字。由此知老师并未责怪我,而且虚怀若谷。

斯老师对我情逾骨肉。当年在云南思茅,我感冒发烧,昏睡在招待所。迷糊中总觉有只温暖的手在额头摸索,耳边传来似从云端发出的焦急呼唤。第二天醒来,才知是老师心中挂念,夜间前来探视。心头一暖,病情一下好了大半。见我恢复精神,老师兴奋得话语不断。

我恋爱结婚较晚,年过三十尚未婚配。每隔一段时间,斯老师都会关心地问起。当我把未婚妻带到他面前时,他高兴得就像得了儿媳妇一样。

有件事读研时的同学至今提起仍称羡不已。研究生入学的第一天,我放下行李就去拜望老师。他一见我,喜不自禁,嘘寒问暖,关怀备至。留我共进晚餐,不仅特意增加了两个菜,用他爱喝的绍兴酒为我接风,还吩咐师母烧水让我洗澡。同学们得知此事,都说导师如此厚待学生,闻所未闻。

老师待我厚,我自然更加感恩戴德。读研期间,从不让老师过于操心。陪同他外出开会,总是细心安排,尽心照顾。师母说有我陪同,她放心,老师也高兴。老师高兴的原因之一是我能"惯"着他,由他的性子吃些喜爱的食物。每次外出差旅费都由我掌管,老师一看到当地著名的小吃,或者一闻到香味,师母的嘱咐立刻抛到脑后，不断积极建议：咱们吃吃这个吧，咱们吃吃那个吧！看着他流露出的孩童般热切的央求眼神，真不忍心拒绝。于是老师兴高采烈了，我却在欣喜中夹杂一丝对师母的歉疚。老师眼睛不好，腿脚不济，夜间走路，像孩子一样信任地拉着我的衣袖，拽着我的胳膊。这时，轮到我指点他：这儿有个坑，那儿横块砖。老师紧跟着我，亦步亦趋。那情景在我心中浸润出温馨的亲情，在旁人眼中一定也会引发这样的感慨："瞧这一家子！"

在斯老师的心中，并不把我当学生看，他更愿意是一种忘年交的关系。因此他总是平等待我，从不摆出居高临下的师尊架子。他在研究中遇到新问题，有了新想法，常常和我商量探讨，征求我的意见。他写信必称"政凯老弟"，遇人则隆重介绍：这是郭政凯先生。用得随意，说得自然，绝无虚套客气。老师说当年蒙文通、徐中舒等人就是这样对待他的。记得开第一届先秦史年会时，斯老师和徐中舒两位老前辈，一个叫我郭先生，一个呼我老郭，完全视为平辈。弄得我始则大窘，后学小子岂能与泰山北斗比肩？继而释然，两位通硕大儒，境界非凡，诚恳待人，出于自然。我若矫情，岂不大煞风景！这样一想，便恢复常态，谈笑自若了，心中也越发敬仰两位大佬。

研究生毕业后，原本留校给斯老师做助手。但由于儿子降生，住房问题凸显，我想转到别的单位。老师完全理解，并主动跟校、系领导打招呼，遂同意放行。至今想起，仍感有负老师。

出国后，因环境、语言等限制，尽弃所学，终日蝇营狗苟为稻粱谋。老师虽略显失望，却无一语责怪。人寂月夜，我习惯遥望故国方向。"总为浮云能蔽日，长安不见使人愁"。长安城里有我终生难忘的恩师，不能朝夕趋前问候，怎不令人惆怅？我愧对老师，心中更加思念。山海悬隔，我时时托人殷勤相问，我为老师高龄著书而感动钦佩，为他九十大寿虔心祝祷。斯老师也记挂着我，常常惦念，以至有同学去看他，老师热情地起立握手，冲口而出的却是我的名字。闻听此事，两行热泪夺眶滚落。

我在异国他乡有许多梦，其中之一是：侍坐老师身旁，恭敬就教，亲聆越音。老师教我解读"三坟五典八索九丘"，揭发古史奥秘。笑谈传经，片言解惑。我则心领神会，胸中疑云应声而散。师生之间交相融汇，有巍巍道义在，有浓浓情谊生，乐莫大焉！再饮一口黄酒助兴，文武周公、共和烽火、周原沣镐、盂鼎墙盘，种种家珍，一一数来，何等畅意，何其快哉！老师颔首扶镜，语多慰勉，"盍各言尔志"！

原载《长安学研究》（第4辑），科学出版社，2019年
（郭政凯，现居美国）

长安学者冉昭德先生

何 夫

冉昭德（1906—1969），字晋叔，祖籍山东曹县，出生于一个书香世家。20世纪30年代伊始，考入国立青岛大学（今山东大学前身）中国文学系，在闻一多指导和推荐下，完成、发表小说、论文多篇，还与臧克家、许星园、李贵生等一起创办了《励学》杂志。1934年毕业，先后在山东省立惠民师范学校和济南中学任教。抗日战争全面爆发后，随山东联合中学师生辗转河南、湖北、四川等地，并参加了教育部组织的教育服务团。

在四川三台时，适逢东北大学历史系丁山教授受服务团资助，成立国史研究部，编写《中国图书志》，他被任命为一个专题的负责人。这样，他系统阅读了"十三经""诸子百家""二十四史"，重点抄录许多资料，做了大量读书卡片和笔记，受到了史学方法的严格训练，奠定了其从事历史研究的良好基础。1938—1941年，他相继撰写了《三辅黄图考》《汉西京宫殿图考》《水碓小史》等学术论文，深受丁山教授的赏识，于是把他推荐给好友史学家顾颉刚。顾在1941年8月6日致丁的信中说，冉昭德"好学力行，弟所极爱""此间研究所亦可罗致，以敝所整理廿四史，正缺中古史方面人才也"[①]。顾对冉的高度赞誉，正是对冉的学术功底和治史成就的肯定。

同时，冉昭德也受到著名学者陆懋德的青睐，于1941年冬被其延聘至西北大学历史系任教。入西北大学后，冉昭德曾就《群书治要》中所收《晋书》作者问题致函胡适。后此函与胡的复信同时刊登在1948年5月29日《申报·文史》副刊上。从丁山、顾颉刚、陆懋德、胡适等名家对冉昭德的评价来看，他的学术成就已得到学界广泛认可，已成为史学名家。

中华人民共和国成立后，他任西北大学历史系中国古代史教研室主任，撰成专著《秦汉史》及论文多篇。按照他的设想，要把西北大学历史系办成秦汉史研究的

---

① 顾颉刚：《顾颉刚书信集》卷三，中华书局，2011年，第138页。

中心。正当他奋力工作、大展宏图之际，"文革"爆发，他被当作反动学术权威受到迫害，手稿《秦汉史》也丢失，最后逝世，享年63岁。

综观冉先生的一生，其最成熟的阶段，全贡献给了祖国大西北的高等教育事业，是典型的长安学者。冉先生治学，有如下特点。

一是自觉接受马克思主义，运用唯物史观研究历史。冉先生较早认识到运用马克思主义唯物史观指导史学研究是合乎时代需要的正确选择。1948年1月8日发表的《评吕、翦两先生的秦汉史》一文指出："翦先生是站在唯物史观的立场，用社会经济的变动来说明他的主张……这种做法是新颖的，也合乎时代的需要。"这种见识成为中华人民共和国成立后冉先生自觉接受马克思主义唯物史观的内在基础。从现存的冉先生《日记》来看，他对理论的学习不遗余力，几乎遍览了当时已经出版的所有马列著作，并将其中与中国历史有关的典型语句做了重点摘抄。理论的学习使冉先生在学术实践上结出了累累硕果。他先后发表重量级论文多篇，从具体事实入手，对重大历史理论问题做出解释和说明。冉先生所撰之文，史料翔实，考证精密，蕴含着以小见大的著述旨趣，做到了唯物史观指导与中国历史实际相结合，推动了历史研究不断取得新成果。

二是不迷信权威，敢于向名家商榷。冉先生从来不迷信权威，敢于同名家进行讨论。前述他那篇《评吕、翦两先生的秦汉史》即一篇与名家商榷之作。当时冉氏才42岁，就敢于同比自己年纪大且成名早的史学名家吕、翦二先生商讨问题，指出其所作存在公式化和史料错误、不足的问题，这是需要点胆气的。再如前述他给胡适写信那件事，也同样如此。试想，胡适是何等的权威人物？但"智者千虑，必有一失"，只要是错误，就一定得指出，毫不客气。冉先生这种风格，值得提倡。而冉先生之所以有这样的胆量，也是他基本功扎实、充满自信的反映。

三是勇于创新，"自成一风格"。冉先生认为，写文章要做到理论观点、材料、形式三者的统一，但最重要的还是勤学苦练，"自成一风格"[①]。他不仅在著述形式上力求形成自己的特色，而且在实际研究中常常提出独到的见解。例如，在20世纪五六十年代，他以唯物史观为指导，立足中国传世文献和出土资料，以商鞅变法的性质为切入点，写出了《试论商鞅变法的性质》一文。文章在深入研究的基础上，指出"商鞅变法是奴隶制国家的法，它的作用是促进奴隶制的发展"，进而提出了"东汉时期是奴隶制向封建制过渡阶段"的看法。这些观点的提出，表明他不盲从轻信，勇于通过实事求是的研究发表对重大历史问题的独立创见。

---

① 见冉氏1960年8月12日《日记》。

再如学者普遍认为《史记·游侠列传》中所描写的郭解、剧孟等人物处于受压迫的社会下层,他们反对封建势力,为被统治人民抱打不平。针对此说,冉先生撰成《关于〈史记·游侠列传〉人物评价问题》一文,对学界流行的观点质疑。他运用阶级分析的方法,以游侠的生活状况作为剖析点,说明游侠不是代表人民利益的,更不可能反对封建势力。该文发表后,立刻在学术界引起强烈反响,相关重要刊物相继发表文章,对《史记·游侠列传》展开商讨。大家从多角度收集史料进行自由讨论,深化了对于研究对象的认识。

再如1949年后学界普遍认为,司马迁的《史记》具有人民性,与之相比,班固的《汉书》在历史观上是倒退的。其实,历史上关于《史记》《汉书》优劣的争论一直存在,而且聚讼不一。认为《史记》胜于《汉书》的观点,本身就是偏激的。冉先生以唯物史观为指导,先后撰写《班固与〈汉书〉》《班固的首创精神与进步思想》诸文,指出班固断汉为史,开创了历史编纂的新格局,后来各个朝代的正史,基本上都是按照《汉书》的编纂法写成的。他又系统揭示了《汉书》"十志"的价值,认为"十志"扩大了历史研究的领域,是后世典志体之滥觞。尤其难能可贵的是,对于后人诟病颇多的《五行志》,冉先生理性地、一分为二地给予分析,认为班固并非五行迷信的说教者,而是持反对态度的。另外,冉氏对班固进步的民族观、发展的历史观、以人民利益衡量统治得失的政治观、辩证的学术观,都予以了深入阐发。这在当时贬低班固与《汉书》的学术背景下,尤显珍贵。

20世纪50年代末,西北大学受中国科学院哲学社会科学学部(今中国社会科学院)委托标点《汉书》,受中华书局委托编写教材《汉书选》,这是特大的事。[①]对冉先生来说,也是其学术生涯的巅峰。当时标点《汉书》固然由系领导全面负责,师生联手共同搞,但具体任务落实到中国古代史教研组,作为教研室主任的他,自然责任重大。这从现存的冉先生《日记》中即可看出。那时候,讲究所谓的"大跃进速度",标点《汉书》,28天便告完成。后中华书局又请傅东华先生整理,不知怎么搞的,竟然把西北大学使用的标点底本"殿本"改为王先谦的"补注本",出版后遭到学界非议。但不管怎么说,西北大学在标点"二十四史"的文化工程中,是有贡献的。标点本《汉书》在日后大家的使用中,受到了广大读者的欢迎。这之中,不能不说凝聚着冉先生的心血。

编写《汉书选》是比标点《汉书》更能显示水平的一件事。这是中华书局首批出版的由著名史学家郑天挺主编的六种"中国史学名著选"之一,供高等院校历

---

① 黄留珠:《一件被误传的学术往事——1959年西北大学标点〈汉书〉始末》,《西北大学学报》(哲学社会科学版)2008年第3期。

史专业史学名著选读课程使用。如果说《汉书》标点还能够搞师生联手大兵团作战的话，那么编写《汉书选》只能是少数精英小规模地雕琢了。对此，西北大学校、系两级领导都非常重视，选派了冉昭德、陈直、陈登原、李之勤、李家翰、蔡尔轨六人组成编写组，由冉昭德、陈直二人负责，完成此事。冉氏被选为第一负责人，显然与他是中国古代史教研室主任、秦汉史专家有关；陈直当选则与他刚刚出版《汉书新证》、为专门研究《汉书》的学者有关。新编《汉书选》计录入"高帝纪上""高帝纪下""武帝纪（存目）""百官公卿表序（存目）""食货志上""食货志下""艺文志序""萧何传""贾谊传""晁错传""苏武传""董仲舒传""公孙弘卜式儿宽传赞""张骞传（存目）""霍光传""赵充国传（存目）""贡禹传""鲍宣传""赵广汉传""扬雄传""刘歆传""儒林传序""龚遂传""咸宣传""严延年传""原涉传""匈奴传赞""西域传序赞""外戚传序""李夫人传""王莽传（存目）"等篇。编选的标准，首先注意西汉经济文化的发展方面，并能反映班固的史学思想；其次是各阶层代表人物和情文并茂的文章，并极力避免与《史记》重复。"存目"皆书中名篇，因种种原因而不能录入原文者，故作为存目供读者查阅。书前有以"西北大学历史系《汉书选》编写组"名义写的"说明"，其实文中完全贯彻了冉先生关于《汉书》的认识和思想。应该说，在六种名著选中其质量是上乘的。因此，冉先生的声望大为提高，名噪一时。从某种意义上说，冉氏当年打算把西北大学历史系办成秦汉史中心的设想，已经初步实现了。

然而福祸相依，也正是这篇"说明"，给冉先生带来了弥天横祸。"文革"前夕，"极左"思想肆虐，冉先生突然受到批判。那时节，学术讨论完全变了味，无限上纲上线，欲加之罪，何患无辞，鸡蛋里面也能挑出骨头来。先生关于《汉书》的一系列学术观点，无端遭受攻击。"文革"中，这也成为他的重要罪状之一，受到批判和迫害。

不过，是金子总会发光的，冉先生的学术成就为研究者所关注。北京师范大学陈其泰的博士杨倩如最先注意到了他，不仅写出一系列关于冉氏的文章，而且搜寻其遗作，包括部分《日记》，编成《冉昭德文存》，于2014年10月由山东大学出版社出版。说起该书的出版，还有一段往事值得一提。原来杨博士编成此书后，最早谋求在西北大学出版，然而阴差阳错没能实现，后偶然一个机会，杨博士遇见《文史哲》主编王学典教授，王教授慧眼识珠，毅然把书稿推荐给山东大学出版社，以山东大学校友的名义予以出版，终于促成了这件好事。①冉先生大学毕业后不久即离

---

① 黄留珠为《冉昭德文存》（山东大学出版社，2014年）写的"序"。

开家乡到外地工作和生活,身后他的著作竟由其母校山东大学出版社出版,颇符合人们所谓的"魂归故里"的旨蕴,这一切岂非天意!

张峰博士是另一位注意到冉先生的研究者。他撰有《冉昭德:运用唯物史观进行学术研究》一文,发表在《中国社会科学报》上。[①]这是张博士承担的国家社科基金项目的阶段性成果。张博士现任职于西北大学历史学院,由他来写冉先生,是得体的。本文写作中多处引用了杨、张博士的研究成果,在此特别致谢!

愿冉先生地下安息!凡是在学术上有所作为、有所贡献的人,学界是不会忘记他们的!历史的发展不管如何曲折,珠璧终将要绽放异彩!

2018年国庆前夕草讫于西安

原载《长安学研究》(第4辑),科学出版社,2019年

(何夫,自由撰稿人)

---

① 该文除了见诸纸媒外,又见《中国社会科学网》2017年11月23日。

深切缅怀史学理论家朱本源先生

王成军

朱本源先生（1916—2006）是我国著名史学理论家、陕西师范大学历史文化学院教授、陕西省文史研究馆馆员。他从事史学理论研究六十余年，为我国的史学，特别是史学理论的发展做出了突出的贡献，在我国的史学界有着广泛的影响。先生虽已驾鹤西去，但其突出的人格魅力和学术成就一直为学界所称道，其思想更是一笔重要的精神遗产，需要我们去学习、研究，以发扬光大。

一、生平简介

朱本源先生1916年10月出生于湖北省武汉市，1942年毕业于国立中央大学政治学系，1942年至1945年在重庆国立中央大学研究生院文科研究所哲学部学习，师从当时以研究中国和西方的文化及哲学而名震全国的方东美教授、享有国际声誉的希腊哲学专家陈康教授，1945年，获得文学硕士学位。1947年初，到南京国立编译馆任副编审。1947年底，朱本源先生考取公费赴美留学，在纽约大学学习政治学。1949年夏中华人民共和国即将建立，他积极响应中国共产党的号召，毅然决定中断在美国的学习，返回祖国，投身社会主义新中国的建设事业。1950年初，在华北人民革命大学政治研究院学习班学习。1951年学习期满，留校任马列主义研究室研究员。1953年春，服从国家分配到西安师范学院（后改称陕西师范大学）历史系（今历史文化学院）任教授，直到1989年离休。1991年获得国家人事部"早期回国定居专家"待遇。

朱本源先生不仅是我国著名的历史理论家，而且是我校的资深教授。在长达40年的执教生涯中，朱本源先生为教书育人耗费了巨大心血。20世纪70年代至80年代，朱先生担任陕西师范大学历史系世界古代史和苏联史专业硕士研究生导师组组长，兼任世界史教研室主任，与其他教师共同培养了6届研究生。他先后给研究生和本科生讲授马克思主义经典著作选读、史学理论与方法论等5门基础课与专业课。朱先生学识渊博，课程内容丰富，备课细致认真，讲授深入浅出，具有丰富的教学经验和高超的授课水平。在耄耋之年，他不顾年老体衰，还亲自为研究生讲授史学理论。在授课中，朱先生注意理论联系实际，特别注意运用中西比较的方法来阐明西方思想文化和历史学的特点和方法，深受历届学生的尊敬和爱戴。

朱本源先生离休后仍然关心国家大事，关心学院和学校事业的发展，并发挥余热为壮大我校的历史学做出了他自己的努力。他对陕西师范大学历史学科的不断进步由衷高兴，他用"长江后浪推前浪，一代更比一代强"来肯定我校历史学科同仁所做出的成绩，并鼓励陕师大历史文化学院的全体教工百尺竿头，更进一步。

朱本源先生早在1986年就被陕西省政府聘为陕西省文史研究馆馆员。他非常珍惜省政府给予他的这一荣誉，并把这一荣誉转化为对陕西文史事业的积极投入。他热衷陕西地方文史资料的搜集和整理，对陕西文史事业的发展积极建言献策，尤其是，他不顾自己年迈体弱，积极配合文史研究馆的工作计划，对一些重大课题进行针对性的深入研究，并发表了多篇有重大影响的文章。他的努力和成果得到文史研究馆工作人员的广泛赞誉。朱本源先生为陕西的文史事业也做出了自己的贡献。

先生为人朴素，心胸坦荡。若与先生闲谈，先生则讷然似不能语，有问才答，颇为拘谨；若讨论学术问题，先生则口若悬河，滔滔雄辩，旁若无人。前后迥然不同，令人感慨。然若有事繁劳，先生则有求必应，不遗余力，古道热肠，尽善尽美，其童真般的赤子之心令人感动不已。

先生之内心，如其文章一般，大气纵横，万马奔腾；先生之外表，则静如秋水，了然无痕。所以，朱本源先生的生平简介中有这样的评价："先生志行高洁，宽厚平和，淡泊名利，荣辱不惊，有恂恂儒者之风。他学而不厌，诲人不倦，奖掖后学，甘为人梯，有仁者风范。"著名史学家刘家和先生在唁电中称赞朱先生"为人真挚而谦和，不轻易推崇权威，而待后学则平等如朋友，实为难能可贵"。复旦大学张广智先生对朱本源先生的评价是这样的："像本源先生那样，深谙马克思主义经典文献、深知西方学术源流，又有深厚的国学根底，集三者于一身的学人，在当今也确实是凤毛麟角了。"杨存堂先生在为朱先生撰写的挽联中说："勤劳伴终生，学贯中西；豁达对诸事，德高望重。"这些评价正是朱先生一生的真实写照。

二、突出的学术贡献

在学术研究领域，朱先生兼通史哲，学贯中西，造诣深厚，精通英语和俄语，又可参阅德语和法语，在多个研究领域成就卓著。从1953年任陕西师大历史系教授以后，朱本源先生即以历史学理论方法作为自己主要的研究对象，因而他的史学成就也最集中地体现在史学理论研究这一领域。他孜孜不倦，探赜钩深，锲而不舍，正本清源。坚实的语言功底，深厚的国学积淀，精深的马克思主义理论修养，严格的西方哲学思维方式的训练与熏染，使他具有渊博的学识和广阔的学术视野，并对中外政治制度、思想文化的历史演变及现状变化具有深邃的洞察力，因而能够及时掌握当代马克思主义历史理论的研究现状以及西方各国历史理论的发展趋势，他的研究"既重视将经典作家的立论置于西方国家具体的历史场景中作探源溯流的分析，又能以解释学的方法通过不同文体的对比揭示经典著作中的微言大义，并指出中译本中的失当之处"[1]。先生科研硕果累累，受到学术界的广泛推重。其成就主要表现在以下几方面。

其一，对马克思主义的历史学理论和方法论进行了持久而深入的科学探讨，成果卓著。早在青年时代，朱先生就开始学习马克思主义经典著作，大学图书馆中的英国共产党机关刊物《今日马克思主义》是他最爱读的杂志之一。中华人民共和国成立后，他始终坚持用马克思主义的立场、观点和方法指导教学和科研工作，即使在被错划为"右派"的20年间，仍然矢志不移。改革开放以后，朱先生焕发出新的活力，着重研究马克思主义重要理论与历史、现实相关的重大问题，并取得了突出的成就。在《历史研究》《世界历史》《史学理论研究》《世界历史研究动态》等有重大影响力的学术期刊上发表了《论世界历史的统一性》《近两个世纪来西方史学发展的两大趋势》《西方历史认识论的形成和马克思恩格斯在该学科中的划时代的作用》《马克思的社会形态更替理论是科学假说》《马克思主义历史理论和基本论题》等一系列重要论文，对在新形势下如何全面理解和发展马克思主义的史学理论，如何正确地在唯物史观的指导下进行史学理论的研究，在推进中国的史学理论建设等方面，提出了富有价值的观点，在学界引起很大反响。如朱本源先生在《马克思主义历史理论的基本论题》这篇文章的结尾这样说："马克思主义本身是开放的，发展的，所以在我们探讨历史理论的基本问题时，把各家各派的马克思主义本身作为参照系（'转益多师'）最后去伪存真（'别裁伪体'），皈依于马克思主义奠基人的真谛。"[2]所以，朱本源先生半个世纪以来研究马克思主义哲学和历史学理论的经验，表现为在不断吸收新学科理论的基础上，运用历史的、辩证的和逻辑的相统一的方法，将马克思主义史学置于西方历史思维不断的发展过程中，并从方法论高度阐明了马克思主义怎样对西方的旧史学进行"批判性的改造"，以及今天我们对西方史学应持的科学态度，这为我们全面正确理解马克思主义史学理论，并在实践中发展马克思主义史学理论做出了表率。

---

[1] 寒洁：《朱本源教授》，《陕西师大学报》（哲学社会科学版）1991年第1期。
[2] 朱本源：《马克思主义历史理论的基本论题》，《史学理论》1987年第4期。

其二，朱先生坚持将西方史学发展的脉络同中国的史学传统参互比较，用中西比较的方法来研究史学理论和方法，发表了多篇重要文章，在中西史学比较研究领域也做出了突出的贡献。特别是20世纪90年代，在《史学理论研究》上连续发表了三篇长文：《"'诗'亡然后'春秋'作"论》《孔子史学观念的现代诠释》《孔子历史哲学发微》，以大量的历史事实和深入的理论分析，探讨了孟子的中国史学起源论和孔子的史学思想，有力地批驳了长期以来西方对中国史学的偏见，弘扬了中华民族的史学精髓。文章一经刊出，学界为之震动，李洪岩先生指出："北京《史学理论研究》季刊是报导外国史学理论研究成果的主要阵地，代表了中国学者的水平。其中何兆武、朱本源等先生的论文运用了中西比较方法，具有明显的历史哲学色彩，为史学领域的理论思考提供了参照坐标。"①蒋大椿先生说："近几年来中外史学的专题研究日渐展开……其中如何兆武对西方史学理论……的介绍和探索，朱本源对孔孟史学观念的开掘，都显示出了相当的深度和功力。"②张广智先生认为朱先生这一系列论文的旨趣"既在于开展中西古代史学的比较研究，也藏深意，即批驳如巴特费尔德之类的西方学者的皮相之见。即他们认为中国古代史学缺乏近代西方科学中的理论思维……以细微而又透彻的分析，驳斥了这种武断之言……朱文立论的大气，释论的精微，堪称为当代大陆学者从事中西史学比较研究的典范"③。值得称道的是，朱先生以上重要文章都被陕西师大历史文化学院结集为《朱本源史学文集》。

其三，先生倾毕生精力，苦心研究，最终撰成了以中国学者的观点研究西方史学的压卷巨著——《历史学理论与方法》，此书多年前已由人民出版社出版，这是朱本源先生将马克思主义史学理论、观点、方法同中西史学比较思想相结合而产生的巨大的学术成果，获得学界的广泛好评。这一成果缘起于1986年朱先生承担的国家文科博士生教材项目，历时10年而最终完成，它集中体现了朱先生的历史观念。《历史学理论与方法》分为前后两编共11章，④这一专著的突出特色在于：第一，

---

① 李洪岩：《史学理论史研究争议》，《光明日报》1996年6月11日。
② 蒋大椿：《史学理论研究现状及其深入点》，《史学理论研究》1995年第3期。
③ 张广智：《西方史学史》，复旦大学出版社，2000年，第375页。
④ 第一编"绪论：历史，它的理论和方法"共三章：第一章"历史的定义和'历史'术语的语义学的演变"；第二章"历史方法论及其研究对象"；第三章"历史理论及其研究对象"。第二编"西方史学史中主要的历史思维模式"共八章：第一章"什么是历史思维和怎样研究它"；第二章"近代西方历史思维的四个主要特征"；第三章"古典时代的历史思维范型"；第四章"基督教的中世纪的历史思维模式"；第五章"文艺复兴时期的历史思维范式"；第六章"启蒙时代的历史思维范型"；第七章"浪漫主义的历史思维范型"；第八章"实证主义的历史思维模式"。

从唯物史观出发，以理论联系实际的方法论为依据，在深入研究历史哲学和历史编纂学的内涵和特征的基础上，在国内又第一次将历史哲学和历史编纂学，即历史学的理论和方法结合起来进行了全面而深刻的阐述，实开国人研究这一领域方法之先河；第二，从历史理论的最新成果和国际前沿的角度对历史学的理论和方法进行了全面的总结和阐述，集中体现了国际史学理论和方法界研究的最新趋势，集国内学者研究这一领域成果之大成；第三，释论中明显地表现着比较史学（中西史学比较）的观点，并运用哲学诠释学的方法，对中西历史学的理论和方法进行了系统的梳理和极具历史哲学深度的诠释。在此要稍加说明的是，朱先生并不拘泥于诠释学通过"视界融合"（Horizontverschmelzung）所构成的古今的整体视界，并在这一过程中获得中西史学更高、更具普遍性的意义，而是在历史实践中对诠释学的观点进行再诠释，将中西历史学的普遍性和中国史学的独特性有机地结合起来，以寻求中国史学所应遵循的发展道路和中国史学理论研究者所应具有的基本态度为落脚点，其旨高而意远。这就是该书从内容和重心而言是研究西方史学的理论和方法，但却以"历史学理论和方法"冠名的原因所在。先生用心之良苦，可见一斑。

其四，该专著不仅是朱先生对西方自希腊罗马以来史学思维范式的全面而深刻的总结，同时也是对自己60余年的学术成果和学术规范的总结和反思，极具教育意义，同样具有范式的作用。当代最著名的历史理论家何兆武先生给该书写的序中这样评价道："老友朱本源教授以耄耋之年竟能穷十载之力完成自己晚年的此一压卷大作，而我则有幸成为本书的第一个读者。我于解读了全书之后不禁喟然叹道：这正是多年来我所期待于我国史学界的第一部完整的、全面的有关史学理论的著作。""先生早岁即学习马克思主义，于马克思经典历史如数家珍，每每信手拈来均成妙谛，同时又潜心于古今中西之历史哲学与史学理论的研究，及至晚岁乃荟萃精力于本书，我于拜读之后，深感一个学人为学之不易，乃至于穷毕生之精力才能达到一种比较成熟的定论，至于本书之体大思精、旁征博引，于中国古代、西方现代以及苏联的有关著作均有精辟的论断，其体例与阐述之允当是值得每一个读者仔细咀嚼的。本书并不采取简单机械的非此即彼的两分法思路，而能实事求是地评论各家的得失，允宜成其为一种真正的学术规范。"张广智教授在该书序中认为："本源先生的传世之作《历史学理论和方法》，如我们复旦大学老校长陈望道先生的《修辞学发凡》那样，一经行世，可望成为中国史学理论著述中的经典之作。""他的书的出版泽惠于当代学人，他的书的影响将在后来人身上延续，成为他们不可绕开的史学理论的必读书。"

三、取得学术成就的原因及其启示

毫无疑问，朱本源先生的史学思想具有重要的历史意义，它对中国史学的发展，特别是中西史学理论发展做出了突出的贡献，那么，朱本源先生能够在西方思想文化和史学理论方面取得卓越成就的原因是什么呢？

在我看来，究其要者，有三个方面：

其一，博古通今，古今交汇。朱先生在其文集序中说："我生平最大幸事就是在方、陈二位老师指导下研究西方近代哲学，而以古代希腊哲学为源头活水。"[①]如年鉴派学者费弗尔所说的："历史是关于过去的科学，也是关于现在的科学。"二位老师渊博的学识和所具有的古今一体的学术眼光，也就是在前后相继的历史过程中探讨历史发展真谛的历时性研究方法，深深地启发并影响了朱本源先生一生的治学理念。

其二，学贯中西，中西交融。朱先生对此方法的解释是："取西方近代的历史科学（包括马克思主义史学）的发展的趋势与我国固有的史学材料（即由孔孟开其端到司马迁而集大成的中国史学著作）相互参证。"[②]也就是在上述历时性方法的基础上，进一步用共时性的研究方法来研究中西史学理论的不同特点，显示了朱本源先生宽阔而丰富的历史研究视域。

其三，深沉而崇高的学术目的。朱本源先生在其文集序中谈到他所始终坚持的明确的治史目的，即"学贯中西而归结为本民族史学传统之改造与发扬光大"[③]。朱本源先生认为这一方法成为他治学的座右铭，贯穿他一生的研究活动。这一思想不仅高度浓缩了中国老一辈知识分子忧国忧民的民族情怀，也是朱先生人格魅力最集中的体现，更是我们后辈史学研究者所应遵循的正确的史学思想和方法。正是在这一正确的史学思想和方法的指导下，朱本源先生以振兴、光大中华史学为己任，将西方史学的研究同中国优秀的史学传统紧密联系起来，去粗取精，推陈出新，为我国的历史学做出了突出的成就，也为我们留下了珍贵的史学思想遗产。这才是朱本源先生史学成就的最根本的价值。

那么，现在的问题就是我们应该如何正确地理解朱本源先生史学思想所蕴藏的重要意义呢？换言之，成就朱本源先生史学成就的原因对我们有哪些启示呢？

按照伽达默尔的诠释学理论，中西史学的比较问题就其本质而言是中西主体

---

① 朱本源：《朱本源史学文集》，陕西师范大学出版社，2005年，"自序"第1页。
② 朱本源：《朱本源史学文集》，陕西师范大学出版社，2005年，"自序"第6页。
③ 朱本源：《朱本源史学文集》，陕西师范大学出版社，2005年，"自序"第5页。

间性的问题,一种文化主体与另一种文化主体之间的一种对话与相互理解。不言而喻,伽达默尔的这一理论有其相当的合理性,他不但揭示了对话与理解是世界文化发展的客观发展趋势,同时也表达了西方文化愿意通过对话与理解达到与世界不同文化共同发展的意愿。但还要看到,伽达默尔的这种对话与理解的前提是相互具有独特质量的文化主体,只有具备了这一文化主体性,才能使对话和理解这一过程真正展开,更重要的是,才能使这一中西比较的结果建立在真正平等的基础上,从而获得更广泛的历史意义。即如保罗·利科看来,"为了面对自我之外的另一个人,首先要有一个自我""只有忠实于自己的起源,在艺术、文学、哲学和精神性方面有创造性的一种有生命力的文化,才能承受与其他文化的相遇,不仅能承受这种相遇,而且也能给予这种相遇一种意义"。[1]因而对文化主体性的构建不仅是前提,而且是文化交流的目的,因为这种主体文化交流的结果并不会消融文化的主体性,而只会加强文化的主体性,从而更进一步增强世界文化的多样性和丰富性。因而,对我国博大精深的历史宝库加以挖掘,并对优秀的史学传统加以弘扬,以彰显我们的文化主体性是当务之急,更是我们义不容辞的历史责任。如果以此来看待朱先生的史学方法论的话,我们就不仅会为其所著的篇篇妙笔生花的论文而折服,而且更多的是为其自觉承担厚重而深远的道义而感动。

原载《长安学研究》(第4辑),科学出版社,2019年

(王成军,陕西师范大学历史文化学院教授)

---

[1] [法]保罗·利科:《历史与真理》,姜志辉译,上海译文出版社,2004年,第286页。

我所知道的恩师胡锡年先生[*]

石晓军

　　胡锡年先生（1913—1996）生前是陕西师范大学历史系教授，20世纪80年代至90年代曾任中国日本史学会首届常务理事兼中日关系史分会会长、中国中日关系史研究会首届常务理事兼秘书长、中国中外关系史学会理事等学术兼职。胡先生作为中国中日关系史以及日本史研究领域的著名学者和领军人物，也是中国的大学研究机构中最早招收中日关系史专业研究生的两大导师之一。我自1978年2月作为恢复高考以后的首届大学生进入陕西师范大学历史系学习，本科4年、硕士研究生3年，继而在历史系执教6年，在我离开陕西师范大学历史系之前，前后十几年间跟随胡先生学习与研究，尤其是从1982年初开始跟随先生攻读硕士学位以后更是耳提面命，深受恩泽，当时每周数次在胡先生的书房面聆教诲的场景，至今仍然历历在目。跟随胡先生的十余年，是我人生尤其是学术研究生涯里最重要的时期之一，奠定了我之后进一步深造以及研究的坚实基础，我也因之对胡先生的人生以及学问有了相当的了解。胡先生平素为人低调，其生平事迹很少为人所知。作为胡先生的学生，我想借此机会稍微多说几句，向读者介绍一下我所知道的胡锡年教授。

　　胡锡年先生又名胡雪岩，作为浦漾胡氏长房的长男，1913年5月1日出生于浙江省海盐县通元镇东南的浦漾村胡家场的胡氏老宅榆荫堂。虚岁8岁时因父亲去世，家道中落，便被在浙江省海宁县硖石镇著名商号"许泰隆"担任经理的叔父胡继瑗先生接到了海宁硖石生活读书，并因此与"许泰隆"的许舜华（1912—2006）、许国璋（1915—1994）姐弟结缘。在海宁期间，胡先生先后就读于海宁第三小学、海宁诸桥蚕科职业学校，1929年又考入浙江著名的私立高中嘉兴秀州中学。从小学到中学，胡先生深知学习机会来之不易，发奋读书，在秀州中学期间，不仅国文和英文始终保持全优，还积极在校刊等刊物上发表文章，同时开始跟随来自韩国的两位同班同学自修朝语和日语，为其后走上学术研究道路打下了坚实的基础，从秀州中学

---

[*] 本文系作者为胡锡年教授旧译《日本近代史》（正中书局，1947年）再版而写的序言之一节。

毕业后遂以优异成绩考入了浙江大学外文系。

1933年胡锡年先生进入浙江大学时，恰逢胡乔木先生（1912—1992）也离开清华大学来到浙大外文系插班学习，并在外文系组织阅读马列原著等读书会，胡锡年先生因为积极参与相关活动，1935年暑假与胡乔木等十几个进步同学一起，被当时对学生社团实施高压政策的浙江大学当局除名。在这种情况下，胡锡年先生遂在暑假期间悄悄去上海报考了其他大学，在开学之前先后收到了清华大学外文系、武汉大学图书馆学系等四所大学的录取通知书。最后在叔父的理解和资助下，胡先生于1935年秋天北上进入清华大学外文系学习。

次年，胡先生自幼的朋友许国璋先生也考入了清华外文系。在清华大学外文系读书期间，胡先生除了与许国璋先生一样继续深入研习英语及英美文学之外，还针对时局的变化，为正确认识了解日本，开始大力加强日语学习，并且开始尝试翻译日文论著。1943年由世界书局出版的日本著名学者长泽规矩也的名著《中国学术文艺史讲话》就是胡先生在清华读书期间完成的译著之一。与此同时，胡先生对日本历史产生了浓厚的兴趣，从《中国学术文艺史讲话》译序可知，在1937年七七事变之前，胡先生不仅阅读了大量日本史的日文原著，而且开始着手多方收集数据，计划"自立一个系统，写成五十万字左右的日本通史"，为此"颇费一点功夫做札记，编纲要"。由此可知，胡先生对于日本史的研究当始于清华大学外文系时期。

七七事变以后清华大学南迁，胡先生大学时代的最后一年是在昆明度过的。1938年10月从西南联大毕业以后，胡先生在26岁到32岁之间辗转于昆明、上海、重庆等地，活跃于新闻传媒界。先在昆明的今日评论社、朝报馆担任编辑，1940年初进入上海的《中美日报》担任翻译，同时，与许国璋先生的姐姐许舜华女士喜结连理。在这一期间胡先生还曾兼任过一段苏联塔斯社的英文翻译，1942年至1945年期间胡先生到重庆任"中央通讯社"的记者，并同时兼任美国新闻处的翻译工作。繁忙的采访、编辑等记者生涯之余，胡先生一直坚持对日本史的研究，读者手头这本《日本近代史》的翻译实际上就是完成于重庆时期。

抗日战争胜利以后，1945年秋胡先生获得了去英国深造的机会，赴伦敦大学政治经济研究院攻读国际关系史以及外交史，一起学习的同学中还包括后来成为复旦大学教授的田汝康先生（1916—2006）等人。经过两年系统学习之后，1947年9月至1949年12月之间，胡先生再度成为"中央通讯社"伦敦分社的记者。在这一期间，胡先生作为一名国际新闻记者，敏锐地运用所学到的国际关系史的理论来观察分析活生生的国际政治现实，又根据实际的国际政治关系来反思国际关系史以及外交史的理论和研究方法。从而在理论和实践两个方面强化了对于国际关系史的理解，为其后系统从事中日关系史研究奠定了坚实的基础。

从1938年清华大学（西南联大）毕业到1949年之间，除了其间有2年时间在伦敦大学政治经济研究院读研究生以外，有9年时间胡先生一直作为编辑或新闻记者活跃于新闻传媒界，曾经历过国共重庆谈判，采访过来华访问的尼赫鲁等重要政治人物，在伦敦任记者期间更是亲历了第十四届伦敦奥运会以及20世纪40年代晚期一系列重大国际政治经济变动，以至于坊间有一个颇为流行的说法，有人在文章中提到胡锡年先生是中国唯一采访过1919年巴黎和会的中国记者。曾有不少人就此事求证于我，我想借此机会在此一并作答：巴黎和会时胡先生只有六岁，这种说法自然是误传。我估计其原因很可能是有人把胡锡年先生与《大公报》的创办人兼总编辑胡政之先生（1889—1949）弄混了，四川成都人胡政之先生1919年曾作为唯一的中国记者采访过巴黎和会。两人都姓胡，又都曾经做过记者，以至于造成混淆。

中华人民共和国成立以后，1950年初，37岁的胡先生携妻及子女乘船从伦敦出发，经由香港抵达天津港，然后从天津回到了北京。回国以后先是在华北人民革命大学接受了一年的理论学习，1951年9月出任兰州大学英文系副教授，1953年1月调入位于西安的陕西师范大学历史系，历任副教授、教授，其后一直在陕西师范大学从事日本史、中日关系史研究与教学。直至1984年12月在日本讲学期间突发脑出血病倒，才退出了教学研究第一线，1996年9月16日病逝于西安，享年84岁。

由上观之，除了求学阶段之外，胡先生一生大致以20世纪50年代初期为界，之前的约10年间主要作为记者，主业是新闻传媒，历史研究只是副业；而其后的40多年则作为大学的史学教授全力从事日本史和中日关系史的研究教学工作。青年时代的记者经历使得胡先生在史学研究上对问题的观察及分析十分敏锐。20世纪中后期，在中国的日本史研究和中日关系史研究领域，无论是研究方法还是基础资料研究方面都普遍落后于日本史学界，在这种情况下，胡先生围绕古代中世纪的中日关系史、中日文化交流史，先后在中外相关学术刊物上发表了《隋唐时代中日关系中的二三事》、《古代日本对中国的文化影响》、《唐代的日本留学生》、《中日两国在历史上相互了解程度的比较》、"Recent Chinese Scholarship on Japan"等一系列重要论文，对于诸如古代日本对中国是否也存在文化影响的问题、日本遣唐留学僧的人数何以多于留学生人数等历来被学术界忽视的问题进行了别开生面的研究，纠正了不少旧说。这些可以说是代表了当时中国史学界日本史研究最高水平的论著，受到了包括日本学术界在内的中外学术界的高度关注，其不少精辟的见解和结论至今仍为学界沿用。

此外，胡先生从20世纪30年代后期开始投身于日本史研究领域以来，就一直痛感中国的日本史研究的落后，整体水平与日本史学界完全不在一个起跑线，在学术上无法形成平等的对话关系。因此胡先生意识到必须从基础做起，当务之急是将日本有代表性的论著翻译介绍给国人。这本《日本近代史》就是这一想法最初的实践之一，是书1947年由正中书局出版以后，对促进中国人的日本认识以及研究起到了积极的推动作用。其后，20世纪50年代到陕西师大历史系任教以后，胡先生又翻译了日本东亚同文会编著的《对华回忆录》，1959年由商务印书馆以"内部读物"的形式出版的这部厚达500多页的著作，为近代中日关系史以及中国近代史研究提供了重要的数据。进入20世纪60年代以后，胡先生的研究重点转入近代以前的中日文化交流史领域，为了给中国学术界提供一本能代表日本最高水平的通史性著作，遂又着手翻译日本著名史学家木宫泰彦的巨著《日中文化交流史》。木宫泰彦此书集日本史学界研究中日文化交流史之大成，被视为这一领域的必读文献。胡先生在翻译时还针对原著中的一些问题，将自己的部分研究成果以及心得以"译注"的形式加入全书，做了许多勘误考辨工作。原定20世纪60年代末出版的这部凝聚着胡先生巨大心血的译著，因"文革"十年浩劫，稿件部分遗失。最终这部长达70多万字的著作直到1980年才由商务印书馆出版。此书出版为中国学者提供了一部空前完备的重要参考书，受到了学术界的一致推崇，极大地推动了20世纪80年代以后国内中日关系史研究的深入发展。

上述一系列论著和译著使胡先生享誉学界，被视为中国的日本史研究尤其是中日关系史研究的开拓者和学术带头人之一。

原载《长安学研究》（第5辑），科学出版社，2020年

（石晓军，日本姬路独协大学教授）

长安学者的楷模
——李之勤先生印象

黄留珠

2019年初，史学界连续陨落三颗巨星。最先是山东师范大学的著名秦汉史学家安作璋先生，享年94岁。接着是清华大学大名鼎鼎的李学勤先生，享年84岁。最后是西北大学的著名学者李之勤先生，享年96岁。非常凑巧的是，这三位先生都和我有着一定的关系。

安先生是我研究生毕业时的答辩老师，有师生情谊。他为人厚道，提携后学。我受先生教益良多，远非言语所能表述。在秦汉史年会上，有幸多次聆听先生教诲，平时也常有书信请教。学勤先生是我所任职的西大双聘教授，历史口深得其惠，我也有幸受其耳提面命。当年西大进"211工程"建设院校时，先生便高瞻远瞩地指出，要求西大史学以丝绸之路为凝聚点，在这方面多做努力，将来必有收获。这是何等有前瞻性的真知灼见啊！之勤先生是我当年研究生入学复试的老师之一，他做人低调，学问好，深受学生欢迎。先生虽然在西北史研究室任职，但我们在同一学校，见面是经常的。我总以先生为榜样做人和做学问。

近年来，我不幸患病，很少与外界联系。安先生的噩耗是我系刘蓉教授告知的，结果费了挺大的劲才联系上安先生治丧委员会，因病手脚活动不便，只好发了封邮件，聊表哀思。学勤先生逝世，是从网上看到的。但自己长期有病，心有余而力不足，故也只好发了封电邮，表达吊唁。倒是同校的之勤先生去世我毫不知情，很久以后方知此事。但丧礼已经过去，也无可奈何，只是心里总留下深深的歉意。

2019年6月某天中午，我突然接到校遗产学院刘老师电话，询问我家住址，说李之勤先生长女李晓玲要来访。没过多久，果然李女士如期而至，专程带来其父生前拟赠我的新书三种，并夹有一张纸条，写道：

黄留珠先生：

  您好！

  这是我父亲李之勤近年得以出版的新书，赠予先生，请不吝校正。

  因老父亲今年10月突发胃出血，之后就抱病卧床、难以执笔，故我代父亲写下这段文字。还请谅解。

李之勤之女李晓玲敬上
2018年11月21日

看到这些,我感动极了。李先生的赠书,终于由他女儿送达了。这种执着的精神,强烈的责任心,表现了中国人的高尚品质。早年我写过一篇小文《秦汉人的精神风貌》,曾经被985高校山东大学收入《中华民族精神读本》,作为教材。其中谈到秦汉人普遍存在的一种现象,即为亡故者实现遗愿,而且极其认真,不打折扣。李晓玲女士的做法,岂不正是秦汉人的风范吗?想到这里,我不由肃然起敬。而李女士的这种高尚品格,显然来自良好的家教、家风。从这里也折射出李先生对子女的严格要求。真所谓有其父才有其女啊!

之勤先生是山东菏泽人,出生于1923年,1945年考入尚在陕南城固的西北大学历史系,1949年5月提前毕业留校做唯一的助教。此后一直在西大工作,贡献了毕生精力,是不折不扣的老西大人,再典型不过的长安学者。

记得粉碎"四人帮"不久,陕西在学界提拔了四个人做副教授,宣传力度很大,搞得轰轰烈烈。他们分别是西大的张岂之、李之勤,陕师大的牛致功、孙达人。四人全是搞历史的,这大概与我省是个历史特别悠久的省份有关。后来,张、孙两先生因工作需要走上仕途,一个做了西大的掌门人,成为百年名校之校长;另一个更是做了陕西省副省长,成为令人羡慕的省领导。然而李、牛两位先生依旧干着他们教书匠的老营生。虽然两人也都担任过系、室主任职务,算是学校的"一路诸侯",但毕竟只是最基层的芝麻官,无甚值得称道。牛先生甚至还演了一出"封金挂印"辞去系主任的壮剧,令人无比慨叹。倒是李先生境遇明显糟一些,不久夫人因病瘫痪,先生忙前忙后照顾,不离不弃,工作、生活都受到极大的影响。先生迎难而上,挑起了重担。每当先生推着坐着轮椅的夫人走过的时候,见者无不赞叹不已,称道先生的美德。是啊,像先生这样的好人,真是难得啊!

概括李之勤先生终生,给人们所留下的印象,最主要者大约有三个方面,堪称长安学者的楷模。

之勤先生淡泊名利,甘于本分,求真务实,不图虚名,是名副其实的真君子。

1985年,国务院学位办历史学科组在西大召开会议,讨论授予博士点问题。按照流行的看法,在哪个学校开会,就大大有利于该校的博士点申报。应该说,这是一个天赐良机。当时西大历史系拟让李先生牵头,申报中国古代史的博士点。据说开会前校方突然改变主意,认为这么做属"拉郎配"(李先生工作不在历史系,故曰),而申报了其他专业。要知道,对一个高校教师来说,能否当上博士点辟点导师，那可是头等的大事，意义非凡。不想先生却淡然处之，好像什么事儿也没发生。如此淡定自如，远非常人所能比。

近年发生的"《千年上津》事件"，就更能说明这方面的问题。上津，今湖北郧西县西北的一个地名，本属平常。近年，因地方文化飞速发展，各地挖掘历史遗产，不少地方把本地历史无限拔高，出现了一些失实之作。《千年上津》一书，就属于这类著作。更有甚者，地方上还将李先生赫然列入上津历史文化十大名人。面对此种情况，李先生写了《我与上津及〈千年上津〉》等一系列文章，并致信《千年上津》的特约编辑陈新闻，说明情况，给以纠正，毫不客气地辞去所谓的名人，甚至愤怒地说："捧得越高，摔得越重。"李先生之所以不遗余力做这些事情，因为他数十年来一直对上津这个地方进行研究，深感书中叙述以及所列文化名人，与事实不符，自己作为一名史学工作者有责任还历史以真面目。是强烈的责任心驱使他，非如此做不可。这些，收录在先生的论文集《〈西北史地研究〉续集》附录二《我与〈千年上津〉》之中，读者自可参阅。

之勤先生潜心向学，孜孜以求，虚心学习，老当益壮，是始终奋进的杰出学者。

前文说过，先生提前毕业做助教，而且是唯一的，说明他在学生时代表现就非常出色。当时，能留校工作，无上光荣。20世纪50年代，在关于明清社会经济形态的讨论中，李先生便显露头角，成为有名的学者。后由于工作需要，先生被借调到陕西省军区司令部兵要办公室编写《陕西兵要地志》，此间原兰州军区司令员皮定均将军命令陕西省军区在兵要志的基础上，编写《陕西省军事地理资料》。先生建议请历史地理名家史念海教授参与其事，于是组织了一个以史先生为主编的编写组。这样，李先生遂有机会向史念海先生请教。当时先生负责收集战地、通道、关隘、战例方面的资料和战例的编写，为求真实准确，既符合当时的历史实际，又适应实战需要，先生亲往历史上一些重要战地进行实地考察。地点遍布关中、陕南与陕北，还兼及河南、山西、内蒙古、宁夏、甘肃、四川等相邻省区。这些，就为史先生在历史地理研究中运用历史文献与实地考察相结合的研究方法提供了灵感。正是这次机遇，使李先生与史先生关系越来越密切，以至李先生把自己的研究方向逐渐转向中国历史地理，转向与古代战争密切相关的古代道路交通问题，尤其是蜀道和长安周围古驿道的研究。

我的研究生小解，好读书，求上进，经常在校图书馆遇见李先生在查找资料。小解见我后，每次都大发感慨地说："李先生这么大年纪了，退休多年，依然孜孜不倦地工作，精神感人！"先生晚年完成的《析津志·天下站名》一书，便典型地说明了这方面的问题。

《析津志》是收录于《永乐大典》中元末熊梦祥编写的一种书，其中《天下站名》以首都大都为中心,分东、西北和南三路,由远及近,依次分段记述各段站道上的站名以及前后两站的相对方位、里距等,共列水陆占道百余条,站名一千有余,对研究元代和古代道路交通历史有重要作用。不过,由于《天下站名》本身存在的问题,以及在传抄过程中出现的讹误,给本书的整理带来很大的困难。李先生早就有志于对此书进行整理,但因老伴有病,终止了这项工作。后老伴去世,才得以重操旧业。不过此时他自己也患多种疾病,工作起来相当困难。经过长期抱病努力,终于整理、校释完毕,并得到国家古籍整理出版规划领导小组的资助,于2018年4月出版,圆了老先生的夙愿。

之勤先生乐于助人,诚恳待人,有求必应,有问必答,是难得的良师益友。

2007年8月末,我收到美国友人威斯康星大学教授倪豪士(Willam H.Nienhauser)的电邮,全文如下:

> 黄留珠教授:
>
> 您好!很久没有联络,最近看到教授的新书《刘秀传》,很高兴。
>
> 本人在写简单的汉书版本史,以前在咸阳跟吕宗力的一些朋友吃饭喝酒,有一位提出中华出版的《汉书》是西北大学陈直教授编的,"汉书说明"也是陈直教授撰的。
>
> 本人想请教,有没有学者提这个问题?黄教授自己觉得怎样?
>
> 倪豪士敬上
>
> 2007年8月29日

当时,我刚做了手术,无法回复,但心中清楚,对方听到的消息并不准确。为慎重起见,出院后,立即向尚健在的李之勤先生请教,因为李先生是亲自参加过此项工作的人。果然,李先生的回忆与我的理解完全一致,于是我在9月16日给倪氏回电邮,说明事情原委,强调了三点:中华标点本《汉书》是西北大学历史系师生集体劳动的成果,不可归结为个人行为;标点本《汉书》的"出版前言",为中华书局编辑部所写,与西北大学无关,更与陈直先生无关;那些在咸阳饭桌上所听到的消息,显系误传。

数月后,我有幸参加中华书局点校本"二十四史"及《清史稿》修订办公室召开的"点校本《汉书》《后汉书》修订方案专家评审会",当我看到会议材料时竟吃惊地发现,凡叙述中华书局标点本《汉书》的整理者时,均写着"由陈直先生主持点校"的字样。这样我才意识到倪豪士教授所询问的问题,并非个别现象,而是具有相当普遍性的一种认识。于是我在评审会上专门就这个问题作了发言,指出现行说法的错误,这引起与会专家的普遍关注。主持会议的中华书局领导委托我进一步对西北大学当年标点《汉书》一事进行调查,写出书面材料,以存信史。这样,我又一次找到李先生，请求他的支持。

李先生满碟子满碗地倾其所有给我以热情的帮助，向我提供了两件极为珍贵的资料：一是当年《汉书》标点组撰写的《标点汉书工作总结》，二是李先生保存了近半个世纪的一张《汉书》标点组的合影照。这样一来，此两件材料再加上经反复调查亲历者所得到的回忆资料，1959年西大标点《汉书》的文字材料、影像材料和口述材料都齐全了。于是在此基础上，我很快写出了《一段被误传的学术往事——1959年西北大学历史系标点〈汉书〉始末》一文，发表在《西北大学学报》（哲学社会科学版）2008年第3期上。

文章发表后，立即在学术界引起强烈反响。业内人士普遍认为，这一做法纠正了讹传，还原了历史的真面目，值得称道。尤其是文章中提出的一个问题——"西北大学标点《汉书》一事，距今还不到50年；当年参加的老师和同学，今仍有健在者。然而就是这样一段数十年前的学术往事，竟已被误传以致完全走样，那么，几百年前、几千年前的历史在其留存过程中，会有怎样的误传、怎样的扭曲呢？真是不敢想象啊！这实在是一个令人无比感叹也特别值得深思的问题。"——引起了大家广泛的认同和思考。其实，这种追求真相的精神，也正是李先生的一贯做法。这之中所表现出来的，实际上也正是李先生的思想。

当然，李先生对我的帮助、支持很多，上述只是很突出的一个例子。还有些事情，发生在我们之间，甚至多少带点不可名状的近似神秘的玄妙色彩。十余年前，我主编《周秦汉唐文化研究》年刊时，李先生就曾积极为刊物撰稿，给我以声援与关怀。近年来，我为陕西省方志办主持编辑"陕西地情丛书"之一《陕西故事》，不想方志办收集来的文稿中竟然有李先生的一篇旧稿《帝京长安孕嘉名》。原来李先生早与方志办就有工作上的关系，先生所研究的蜀道及长安周围古驿道，正是方志研究的重点之一，为此他经常为方志办写稿。此外，李先生还为方志办点校过明嘉靖《陕西通志》，担任点校稿的通审。李先生的这篇稿子中详细叙述了长安嘉名的缘由，是迄今少有的一篇解释长安名称的文章。我得之大喜过望，心想世上真有那么巧合的事，这岂不就是古人所谓的"天授"？也许这一切都是缘分，冥冥中显示了李先生和我的一种默契吧！

李先生虽然已经驾鹤西去，但他的精神不死，永远鼓励后学者不断前进。

谨以此文表达对敬爱的李先生的无限怀念深情！

2019年7月27日，写讫于西大长安校区望山居

原载《长安学研究》（第5辑），科学出版社，2020年

（黄留珠，西北大学历史学院教授）

长安学者林剑鸣教授

何 夫

20世纪80年代，在中国秦汉史学界冉冉升起一颗新星，那就是西北大学的林剑鸣教授。

1961年，林教授毕业于西北大学历史系。在读期间，他曾参加历史系集体标点《汉书》活动；毕业后，分配至西北政法学院（今西北政法大学）工作。"文革"中政法学院解散，他于20世纪70年代初调回母校西北大学任教。

1981年，林教授撰著的30余万字的《秦史稿》和10多万字的《秦国发展史》，分别由上海人民出版社与陕西人民出版社出版。当时粉碎"四人帮"不久，学术界几乎一片"白茫茫大地真干净"，在此情况下一位高校教师一下子推出两部专著，那可实在是件不得了的事情。由此，林氏一炮打响，成为中国秦汉学学界的著名人物。就在这年成立的中国秦汉史研究会上，46岁的他当选为副会长兼秘书长，可谓"一举成名天下知"。

1985年，林教授主编的《秦汉社会文明》出版。这是中华人民共和国建立后很少见到的一部文明史专著。其付梓之时，去"文革"不远，学界还残留着较多的昔日遗风。在此情况下，突然冒出了一部不尚空谈、求实务细、面目全新的反映秦汉文明成就的专著，所引起的反响自然是巨大的。由此林教授和该书另外的三位作者一起被学界称为秦汉史的"四条汉子"。而就在该书面世后不久，台湾谷风出版社即将其翻印过去，并很快被台湾不少高校作为研究生教材广泛使用。

同年，林教授应日本学术振兴会的邀请赴日访学。此间他广泛结交日本学界朋友，对中日学术交流多有贡献。特别是在关西大学和日本著名学者大庭教授一起参加"木简研读班"深受启发，回国后便立即将这种"研读班"的做法引进到西大的教学实践中，举办了"秦简《日书》研读班"，开国内以"研读班"形式进行教学、研究之先河。该研读班的成果后以题为《日书：秦国社会的一面镜子》的论文集形式发表，在学界引起了积极的反响。可以毫不夸张地说，由此大陆史学界开始迈入全面深入研究秦简《日书》的新阶段。而参加研读班的不少学员日后都成为颇具影响的《日书》研究专家。

1986年，中国秦汉史研究会第三届年会在芜湖召开，日本史学界派出了一个阵容空前强大的代表团与会。其中除团长大庭修为日本最高学术奖"学士赏"获得者、属于顶级名家之外，其他如尾形勇、永田英正、福井重雅、杉本宪司等也皆为日本史学界的重量级学者。之所以能有如此高规格、大规模的中日学术交往活动，应该说是林教授的功劳。而在这次年会上，林教授接替林甘泉先生担任了秦汉史研究会的会长，成为中国秦汉史学界新一代的"掌门人"。

1988年，林教授的两卷本《秦汉史》由上海人民出版社出版。这是他继《秦史稿》之后的又一部个人力作，从此他在秦汉史学界的学术地位更向前推进了一步。在此前后，他在权威性报刊上陆续发表若干文章，如在《光明日报》刊发《秦代官爵制度变化的奥秘》《研究古代史亦应重视信息》《如何理解"文明"与"文化"的概念》《"考察之功"与"独断之学"》诸文，在《历史研究》发表《中国封建地主阶级产生的两条途径》《从秦人价值观看秦文化的特点》《西汉戊己校尉考》《秦汉政治生活中的神秘主义》等文，都产生了很大的影响，反映了他所达到的学术水平和所具有的巨大学术创造力。

除了学术研究的大量成果之外，林教授在培养学生方面也成绩突出。他协助陈直先生指导的"摹庐五弟子"，皆成为学界翘楚或文化部门的领导人；他直接培养的几届研究生，亦相当出色，特别是首届的三位，更是佼佼者。林教授还指导了中国改革开放后最早来西大学习的一批外国研修生。这些人日后都成为本国学术研究的领军人物。

1989年，正值盛年的林教授，满载崇高的学术声誉，荣归故里北京，出任法律出版社总编、中国政法大学法律史研究所所长。在中国人心目中，一个人外出闯荡数十年之后，能够载誉归来，那是最高的荣耀和最大的成功。所谓"富贵不归故乡，如衣绣夜行"当是这种心态的典型反映。仅此而论，林教授确是达到了最完美的境地。不过林教授并没有满足于此，而是继续孜孜以求，不断奋斗，于繁忙的行政领导工作之余，先后出版史著如：《秦史》（台湾五南图书出版公司1992年）、《秦汉简史》（合著，福建人民出版社1995年）、《吕不韦传》（人民出版社1995年）、《新编秦史》（台湾五南出版公司1995年）、《秦汉史》（台湾五南出版公司1995年）、《长江文化史》（合编，江西教育出版社1996年）。另还发表论文数十篇。

1997年1月，林教授逝世，享年62岁。2002年1月，林教授逝世5周年。林的学生王子今、彭卫、白建纲主编的《纪念林剑鸣教授史学论文集》，由中国社会科学出版社出版。文集内容简介称:"本书为纪念著名史学家林剑鸣先生学术专集。共收入论文20篇,作者包括李学勤、熊铁基、瞿林东等著名学者和一批学有所成的中年学人。内容涉及先秦和秦汉经济、政治、文化和社会诸方面,这些文章或对传统研究有所推进,或利用文物考古资料提出新的课题,具有较高的学术价值。"

2017年1月,林教授逝世20周年。由中国秦汉史研究会、秦始皇帝陵博物院、秦文化研究会、西北大学历史学院、西北大学文化遗产学院、中国史研究杂志社、国家社科基金重大项目"秦统一及其历史意义再研究"课题组(王子今教授主持)共同主办的"秦的崛起与秦的统一"学术论坛在西北大学举行。来自海内外的50余位专家学者就秦的崛起与统一,秦史研究的新主题、新视角、新方法及林剑鸣教授与秦史研究等主题进行了深入的交流。这实际上是一场为纪念林剑鸣教授逝世20周年而举办的专题学术研讨会。会上秦文化研究会名誉会长黄留珠教授做了题为《深切怀念林剑鸣教授》的发言。其在全面论述林教授学术成就的基础上,着重分析了林著《吕不韦传》的学术价值和意义,并特别对林教授何以应该称作长安学者进行了令人信服的说明。我们认为这个发言颇具深意,对于全面认识林教授、评价林教授多有帮助。唯其如此,兹特将此发言的整理稿附录于本文之末,以与广大读者共享。

附录

深切怀念林剑鸣先生

光阴似箭,转瞬间林剑鸣先生离开我们已经20年了。然而,林先生的音容笑貌,似乎时时总在眼前。尤其是他潜心学问的精神,实际上已经成为鼓舞我们前进、探索学术的强大动力。

我闻知林先生的大名比较早,但直接与先生的交往却是1978年考入西北大学读研以后的事。当时,林先生作为陈直教授的助手,负责我们几位"摹庐弟子"的日常管理,担任副导师。先生身材魁梧,举止儒雅,风度翩翩,给我们留下了绝佳的印象。而更令我辈深感钦佩的是,他超乎寻常的眼光和非同一般的毅力。在众人都疯狂"大闹革命"的时候,他却不为世俗所囿,静下心来完成了一部30余万言的《秦史稿》和另一部10多万言的《秦国发展史》。当粉碎"四人帮"之初,全国学界几近一片空白的时候,林先生的两部书同时在上海人民和陕西人民两家出版社付梓面世,其所掀起的冲击波之巨大，不言而喻。先生如此绝伦的作为，犹如一部生动的教材，激励我们，鼓舞我们。而我们也为能有这样一位出色的老师而深感自豪。

1995年初夏，《光明日报》在北京国际会议中心召开"优秀传统文化与企业文化精神研讨会"，我和林先生均受邀参加。这时林先生调离西北大学已有6年之久，其间我们虽曾晤面一次，但匆匆而过留下太多遗憾。此次有机会再次相见，自然使我感到格外高兴。记得见面那天林先生身着淡粉色的短袖T恤衫，精神、气色几乎与当年没有变化。礼敬问候之后，我呈上近年出版的《历史与企业家对话》一书请求指教。先生边翻书边对我说："难得你一直甘坐冷板凳，并做出如此突破性的成绩。"接着又着实勉励了我一番。令我万万没有想到的是，这次会面竟成为与先生的永别。此后两年，当先生逝世的噩耗传来时，我简直不敢相信这消息是真的。感慨唏嘘之余，至今我仍不解，为何像林先生这样处处闪烁着智慧的杰出学者60岁刚出头便驾鹤西去了呢？这的确是一个历史之谜啊！

林先生的学问以其成名作《秦史稿》为代表。这是第一部运用马克思主义观点研究秦史的著作，意义重大。后来先生又推出的两卷本《秦汉史》，则是《秦史稿》的延伸和扩展，体现了其治学的特点与风格。对于这些，大家都很熟悉，用不着我再啰唆。这里值得注意的是，林先生还有一些著述同样闪烁着他的重要学术思想光辉，而这些迄今似乎还没有受到应有的关注。例如人民出版社1995年出版的《吕不韦传》（以下简称《吕》）便是相当典型的实例。

据《吕》书的"自序""后记"可知，该著的撰写有两方面的动因：一是针对20世纪90年代"经商大潮"在中国"铺天盖地滚滚而来"的形势，作者试图通过吕不韦这一历史人物来说明中国古代并非像某些人所说的那样，"缺乏功利观念""少商人"；相反，倒是如陈寅恪所言，中国出现了不少"世界之富商"，进而"面对商海大潮带来的迷茫"，"不妨打开我们自己的记忆大门，翻翻祖先的经历，从历史上吸取一点有益的经验"。二是针对史学研究——尤其是历史传记的撰写存在的"缺少文采"和"失真"的"缺陷"，以及史学著作赔本出版且"读者寥寥"的现象，作者发下宏愿，"写一本令人读得下去、不致使出版社赔钱的历史书"，以此为样板来推动史著写作的改革。于是选取了经历曲折、神秘并对今人多有启迪的吕不韦为对象，用了整整一年的时间，完成了这部20万字的著作。

细绎上述动因，其第一点，应该说仍属"以史为鉴"的范围，只不过林先生所选取的借鉴对象更具典型性和更生动感人。倒是第二点，意义不寻常。这里，林先生尖锐地提出了一个当时史学发展面临的重大问题，即史学研究如何适应社会主义商品经济的新形势？对此，可以说那个时期的史学工作者都深感压力巨大，而大家上下求索却又难得其解。这时候，林先生振臂一呼，明确表示要"写一本令人读得下去、不致使出版社赔钱的历史书"，可谓振聋发聩，为人们指出了一个方向。不仅如此，林先生更是身体力行，很快便写出了雅俗共赏的《吕》书。大家知道，这样的"历史书"，被人们定位为通俗史学读物，亦被越来越多的史家看好，以至形成滚滚洪流，对于改革开放新时期的学术下移民间做出了不可磨灭的重大贡献。在此过程中，林先生既是通俗史学的早期积极倡导者，也是通俗史学的早期积极践行者，他再一次担当了先知先觉的角色。应该说，林先生的这一先知先觉与其当年写《秦史稿》的先知先觉是一脉相承的，显示了他的智慧和过人之处。

林先生是北京人，而他逝世也在北京，所以林先生属于正宗的北京学者。不过在我的眼里，林先生似乎更应是一位地道的长安学者，或者曰陕派学者——确切地说则是西大学者。这不仅因为先生毕生一半以上的时间学习、工作于古城西安，而且更由于先生的主要学术成就亦完成于兹。近年来已故的西大学者颇受学界青睐，不仅著名报刊常有评介文章发表，而且不少研究生也都以他们为研究对象写出学位论文，有的甚至还出版了专著。这种现象启示我们，陕西学人特别是西大学人应该更加重视对西大学者的研究。像林先生这样西大学者中的佼佼者，理应进入当代学术史研究者的视野，需要给予深入研究。用对林先生学术成就的研究来纪念他的逝世，无疑是对先生最好的一种纪念。我热切期盼有更多的西大青年学子，参加到这一研究队伍中来，有所作为，有所贡献。

2017年1月会议发言，7月整理

原载《长安学研究》（第3辑），科学出版社，2018年

（何夫，自由撰稿人）

中国记忆中的丝绸之路

葛承雍

"丝绸之路"是古代欧亚大陆之间进行长距离贸易的交通古道，也是人类历史上线路式文明交流的脐带，与世界历史发展主轴密切相关，它以中国长安与意大利罗马为双向起始点，横跨欧亚大陆东西万里，犹如一条大动脉将古代中国、印度、波斯-阿拉伯、希腊-罗马以及中亚和中古时代诸多文明联系在一起，沟通了欧亚大陆上草原游牧民族与农业定居民族的交流，促成了多元文化的文明史蓬荣发展。

探幽涉远，沧桑巨变，丝绸之路的起止点一直是人们关注的焦点。

仅从起点说，是西京长安还是东都洛阳，众说纷纭，争执不休。笔者始终不赞成"满天星斗多个起点"的观点，那样会造成无中心的认识混乱，[①]引起国际学术界的质疑。历史文献开宗明义指出长安是通往西域的起点，唐代诗人元稹《西凉伎》写道"开远门前万里堠，今来蹙到行原州。"唐人《明皇杂录》说："天宝中，承平岁久，自开远门至藩界一万二千里，居人满野，桑麻如织。"《南部新书》记"平时开远门外立堠，云西去安西九千九百里，以示戍人不畏万里之行。"[②]《资治通鉴》记载：唐天宝"是时中国强盛，自安远门西尽唐境万二千里，闾阎相望，桑麻翳野"。开远门外烽堠是唐长安具体起点，安西大都护府在龟兹，这是载入史册的。洛阳、邺城、大同以及韩国庆州、日本奈良、京都等等都是延伸点，它们在一个王朝或某一时段成为中外交往的终点、起点或中转点，但作为丝路消费大城市远不能和长安相比，尽管西方的奢侈品到达长安后，其中一部分还会分销或赐予各地，造成全国风行的印象，实际上时间最长、影响最大、文物最多的还是长安。

在另一端最符合丝绸之路止点条件的城市是罗马，罗马帝国不仅有覆盖欧亚非的驿道网，与波斯帝国交通网连成一体，而且丝绸只有在强大繁荣的罗马才能够找到足够大的市场和足够多的主顾，罗马有专门销售丝绸的多斯克斯市场（Vicus Tuscus），

[①] 葛承雍：《谈汉唐丝绸之路的起点》，《华夏文化》1995年第1期；又收入葛承雍：《唐韵胡音与外来文明》，中华书局，2005年，第36—42页。

[②] 〔宋〕钱易：《南部新书》己卷，中华书局，2002年，第90页。

公元前46年，恺撒将丝绸幕帘置于罗马剧场坐席上使观众免遭阳光暴晒。此后罗马人纷纷以穿丝绸为时髦，而女人们穿着轻薄柔软十分贴身又凸显肌肤的衣服更体现其华贵，丝绸成为罗马显示身份的一种表现。2世纪后，丝绸也受到罗马平民的喜爱，罗马帝国对中国丝绸需求量越来越大，[①]丝织品成为中国与罗马相互交往的桥梁。

根据近年考古新收获，中西古道沟通的东西方交流早在先秦时期就已存在，但是由于当时贸易路线非常不稳定，民族部落之间的争斗和国家政权之间的变迁又非常频繁，所以东西方交往时隐时现。甘肃灵台白草坡西周墓葬、张家川马家原战国时期古墓群均出土一些玻璃制品以及西亚风格的金银物品，证明早在公元前300年双方就有了接触。而公元前8世纪的斯基泰文化中的马具、武器和动物纹已在欧亚草原上广泛流传，公元前4世纪又与西戎贸易商道交往，从而留下许多异域外来的遗物，包括戴尖顶帽的胡人形象。[②]

西汉张骞凿空西域促进了中国与中亚各国的互信与交往，他是第一个代表国家出使的使节，将原来不稳定的民间贸易路线定型成为政府官方积极利用的外交大通道。此后汉晋隋唐之间，它成为承载着贯通中西物质和文化交流的古道。1877年，德国地理学家、东方学家李希霍芬首次将其冠名为"丝绸之路"，德国东亚史专家赫尔曼与其他汉学家又进一步阐发，丰富了丝绸之路的内容，随着一个世纪以来考古文物的不断出土，已经确立了国家对丝绸之路的鲜活记忆，并得到了全世界对它在历史长河里作用的肯定。

一、商道与驿站

丝绸之路首先关注的是线路问题，古代交通线路最重要的标志是驿站，横跨欧亚大陆的线路历经2000多年的变化许多已成为研究盲区。但是具有档案性质的简牍提供了汉代烽燧、驿站的数据。1974年出土的甘肃居延里程简和1990年出土的悬泉汉简，列出34个地名，分别记录了7个路段所经过的县、置之间的驿站里程，清晰地描述了长安到敦煌的主干道路线与走向。中国境内分为官方控制的主线与遭遇战乱或政权更迭时使用的辅线，主线从长安出发沿泾河河道到固原，通过靖远、景泰、武威到张掖、酒泉、敦煌，辅线则是从长安出发沿渭河河道经宝鸡、天水、临洮进入青海，最后从索尔果到若羌，并可经青海扁都口到张掖。

敦煌悬泉置位于河西走廊西端，是公元前2世纪至公元3世纪的国家驿站与邮驿

---

① 杨共乐：《早期丝绸之路探微》，北京师范大学出版社，2011年，第64—66页。
② 王辉：《甘肃发现的两周时期的"胡人"形象》，《考古与文物》2013年第6期。

枢纽，其遗址出土了35000多枚简牍文书，记载驿站内常驻400余人，官吏82人，常备驿马120匹左右和50余辆车，日接待过往使节、商人1000余人。悬泉驿站从西汉昭帝时使用到魏晋时被废弃，前后使用了400多年。唐代时又重新使用直到宋代彻底荒废。悬泉出土汉简保留了300多条与西域各国往来的记录，涉及楼兰（鄯善）、于阗、大宛、疏勒、乌孙、龟兹、车师等24国，尤其是与罽宾、康居、大月氏、乌弋山离、祭越、均耆、折垣等中亚国家的关系，提供了关于丝绸之路上邮驿的新材料。①

甘肃玉门关遗址、锁阳城遗址都出土了与丝绸之路商贸活动关联的文物。北宋《南部新书》乙卷记录唐代"西蕃诸国通唐使处，置铜鱼雄雌相合十二只，皆铭其国名第一至十二，雄者留内，雌者付本国"。沿线诸国"蕃中飞鸟使，中国之驿骑也"。由于胡商沿着丝绸之路驿站往来不断，唐代长安附近滋水驿（长乐驿之东）大厅西壁上专门画有胡人头像，唐睿宗未即位时路过驿站题诗"唤出眼何用苦深藏，缩却鼻何畏不闻香"②，调侃胡人深目高鼻的容貌。2005年发现的洛阳唐安国相王孺人唐氏墓壁画中，一组大型胡人牵驼载物匆匆赶路图，再次证实了当时驿道繁忙的景象。

新疆托克逊县阿拉沟被发掘的唐代烽燧遗址，出土文书记载了烽、铺、镇、所、折冲府以及戍守将士姓名，反映了当时唐军一整套戍守系统能有效地控制、管理、保障东西交通路线的畅通。隋唐政治、经济和文化的进步繁荣为中外商贸主轴线提供了稳定环境，形成了敦煌至拂菻、西海（地中海）的北道，敦煌至波斯湾的中道，敦煌至婆罗门海（印度洋）的南道，比勘唐德宗贞元年间（785—805）宰相贾耽所撰《皇华四达记》与阿拉伯地理学家所记的呼罗珊大道，甚至能将唐朝安西（库车）至阿拔斯首都巴格达的路程一站站计算出来。文献与文物的互证，充分说明古代东西方由道路、驿站、绿洲城邦构成的交流网络一直延绵不断。

二、商人与贡使

中亚绿洲的粟特人是活跃在丝绸之路上最著名的商人，他们以"善贾"闻名，被誉为"亚洲内陆的腓尼基人"。粟特人兼营半农半牧，很早就活动在东西贸易交通线上。由于汉代重农抑商，魏晋至隋唐之间又制约一些汉地商品随意输出，包括各种精致的丝织品不得度边关贸易，所以被称为"兴胡""兴生胡"的粟特人就成为转贩买卖的商人，③起到了操纵国际贸易的中介作用。

---

① 张德芳、胡平生：《敦煌悬泉汉简释粹》，上海古籍出版社，2001年。
② 〔宋〕钱易：《南部新书》戊卷，中华书局，2002年，第72页。
③ 蔡鸿生：《唐代九姓胡与突厥文化》，中华书局，1998年，第36页。

被古人称为"华戎交汇"的敦煌，至迟在4世纪初，就有来自康国的千人左右规模的商人及其眷属、奴仆。《后汉书·孔奋传》说："姑臧称为富邑，通货羌胡，市日四合。"1907年，斯坦因在敦煌西部古烽燧下发现的粟特语古信札，断代为4世纪初期，其中数封信内容是粟特商人从敦煌、姑臧（武威）向故国撒马尔罕（康国）与布哈拉（安国）汇报经商的艰难情况，[①]并提到了黄金、麝香、胡椒、亚麻、羊毛织物等商品。

汉唐时期商胡贩客的贡使化，是当时习以为常的历史现象。粟特、波斯等国胡商通过"贡献"礼品实现"赐予"的商品转化，他们结成商侣积聚远至拂菻的珍宝，然后络绎不绝地冒充贡使进入中国。《魏书·西域传》记载5世纪中期粟特"其国商人先多诣凉土贩货"。唐初玄奘《大慈恩寺三藏法师传》说"凉州为河西都会，襟带西蕃、葱右诸国，商侣往来，无有停绝。"吐鲁番出土文书有咸亨四年（673）"康国兴生胡康乌破延"在西州卖驼的市契，以及另一兴生胡康纥槎等向西州申请"将家口入京"的过所案卷。《大唐西域记》卷一记载碎叶（吉尔吉斯斯坦）是一个"诸国商胡杂居"的商队城市，西域商胡在此积聚珍宝转运各地。历史文献和出土资料都证明武威、高昌、库车、碎叶是当时入贡的必经重镇。

《洛阳伽蓝记》卷三"城南宣阳门"条："自葱岭以西，至于大秦，百国千城，莫不欢附，商胡贩客，日奔塞下，所谓近天地之区已。"商人都是成群结队行止同步，《周书·吐谷浑传》记载西魏废帝二年（553）北齐与吐谷浑通使贸易，遭到凉州刺史史宁觇袭击，一次俘获"其仆射乞伏触板、将军翟潘密、商胡二百四十人、驼骡六百头、杂彩丝绢以万计"。开元十年（722）一批人数达400人的毕国商人从中国负货归来被大食督抚赦免。敦煌第45窟唐代观音普门品壁画描绘的"商胡遇盗"，以及胡商膜拜菩萨图，都具有以图证史的价值。北朝隋唐墓葬中出土的背囊负包的胡商陶俑很多，但都是个体贩客。尤其是近年来出土入华粟特人墓葬，山东青州北齐傅家、太原隋虞弘墓、西安北周安伽墓、史君墓、登封安备墓等等石棺浮雕画，描绘了当时商人成群结队、骆驼载物的往来场景，给人们提供了粟特商队首领"萨保"活动的形象材料。[②]令人疑惑的是，4世纪到5世纪整个粟特本土艺术未见商人题材，甚至没有一个表现商旅驼队的文物出土，而在中国境内发现这么多粟特商队图案，充分说明中古时期粟特商人对丝绸之路的贸易

[①] 辛姆斯·威廉姆斯：《粟特文古信札新刊本的进展》，见荣新江、华澜、张志清主编：《粟特人在中国——历史、考古、语言的新探索》，中华书局，2005年，第72页。

[②] 荣新江：《萨保与萨薄：佛教石窟壁画中的粟特商队首领》，见荣新江、华澜、张志清主编：《粟特人在中国——历史、考古、语言的新探索》，中华书局，2005年，第49页。

控制。

三、运输与工具

首先是良马。汉唐之间引进西域良马是当时统治者倍感兴趣的动议，汉朝打败匈奴需要大宛汗血马作为种马配备军队，汉武帝更喜欢"西极天马"作为自己骑乘宝驹；唐朝反击突厥亦需要大量西域优种骏马装备骑兵，从唐太宗的"昭陵六骏"到唐玄宗的"照夜白"无不是最高统治者喜爱的坐骑。所以仿造良种骏马形象的陶马、三彩马大量出现，栩栩如生，胡人马夫手牵侍立几乎为固化模式，是陵墓中陪葬的重要艺术品。唐代绘画中的骏马嘶鸣欲动，西域于阗的"五花马"常常是画匠们表现的题材。可以说，丝绸之路与"良马之路"紧密相连，绢马贸易甚至是中唐之后长安中央政府与回鹘汗庭之间的经济生命线。

其次是骆驼。骆驼是丝绸之路上遥远路途上负载重物的运输工具，也是穿越茫茫沙漠戈壁的主力之舟，驼帮由各色人物组成，既有贵人也有奴婢，既有使节也有商人，他们在东西交通线上源源不断地来回奔波。汉代墓葬出土的各类材质的骆驼艺术品还是少量的，从北朝到隋唐的骆驼造型艺术品则是大量的，不仅有陶骆驼、三彩釉骆驼，还有冶铸的金属骆驼。骆驼的驮载物往往是东西方商品的缩影，主要有驼囊货包、丝捆、长颈瓶、金银盘、水囊、钱袋、织物、毡毯、帐篷支架以及干肉等，在驼背上还会出现活的小狗、猴子与死了的兔子、野鸡等，最典型的特征是以一束丝作为驼队运载的标志，反映了丝绸之路上商人外出经商时商品丰富的情景。至于骆驼背上还有琵琶乐器和胡汉乐队吹奏演唱，虽有夸张，但却是漫漫路途上商人们边行边娱的生活写照。

四、丝绸与织物

丝绸是连接东西方古代文明最重要的物品，公元前1世纪至8世纪形成了从产丝地中国到消费地罗马的跨文明独特链条，公元2世纪以前罗马人衣料主要是动物纤维的羊毛和植物纤维的亚麻，织物毛粗麻硬，而中国丝绸轻柔飘逸、色泽多样，作为王公贵族享用的奢侈品成为至尊之物，也成为贸易首选之物。20世纪40年代在俄罗斯戈尔诺阿尔泰地区巴泽雷克墓地发现的战国凤纹刺绣，说明早在秦汉之前丝绸已传至外国。在罗马东方行省帕尔米拉和罗马克里米亚也出土发现汉绮，据说公元前6世纪欧洲哈尔斯塔文化凯尔特人的墓葬中就发现了中国丝绸。[①] 公元前5世纪希腊雅

---

① 林梅村：《丝绸之路十五讲》，北京大学出版社，2006年，第8—10页。

典神庙命运女神像也都穿着蚕丝衣料，所以西方学者大胆推测春秋战国时期中国丝绸通过中亚流入希腊。

汉唐时期纺织品发现主要集中在新疆、甘肃、青海、陕西、内蒙古等，在吐鲁番出土的庸调布或绢，上面写明来自中原地区州县，布绢纱绫罗锦绮缣等等反映了中原有大规模的织作、色染及官营作坊生产。从魏晋到隋唐几百年间，产品有大小博山、大小茱萸、大小交龙、大小明光、凤凰锦、朱雀锦、韬纹锦等，随着丝绸之路大量贸易的发展，异域的外来影响也极大改变了内地的艺术风格，出土的毛织物明显带有西方题材的图案。高昌时期的双兽对鸟纹锦、瑞兽纹锦、对狮纹锦、鸟兽树木纹锦、胡王牵驼锦等，图案新颖、色彩绚丽。唐西州时期的绿纱地狩猎纹缬、狩猎印花绢、联珠戴胜鹿纹锦等织品，皆是精彩纷呈，不仅显示了当时纺织技术的高超水平，而且栩栩如生的联珠纹、猪头纹、孔雀、狮子、骆驼、翼马、胡商、骑士等西亚织造纹样，极为生动的胡人对饮、对舞、对戏的图案，反映了东西方文化的交流影响。

在丝绸之路"青海路""吐谷浑道"上，都兰吐蕃墓出土的北朝至中唐的丝绸品种非常丰富，既有占总数85%的中国产织金锦、花绫、素绫、绯锦等，又有占14%的中亚、西亚织锦，独具异域风格的粟特锦和波斯锦图案精美，并有一件8世纪中古波斯钵罗婆文字锦。[①]尤其是红地簇四珠日神锦，是中国境内所出日神锦中最典型的希腊题材，太阳神赫利奥斯在六匹带翼神马驾车下于空中奔驰，联珠纹又有萨珊波斯风格，还有中国文字"吉""昌"，证明是中国产的综合了各种文化因素的纹样锦。[②]

五、金银与钱币

如果说"丝绸西输"是震动西方世界贸易消费的大事，那么"黄金东来"似乎没有引起中国王朝的巨大反响。公元初年古罗马著名人物老普里尼（Pliny the Elder，23—79）曾经记载罗马帝国在与东方贸易中支付了大量的黄金，因为西方与东方国家贸易中交换的货物远不如黄金贵重，罗马人为购进丝绸不得不付出东西方都能接受的黄金硬通货。多年来，沿丝绸之路考古发现了许多波斯银币和罗马金币，但是西方学者多注意的是中亚地区出土的一些金币。1953年底在陕西咸阳隋独孤罗墓出土东罗马金币后，经夏鼐先生考证为拜占庭皇帝查士丁二世（566—578）

[①] 许新国：《都兰吐蕃墓发掘和研究》，见北京大学考古文博院、大阪经济法科大学编，《7—8世纪东亚地区历史与考古国际学术讨论会论文集》，科学出版社，2001年，第29页。

[②] 赵丰：《中国丝绸艺术史》，文物出版社，2005年，第140页。

时期金币，①引起了海内外考古界关注。截至目前，中国境内已经出土拜占庭金币及仿制币约50余枚，它包括6世纪至7世纪初制作精美的拜占庭金币（又称索里得，Solidus），6世纪中叶至8世纪中叶仿制的索里得，以及钱形金片。这些金币绝大部分出土于墓葬，全部都在北方地区，宁夏固原北周田弘墓一次出土5枚拜占庭金币，史氏家族墓地出土4枚仿制金币。②虽然关于墓葬中出现东罗马金币的习俗还有不同看法，但是原产于地中海东岸的拜占庭金币竟在万里之遥的内地安身，不能不使人感到东西方交流的力量。

波斯萨珊银币除了在新疆地区集中出土外，还在陕西、甘肃、河南、山西等地陆续发现，6世纪甚至还在河西地区通用，在中国境内延续了350年左右，多是萨珊波斯卑路斯（Peroz，459—484）以后至库萨和二世（ChosroesⅡ，590—628）式样，③说明北魏至隋唐时期波斯与中国往来非常密切。8世纪后，阿拉伯金币也传入唐朝。

丝路贸易的扩大愈发显现出货币作用的重要，许多绿洲城邦政权自铸货币，例如和田"汉佉二体钱"，造型上吸取汉五铢与希腊－贵霜钱币特点，塑造马纹或驼纹图案，被称为和田马钱。还有古龟兹国铸造的"汉龟二体钱"，仿汉五铢圆形方孔，钱币铭文用汉文与龟兹文合璧。

遗憾的是，古代中国没有外国货币的流通市场，中原人亦没有使用外国货币的习惯，无论是罗马金币还是波斯银币，除了被皇家作为珍稀物品收藏或是被达官贵人埋进墓葬作为口含，估计大量可支付的金银币都被销熔铸造成赏玩的金银器了，这不能不说体现了东西方交流中一种不同的理念。

六、玻璃类器皿

公元前11世纪西周早期墓葬中就发现了人造彩珠、管，因而传统观点认为中国很早就能烧制玻璃。但从玻璃成分上分析无论外观或质量均有别于西方玻璃。在古代中国人眼里，精美的玻璃是一种出产在遥远地方的贵重奢侈品，是上层贵族最喜欢的贸易品，所以草原之路或丝绸之路上的商人都将玻璃品作为昂贵商品贩卖，在西亚、中亚几条线路上都发现了罗马、萨珊波斯、伊斯兰三种风格的玻璃器，贯穿

---

① 夏鼐：《西安土门村唐墓出土的拜占庭金币》，《考古》1961年第8期。
② 宁夏固原博物馆编：《固原文物精品图集》（中册），宁夏人民出版社，2012年，第164—166页，第247—249页。
③ 夏鼐：《综述中国出土的波斯萨珊银币》，《考古学报》1974年第1期。

东西方许多国家，因而这些商路也被称为"玻璃之路"。[①]

20世纪20年代阿富汗喀布尔贝格拉姆遗址就出土了公元前1世纪贵霜帝国时期的玻璃器皿，还有腓尼基的玻璃器。实际上汉魏精美的玻璃制品均来自罗马，玻璃业是罗马帝国最主要的手工业之一，广州汉墓出土有我国最早的罗马玻璃碗，洛阳东汉墓出土缠丝玻璃瓶属于地中海沿岸常见的罗马产品。[②]魏晋南北朝时人们已经充分认识玻璃器的艺术价值，西晋诗人潘尼《琉璃碗赋》赞颂清澈透明的玻璃为宝物。辽宁北票北燕冯素弗墓出土5件玻璃器，其中鸭形玻璃器与1—2世纪地中海流行的鸟形玻璃器造型相似。河北景县北朝封氏墓出土4只玻璃碗，其中一只精致的淡绿色波纹碗与黑海北岸5世纪罗马遗址出土波纹玻璃器类似。

伊朗的萨珊玻璃在3—7世纪时期也大量进入中国，其凸起的凹球面在玻璃器上形成一个个小凹透镜，很有磨花玻璃的特色。1988年，山西大同北魏墓出土的外壁35个圆形凹面白玻璃碗异常精美。1983年，宁夏固原李贤墓出土的凹形球面玻璃碗，质地纯净，有晶莹透彻之感。1970年，西安何家村唐代窖藏出土侈口直壁平底玻璃杯，也有24个凸圈。可见萨珊波斯玻璃器长期流传，为世人所爱。

8世纪以后，西方玻璃生产中心转向阿拉伯国家，工艺技巧又有新的发展，1987年陕西扶风法门寺塔地宫出土的17件伊斯兰玻璃器，是唐朝皇家用品，刻画描金盘、涂釉彩绘盘[③]、缠丝贴花瓶、模吹印花筒形杯等，都是罕见的玻璃精品，被认为产于伊朗高原的内沙布尔。1986年，内蒙古哲盟奈曼旗辽代陈国公主墓出土的6件伊斯兰玻璃器，虽然生产于10世纪末至11世纪初，但带长把手的高杯、刻花瓶、刻花玻璃盘以及花丝堆砌成把手的乳钉纹瓶，都是来自埃及、叙利亚或拜占庭的艺术珍品。

七、金银类器物

与地中海沿岸和西亚、中亚相比，中国早期金银器制作不是很发达，金银器皿类出现较晚。虽然春秋战国墓葬中出现了一些金饰品，但很少是独立器物，而目前所知一批金器均采用传统铸造工艺，与西方锤揲技术凸起浮雕纹样不一样。

汉代及早期输入中国的金银器主要有凸瓣纹银器与水波纹银器，这种锤揲技法

---

① ［日］由水常雄：《玻璃传来之路》（上、下），见《东亚的古代文化》1988秋·57号、1989冬·58号。
② 安家瑶：《玻璃器史话》，社会科学文献出版社，2011年，第74页。
③ 齐东方：《伊斯兰玻璃与丝绸之路》，见叶奕良：《伊朗学在中国论文集》（第3集），北京大学出版社，2003年。

源自古波斯阿契米德王朝，广州西汉南越王墓出土的凸瓣纹银盒，山东淄博西汉齐王墓随葬坑银盒，都是西亚波斯流行的装饰手法。3—7世纪的波斯萨珊王朝是金银器兴盛时代，传入中国的金银器陆续被考古发现，1981年山西大同北魏封和突墓出土萨珊银盘，装饰题材为皇家狩猎者在芦苇沼泽地执矛刺杀两头野猪。[1]近年刻有粟特文铭记的银器不断出土，西安鹿纹银碗、内蒙古猞猁纹银盘、河北银胡瓶均有波斯风格的纹饰。[2]与此同时，西方的金银器也传入中国，1988年甘肃靖远出土的希腊罗马风格银盘，周围为宙斯十二神，盘中间酒神巴卡斯持杖倚坐在雄狮背上，人物非常突出醒目。1983年宁夏固原李贤墓出土的银壶瓶，瓶腹部锤揲出三组男女人物，表现的是希腊神话中帕里斯审判、掠夺海伦及回归的故事，有人说属于具有萨珊风格的中亚制品，[3]但考虑敦煌遗书P.2613号文书中称为"弗临银盏"，弗临即拂菻，即来自罗马拜占庭的银杯，这就指明当时有西方金银器的输入。

唐代是中国金银器皿迅猛发展的时代，这与当时吸收外来文化有密切关系，西方的锤揲技术、半浮雕嵌贴技术等，启发了中国工匠学习这一做法，所以不仅有外国的输入品，还有中土仿制品，"胡汉交融"非常明显。1970年山西大同出土的海兽纹八曲银洗，1975年内蒙古敖汉旗出土的胡人头银壶，都是萨珊波斯造型与纹饰。尤其是1970年西安何家村出土的唐代金银器窖藏中一件鎏金伎乐八棱银杯的西方艺术风格异常明显：有受萨珊波斯-拜占庭式金银器物形制的影响而制作的各种外来纹样，例如海兽水波纹碗、鎏金双狮纹碗、鎏金飞狮纹银盒、双翼马首独角神兽银盒、灵芝角翼鹿银盒、独角异兽银盒等等；顶部和底部中心均有猞猁、狮子、双狐、角鹿、对雁、衔枝对孔雀等；周围绕以麦穗纹圆框为代表的徽章式纹样，兼收了粟特、萨珊波斯、拜占庭的艺术风格。

八、宗教与传播

绵延万里的丝绸之路上，随着商人、僧侣传入中国的宗教，分不同时期有佛教、景教、祆教、摩尼教等等。1989年在阿富汗发现的阿育王法敕铭文证明阿育王时代佛教传教线路已经延伸向中亚，最早信仰佛教的与印度接壤的西域胡人，以他们为主导奉佛向外传播，东渐传入中原后也是以胡族为僧侣。20世纪20年代汉魏故城遗址出土的佉卢文（贵霜帝国官方文字，被定名为犍陀罗语）题记井阑石，铭刻

---

[1] 马玉基：《大同市小站村花圪塔台北魏墓清理简报》，《文物》1983年第8期。
[2] 孙机：《仰观集——古文物的欣赏与鉴别》，文物出版社，2012年，第443页。
[3] 罗丰：《北朝、隋唐时期的原州墓葬》，见宁夏回族自治区固原博物馆、中日原州联合考古队编：《原州古墓集成》，文物出版社，1999年，第19页。

的题记记载着公元179至190年东汉末期佛教僧团在洛阳聚集受人敬重的状况。1907年敦煌出土粟特文信札第2号记录了西晋末年"有一百名来自撒马尔罕的粟特贵族,现居黎阳(今河南浚县),他们远离家乡,孤独在外。在□有四十二人"。虽然不知是否为胡商,但聚落以西域礼俗供奉佛像、建立佛寺。梁释僧佑《弘明集》卷一二记载晋人不奉佛事,"沙门徒众,皆是诸胡"。所以早期佛教在中国的传播,主要是在胡人聚居的市邑,高僧沙门也是外国人,而且他们与商人阶层存在深刻联系。[1]佛教对中国的影响是多方面的,中国境内丝绸之路沿线留下了诸多石窟与寺院遗址,深刻反映了南亚、中亚宗教文化的印痕。

祆教是公元前6世纪琐罗亚斯德在波斯东部创立的善恶二元论宗教,后被定为波斯国教,传入中国称为祆教。4世纪以后随着入华粟特人增多和汉化,北魏时祆教已经在中土流传,北齐时在各地设置"萨甫"官职管理祆教祭祀等活动。敦煌唐写本残卷《沙州伊州地志》记载了当地祆教绘有壁画的寺庙。西安发现的北周安伽墓、史君墓,山西太原发现的隋虞弘墓,河南登封发现的隋安备墓,都以浅浮雕刻绘了火坛以及人头鸟身祭司点燃圣火的祭祀场景。

公元5世纪在东罗马帝国境内形成的基督教聂思脱里派,于431年在以弗所会议上被斥为异端后流亡波斯,贞观九年(635)经中亚传入唐长安,初称大秦教或波斯教,后称为景教。20世纪初发现的敦煌文书中有汉文景教经典和10世纪前基督画像,吐鲁番也发现有叙利亚语、钵罗婆语(中古波斯语)、粟特语和突厥语的福音书,景教寺院还残存有宗教壁画。除了最著名的建中二年(781)立于长安的《大秦景教流行中国碑》,2006年又在洛阳发现了镌刻十字架和景教经典的石头经幢。[2]

波斯人摩尼于公元3世纪创始的摩尼教,糅合了琐罗亚斯德教、基督教、佛教几种宗教。武周延载元年(694)摩尼教正式传入中国,19世纪末至20世纪初摩尼教大量遗址遗物先后在吐鲁番、敦煌以及欧亚其他地区出土,柏林博物馆收藏的8—9世纪高昌回鹘旧址壁画残片和残卷插图,显示了摩尼教善于借用各种形象来表达自己的教义,尤其是用日月象征其追求的光明王国,将戴着华丽装饰高帽的摩尼像作为顶礼膜拜的宣传画。这些也成为透视摩尼教传播的证据。1981年吐鲁番柏孜克里克千佛洞发掘出用粟特文写成的摩尼教经典写本,[3]其中精美的插图已被国际学术界认可为重要史料。

---

[1] 季羡林:《商人与佛教》,见《季羡林文集》(第7卷),江西教育出版社,1998年,第177—197页。
[2] 葛承雍主编:《景教遗珍——洛阳新出唐代景教经幢研究》,文物出版社,2009年。
[3] 柳洪亮主编:《吐鲁番新出摩尼教文献研究》,文物出版社,2000年。

从波斯传入的三夷教曾在中国流传,①虽经唐朝廷打击而突然消失,但在中亚西域及各地仍存活演变,其残迹遗痕和各种语言文献的补正,使我们认识到中西文化交流中宗教的影响之大,确是人类社会不可忽视的重要内容。

九、语言与文书

百余年来丝绸之路沿线出土的用各种不同语言和文字书写的文献,记录了各种不同族群和不同文化的相遇交流,也表明古代世界通过语言互相传递信息。仅就目前吐鲁番出土的文物来看,当时至少使用过18种文字、25种语言,多民族、多宗教的文化在这里汇聚交融。19世纪末至20世纪初,西方考古探险家在新疆发现吐火罗语与婆罗米文的文献约为公元400年以前至公元1000年,从宗教文学作品到世俗文书,涉及种种史地难题。公元4—10世纪的于阗语文献,证实了说东伊朗语的塞人部族曾在和田绿洲定居,建立了于阗王国。公元2—5世纪时,佉卢文成为鄯善国的官方语言,和田、尼雅、楼兰、巴楚、库车、吐鲁番等古遗址都发现有佉卢文写本及残片。②

自汉代以来新疆长期使用汉语,现存大量汉语文书、经卷、碑铭等均为物证,还有汉语与其他语合璧的文书,证明语言的双向交流绝非虚言。公元7—8世纪吐蕃一度统治西域,大批藏文纸本文书存世,若羌、和田还有数量颇多的吐蕃简牍出土。说突厥语的回鹘人从9世纪中期分三支从蒙古高原西迁进入新疆,建立的高昌回鹘王国(约850—1250)留下了很多回鹘文的书面文献。这不仅说明回鹘文成为当时西域广泛通行的语言之一,而且可知回鹘人当时掌握有多种语言文字。11世纪信仰伊斯兰教的喀喇汗上层流行阿拉伯文,但民间使用阿拉伯文有障碍,于是当地人采用阿拉伯字母拼写回鹘文进而形成维吾尔文。

有些外来的语言曾在丝绸之路风行一时,西域寺院佛教经典多使用属印度-雅利安语的梵语。往来于塔里木盆地各绿洲城邦的粟特人,他们已经商为主,留下了属东伊朗语的粟特语文献,包括信件往来以及关于佛教、景教、摩尼教内容的文书。在高昌古遗址出土不少中古波斯语和安息帕提亚语(Parthian)文书,以摩尼教文献为主。用希腊字母书写的巴克特里亚语(Bactrian,大夏语)文献也有发现。被称为"基督教图书馆"的近千件景教文献在吐鲁番盆地的葡萄沟出土,使用了粟特语、

---

① 林悟殊:《唐代三夷教的社会走向》,见《中古三夷教辨证》,中华书局,2005年。
② 徐文堪:《略论古代西域的语言和文字》,见李肖主编:《语言背后的历史——西域古典语言学高峰论坛论文集》,上海古籍出版社,2012年,第229页。

中古波斯语、叙利亚语等，甚至以希伯来文字书写波斯语的文献也有发现。①最近克孜尔石窟发现的古代龟兹语韵文题记，有被视为短诗的文学作品。所以，中古时期来往于丝绸之路上的商人、僧侣、居民、武士等等人物受到语言信息接触的多种影响，丝绸之路上留下的各种文献是研究多种语言的宝贵文化遗产。

十、艺术与歌舞

丝绸之路上各种艺术交汇，门类繁多，一个世纪前西方探险家在新疆、甘肃等地考古发现并掠走了众多艺术珍品，涉及石雕、彩陶、金银铜器、壁画、泥塑、木雕、木版画等等，因而在海内外引起轰动。后中国学者对西域艺术研究不断推进，对察吾呼史前彩陶、康家石门子岩画、草原动物纹样、尼雅木雕艺术造型、草原突厥石人与鹿石、龟兹乐舞舍利盒等等出土文物都有深入的探讨。②

宗教石窟以佛教壁画、彩塑为代表，既有犍陀罗的希腊风，也有世俗的汉风。"梵相胡式"和"西域样式"深受外来艺术影响，于阗、龟兹、高昌、北庭、敦煌、麦积山、龙门等主要石窟寺院都留下了珍贵的艺术遗产。从汉代到唐代，壁画中的"游丝描""铁线描"层出不穷，飞天造型的创新更是描绘了天国的景象。即使吐蕃统治敦煌时期洞窟营建也有各国王子举哀图，反映了敦煌作为丝路重镇粟特艺术。③随着近年来汉魏隋唐的墓葬壁画的不断出土，墓葬壁画已是异军突起的艺术研究领域，著名的韦贵妃墓"胡人献马图"、章怀太子墓"蕃客使节图"、懿德太子墓"驯豹架鹰图"等，以及"胡汉打马球图""胡人乐舞图"等等都是反映中外文化交流的杰作。山西太原北齐娄睿墓出土壁画"商旅驼运图"、河南洛阳唐墓"胡商驼队图"都是丝绸之路上的真实记录。

张骞通西域后，沿丝绸之路进入中国的杂技幻人开辟了新的世界，史书记载了眩人、幻人表演的西域各种幻术。《魏略·西戎传》记载：大秦国"俗多奇幻，口中出火，自缚自解，跳十二丸，巧妙非常"。河南新野和山东嘉祥的汉代画像砖上都有高鼻深目戴尖顶帽的胡人口吐火焰的形象。甘肃庆城唐穆泰墓出土的胡人杂戏俑，清晰地展现了当时的外来艺人表演状况。④

---

① 伊斯拉菲尔·玉苏甫、安尼瓦尔·哈斯木：《新疆发现的古文字》，见新疆文物局、上海博物馆编：《新疆维吾尔自治区丝路考古珍品》，上海译文出版社，1998年。
② 周菁葆：《丝绸之路艺术研究》，新疆人民出版社，1994年；仲高：《丝绸之路艺术研究》，新疆人民出版社，2008年。
③ 沙武田：《吐蕃统治时期敦煌石窟研究》，中国社会科学出版社，2013年，第209页。
④ 庆阳市博物馆、庆城县博物馆：《甘肃庆城唐代游击将军穆泰墓》，《文物》2008年第3期。

西域乐舞对中国文化的影响非常广泛，汉代传入的《摩诃兜勒》和"胡角横吹"促进汉乐府更造新声，隋唐"胡乐新声"越发融会，不仅有白明达、康昆仑、曹妙达、安叱奴、米嘉荣等昭武九姓世代乐工，而且最著名的龟兹乐从4世纪晚期传入后凉、北魏后，在北方各地广泛流行。隋代九部乐中有五部属于西域乐，唐代十部乐中天竺、西凉、龟兹、安国、疏勒、高昌、康国占了七部，苏摩遮、狮子舞、胡腾舞、胡旋舞等西域舞蹈异常流行。敦煌壁画中有大量乐舞伎艺术形象，[①]宁夏出土的胡旋舞门石、西安出土的胡旋舞壁画，都从图像、遗物、诗歌几个角度印证了丝绸之路上曾流行的乐舞文化。

十一、天文与医学

天文算学是通过丝绸之路传入中国的最重要的科技成果之一。唐代历法深受天竺瞿昙、矩摩罗、迦叶三家的影响，印度天文学家瞿昙罗、瞿昙悉达、瞿昙撰世代曾任司天监太史令，在唐司天台工作100多年。唐朝几度修历基本不脱离印度天文历法，瞿昙罗于唐高宗时进《经纬历法》9卷，武则天时又作《光宅历》。特别是开元九年（721）瞿昙悉达译出《九执历》（民间称《九曜历》），对唐代以及后世天文历算影响深远。[②]《隋书·经籍志》著录的印度天文类《婆罗门天文经》及历算类《婆罗门算法》等甚至影响到民间占星术，胡名、波斯名、梵名的混合使用反映了天文历算交流的广阔天地。

1970年西安何家村出土的唐代窖藏中，有丹砂、钟乳石、紫石英、白石英、琥珀、颇黎（玻璃）、金屑、密陀僧、珊瑚等，多与贵族养生有关，其中的舶来品说明当时外来药物的传入与流行。[③]据美国学者谢弗研究，中古时代外来药物在中国大量出现，有印度传入的质汗药、干陀木皮、郁金等，拂菻传入的底也迦，西亚传入的胡桐树脂、安息香等，波斯传入的芦荟、皂荚、胡黄连等，阿拉伯传入的没药、乳香、阿勃参等。[④]因而唐朝出现《胡本草》（郑虔）、《海药本草》（李珣）、《龙树菩萨药方》、《婆罗门药方》等专门介绍外来医药的著作，对隋唐"药王"孙思邈产生过很大影响，当时"胡方"流传东渐成为一种传奇。

外来医学中最著名的还有眼科医术，杜环《经行记》记录大秦医生擅医眼疾。

---

① 史苇湘：《敦煌历史与莫高窟艺术研究》，甘肃教育出版社，2002年。
② 薛克翘：《中国印度文化交流史》，昆仑出版社，2008年，第200页。
③ 耿鉴庭：《西安南郊唐代窖藏里的医药文物》，《文物》1972年第6期。
④ 陈明：《中古医疗与外来文化》，北京大学出版社，2013年，第224页。

唐高宗晚年"目不能视",给他医治眼疾的秦鹤鸣就是来自大秦的景教医师。①《全唐文》卷七〇九记载太和四年(830)李德裕在成都时被南诏俘掠走"眼医大秦僧一人"。给唐玄宗兄李宪疗疾的僧崇一、为鉴真和尚治疗眼疾的"胡医",都是外来医生。印度的外科手术治疗在5世纪时已经相当成熟,眼科学《龙树眼论》译介传入中国,介绍了722种医治眼疾的方法,对唐代《治目方》影响很大,唐诗中有不少反映印度以金篦术治疗白内障的诗句,白居易《眼病》、刘禹锡《赠眼医婆罗门僧》等都印证了印度医师在华活动的轨迹。

十二、动物与植物

丝绸之路上外来物品五光十色,有的虽不算商品贸易,但"异方宝货"引人注目。史书记载中亚诸国多次进贡狮子、名马、骆驼、名犬、鸵鸟、猎豹等珍禽异兽,反映了特殊贡品的复杂性与多样性。

汉唐之际狩猎广泛流行于上层贵族阶级,是身份、地位和荣誉的象征,鹰隼、猎豹、猞猁等驯化动物帮助贵族狩猎成为一项重要活动,我们在西安金乡县主墓出土的整套陶俑上可看到胡人猎师携带猎豹、手举猎隼的形象。②张广达先生提供了唐代贵族使用中亚引入的猎豹的文化传播实例。③《旧唐书·西戎传》记载唐武德七年(624)高昌王曲文泰贡献一对雌雄高六寸、长尺余的小狗,"性甚慧,能曳马衔烛,云本出拂菻国。中国有拂菻狗,自此始也"。这种聪慧可爱的拂菻狗曾是希腊妓女和罗马贵妇的宠物,引入唐朝后也备受王公贵妇宠爱。1972年吐鲁番阿斯塔纳唐代高昌古墓出土的黑色拂菻狗残画,描绘了两个孩童抱狗嬉戏的场景。传世的唐代周昉《簪花仕女图》也描绘了拂菻狗在升平气象下"拂地行"形象。蔡鸿生先生的《哈巴狗源流》解读了这种西域引进新物种的演变。④

沿丝绸之路传来的外来植物中,肉桂、胡椒、苜蓿、安石榴等奇花异果名目繁多,其中影响最大的是葡萄,《史记·大宛列传》记载葡萄"汉使取其实来,于是天子始种苜蓿葡萄肥饶地。及天马多,外国使来众,则离宫别馆尽种葡萄,苜蓿极望"。汉唐文物中有许多葡萄纹样装饰的精品,新疆民丰尼雅出土夹缬蓝印花棉布上有手持盛满葡萄丰饶角的希腊女神,大同出土的北魏葡萄纹鎏金高足杯,北朝

---

① 黄兰兰:《唐代秦鹤鸣为景医考》,《中山大学学报》2002年第5期。
② 西安市文物保护考古所编:《唐金乡县主墓》,文物出版社,2002年。
③ 张广达:《唐代的猎豹——一个文化传播的实例》,见荣新江主编:《唐研究》(第7卷),北京大学出版社,2001年。
④ 蔡鸿生:《哈巴狗源流》,见《中外交流史事考述》,大象出版社,2007年,第163页。

隋唐葡萄藤蔓纹饰石刻遍及各地，唐代的锦绫采用葡萄纹饰很普遍，海兽葡萄样式铜镜更是众人皆知。其他像新疆营盘出土东汉石榴纹饰锦罽袍，唐代椰枣树对狮纹锦，长沙窑流行的椰枣树贴塑装饰，都是西来植物深入影响中国的证据。

唐代海上贸易交通日益频繁，宋代进入高潮，目前南海已出水的瓷器、石雕、铜钱等文物，时间涵盖了南朝、唐、宋、元、明、清，印证了早期文献关于南海航路的记载。

在阿拉伯帝国阿拔斯王朝（黑衣大食，750—1258）取代倭马亚王朝（白衣大食，661—750）之后，哈里发宣称要展开贸易活动与遥远的中国接触。巴格达市场充满了来自东方的货物，阿拉伯学者贾希兹（al-Jahiz，776—868）编纂的《商务观察》所列中国输出到巴格达的有丝绸、瓷器、纸墨、马鞍、剑、香料、麝香、貂皮、肉桂以及孔雀等等，丝绸中的高档锦缎尤受欢迎。

盛唐天宝年间，广州"江中有婆罗门、波斯、昆仑等船，不知其数；并载香药、珍宝，积载如山。其舶深六、七丈。师子国、大石国、骨唐国、白蛮、赤蛮等往来居住，种类极多"[①]。波斯、阿拉伯商人从东南沿海深入长安，贩卖香料、象牙、珠宝、药材等，长沙窑瓷器一跃而上占领了外销市场的主要份额，1998年在印度尼西亚海域发现的"黑石号"沉船，出水中国瓷器和金银器多达6万余件。在印度、波斯湾、埃及等古港口都发现了中国的外销瓷，证明中国古代先民到达南海诸岛并转走阿拉伯世界，反映了当时海上贸易的多样性。

多年来，丝绸之路的经典形象早已留驻在各国人民的脑海中。在中国历史上，从汉代以来"胡人"的外来民族形象已经遍及石刻、陶俑、壁画、铜塑等等艺术品，[②]一直到宋元仍不断涌现，[③]大漠孤烟中驼铃声声，长河落日下商旅呜呜，使我们不由想到唐朝诗人张籍的《凉州词》："边城暮雨雁飞低，芦笋初生渐欲齐。无数铃声遥过碛，应驮白练到安西。"[④]随着丝路沿线考古新发现不断面世，举办一次大型丝绸之路文物展览无疑是非常必要的，可以使人们从各类文物中体悟古代东西方交流，也从不同角度关注从历史到现实的包容精神。

2014年6月22日，由中国、哈萨克斯坦和吉尔吉斯斯坦联合申报的"丝绸之路：起始段和天山廊道的路网"被第38届世界遗产大会宣布列入世界遗产名录，但是33

---

① 〔日〕真人元开：《唐大和上东征传》，汪向荣校注，中华书局，1979年。
② 郑岩：《汉代艺术中的胡人形象》，见中山大学艺术史中心编：《艺术史研究》（第1辑），中山大学出版社，1999年。
③ 葛承雍：《元代出土胡人形象俑研究》，《文物》2014年第10期。
④ 〔唐〕张籍：《凉州词三首》。

处遗产点（中国境内22处）远远不能代表整个丝绸之路沿线所呈现的文明。例如波斯人既喜欢希腊的艺术创作，又引进中国的独特技术，没有伊朗的汇入，丝绸之路文化遗产显然有缺环。又例如土耳其是欧亚大陆交汇地区和丝绸之路重要节点，缺少它的遗产联合申报也不完善。中外文明交流历来有两种趋势：有冲突、矛盾、疑惑、拒绝；更多的是学习、消化、融合、创新。前者以政治、民族为主，后者以文化、生活为主。

从更广阔的背景看，在丝绸之路交流史上，中国无疑是一个以世界文明交汇为坐标、以民族多元文化为本位的地域，是一个文明共存之地。两千多年来，驿站网络畅通，商人积极转输，商品种类丰富，宗教信仰传入，移民聚落增多，互通婚姻融化，可以说最初的商业世界早已变成了各民族文明延伸的长廊，经过碰撞、交锋、包容最后走向融合、多彩，这是人类文明的基本框架和理想样貌，人类一切文明都因交流互通而共融，因包容互鉴才有转化发展的动力。

丝绸之路带来的多元文明，启迪人类世界只有互动交流、百川归海、汇聚辐射，才能延绵不断，既融入整个文明世界，又进入更高的文明时代。

原载《长安学研究》（第1辑），科学出版社，2016年
（葛承雍，陕西师范大学人文社科高等研究院学术委员会主任、特聘教授）

风俗与风俗史研究
——以秦汉风俗为主心

彭 卫

一、概念

风俗是一个富有弹性的庞大的历史现象，它几乎涵盖了日常生活的所有方面，并将影响延伸到日常生活之外的其他方面。由此，作为研究对象的风俗史同样是一个庞杂且边缘不甚明晰的领域：广阔的研究对象，复杂琐细的生活细节，与其他研究领域的交集，使得风俗史不仅容易引起人们的误解，更重要的是这些误解都有自己的理由，因而也就显示出了各自立场的某些合理性。

近代以来风俗史的成长与文化史的发展密不可分。以著述《风俗论》而影响一个时代的法国启蒙运动思想家伏尔泰（Voltaire，1694—1778）在他另一部重要著作《路易十四时代》中点明了他对风俗史的界定：

> 这部著作绝非多次战役单纯地记述，而是一部人类风尚习俗的历史。……这部论作旨在撇开浩如烟海的细枝末节，对这些剧烈变革的主要特征进行描述，让人只看到重大事件，并且在可能的情况下，看到导致这些事件的精神。①

在伏尔泰所处的时代，历史学所关注的对象集中在政治和军事方面。伏尔泰提出了研究人类风俗习尚，以及其背后所包含的民族精神，是冲破传统史学的最早的呼声。其后，以布克哈特（Jacob Christoph Burckhardt）、丹纳（Hippolyte Adolphe Taine）等人为代表的一批研究者致力于文化史建设，提出"精神的气候"，即风俗习惯与时代精神，与"自然界的气候起着同样的作用"。②从而为历史研究打开了一条宽阔的学术道路。

早期的风俗史研究对象较为宽泛，如前面提到的伏尔泰所强调的风俗史可以说

---

① ［法］伏尔泰：《路易十四时代》，吴模信译，商务印书馆，1982年，第269页。
② ［法］丹纳：《艺术哲学》，傅雷译，人民文学出版社，1963年，第34页。

就是人类的精神活动史。在随后的研究中，风俗史概念开始缩小，19世纪中期牛津大学首位钦定历史学教授沃恩（H. Vaughn）所开列的研究清单包括制度、法律、风俗、传统、爱好、信仰、宗教、节日、礼仪等内容，[①]显然，他所理解的风俗史与伏尔泰有了很大不同。再往后，关于风俗的界定言人人殊。这种研究背景使得学者们关于风俗史的理解出现了较大的差异。

需要注意的另一个倾向是，在风俗和风俗史由泛化转向细化的同时，用宏观的眼光对待风俗史也在延续和发展，法国年鉴学派是其中的代表。作为一个并不完全统一的学术流派，年鉴学派经历了从社会史、经济史到文化史的演变途径。年鉴学派风俗史研究的基本特点是：在切入点上，将风俗与社会、文化结构密切相连；在研究方法上，注重社会学、心理学和人类学的理念。年鉴学派创始人之一的布洛克（Marc Bloch）在《封建社会》一书中，就关注了风俗习尚、信仰对欧洲封建社会的影响。他明确提出如果要想深入了解一个时代制度是如何形成的，就必须将这个制度与同时代的精神和风尚联系在一起。他注重文化的群体特征，注重日常生活和习俗，这种研究理念对后来的研究者产生了重要影响。[②]

中国的传统史学始终将风俗放置在重要位置上，这与中国古代国家重视风俗对政治生活和社会生活的影响直接相关。秦汉以前，齐同风俗和保持风俗的延续是国家管理者关注的重点。《管子》和《荀子》集中表达了战国时代关于风俗政治和社会地位的主流观念。在它们看来"变易风俗"必然会导致百姓成为无法控制的"不牧之民"，[③]而"广教化，美风俗，兼覆而调一之""全道德，一天下"则是"辟公之事"和"天王之事"。[④]只有"风俗美"，才能"以守则固，以征则强，居则有名，动则有功"。[⑤]因此，风俗既是国家命脉之所在，也是国家政令得以实施的基本路径。在这些陈述中，可以明确地看到，"风俗"具有政治性和文化性的含义，而不是仅限于日常生活内容中的习俗。对风俗的这种理解延及后世。顾炎武《日知录》卷一三有"周末风俗""两汉风俗""宋世风俗"条，所论内容是这三个时代的政治、社会和文化的气象和风尚。例如在"周末风俗"条中他写道："盖自春秋之后，至东京而其风俗稍复乎古。吾是以知光武明章，果有变齐至鲁之功，而惜其

---

① 何兆武、陈启能主编：《当代西方史学理论》，中国社会科学出版社，1996年，第22—23页。
② 何兆武、陈启能主编：《当代西方史学理论》，上海社会科学院出版社，2003年，第510—511页。
③ 黎翔凤：《管子校注》卷六，中华书局，2004年，第296页。
④ 〔清〕王先谦：《荀子集解》卷五，中华书局，1988年，第170—171页。
⑤ 〔清〕王先谦：《荀子集解》卷七，中华书局，1988年，第229页。

未纯乎道也！自斯以降，则宋庆历元祐之间为优矣。嗟乎，论世而不考其风俗，无以明人主之功，余之所以斥周末而进东京，亦《春秋》之意也。"①这种广义的风俗，实际上描述的是一个时代的社会面貌，它的意义在于通过确认这个时代的政治、思想、文化以及社会风尚的特征，构建起历史的流变脉络和发展走向。

中国古代对风俗的理解还有另一个传统，这就是将风俗定位于风土人情，即风俗的范围包括一个地区的地理环境、人们生存的基本方式，以及性格和精神面貌。②《史记·货殖列传》和《汉书·地理志》班氏所辑汉成帝时朱赣考察的各地状况即是如此。汉代以后正史的地理志所述风俗中也保持了这个传统。在这个框架中，风俗包含了人们赖以生存的自然背景、生活方式和民风三个线索。这种狭义的风俗，提取的是人们生存方式的形成过程，以及在生存方式中所显示出的民风和民情。

在中国古代著述中，这两个传统有时并存。几乎所有的方志都有风俗的位置，除去那些专列风俗志或风俗记的方志外，一些的方志将风俗系于政事或礼乐之中，如明嘉靖《维扬志》、明崇祯《嘉兴县志》、清康熙《上犹县志》；③而更多的方志则将"风俗"置于地理、地舆或疆域部分。这种设计，反映了先秦秦汉两种风俗模式对后世的深远影响，也显示出在后来史家眼中这两种模式的影响力的些微差异。

近代以来中国学术界对风俗史的考察始于20世纪初到20世纪30年代，其时一批断代和通贯性著作相继问世。④由于受到西方学术理念的影响，这些著作表现出了本土学问与外来学问之间的博弈和平衡，最终西方的"民俗"（folklore）概念大体上成为"风俗"的同义词，风俗史的研究也因此被限定在衣食住行和社会习尚方面。对风俗的这种定位也成为此后相当长一段时间的主流观念。

从某种程度上说，学术史和思想史的变迁是概念的变化，即新的概念不断出现，一些旧的概念逐渐消失，而某些原有的概念的含义可能也发生了改变。不同时代特定的局面和形势是这种变化的原因所在。在西方风俗和风俗史概念演进的路径中，它们伴随着对传统史学的批判和对史学价值的反思而出现。在完成了其使命之

---

① 陈垣校注：《日知录校注》，安徽大学出版社，2007年，第716页。

② 《汉书》卷二八《地理志下》云："凡民函五常之性，而其刚柔缓急，音声不同，系水土之风气，故谓之'风'；好恶取舍，动静亡常，随君上之情欲，故谓之'俗'。"（中华书局，1962年，第1609页）

③ 嘉靖《维扬志》卷三一《礼乐志·风俗》，见《天一阁藏明代方志选刊》，上海古籍出版社，1963年影印。崇祯《嘉兴县志》卷一五《政事·里俗》、康熙《上犹县志》卷五《礼乐志·风俗》，均见〔明〕杨承文修：《日本藏中国罕见地方志丛刊》，书目文献出版社，1992年。

④ 代表著作包括张亮采《中国风俗史》（商务印书馆，1915年）、瞿宣颖《汉代风俗制度史前编》（广业书社，1928年）、尚秉和《历代社会风俗事物考》（商务印书馆，1938年）。

后，一方面注重风俗史的细化，使风俗史成为一个有着独立品格的研究领域；另一方面风俗史仍然是整体史学的重要组成部分，成为解释一个时代社会结构和社会变迁的重要知识资源。在中国，作为政治理论形态的风俗和作为史学研究的风俗、风俗史既有相合之处，也有不小的差异。无论是将风俗理解为政治、社会和文化气象，还是将"风俗"理解为自然环境、生存方式和精神面貌，都是具有明显的中国传统特色的表达。也正是因为如此，有的研究者试图将这个意义上的风俗作为研究中国历史的特有概念。[1]我们注意到，无论是中国两个传统的风俗概念，还是西方民俗概念，存在着某些相合的地方，这就是风俗是一种文化现象，它与人们的精神世界、生活态度和价值取向密切关联。这应当是风俗的核心部分。

然而风俗又不仅是一种文化现象。风俗的形成是多方面因素共同作用的结果。其中，自然环境提供了生存方式的基本背景。在这个背景下，不同地区的人群以各自特有的生活方式延续着自己的血脉，产生和发展了属于自己的社会组织，形成了稳定的生活观念体系。

在今天的学术分类中，广义的风俗已经被思想史、文化史和学术史分割。尽管其中的某些内容依然属于狭义的风俗范畴，尽管研究风俗史仍然需要考察和了解一个时代的基本面貌，但现代的学科分工决定了广义的风俗只是一个历史性的概念。在《中国风俗通史·秦汉卷》导言中，我们是这样界定研究对象的："风俗大致包括两个部分，其核心内容是人们在对待外部环境以及交往中所呈现的普遍行为方式和精神世界，作为其外延部分则是构成这种行为方式和精神世界基础的自然与人文环境。所谓'普遍行为'意味着风俗是一种群体方式，所谓'精神世界'则是指任何一种风俗都具有精神基础或心理凭借。由此我们可以在逻辑上将风俗史研究对象与诸如社会史或生活史等相近领域区分开来。"[2]这里需要补充的是，风俗的形成和变化，与一个时代人们的生存方式和社会组织方式密切相关，从某种意义上说，这两种因素是风俗形成与变化的基本原因。如果不了解这些方面，对风俗的深入研究便无从谈起。因此，所有日常生活的内容，都应纳入风俗史的视野。

二、时代

历史长河变动不居，而其间迸发的任何一场大变局都会为历史的进程带来决定性影响。

由春秋到战国，中国古代的社会秩序和国家形态发生了根本性的转变。这个历

---

[1] ［日］岸本美绪：《"风俗"与历史观》，《新史学》2002年第3期。
[2] 彭卫、杨振红：《中国风俗通史·秦汉卷》，上海文艺出版社，2002年，第2页。

史的大趋势如同巨浪一般以无可阻挡的势头滚滚向前，最终在秦汉时期完成了历史的定格。

秦汉帝国在中国历史上最重大的意义首先表现为皇权的确立，这是与以往完全不同的国家形态。皇权具有至高无上的政治地位，它通过中央政府、地方郡县机构对全国实行中央集权的控制。它通过赋税和徭役制度将民众束缚在国家体制之中。在生活秩序方面，与国家控制相背离的所有因素都受到限制，政治身份上的等级性在生活中得到确认。

作为大一统中央集权帝国早期的秦汉时期，风俗与政治的关系体现了国家意志。在商周时代的王制社会中，没有人否认不同地区的风俗存在的合理性。《诗经》十五国风显示了人们对各地风俗差异的认可。这种情状与当时的"封建"制度密切相关：受到商王和周王分封的方国和诸侯国保持着自己在政治上的独立性，从而也就使得他们所控制地区的经济和社会各方面都保有自己的合法性。随着秦汉大一统王朝的建立，这种情形发生了改变。

与三代不同，大一统的王朝需要统一的风俗。这一点在战国后期儒家代表性人物荀子的笔下即有明确表达。在荀子看来，"风俗以一"是"政令以定"的结果，如果"有离俗不顺其上"，就会导致"百姓莫不敦恶，莫不毒孽"的恶果。[1]汉代主流政治观念继承了荀子的理念，对齐同风俗的诉求不断增强。它强调统治者应致力于风俗的一致性，认为取消风俗的区域差异有助于保证国家稳定，而风俗的多样化则必然瓦解统治基础。终军指出："夫天命初定，万事草创，及臻六合同风，九州岛共贯，必待明圣润色，祖业传于无穷。"[2]王吉写道："《春秋》所以大一同者，六合同风，九州岛共贯也。"而"百里不同风，千里不同俗，户异政，人殊服"就会造成"诈伪萌生，刑罚亡极，质朴日销，恩爱寖薄"。[3]平帝时，王莽为粉饰太平，遣风俗使者八人分行郡国览观风俗，编造"天下风俗齐同"的谎言，[4]则是这种观念的一次政治实践。

然而，国家意志的诉求与现实存在着巨大的沟壑。在秦汉帝国广袤的疆域内，不同地区延续并保持着前代形成的风俗习尚。司马迁和班固先后在《史记·货殖列传》和《汉书·地理志》中对汉代各地民风作了细致的记录，将汉帝国划分为10个

---

[1] 〔清〕王先谦：《荀子集解》卷一〇，中华书局，1988年，第286页。
[2] 《汉书》卷六四《终军传》，中华书局，1962年，第2816页。
[3] 《汉书》卷七二《王吉传》，中华书局，1962年，第3063页。
[4] 《汉书》卷一二《平帝纪》，中华书局，1962年，第359页；《汉书》卷九九上《王莽传上》，中华书局，1962年，第4071页。

较大的文化风俗区域。①

（1）秦风俗区。班固所说的秦地指的是战国末年秦完成对六国征服前秦的故土，"自弘农故关以西，京兆、扶风、冯翊、北地、上郡、西河、安定、天水、陇西，南有巴、蜀、广、汉、犍为、武都、西有金城、武威、张掖、酒泉、敦煌，又西南有牂柯、越嶲、益州，皆宜属焉"。即以今陕西关中为核心，包括陕西、甘肃、四川绝大部分地区。其面积约占汉朝疆域的三分之一，人口约占总数的十分之三。②司马迁笔下的秦地虽有些模糊，但玩其文义，主要是指关中地区。在自然地理和文化地理上，这个狭义的秦地自然更为确切。按照马、班的描述，民风淳朴是关中地区的传统风尚，但随着西汉建国后不断把原居于其他地区的高官、富人和豪强迁往诸帝之陵，导致这里的民风发生了重大变化，所谓"五方杂厝，风俗不纯"。其中三种力量成为关中地区具有代表性的群体："其世家则好礼文，富人则商贾为利，豪杰则游侠通奸。"根据司马迁的观察，西汉中期的关中，逐利求富是关中居民的重要价值观念，所谓"其民益玩巧而事末"③——这与商鞅变法以及秦统一全国后的关中民风相比着实发生了不小的变化。

（2）西北风俗区。班固划分的广义秦文化区还有关中地区向西和向北延伸的北地、上郡、安定、西河、天水、陇西、武威（今陕西北部及甘肃），以及向南延伸的巴蜀地区。司马迁说北地等地"与关中同俗"，④班固则更多地描写了两个地区之间的差异：北地等地因地接边塞，民风强悍质朴，崇尚武力，"以射猎为先"，"不耻寇盗"，"以材力为官，名将多出焉"。

（3）巴蜀风俗区。巴蜀有江水沃野、山林竹木，盛产各种瓜果蔬菜，"民食稻鱼，无凶年忧，俗不愁苦"。生活的富足，也造成这里喜好享乐、柔弱怯懦、轻佻狭隘的民风。

（4）魏风俗区。包括河东（今山西西南部）与河内（今河南北部）。其中，河东土地平坦，虽有盐铁之利，普通百姓却生活节俭。河内是商代旧都，这里民风刚强，人们蔑视礼义，喜好分家，豪族大姓纵横乡里。

（5）周风俗区。周是东周王室故地所在。这里具有浓厚的商业气息，人们贵财贱义，高富下贫，喜好经商赚钱，却不愿仕宦为官。

---

① 司马迁在《史记》中没有说明其地域分类的依据，从《史记》的撰述过程看，这种分类应当是他对官方档案记录和其游历的概括。班固的分类系西汉成帝时人朱赣的报告，见《汉书》卷二八下《地理志下》。因篇幅缘故，此节征引文献凡不出注者均见该书。
② 《史记》卷一二九《货殖列传》，中华书局，1959年，第3262页。
③ 《史记》卷一二九《货殖列传》，中华书局，1959年，第3261页。
④ 《史记》卷一二九《货殖列传》，中华书局，1959年，第3262页。

（6）韩风俗区。这个区域包括今河南新郑、淮阳、南阳、颍川等地区。其中，新郑是先秦郑国故土，承袭了前代"溱与洧方灌灌兮，士与女方秉菅兮"①的男女交往松弛的民风。淮阳是先秦陈国的故地，淮阳人也承袭了祖先重视祭祀鬼神的习俗。南阳、颍川是夏禹故土，民风原本朴实。但自秦把"不轨之民"迁到这里之后，人们开始崇尚奢侈的生活方式，崇尚勇力，"藏匿难制御"，是汉代不易管理的地区。

（7）赵、燕文化区。这个区域包括今河北、辽宁、朝鲜族北部及除河东以外的山西地区。其中赵和中山国故地，"地薄人众"，成年男子"相聚游戏，悲歌慷慨，起则椎剽掘冢，作奸巧，多弄物，为倡优"；而女性则"弹弦跕躧，游媚富贵，遍诸侯之后宫"。邯郸是著名都会，风俗杂驳，民风"大率精急，高气势，轻为奸"。太原、上党地区居住春秋战国的晋公族子孙，他们"以诈力相倾，务矜夸功名，报仇过直，嫁取（娶）送死奢靡"，"号为难治"；而因人众地狭，普通人家"纤俭习事"。长城沿边一带民风剽悍，他们或"任侠"，"不事农商"；②或"好气为奸，不事农商"。燕地居民"雕捍少虑"③，"敢于急人"。朝鲜半岛北部民风淳朴，"民终不相盗，无门户之闭，妇人贞信不淫辟"。

（8）齐鲁风俗区。齐在今山东东北部，从周王朝开始，这里就是华夏著名的文化地区。至汉代，此处仍是当时的学术主流——经学的重镇，人们"好经学，矜功名"。齐人性情舒缓，司马迁说齐人聪慧，好议论，有大国之风。④班固则批评齐人"夸奢朋党，言与行缪，虚诈不情"。由于有渔、盐的地利和手工业的发达，齐人生活颇为奢靡，在穿着上常领潮流，"号为冠带衣履天下"。鲁位于今山东西南，人们好学一如齐人，"俗好儒，备于礼，故其民龊龊"⑤。所异者是节俭吝啬，善于做生意，司马迁在《史记·货殖列传》中感慨鲁人"好贾趋利"甚于周人。鲁地薛县民风较为特殊，与这个地区民风迥异。司马迁在游历薛县后评论说："其俗，闾里率多暴桀子弟，与邹鲁殊。问其故，曰：'孟尝君招致天下任侠，奸人入薛中盖六万余家矣。'世之传孟尝君好客自喜，名不虚矣。"⑥由于孟尝君任侠招客，薛县

---

① 《诗经·郑风·溱洧》，见高亨注：《诗经今注》，上海古籍出版社，1980年，第126页。
② 《史记》卷一二九《货殖列传》，中华书局，1959年，第3263页。
③ 《史记》卷一二九《货殖列传》。《索隐》云："言如雕性之捷捍也。"《汉书》卷二八《地理志下》作"愚悍少虑"，微有不同。
④ 《史记》卷一二九《货殖列传》，中华书局，1959年，第3265页。
⑤ 《史记》卷一二九《货殖列传》，中华书局，1959年，第3266页。
⑥ 《史记》卷七五《孟尝君传》，中华书局，1959年，第2364页。

居民成分发生了改变，因此也带来了风尚的变化。

（9）宋风俗区。这个区域跨今山东、河南、江苏交界，这里民风质朴，"重厚多君子，好稼穑；虽无山川之饶，能恶衣食，致其蓄藏"[①]。与宋相邻的沛地是汉室龙兴之处，这里"地薄民贫"，人情偏狭自负。

（10）卫风俗区。这个区域在今河北、河南之间，这里民风强悍，崇勇尚侠，司马迁较早地注意到这个现象，班固将之归因于先秦时勇士子路、夏育在这里活动的影响。当地居民生活奢靡，"嫁取（娶）送死过度"。

（11）楚文化区。司马迁把长江流域大部分地区和长江以南的所有地区都称之为楚，将楚划分为西楚、东楚和南楚，这大约反映了西汉中前期人的看法。班固所说的楚文化区相当于《史记》中的西楚和南楚，包括今湖北、湖南、汉中及河南东南的汝南。这里"有江汉川泽山林之饶"，火耕水耨是其耕作方式，鱼稻是居民的常食。因取食便利，人们"不忧冻饿"，但也没有巨富之家。信巫鬼是秦汉时期各地共有的习俗，而这一俗信在楚地表现得尤为明显。楚人情性急躁，外方人对他们有"沐猴而冠"的评说。[②]

（12）吴越文化区。这里属于司马迁所说的东楚，包括今江苏和安徽南部，以及浙江、江西，其地连接楚地，物产、生活习惯和民风也与楚人大体相同。由于受到先秦时吴越君主崇尚武力的影响，百姓"好用剑，轻死易发"，民风颇为强悍。

（13）粤文化区。这个区域包括今两广和越南北部。《史记·货殖列传》和《汉书·地理志》只描述了这个地区的自然风貌、特有物产和着装特点，没有对这里的民风进行说明。这可能与当时史家对这个地区的民俗了解有限有关。

周振鹤将这些叙述概括为塞上塞外、黄河中下游、淮汉以南三大风俗区域，塞上等16个准风俗区域，以及西北等15个亚风俗区域。[③]这是今人对汉代人区域观的系统归纳。我们应当看到的一个重要迹象是，《史记》和《汉书》以战国故地作为风俗区域的地理界限，这与后代正史如《隋书·地理志》以雍、梁、豫、冀、青、

[①] 《史记》卷一二九《货殖列传》，中华书局，1959年，第3266页。

[②] 《史记》卷七《项羽本纪》载：有人劝项羽定都长安，项羽"思欲东归，曰：'富贵不归故乡，如衣绣夜行，谁知之者！'说者曰：'人言楚人沐猴而冠耳，果然'"；又，《汉书》卷三五《荆燕吴传》："孝文时，吴太子入见，得侍皇太子饮博。吴太子师傅皆楚人，轻悍，又素骄。博争道，不恭，皇太子引博局提吴太子，杀之。"《汉书》卷七八《萧望之传》云："后（郑）朋行倾邪，（萧）望之绝不与通。朋与大司农史李宫俱待诏，堪独白宫为黄门郎。朋，楚士，怨恨。"颜师古注引苏林曰："楚人脆急也。"这类故事可为《货殖列传》作注。

[③] 周振鹤：《秦汉风俗地理区划浅议》，见中国地理学会历史地理专业委员会《历史地理》编委会编：《历史地理》（第13辑），上海人民出版社，1996年。

风俗与风俗史研究 | 219

徐、扬、荆作为文化风俗空间分野有很大不同。马、班的模式注重的是历史的延续,即春秋战国以来在王制背景下所形成的风俗圈,这也是汉代人的普遍认知,例如在扬雄《方言》中我们就看到了相同的情形。而《隋书》以《禹贡》九州岛说为蓝本,其书写方式立足于大一统帝国实行的郡县体制,与今天人们以省市为地理单位描述不同地域的民风特征相类。

马、班在对风俗的描述语言上高度概括,并具有某种决断论的倾向,即对一个地区的民风作整体性的定断。不过,我们还应当注意到他们在叙述中所呈现出的一定程度的模糊、在结论方面的克制。司马迁在述及邯郸民俗时指出:"邯郸亦漳、河之间一都会也。北通燕、涿,南有郑、卫。郑、卫俗与赵相类,然近梁、鲁,微重而矜节。"①文中的"微"字显示的是司马迁的观察能力和实录的品格。

马、班生活在帝制时代,他们何以仍以此前的空间分域作为风俗的分布经纬?我们认为,这并不是马、班的政治态度偏离了大一统中央集权政体,而是作为历史学家,他们注重的是对实况的叙述,他们更看重的是早先时代的政治因素和社会因素对他们所处时代民风的影响。在《史记》《汉书》中,这种"历史性理解"的情怀屡屡可见。司马迁在谈到各地风俗时,多将民风形成与前代联系在一起,如述关中云:"关中自汧、雍以东至河、华,膏壤沃野千里。自虞夏之贡以为上田,而公刘适邠,大王、王季在岐,文王作丰,武王治镐,故其民犹有先王之遗风,好稼穑,殖五谷,地重,重为邪。"②述中山云:"中山地薄人众,犹有沙丘纣淫地余民,民俗懁急,仰机利而食。"③述野王云:"野王好气任侠,卫之风也。"④述宋云:"舜渔于雷泽,汤止于亳。其俗犹有先王遗风,重厚多君子。"⑤述颍川、南阳云:"颍川、南阳,夏人之居也。夏人政尚忠朴,犹有先王之遗风,颍川敦愿。"⑥《汉书·地理志》也沿用了这种叙述风格。如前面所论及的,春秋战国以来所形成的诸国风俗在汉代依然稳固地存在着,从而显示了时代风俗与国体、国家政治主张并不完全重合的复杂关系,显示了民间秩序与国家秩序的差别,显示了时代的风俗习尚在变与不变中的纠葛和合流。事实上,《汉书·地理志》关于各"国"民风的数据,就是国家行为的结果,因而也在一定程度上表明了国家意志的某些值得咀嚼的倾向。从这个意义上说,《史记》《汉书》对汉代各地民风的陈述是比较可靠

---

① 《史记》卷一二九《货殖列传》,中华书局,1959年,第3264页。
② 《史记》卷一二九《货殖列传》,中华书局,1959年,第3261页。
③ 《史记》卷一二九《货殖列传》,中华书局,1959年,第3263页。
④ 《史记》卷一二九《货殖列传》,中华书局,1959年,第3264页。
⑤ 《史记》卷一二九《货殖列传》,中华书局,1959年,第3266页。
⑥ 《史记》卷一二九《货殖列传》,中华书局,1959年,第3269页。

资料，它们从整体上显示了那个时代中国境内不同地区社会风尚的差异，是一部浓缩的汉帝国民俗指南。

三、方法

据我们的观察，目前国内介入风俗史研究的群体包括民俗学界和史学界。民俗学家对风俗的观察和探讨起步更早，他们对风俗史的梳理做出了具有创新性的重要学术贡献。由于学术背景的不同，这两个群体在研究旨趣相似的同时，似乎也表现出了某些差异。在此，我们愿陈述我们关于风俗史研究的方法的不成熟思考。

第一，历史是一个整体，我们对历史所作的政治、经济、思想文化、风俗民情等的区分，只代表我们将历史做出逻辑划分的主观意向，并不就是人类历史的本身。历史的进程错综复杂，各种因素通常纠缠在一起，并以其合力共同影响着历史的进程。因此，对风俗史的研究只是观照历史的一个视角，它并不意味着我们只将自己的注意力压缩在这个范围之中。中国现代民俗学的奠基者之一钟敬文提出民俗学的基础应是"社会学与社会学史，以及文化学与文化学史"[①]，这是一个很好的意见。在这个方法论的基础上，我们认为风俗或民俗史的观察背景似乎可以更加广泛，影响历史进程的各种因素我们都应有所瞻顾。这就是说，我们思考的对象固然是历史上风俗的各种表现，但我们认识的背景却是人类历史的整个过程。这种研究框架可能会向我们提供对风俗形成和发展以及所产生的历史影响更为深入的认识。

第二，历史不是静止的，此前的历史是当下存在的源头，而当下的存在又成为决定将来走向的因素。每一个研究者都有自己特定的研究断代，由于精力和才具所限，对于绝大多数来说，通贯古今是一种奢望。但并不妨碍我们将载记的目光投向与所研究的时代相关联的那些岁月。这就是说，我们应避免将历史上的风俗作为一种静态的对象，而应努力地以长时段的研究观察风俗的形成和变化。

第三，历史上和今天的风俗都是以各种具体的、细致而微的现象而呈现的，由于这个特殊因素，使得以往风俗史研究出现了一些值得思考的薄弱环节，这就是研究工作在一定程度上陷入了碎片化和空洞化，缺少问题意识。就前者来说，有的风俗史研究只是着力于历史上风俗细节的描述和勾勒，对这些细节对一个时代风俗体系以及人的历史活动所产生的影响的关注有限。就后者而言，有的风俗史研究只是将某些历史具象冠以"风俗"或"民俗"之名，诸如出行风俗、服饰风俗、饮食风俗等等，其述则欠缺分析，其论则流于表层。这两种形不同实相类的表现，都妨碍

[①] 钟敬文主编：《中国民俗史》，人民出版社，2008年，"总序"第5页。

了风俗史研究的深化。因此，风俗史的研究应当是以重建往昔风俗具象为基础，以解释风俗形成和走向为归依，以风俗史与其他专门史相结合为旨趣，使风俗史具有更大的学术活力。

第四，历史研究的一个重要目的是将真实的历史知识传达给公众，并且能够引发公众在阅读中获得愉悦和智慧。风俗史是历史学分支中让公众最感兴趣的领域之一，风俗史的研究者应当将公众的需要作为重要的参照背景。洗练和平实的语言，丰富多彩的历史图像，风俗历史的整体显示，都会使风俗史更加贴近大众。

原载《长安学研究》（第1辑），科学出版社，2016年
（彭卫，中国社会科学院历史研究所研究员）

先秦中国与古代希腊

赵世超

先秦中国和古代希腊都出现了亚斯贝斯所谓的轴心期文明，产生了影响深远的原创文化，具有强烈的可比性。值此长安学国际学术研讨会召开之际，我在总结前人及同行所作比较研究的基础上，写下这篇看似与会议主旨无关、实则密切相关的文字，以供各位参考，并敬请批评指正。

一

要论对中国历史发展进程的影响，莫过于喜马拉雅山的隆起。8800多米的高峰挡住了西南印度洋上的暖湿气流，使中国中西部变成了干旱半干旱气候，东侧近地的风力也因"狭管效应"而更加强劲。北方蒙新地区的碎屑物质都被裹挟起来，向南吹送。最终，当地只剩下了不能携带的砾石。由于随风力递减，体积和比重较大的颗粒会最先落下，于是，自蒙、新至于秦岭，就出现了石漠、沙漠、黄土由北而南依次排列的自然景观。

如此说来，黄土本是一批被风搬运得最远的物质，直到受秦岭阻隔，才大致吹不动了。这就意味着它必然具有两个最基本的优点——细和轻。团粒结构细微，故土质疏松，易于垦耕。而轻的原因则是其中所包含的腐殖质成分多，土壤有自我加肥能力；含磷量也偏高，含水性能好。加之干旱半干旱所造成的草灌及蒿类植物分布广泛，砍伐起来较为省力，远非南方热带雨林所能比。所以，先民选取耐旱的作物粟作为种子，在黄土地带较早发展了原始农业，过上了村落定居生活，形成了长期稳定使用的邑和邑群，并以此为基础，产生了古代文明。

那么，能否认为中国的先民得天独厚？否。恰恰相反，他们在向大自然进军时，所面临的环境是复杂的，所遇到的困难是超乎想象的。

从地势看，当时能够垦殖的仅限于高平的原和原下近水的隰，特别是黄河支流上的小盆地，如渭水河谷、伊洛河河谷、汾水河谷和泰山丘陵下的"汶阳之田"等，山林川泽还是人们无法进入的禁地，而这些不利于农作的区域可能远大于宜农区。如：河济之间的兖州，被称为陷泥地、渥地；黄河在广袤的华北"播为九河"，实际呈漫流状态；据谭其骧统计，到了春秋时期，仅鸿沟、颍汝以东，济泗以西，长淮以北，大河以南，仍有较大湖泊140多个。①类似的区域显然不适于人类居住，故早期遗址的发现也不集中。从土壤来看，多水或湿度过大的烂泥地被称为涂泥，肯定不利于耕种，故《禹贡》列荆州涂泥为下中，扬州涂泥为下下。而海滨、湖畔和河流交汇处的碟形洼地又易泛碱，古籍说"冀州白壤"，又说青州"海滨广斥"，指的就是这种极难治理的盐碱地。不适合耕种的可能还有坚硬的垆土。真正的好地只有排在上面的黄壤和一种叫作"坟"的暄土。干旱半干旱气候使黄土地带不像多雨的南方那样林木茂盛，但林地的分布却远较今日为多，这不仅带来了土地始辟时砍伐的难度，而且为野生动物的生存和繁育提供了场所。徐中舒先生早年写《殷人服象及象的南迁》时说：殷、周象尚在黄河流域，春秋已迁到长江流域，秦时已迁到岭南，故于岭南置象郡。证以《左传》定公四年楚昭王"使执燧象，以奔吴师"等等，可知徐先生的看法是一个完全正确的判断。除了象，见于记载的还有犀、兕、虎、豹、豺、狼、野猪、麋鹿等，它们都可以在中原地区自由往来，狼奔豕突。综上可知，先秦时期的自然环境既原始，又险恶。

不仅如此，给人们带来巨大威胁的还有灾害。"中国位于世界最大的大陆——欧亚大陆的东南部，濒临世界最大的海洋——太平洋。由于海陆之间的热力差异而造成季风气候特别显著"，所以，"中国是世界上季风最为显著的国家之一"。②由此造成的中国气候既具有强烈的大陆性，又具有变化的剧烈性和复杂性。其表现是降水集中，洪涝多发，在漫长的缺雨期，大片内陆地区又有旱魔肆虐。与之相伴，还会有风灾、雹灾、霜灾、雪灾、冻灾，蝗灾亦时时来袭。在地质方面，漂移的几大板块在中国交接，又造成地震相对集中。可以肯定，中国是一个多灾的国家。据萧国亮《皇权与中国社会经济》一书统计："自西周至清末约3000年间，共发生大灾荒5168次，平均每年发生1.723次。"③

在环境险恶、灾害频发的情况下，人们拿什么向自然开战？过去曾有人认为殷和西周已使用铁器，现在不这样讲了。一般说来，铁器出现于春秋，到战国开始普遍化，连农具也用铁制了。所以，《孟子》书中就有了"铁耕"一词。可以断言，战国以后才是"铁耕"时代，以前不是。会不会大量使用青铜农具呢？可能性也不大。最根本的原因是铜的丰度低，只有0.001%；而铁却是5%，是铜的5000倍。由

---

① 谭其骧：《黄河与运河的变迁》，《地理知识》1955年第8期。
② 林之光：《中国的气候及其极值》，商务印书馆，1996年，第4—5页。
③ 萧国亮：《皇权与中国社会经济》，新华出版社，1991年，第72页。

此就造成一个最基本的客观事实,即铜的冶炼虽为时较早,但却难于普及,而人们一旦掌握了冶铁技术,铁器就可以迅速应用到各个生产领域。所以,殷周虽是青铜时代,铜金属却主要用于铸造兵器、礼器及少量手工工具,从一些典型遗址的遗物和遗迹来看,农业中所用的仍是木、骨、石、蚌器,只不过较之原始社会加工得更好而已。恩格斯说:"青铜可以制造有用的工具和武器,但并不能排挤掉石器,这一点,只有铁才能做到。"①中国的情况正是此论的最好佐证。只是到了春秋、战国期间,随着礼乐制度的崩坏,青铜生产脱出为礼器制造服务的旧轨道,开始朝实用化方向发展,在一些铜锡矿藏较丰富的地区,如东南和西南,青铜农具的数量才局部有所增加。生产工具落后充分反映了文明初期的生产力水平还很低下。

上述情况对先秦社会的影响极为深刻。其一,在向自然进军的过程中,由于能力微弱,个人就像蜜蜂离不开蜂房一样离不开一个更大的集体——族,不仅以土地私有为前提的个体家庭在文明初始时没有产生,甚至连劳动也是集体进行的。"一个家族就是一个生产队"。直到战国,才出现了认为"公作则迟……分地则速"②、主张"农分田而耕"③的理论,一些国家推出了"民有二男以上不分异者倍其赋"④的强制分家政策,而"五口之家""八口之家""数口之家""一夫挟五口治田百亩"的记录和"夫妇""匹夫""匹夫匹妇"之类的语词也纷纷见之于载籍,个体劳动和个体家庭终于普遍化,个人首次获得了独立发展的有限机遇。其二,农业种植与渔猎经济不同,起码经过一年才能看到结果,必须深谋远虑;战胜诸种不虞之灾更需凭借经验。因此,中国的尊老传统源远流长,发展到极致,则易固步自封,抑卑幼以奉尊长,事事处处由族中老人、家长说了算。其三,对家族集体和对家长的天然依赖,加上灾害的普遍性、危害性及不可预测性,会让人产生恐惧心理,并逐渐累积,上升为恐惧人格,从而达到崇拜权威、甘心服从的程度。⑤正是以此为基础,家长由生产的组织者、领导者,变成了家族财产及妻妾子女人身的支配者,个人则变成了家长的仆从。其四,既然个体劳动和个体家庭尚未孕育成熟,编户齐民制度便无由产生,族就不仅是生产单位、生活单位,更是政治经济单位和社会组织单位。统治与被统治的关系是族与族的关系。在统治者的族内,大宗支配小宗。在不同族之间,则凭甥舅关系以资联络,或建立仿族组织,形成假血缘关系。统治与

---

① [德]恩格斯:《家庭、私有制和国家的起源》,人民出版社,1972年,第158页。
② 《吕氏春秋·审分》。
③ 《荀子·王霸》。
④ 《史记·商君列传》。
⑤ 任不寐:《灾变论——中国人的流离飘荡与救赎》,(香港)国际福音证主协会,2010年,第139页。

剥削并不针对个人,而是针对家族集体。可叫作"以大家达厥庶民及厥臣"①。最后,连所谓的"国",也不过是家的扩大。王室本意是王之家室,公室即公之家室,现在都转化成了公共权力机关。王、公的子弟或亲信分掌各种职事,已类似于担任公职,但却没有脱去"有事弟子服其劳"的私人性质。所以,任职者皆自称是"克奔走于公家""克奔走于王家"。总而言之,族的影响随处可见,仍发挥着支配作用。这种血缘关系并未让位于地缘关系和政治关系的文明社会充其量只能算是一种早期文明。对当时的国家,过去有人叫作早熟的国家,所谓早熟,在一定意义上也可理解为早产。只有血缘联系逐步被排挤,这个"早产儿"才变得正常了。然而,早期社会所形成的文化却积淀下来,影响历史发展的走势,甚至成为难以祛除的痼疾。

二

希腊位于巴尔干半岛的南部,海岸线长达15000公里,具有港口多、岛屿多的特点;在海上航行,前后左右都有可以望见的岛屿指示航程。同时,地中海是陆间海,潮汐变化小,相对平静。希腊利于航海的条件,世界上任何一个地区都无法与之相比。

希腊也是个多山的国家,品都斯山、奥林匹斯山和其他小山、丘陵、港湾、地峡,将全境分成相对独立的小单元。平原面积不超过20%,土地多含石块、砂砾,相对较为贫瘠。地中海式气候使降雨集中在秋冬,夏季雨量极少。

与地理和土壤条件相关,粮食作物仅有越冬且根系发达的大麦和小麦,橄榄、葡萄也因根须可以深深扎入地下而具有种植传统。据推断,公元前4世纪时,雅典城邦"仅有1/4至1/5的谷物是本地产的",不足部分全靠从外部输入。主要来自意大利、西西里、埃及。②

希腊人穿的主要是毛织物和亚麻织物,但本地羊毛不够用,需从吕底亚、夫利基亚和黑海沿岸进口。亚麻原料全靠小亚细亚、埃及供应。另外,虽然"希腊本土有银、铁、铜矿",却"都产得很少",冶金所需原料多来自腓尼基、塞浦路斯(铜)、小亚细亚(铁)和欧洲市场(锡)。

要进口就得拿自己的产品去换,即以出口的形式来支付。古希腊输出的产品主要有橄榄油、葡萄酒、陶器、金属细工、奢侈品、武器。

---

① 《尚书·梓材》。
② 李学智:《古典文明中的环境差异与政治体制类型——先秦中国与古希腊雅典之比较》,《天津师范大学学报》(社会科学版)2013年第2期。

这就等于说，希腊人致力于手工业、商业，完全是生计所需，不得不然。优越的航海条件只是为贸易的发展提供了便利而已。于是就形成了古希腊经济上的三元结构：不甚发达的农业、发达的手工业、极为活跃的商业尤其是海外贸易。三者相互影响、相互促进，与中国古代以农立国的情况形成鲜明对照。

不过，希腊城邦制度及城邦文化的出现既有经济方面的原因，更是历史演变的结果。因而，我们还得粗略回顾一下希腊史。

以前研究希腊历史，主要依靠荷马史诗《伊利亚特》《奥德赛》和希西阿德的《神谱》《劳动与时令》等诗作，还有长期搜罗起来的碑铭和文物。在19世纪的疑古空气中，诗被看作文学作品或无法证实的传说。故著名英国希腊史家格罗特干脆把希腊的信史时代定在有碑铭可据的第一届奥林匹克大会，即公元前776年，此前都归入传说时代。恩格斯的《家庭、私有制和国家的起源》在言及希腊时，也只从提秀斯王讲起，其用意与格罗特相近。

但是，从19世纪末到20世纪，在克里特岛，发掘了克诺索斯古城，找到了宏大的宫殿、壁画，精美的陶瓶、人像及刻有线形文字的黏土版。在迈锡尼，发掘了被认为是阿伽门农都城的古城址，传说中的特洛伊古城也被发掘出来了。这不仅使史诗中的某些记录得到证实，而且把古希腊的历史大大提前了。

克里特文明开始于公元前3000年，极盛于公元前1600年，公元前14世纪，克里特文明衰落了，迈锡尼文明又兴盛起来。迈锡尼文化第一期的创造者来自克里特岛，似乎也处在克里特王朝的控制之下。但在公元前13世纪中期，亚该亚人登上了历史的前台，他们从北方南下，不仅占领了迈锡尼，而且控制了克里特和整个南部希腊，还渡海攻打过埃及、巴勒斯坦，向东北进攻小亚细亚的特洛伊。此次战役就是荷马史诗的主题。根据《伊利亚特》中的船舶目录，战役的统帅阿伽门农有自己直接指挥的军队，同时他又是亚该亚人的"万民之王"，总共有二十几个国家的船舶和军队随他远征。

可是，特洛伊战争之后，约在公元前12世纪时，随着多瑞安人和其他北方民族所掀起的新的南迁浪潮，迈锡尼王朝也急剧衰落了。多瑞安人的到来，破坏了各地的交通联系，占领了迈锡尼王国所在的地区，即伯罗奔尼撒半岛东北部的阿尔哥斯地区，焚毁了迈锡尼、梯林斯、科林斯城和著名港口科腊古，迈锡尼旧壤被一块一块割裂开来，建立起多瑞安人诸邦，希腊集团化整合的进程被打断，凌驾于诸小国之上的最高王权——万民之王，从此消失，再也恢复不起来了。从多瑞安人征服到公元前8世纪，约三四百年间，考古发掘证明，这一阶段没有豪华的建筑，没有精美的工艺品，陶器的装饰也从富丽的瓶绘退化为朴素的几何图案。故西方史家称之为黑暗时代。

多瑞安人的入侵除了使希腊本土在政治上碎片化和在文化上进入黑暗时代外，更大大推进了早已存在的海外殖民。迈锡尼诸邦旧民除屈从和避往山区外，多选择奔向海岛和海外。小亚细亚沿岸，早在迈锡尼时代，在战胜特洛伊的基础上，就建有希腊人的移民城邦，加之亚洲内陆能够控制这一地区的赫梯王国此时已经衰落，波斯帝国尚未兴起，出现权力真空，所以就成为迁徙者的首选之区。希腊人不仅采取"分裂繁殖"的办法，在这里建立殖民城市，安定二三代之后，自己又成为母邦，派遣其成员再到邻近甚至更远的地方去建立新邦，而且利用小亚细亚地处欧亚结合部的有利条件，使以手工业和商业为主的经济部门迅速得到发展。同时使古希腊文化重新复苏，使小亚细亚取代本土成为希腊文化的中心。一般认为，《荷马史诗》即写成于公元前9世纪的小亚细亚，然后才传入希腊本土。在此期间，小亚细亚还出现过其他一些著名的诗人和哲人。

跨海迁移造成了不同族类的大混合。大家抱着到异乡寻梦的愿望汇聚于港口，一艘大船或一个船队所装载的可能是来自不同地方的人，船一满立即出发，与茫茫大平原上整个血缘家族的男女老幼连同装在牛车上的家什杂物一起，缓缓移动、随行随止的中国式迁徙完全不同。这种迁徙使以血缘为基础的原始社会制度立即萎缩，人和人的关系简化为在洋流风波中同舟共济的伙伴关系。同时，蒙在某些人身上的神圣外衣也被彻底剥去，他与自己同乘一条船来，吃喝拉撒、七情六欲，与众无异。既无家族做后盾，又无君权神授作凭借，王权便失去了存在的基础。所以，小亚细亚诸殖民城邦，即使存在过王政，也很快被贵族政体取代了。通常的情况是：外来的希腊人构成贵族，统治和剥削本地人。议事会是城邦管理的中心，采取合议制议决大事，并发展出一套贵族阶级内部的民主惯例，积累成较为完整的规章制度。这些规章制度就是法律、法典的源头。从贵族个人意志不能超越规章或法典之上来看，城邦贵族政体虽是少数人的专制，但却已经是法治而不是人治，更不是一个人的专制。[①]这与先秦中国把族规变为国家制度、把王公的言行当作人人必须恪守的法式相比，也很不一样。

小亚细亚城邦与母邦之间联系紧密，小亚细亚新的政体模式和经济、文化的繁荣迅速回传，产生强大的反推力。于是，在小亚细亚快速发展的刺激和影响下，希腊本土也发生了重大变化。首先，以血缘家族和君权神授为依据的王政纷纷让位于以规章制度为基础的贵族政体。希腊本土王政消失的过程在公元前8世纪前后基

---

① 此段论述根据顾准《希腊城邦制度——读希腊史笔记》第三章"海外殖民城市是城邦制度的发源之地"（中国社会科学出版社，1982年）。

本完成，汤因比认为，取代王政的贵族政体正是从小亚细亚传布过来的。其次，城邦间的海上贸易迅速使希腊本土的自然经济转化为货币经济，由于贸易可以满足粮食和原料的需要，所以，工商业生产迅速扩大，农业中经济作物的种植面积增加，油、酒及手工制品大量出口。再次，工商业的繁荣使非贵族出身的自由民可以因善于经营而成为暴发户，但政权却掌握在贵族手里，新富人与旧贵族的矛盾更加突出；守旧的土地贵族在商品货币的刺激下，加重剥削，普通劳动者与贵族的矛盾也更加突出；移民又造成了劳动人手不足，劳动力价值的提高使下层人摆脱受压迫地位的愿望空前强烈。阶级力量对比与政治权力分配相脱节，社会矛盾激化，常常引发群众骚动。最后，面对社会动荡，希腊各邦普遍依靠强有力的僭主，通过改革和立法来调整社会关系。在没有产生僭主的地方，则推出一个"民选调解官"充当立法者。僭主带有一个人专制的性质，但僭政都很短暂。僭政结束了，僭主的立法却保留下来，并直接催生了希腊城邦民主制。

希腊各邦政制演进的道路大同小异，雅典最为典型。而在雅典抛弃王政、经由贵族政体迈向民主政体的过程中，梭伦和克利斯提尼的改革起了关键作用，必须予以提及。

公元前594年，在可能出现平民暴动的严峻形势下，梭伦被推为首席执政官，推行改革和立法。梭伦改革的内容很多，如颁布"解负令"，废除债务奴隶制，允许外邦人获得雅典公民权，禁止对包括奴隶在内的他人施以暴力伤害等等，这里只介绍他对政体的改造。

贵族政治权力掌握在贵族议事会手里，是否属于贵族，则取决于血统。为了打破旧贵族对权力的垄断，调整阶级关系，梭伦把改造现行议事机构和决策办法作为重要目标。第一，废除贵族血缘世袭，开始以财产多寡确定身份资格。将雅典公民分为四级，即富农（收入约合五百麦斗，一麦斗合52.3公升，顾准称之为500斗级）、骑士（收入约合300麦斗，养得起马，可以应征作骑士）、中农（收入约合200麦斗，顾准称为双牛级，可作重装步兵）、贫民（可作轻装步兵，或担负军中杂役）。四级之人都有权参加公民大会。第二，创立四百人会议和陪审法庭。四百人会议负责为公民大会准备议程，预审将提交公民大会通过的决议，取代了贵族议事会的职能。雅典原有四个部落，四百人会议从每个部落选出一百人组成，凡前三等级之人都有资格当选。陪审法庭审查将送法官处理的任何诉讼案件，对法官已判决的案件，陪审员仍可提出起诉。陪审法庭成员也由选举产生，四个等级的人都可当选。第三，充分发挥公民大会的作用。执政官、司库、执行法庭判决者（共11人）等，都由公民大会选出，战争、媾和等国家大事提交公民大会议决。

可以看出，梭伦改革已用引入财产资格的办法削弱了旧贵族，打破了氏族血缘关系对社会的束缚。同时，通过扩大参政权、选举权和被选举权，向主权在民迈进了一步。

克利斯提尼改革发生在公元前509年或公元前508年。最主要的做法是：第一，根据地区原则重划阿提卡的基层组织。把全阿提卡分为三个区，即雅典卫城及其近郊、内陆中央地带和沿海区。每个区再分为十部分，名为三分区。三个区域内的各一个三分区合起来，组成一个部落。各部落之人居地并不毗连，只在公民大会表决期间才集合起来，是一种人为的编组。这样做的好处是，用十个地区部落取代了原来的四个血缘性原始部落，进一步破坏了氏族联系和氏族传统，使族长的势力丧失无余；同时打破了雅典山居派、平原派和海滨派的界线，使党派竞争失去凭借，减少了僭主复辟的可能。三分区下的基层单位是"自治村社"，在乡下是村落，在城市是街区。男子18岁时由民选的村长登记入兵役和公民名册，从此有了保卫城邦的义务，也有了出席公民大会和参加审判的权利；20岁时，他就成了正式的全权公民。总之，改革后他是按地区实现自己的权利和义务。第二，克利斯提尼用五百人会议代替了梭伦的四百人会议。由每个新部落各选出五十人组成，部落内代表人数按小区大小分配。选举的办法是抽签，每个公民一生中都有机会成为议事会成员。议事会再选出议长委员会，共五十人。这五十人分成十组，每组五人，轮流各主持日常政务35、36天。在议事会的一年任期内，每个议事会成员都有机会成为主持政务的五议长之一。另外，每个部落选出一个将军，统率从本部落征集的公民军。将军们组成十将军委员会，负责统率全军。第三，陶片放逐法。每年春季，召开非常公民大会，口头表决是否实行陶片放逐。如果有人危害了公民自由和城邦利益，就可能被确定为候选对象。然后再召集第二次公民大会，用在陶片或贝壳上写下名字的办法进行最终确认。多数人投票认为有罪的人，必须离开雅典，为期10年，但财产不没收，期满回来，他以前的一切权利随之恢复。

克利斯提尼在梭伦改革的基础上向前跨越，已发展到了"主权在民"和"轮番为治"。这一根本性的变革虽不完善，如奴隶、妇女没有公民权和公民中的男性普通劳动者会因忙于生计而与城邦政治相疏离等等，但却使多数雅典公民的自主意识和潜能得到充分发挥。克利斯提尼改革后不久，就爆发了希波战争。是雅典，而不是别的城邦，在抵抗外族入侵中真正起了主导作用，取得了像马拉松战役、萨拉米海战等多次辉煌的胜利。战后雅典在经济实力上超过了米利都、科林斯，在军事实力上超过了斯巴达。它不仅被提洛同盟参盟各国奉为盟主，事实上已成为全希腊的楷模。雅典式的城邦民主制度，特别是"主权在民"和"轮番为治"原则，成为各邦效法的榜样。

再说说小亚细亚。各种矛盾的交集也催生了这里的僭主政治，但到公元前7世纪，在赫梯王国衰落很久之后，吕底亚王国兴起了，继而则是更加强大的波斯帝国灭掉吕底亚，控制小亚细亚。这一地区希腊各殖民城邦的僭主为了自保和对付内部的民主派，纷纷投靠外敌，变成了波斯的"儿皇帝"，从而使改革的进程被打断。所以，希腊世界的中心虽一度转到了小亚细亚，但很快又转回到本土。应该说，是雅典的政治制度成了希腊城邦民主制的典型，而不是小亚细亚。实现贵族政体向民主政体伟大转变的舞台在本土，不在海外。

文化是对生活的看法、态度及所采取的方式。一旦形成，就可能走向固化，并产生长久的影响。雅典城邦民主制和城邦文化始于梭伦改革，完善于克利斯提尼，推广于全希腊，被柏拉图、亚里士多德上升为理论。后来虽发生了马其顿的亚历山大和罗马的征服，但城邦的相对独立性和城邦制度的基本内容却都保留了下来，还为罗马效仿和继承。正因为这样，学术界一致把希腊城邦民主制和希腊文化看作西方政治和西方文化之根。

三

历史比较的魅力无穷。看到差异，承认差异，才能既"各美其美"，又"美人之美"，最后实现"美美与共，世界大同"。[①]

先秦中国文化与古代希腊文化的区别，前人论之甚悉。择其荦荦大者，即有数端尤需加以关注，如：希腊已有城邦民主，并且实现了"主权在民"和"轮番为治"；而先秦中国却止步于"民本"，只盼国君仁慈，为民作主，从未打算让人民自己当家作主。希腊城邦法致力于维护城邦利益和公民权益，从梭伦开始，即已禁止对包括奴隶在内的他人施以暴力伤害；而先秦中国的立法前提却是"普天之下，莫非王土；率土之滨，莫非王臣"，因而向来都以维护天子、权贵及家长的绝对统治权为宗旨，法律只是防止盗贼和各种犯上作乱行为的工具，对冒犯尊亲者的惩罚也特别残酷。由于贸易需协商，手工凭技巧，故希腊看重规则的建立，看重个人权利，讲公民平等；先秦中国却只重亲亲尊尊，只讲忠孝和等级服从。在古希腊，技术性较强的手工劳动和造船、航海为等闲常事，较多积累了点、线、方、圆、体积、容积、速度等方面的知识，几何学、物理学出现早，发育快；先秦中国以农立国，需要观象授时，收取赋税，需要计量，天文学、数学较有传统。希腊公民经常

[①] 费孝通：《人的研究在中国》，天津人民出版社，1993年，第10页。

集会，有发言权，可进行辩论，逻辑学发达；先秦中国一切听凭家主或长上安排，个人没有说话的份儿，提倡"讷于言，敏于行"，照吩咐做就行了，逻辑学被遏制，流行"象思维"，凡事只求差不多、大概齐。如此等等，不一而足，虽未可许为定论，然亦庶或近之。

至于产生差别的原因，既应到地理环境、产业结构、劳动组合方式中去探寻，又应深入研究两种政治、经济制度的特征及催生这些制度的诸多历史事变。就中国而言，需要正视的问题主要是：农业经济长期延续；血缘联系未被地域关系完全取代；权力崇拜与人身依附共生；专制主义、政教合一、愚昧迷信禁锢思想；人的主体意识严重缺失。反思出真知，出自信。盲目美化过去，其本质是向后看，只有坚持改革开放，才是向前看。我们所要建设的社会主义新文化既应是民族的、科学的、大众的，又应面向世界，面向现代化，面向未来。要真正提升全民族的文化竞争力，除发展经济、改善产业结构和政治结构、重视教育、提高人的素质外，关键还是要请"德先生"和"赛先生"，扎实持久地进行屡屡被打断的思想启蒙。

原载《长安学研究》（第1辑），科学出版社，2016年

（赵世超，陕西师范大学历史文化学院教授）

从出土金文数据看西周都城
——丰镐两京的族群

张懋镕

西安是中国历史上13个王朝建都所在地。第一个在此建都的王朝是西周王朝，当时都城的名字，一个叫丰京，为周文王所建；一个叫镐京，为周武王所建。《诗经·大雅·文王之声》记载了这个重要历史事件："文王受命，有此武功。既伐于崇，作邑于丰。……考卜维王，宅是镐京。维龟正之，武王成之。"显然，丰镐两京无论对于中国古代都城历史的研究，还是对于西安历史的研究，都具有重要意义。可是，由于年代久远，破坏严重，丰镐两京的现存情况不容乐观。所幸的是，半个多世纪来的考古发掘，加上以不同形式出土的文物，让我们看到了丰镐两京的方方面面。以往的研究成果丰硕，本文拟在前人与同行研究的基础上，主要利用青铜器及其铭文数据对丰镐两京的族群情况做一点探讨。

一、姬姓族群

在谈这个问题之前，简括地介绍一下我们对于丰镐两京地域概念的基本认识，因为关于这一点学术界的意见是有分歧的。丰镐两京是西周都城，位置在今长安区，这是没有问题的。但是在西周金文中，还出现一个文献上没有的都城名——蒡京，关于它的认识，几百年来学术界争论不休，吴大澂主张蒡京即镐京，郭沫若认为蒡京是丰京。[1]近年来也有学者指出蒡京根本不在长安，而是在周原刘家村一带。[2]对于本文而言，蒡京不论是镐京，还是丰京，都在丰镐遗址范围内，暂且可以不去深究，但是如果蒡京在岐山与扶风交界处的周原，离长安还很远，则不能不做理论。我们认为蒡京就是丰京，在长安区，[3]理由很多，试举两条证据：

---

[1] 王震：《西周王都研究》，博士学位论文，陕西师范大学，2009年。
[2] 卢连成：《西周丰镐两京考》，《中国历史地理论丛》1988年第3期。
[3] 张懋镕：《镐京新考》，见《古文字与青铜器论集》（第1辑），科学出版社，2002年，第163页。

（1）菳京距离镐京很近。西周早期青铜器士上盉铭曰："唯王大祓于宗周，出馆菳京年，在五月既望辛酉。"（《商周》14792①）周王在宗周（即镐京）举行祓祭，接着出居菳京，可见菳京离镐京不远。《麦尊》铭曰："雩若二月，侯见于宗周，亡述（尤）。迨（会）王客（格）菳京酻祀……"（《商周》11820）邢侯二月在宗周（即镐京）觐见周王，时逢周王来到菳京举行酻祀，显示菳京与镐京相距很近。

（2）1992年长安区申店乡徐家寨出土吴虎鼎（《商周》02446），铭文记载周宣王18年岁末将原本吴益的土田分给吴虎时，特别强调这片土田的四至："厥北疆涵人眔疆，厥东疆官人眔疆，厥南疆毕人眔疆，厥西疆菳姜眔疆。"值得注意的是，吴虎土田的西界与菳姜的土田相连接。吴虎鼎出土于长安区的徐家寨，吴虎的土田就在这附近，既然与菳姜的土田为邻，说明菳姜就居住在这里。菳姜如同京姜，是姜氏女子嫁于菳氏者，菳氏是因居住在菳地而得名，可见这个菳地就在丰镐遗址范围内，不可能跑到很远的周原地区。

另外根据出土金文资料来看（见附录《丰镐地区出土青铜器铭文一览表》），附近村落有沣西马王镇的张家坡村、马王村、大原村、新旺村，沣东斗门镇的花园村、普渡村、下泉村，东大乡的郭北村、马桥村，五星乡的兆元坡、北张村、河迪村，高桥乡的马务村、引镇的孙岩村，而以沣西马王镇、沣东斗门镇出土青铜器最多、最集中，结合考古发掘出土的其他遗存、遗物，这两个镇正是丰镐两京的中心地区。

那么在丰镐地区居住的是什么样的族群呢？丰镐两京的族群大致可分为姬姓族群与庶姓族群两部分。周王朝的统治者是姬周贵族，不用说，掌控这里的主人是包括周王在内的姬周贵族。关于周王在丰镐两京的活动情况，已有很多文章谈及，这里不再赘述。主要谈谈封邑在丰镐两京以及与丰镐两京有关的姬姓贵族，如邢叔、蔡侯、召仲、单伯、唐仲、荀侯等。

目前来看，居住在丰镐两京规模最大的姬周贵族是邢叔家族。从1956年开始，在长安张家坡西周墓地，迄今已发掘墓葬千余座，邢叔家族墓地是张家坡西周墓地的一部分。邢叔家族墓地的特点有：第一，墓葬的级别很高，有双墓道的大墓一座（M157），单墓道的大墓三座（M152、M168、M170），还有一些较大的竖穴土坑墓和马坑、车马坑。第二，墓地规模大，在这几座大墓周围分布300多座大小不等的墓葬，大部分墓葬排列比较整齐而且密集，罕见地打破关系，这应是《周礼》所说的族墓地。第三，根据出土的邢鼎、邢叔鼎、邢叔方彝、邢叔采钟、邢叔饮壶，知道这里是邢叔的家族墓地，并结合墓葬及其他出土物品，可知这里居住着好几代邢

---

① 吴镇烽编：《商周青铜器铭文暨图像集成》，上海古籍出版社，2012年。文中简称《商周》。

叔，时间在西周中期。[1]

有双墓道的大墓，除了邢叔墓地，只见于河南浚县辛村的卫侯及夫人墓、北京琉璃河的燕侯墓。按说西周时期的晋侯也很有身份，可是山西翼城晋侯墓地未见双墓道的大墓，可见居住在丰京的邢叔地位之高，是王朝的重臣。《左传》载："凡、蒋、邢、茅、胙、祭，周公之胤也。"邢国是周公第四子的封国，封地在今邢台，按照周制，长子就封国，次子如邢叔在王朝任职，可见邢叔家族与周王室的密切关系。

在长安出土的蔡侯鼎殊可注意，因为这是年代最早的几件蔡侯青铜器中的一件。据《史记·管蔡世家》记载，周武王克商之后，封其弟蔡叔度于蔡，辅佐纣的儿子武庚禄父治理殷遗民，可见蔡国的第一代国君深受武王器重。这件蔡侯鼎的年代为西周晚期，大约在厉宣时期，此时的蔡侯当是蔡武侯、夷侯、厘侯中的一位。蔡侯鼎在长安出土，表明此时蔡国与周王朝联系密切。

召仲鬲的主人是包括召公在内的召氏家族的成员，清宫曾藏有一件召仲卣（《商周》13201），年代在西周早期，可见召仲一支源远流长。按照周礼，作为召公次子的召仲一支可能居住在丰镐一带。召氏家族的青铜器很多，如洛阳出土的召伯虎盨（《商周》05518），山东寿张梁山出土的召公太保鼎、簋等，可见终西周一世，召氏家族一直是王朝的重臣。

单伯原父鬲的主人是单伯，出土与传世的单氏家族青铜器很多，有西周中期的单伯昊生钟（《商周》15265），有西周晚期的9件单叔鬲（《商周》02957-65，2003年陕西眉县杨家村出土）。单伯在西周中期曾是五位执政大臣之一，单旗为司马（见裘卫盉，《商周》14800），单伯也曾为司徒（见扬簋，《商周》05350），从逨盘铭文来看（《商周》14543），从周初到幽王，单氏家族一直在朝廷担任要职。

西周时期的唐国青铜器不多，除了这件唐仲鼎，还有西周晚期的唐姬簋盖，铭曰："唐姬作稻嫘媵簋，稻嫘其万年子子孙孙永宝用（《商周》04901），还有同是西周晚期的唐仲多壶（《商周》12179），这个唐国是姬姓，来自湖北随州，与山西翼城的祁姓唐国无关。唐姬为其女儿稻嫘作媵器，可见她丈夫是嫘姓。李学勤先生指出"嫘是金文中罕有的不见于传世文献的女姓之一"[2]。传世还有稻嫘簋盖3件，（《商周》04834-36）实际至少应有4件，由此也可说明主人有较高的社会地位。唐仲鼎出在丰镐两京的墓葬中，表明远在湖北的唐国也与西周王朝有一定的联系。

周成王时，荀国被封于今山西新绛县东北，春秋早期被晋国灭。存世的荀侯

---

[1] 中国社会科学院考古研究所编：《张家坡西周墓地》，中国大百科全书出版社，1999年。
[2] 李学勤：《叔多父盘与"洪范"》，见《中国古代文明研究》，华东师范大学出版社，2005年，第104页。

的青铜器很少，除了荀侯盘还有荀侯稽匜（《商周》14937）、荀侯戈（《商周》16749），在这3件荀侯青铜器中，荀侯盘是最早的一件（在西周中晚期之交）。荀侯稽匜在1974年出土于山西闻喜县上郭村，证明那里是春秋早期荀国的所在地。这件荀侯盘铭曰："荀侯作叔姬媵盘，其永宝用飨。"可见荀侯将第三个女儿嫁到京城来，夫家可能就是这个青铜器窖藏的主人。

二、庶姓族群

对于同姓贵族，周王朝自然会格外关照，而庶姓贵族则需要采用各种手段来加强与周王朝的联系。苏卫改鼎有4件，器主是苏国族的一位成员。苏氏家族来头不小，他们的祖先苏公在周武王时就是一位朝廷重臣。《尚书·立政》曰："周公若曰：太史！司寇苏公，式敬尔由狱，以长我王国。"这位苏公名忿生，武王时任司寇一职，主管刑狱，因克敬职守，受到周公赞誉。可见苏是一个历史久远的封国。但是祖宗的福荫不能延续子子孙孙，后代仍需努力。苏氏家族的青铜器有西周晚期的苏公盘（《商周》14404）、苏公簋①（《商周》04596）。苏公盘系苏公为嫁于晋国的女儿所作媵器，苏公簋系苏公为嫁于周王的女儿所作媵器，作为政治的婚姻，苏公不仅嫁女于晋国，还嫁女于周王，可谓用心良苦。丰镐两京出土的苏卫改鼎，是否也是苏氏家族为交接王朝而做的努力，恐怕也不能排除。

许国是周初所封的姜姓诸侯国，位于今河南许昌、鄢陵、临颍一带，爵位是男爵。许男鼎铭曰："许男作成姜桓母媵尊鼎，子孙孙永宝用。"这是许国国君为嫁女儿所作的媵器，器既然出在马王村青铜器窖藏中，夫家自然是马王村的一位贵族，这是许国与王畿来往的一个明证。许氏家族在西周晚期就有人在王朝做官（见许叀鼎，《商周》02478），许叀鼎高54.2厘米，可见主人地位不凡。还有一件许姬鬲（《商周》02778），也是许、姬通婚的证据。

丰镐出土的邓国青铜器不少，除了井叔墓地出土的邓仲尊、邓仲尊盖外，西安大白杨废品仓库还拣选到一件邓公鼎（《商周》01554），年代在西周中期，与上述邓国青铜器的年代相近，鉴于井叔墓地被盗严重，这件邓公鼎也很有可能出自井叔墓地。西周时期，邓国与周王朝往来密切，有一件西周早期的盂爵，铭曰："唯王初袚于成周，王命盂宁邓伯，宾贝，用作父宝尊彝。"（《商周》08585）周王第一次在成周祭祀，就专门派遣盂作为使者去慰问邓伯，可见周王室对邓国的重视程度。井叔墓地出土的邓仲尊造型奇特，纹饰精美，是一件青铜器精品，在所有邓

---

① 张懋镕：《苏公盘鉴赏》，见《古文字与青铜器论集》（第3辑），科学出版社，2010年，第69—71页。

国青铜器中,这是艺术和铸造水平最高的一件,它出现在西周都城,具体原因虽不清楚,但它的出现,本身就表示邓国与周王朝关系非同一般。邓国的青铜器不仅出在丰镐两京,在周至县还出土过西周晚期的邓孟壶(《商周》12304),器高56.4厘米,是所见邓国青铜器中最高大者;在武功还出土过西周晚期的邓伯氏鼎(《商周》02192)。可见从西周早期到晚期,邓国与周王朝往来不断,邓国贵族多有在王畿地区居住者。

如何判断居住在丰镐的是庶姓还是贵族?一是依据文献记载,譬如上述的苏、许、邓等国族。二是根据族徽来判断,凡是青铜器上缀有族徽文字,一般来说,它的主人不是姬周贵族。①

丰镐青铜器的特点之一是青铜器的来源十分复杂,铭文中出现了很多不同形状的族徽文字,共有51种族徽:◻、◻、亚欠、鱼、宁戈册、弓◻、木、亚◻、◻、◻、亚束、◻、◻、骞、豕、亚高、肇、天、山、旻、奴、壽、鸟、雠、茀、叩、耒、丙、◻、◻、马、羊、子羽、◻、马马、虫、史、◻、元、戈、◻、天、穌、癸、◻、弓、申、叟、目目口、◻、北单戈、幸、◻。族徽文字的种类仅次于安阳殷墟和宝鸡地区。关于这些族徽铜器的来源,有学者根据文献记载,提出"分器"说。《尚书·序》云:"武王既胜殷,邦诸侯,班宗彝,作〈分器〉。"《史记·殷本纪》也谈道:"武王既胜殷,封诸侯,班宗彝,作〈分殷之器〉。"这是说周武王克殷之后,将商人的器物分给有功之臣,所以在西周早期的周人墓葬中会有一些商人的青铜器。②总的来说,这个说法是有道理的,问题是不能扩大化,将西周早期甚至中晚期墓葬中的殷人以及后裔的器物都说成是"分器"的结果,只有那些可以确定为商代晚期的青铜器才有可能属于被分赐的青铜器。

所以说,在以上这些族徽铜器中,可能有一部分是战争胜利者周人从商人那里得到的战利品、赏赐物,但肯定有相当一部分是殷遗民居住,在丰镐地区留下来的。譬如像◻鼎、鱼父癸鼎、亚斧鼎、亚◻鼎、◻◻鼎、妇妌进鼎(2件,族徽"亚束")、妇妌甗(族徽"亚束")、◻簋(2件)、◻父乙簋、◻父辛簋、骞父癸簋、亢簋(族徽"亚高")、天爵、山爵、木爵、旻爵、奴爵、◻爵、◻丁爵、壽爵、卯父丁爵、◻父丁爵、耒父己爵、旅父己爵、丙父己爵、亚◻父乙爵、马爵、

---

① 张懋镕:《周人不用族徽说》,见《古文字与青铜器论集》(第1辑),科学出版社,2002年,第223—230页;张懋镕:《再论"周人不用族徽说"》,见《古文字与青铜器论集》(第3辑),科学出版社,2010年,第27—30页。
② 黄铭崇:《从考古发现看西周墓葬的"分器"现象与西周时代礼器制度的类型与阶段》,《"中央研究院"历史语言研究所集刊》2012年第83本第4分册,第607页。

蟎爵、卿爵（族徽"羊"）、宝爵（族徽"子羿"）、㠯父丁觚、㠯父己觚、马马觯、史祖己觯、㠯父丁觯、蟎姛进壶（族徽"亚束"）、戈父辛尊、㠯父辛尊、合父丁尊、雞尊（族徽"天黽"）、㠯父丙壶、弓父庚壶、蟎姛壶（族徽"亚束"）、㠯父乙卣、㠯父丁卣、申父庚卣、受父辛卣盖、㠯父辛卣（盖上有族徽"丙"）、史卣（器身有族徽"嬰"）、㠯父丁卣、辟卣（族徽"亚"）、鸡卣（族徽"天黽"）、仆麻卣（族徽"北单戈"）、㠯父乙盉等大部分青铜器的时代不是在商末，而是在西周早期，是商王朝灭亡后制作的。更有像禽鼎（2件，族徽"亚束"）、鱼簋、臭簋（族徽"旅"）、蒲祖辛爵、劦壶、口方彝（族徽"幸"）、未罍、蘩罍（族徽"戈"）、匜方彝（族徽"幸"）、册鼎（2件）、壶这样的青铜器，年代已晚到西周中期甚至晚期，不属于"分器"之列，由此可以证明它们的主人，可能从西周早期直至西周晚期一直居住在丰镐地区。

最明显的例子是1981年斗门镇花园村M17和M15出土的青铜器。M17出土禽鼎（2件，族徽"亚束"）、蟎姛进鼎（2件，族徽"亚束"）、蟎姛甗（族徽"亚束"）、蟎爵、蟎姛进壶、蟎姛壶等器，墓主人是蟎姛进，蟎是族氏，姛进是名字。这些青铜器多缀有族徽"亚束"，因此墓主人当是殷遗民。M15出土戎帆尊、戎帆卣、麆父卣，虽然情况不如M17明朗，但经与M17相比，共同性很多，所以M15与M17一样，属于殷遗民墓葬。这样的殷遗民墓葬应该不少，只是由于破坏严重，即使有少量青铜器留存下来，但已脱离原来的埋藏环境，不知道它们与遗存的关系了。据韩巍博士统计，在丰镐地区发掘的923座墓葬中，腰坑墓有258座，占27.9%，其中西周早期有腰坑墓87座，占同期墓葬的47.0%，接近一半。目前考古界倾向于认为西周早期腰坑墓的主人是殷遗民，换言之，居住在丰镐地区的殷遗民接近总数的一半。①

三、几点认识

通过对以上丰镐两京族群的探讨，似可得出如下结论：

（1）像邢叔家族墓地这样规模大且等级高的墓地，在另一处王畿之地——周原遗址尚未有。并且这里还驻扎着专门保卫京城的军队——丰师（见丰师当卢），这也体现出在西周的三个都城中，宗周（丰镐两京）的地位最为尊崇。

（2）像蔡侯、荀侯、许男、邓仲、苏卫改、唐仲这些诸侯国的国君或者高级贵族的青铜器为何出在丰镐两京，除了某些联姻的缘故，还与当时的礼制有关。诸侯要定期来京城朝觐周王，如《逸周书·王会》所描述的那样。这种现象在岐周与成

---

① 韩巍：《西周墓葬的殉人与殉牲》，硕士学位论文，北京大学，2004年，第5页。

周很少见,有助于说明宗周(丰镐两京)的特殊性。

(3)结合考古发掘资料来看,当时居住在丰镐两京的族群很多。有一则金文资料或许能说明问题。吴虎鼎铭曰:"唯十又八年十又三月既生霸丙戌,王在周康宫夷宫,导入右吴虎,王命膳夫丰生、司工雍毅申厉王命:付吴盠旧疆付吴虎。"是说在周宣王十八年岁末,王将原本吴盠的土田分给吴虎,这就是这篇金文的中心内容。从中可以窥见当时土田很少,没有新的土田可以分配,周王只能将吴虎的同族吴盠的土田重新分给吴虎。这从一个侧面反映了丰镐两京的人口繁多。

(4)从族徽文字分析,居住在丰镐的庶姓贵族很多,其中就有像戈族、🐚、🐚、🐚等东方大族。戈族是商周时期一个源远流长的国族,商代晚期的戈器就很多,进入西周以后,戈器依然不少,甚至在晚期还能见到,总计250件左右。戈族的器物多次在长安丰镐遗址、宝鸡戴家湾墓地、强国墓地出土,表明戈族在关中具有较大的影响力。🐚族也是一个大族,有青铜器250件左右,年代从商代中期一直延续到西周中期。出土地点十分广泛。其器物在陕西西安市长安区张家坡、沣西乡,凤翔区田家庄,宝鸡市戴家湾、强国墓地均有出土。🐚族是个大族,青铜器在200件以上。商代晚期主要居住在安阳殷墟,殷商灭亡后,部分成员臣服于周王朝。有的在燕国等诸侯国担任职官,有的就生活在京城丰镐。🐚族青铜器有100多件,商代晚期主要居住在山西灵石,进入西周以后,多居住在丰镐两京地区,一些成员在朝廷供职。这些都体现出周王朝对于殷遗民所采取的怀柔政策。[①]

附录

丰镐地区出土青铜器铭文一览表

序号	出土地点	出土时间	器名	时代	出处
1	马王镇张家坡M106.3	1961年	木祖辛父丙鼎	商晚	《商周》01355
2	马王镇张家坡M106.6	1961年	亚🐚父乙爵	周早	《商周》08371
3	马王镇张家坡M106.4	1961年	🐚父乙觚	周早	《商周》09701
4	马王镇张家坡M106.7	1961年	父戊觯	周早	《商周》10252
5	马王镇张家坡M106.5	1961年	父乙尊	周早	《商周》11254
6	马王镇张家坡M1.7	1964年	豫侯鼎	周早	《商周》01951
7	马王镇张家坡78M1.1	1978年	米甗	周中	《商周》03226
8	马王镇张家坡M1.1-4	1964年	叔尃父盨	周晚	《商周》05657-60
9	马王镇张家坡M87.1	1967年	作宝彝鼎	周早	《商周》01033
10	马王镇张家坡M87.4	1967年	🐚父丁卣	周早	《商周》12955
11	马王镇张家坡M87.5	1967年	🐚父辛尊	周早	《商周》11381
12	马王镇张家坡M87.7-8	1967年	山爵	周早	《商周》06910-11

---

① 何景成:《商周青铜器族氏铭文研究》第2章,齐鲁书社,2009年。

续表

序号	出土地点	出土时间	器名	时代	出处
13	马王镇张家坡M2.5	1979—1981年	父辛爵	周早	《商周》07620
14	马王镇张家坡M2.6	1979—1981年	❀父丁觯	周早	《商周》10436
15	马王镇张家坡M183.2	1983—1986年	孟狂父簋	周中	《商周》04359
16	马王镇张家坡M183.3	1983—1986年	孟员甗	周中	《商周》03348
17	马王镇张家坡M183.4	1983—1986年	孟员鼎	周中	《商周》02186
18	马王镇张家坡M183.5	1983—1986年	伯唐父鼎	周早	《商周》02449
19	马王镇张家坡M183.13	1983—1986年	父乙爵	周早	《商周》07607
20	马王镇张家坡M284.1	1983—1986年	咸鼎	周中	《商周》01714
21	马王镇张家坡M284.2	1983—1986年	咸簋	周中	《商周》04422
22	马王镇张家坡M163.36	1984年	❀父丁尊	周早	《商周》11481
23	马王镇张家坡M163.33	1984年	邓仲尊	周早	《商周》11598
24	马王镇张家坡M163.43	1984年	邓仲尊盖	周早	《商周》11599
25	马王镇张家坡M163.38	1984年	受父辛卣盖	周早	《商周》12856
26	马王镇张家坡M163.34-35	1984年	邢叔采钟	周中	《商周》15290-91
27	马王镇张家坡M152.36、28、41	1984年	达盨盖	周中	《商周》05661-63
28	马王镇张家坡M152.51	1985年	邢鼎	周中	《商周》00289
29	马王镇张家坡M152.15	1985年	邢叔鼎	周中	《商周》01078
30	马王镇张家坡M28.3	1967年	马马觯	周早	《商周》10119
31	马王镇张家坡M54.2	1967年	❀鼎	周早	《商周》00277
32	马王镇张家坡M16.2	1967年	天爵	周早	《商周》06908
33	马王镇张家坡M80.1	1967年	❀爵	周早	《商周》06968
34	马王镇张家坡M85.6	1967年	父丁爵	周早	《商周》07597
35	马王镇张家坡沣河毛纺厂洋毛M1.1	1983年	弃鼎	周早	《商周》00595
36	马王镇张家坡M257.1	1983—1986年	伯鼎	周早	《商周》01005
37	马王镇张家坡M51.1	1983—1986年	齐姜鼎	周中	《商周》01615
38	马王镇张家坡M319.1	1983—1986年	唐仲鼎	周晚	《商周》01452
39	马王镇张家坡M253.1	1983—1986年	就覬甗	周中	《商周》03360
40	马王镇张家坡M315.1	1983—1986年	作宝尊彝簋	周早	《商周》04100
41	马王镇张家坡M285.2	1983—1986年	宪仲簋	周中	《商周》04303
42	马王镇张家坡M199.20	1983—1986年	丰人戈	周中	《商周》16498
43	马王镇张家坡M165.14	1985年	邢叔饮壶	周中	《商周》10859
44	马王镇张家坡M170.54	1985年	邢叔方彝	周早	《商周》13521
45	马王镇张家坡87M1.1	1987年	卿爵	周早	《商周》08517
46	马王镇张家坡窖藏11-14号	1961年	伯梁父簋	周晚	《商周》04753-56
47	马王镇张家坡窖藏15-18号	1961年	伯喜簋	周中	《商周》04956-59
48	马王镇张家坡窖藏1-3号	1961年	孟簋	周早	《商周》05174-76
49	马王镇张家坡窖藏8-10号	1961年	五年师旋簋	周晚	《商周》05248-50
50	马王镇张家坡窖藏4-7号	1961年	元年师旋簋	周晚	《商周》05331
51	马王镇张家坡窖藏25-32号	1961年	伯庸父鬲	周中	《商周》02831-38
52	马王镇张家坡窖藏33-34号	1961年	伯壶	周早	《商周》12109-10
53	马王镇张家坡窖藏36号	1961年	伯百父盘	周晚	《商周》14399
54	马王镇张家坡窖藏35号	1961年	荀侯盘	周中	《商周》14419
55	马王镇张家坡窖藏38号	1961年	伯百父盉	周晚	《商周》14743

续表

序号	出土地点	出土时间	器名	时代	出处
56	马王镇张家坡窖藏37号	1961年	伯庸父盉	周晚	《商周》14761
57	马王镇马王村	1963年	宍鼎	商晚	《商周》00306
58	马王镇马王村	1963年	宍爵	商晚	《商周》06878
59	马王镇马王村	1963年	肃爵	周早	《商周》07672
60	马王镇马王村	1969年	漾姬爵	周早	《商周》08426
61	马王镇马王村窖藏	1967年	恭壶	周中	《商周》11979-80
62	马王镇马王村窖藏1号	1973年	载鼎	周中	《商周》01812
63	马王镇马王村窖藏3号	1973年	卫鼎	周中	《商周》02206
64	马王镇马王村窖藏7-8号	1973年	卫簋	周中	《商周》05238-41
65	马王镇马王村窖藏9-10号	1973年	是娄簋	周中	《商周》04773-74
66	马王镇马王村窖藏12号	1973年	姞彭母匜	周晚	《商周》14862
67	马王镇马王村窖藏	1967年	耒罍	周晚	《商周》13734
68	马王镇马王村窖藏	1973年	中甗	周中	《商周》03283
69	马王镇马王村窖藏	1977年	许男鼎	周晚	《商周》02076
70	马王镇马王村墓葬	1961年	昊簋	周中	《商周》04868
71	马王镇新旺村	1976年	宁戈壶	周晚	《商周》12018
72	马王镇新旺村	1980年	史惠鼎	周晚	《商周》02304
73	马王镇新旺村	1980年	史惠簋	周晚	《商周》04776
74	马王镇新旺村	1985年	仆麻卣	周早	《商周》13309
75	马王镇新旺村		戈父辛尊	周早	《商周》11379
76	马王镇新旺村窖藏	1967年	遹盂	周晚	《商周》06228
77	马王镇新旺村窖藏	1982年	鼎	周早	《商周》01701
78	马王镇新旺村窖藏	1981年	册鼎	周晚	《商周》01083
79	马王镇新旺村窖藏	1984年	册鼎	周晚	《商周》01084-86
80	马王镇沣西铜网厂	1976年	伯鼎	周早	《商周》00994
81	马王镇沣西铜网厂	1976年	雞尊	周早	《商周》11748
82	马王镇沣西铜网厂	1985年	辟卣	周早	《商周》13192
83	马王镇沣西铜网厂窖藏	1976年	臀父癸簋	周早	《商周》03844
84	马王镇沣西铜网厂窖藏	1976年	雞卣	周早	《商周》13277
85	马王镇沣西毛纺厂		伯簋	周早	《商周》03869
86	马王镇沣西毛纺厂	1982年	父乙尊	周早	《商周》11258
87	马王镇大原村	1965年	父癸尊	周早	《商周》11269
88	马王镇大原村	1965年	子黄尊	商晚	《商周》11797
89	马王镇大原村	1965年	史卣	周早	《商周》12953
90	马王镇大原村	1976年	父乙簋	周早	《商周》03770
91	马王镇大原村	1984年	师孤父鼎	周中	《商周》01651
92	马王镇大原村	1989年	伯簋	周早	《商周》03868
93	马王镇大原村M315.1	1984年	作宝尊彝簋	周早	《商周》04096
94	马王镇大原村M304.2	1984年	夹伯壶	周中	《商周》12405
95	马王镇大原村M304.21	1984年	义盉盖	周中	《商周》14794
96	马王镇大原村		父乙卣	周早	《商周》12844
97	马王镇大原村		作宝尊彝尊	周早	《商周》11524
98	马王镇沣河铁路桥西头M15.5	1984—1985年	父乙爵	周早	《商周》07584

续表

序号	出土地点	出土时间	器名	时代	出处
99	马王镇车马坑	1971年	丰师当卢	周早	《商周》19088-89
100	马王镇三大队	1980年	臤爵	周早	《商周》06942
101	马王镇马王乳品厂M4.2	1997年	耒父己爵	周早	《商周》08172
102	马王镇张家村		父丙壶	周早	《商周》12063
103	马王镇沣西工程配件厂		父戊卣	周早	《商周》12735
104	马王镇沣西工程配件厂		父丁卣	周早	《商周》12850
105	马王镇窖藏		太师小子簋	周晚	《商周》05123-25
106	马王镇	1972年	姒觚	商晚	《商周》08885
107	马王镇	1974年	叔頯父鼎	周晚	《商周》02278
108	马王镇		父丁爵	周早	《商周》08159
109	马王镇	1977年	舍册觚	商晚	《商周》09422
110	马王镇	1975年	申父庚卣	周早	《商周》12854
111	马王镇	1976年	父辛卣	周早	《商周》12858
112	马王镇	1980年	簋	周早	《商周》03508
113	马王镇	20世纪90年代	奴爵	周早	《商周》06943
114	传马王镇出土	1980年入藏	虫乙觯	商晚	《商周》10196
115	马王镇		祖丁爵	周早	《商周》07566
116	斗门镇花园村M15.13	1981年	禽鼎	周中	《商周》02047
117	斗门镇花园村M15.18	1981年	廌父卣	周早	《商周》13229
118	斗门镇花园村M15.19	1981年	戎帆尊	周早	《商周》11682
119	斗门镇花园村M15.20	1981年	廌父尊	周早	《商周》11716
120	斗门镇花园村M15.21	1981年	歸爵	周早	《商周》08476
121	斗门镇花园村M17.2	1981年	禽鼎	周中	《商周》01904
122	斗门镇花园村M17.5	1981年	伯鼎	周早	《商周》00995
123	斗门镇花园村M17.35，M15.4、14	1981年	歸夨进鼎	周早	《商周》02337-39
124	斗门镇花园村M17.37	1981年	伯姜鼎	周中	《商周》02445
125	斗门镇花园村M17.20	1981年	歸夨甗	周早	《商周》03370
126	斗门镇花园村M17.11	1981年	鸿叔簋	周早	《商周》04866-67
127	斗门镇花园村M17.38	1981年	歸夨进饮壶	周早	《商周》10860
128	斗门镇花园村M17.14	1981年	作尊彝尊	周早	《商周》11412
129	斗门镇花园村M17.43	1981年	歸夨壶	周早	《商周》12256
130	斗门镇花园村M17.39	1981年	作尊彝卣	周早	《商周》12875
131	斗门镇花园村M17.42	1981年	公盘	周早	《商周》14369
132	斗门镇花园村M17.40	1981年	公盉	周早	《商周》14715
133	斗门镇普渡村无量庙M2.24	1953年	叔鼎	周中	《商周》01260
134	斗门镇普渡村无量庙M2.23	1953年	父辛簋	周早	《商周》03831
135	斗门镇普渡长由墓	1954年	宝甗	周中	《商周》03158
136	斗门镇普渡长由墓	1954年	母辛觚	周早	《商周》09770
137	斗门镇普渡村墓葬	1954年	作宝鼎	周中	《商周》01024
138	斗门镇普渡村墓葬	1954年	长由盘	周早	《商周》14353
139	斗门镇普渡村墓葬	1954年	长由盉	周中	《商周》14796
140	斗门镇普渡村M2.28	1951年	柲祖辛爵	周早	《商周》08086-87
141	斗门镇普渡村M14.1	1981年	更鼎	周中	《商周》01288

续表

序号	出土地点	出土时间	器名	时代	出处
142	斗门镇普渡村墓葬	1954年	长由簋	周中	《商周》04347
143	斗门镇普渡村墓葬	1954年	长由簋盖	周中	《商周》04348
144	斗门镇普渡村墓葬	1954年	伯廥爵	周早	《商周》07675
145	斗门镇普渡村墓葬	1954年	伯廥父卣	周早	《商周》13298
146	斗门镇普渡村墓葬	1954年	繁罍	周中	《商周》13822
147	斗门镇下泉村	1980年	多友鼎	周晚	《商周》02500
148	申店乡徐家寨黑河引水工程	1992年	吴虎鼎	周晚	《商周》02446
149	东大乡郭北村	1999年	后母乐甗	周早	《商周》03272
150	五星乡	1998年	亚𠀠鼎	周早	《商周》01500
151	五星乡兆元坡	1957年	辅师𡢁簋	周中	《商周》05337
152	五星乡北张村	1973年	木爵	周早	《商周》06912
153	五星乡河迪村墓葬	1978年	卯父丁爵	周早	《商周》08126
154	高桥乡马务村	1973年	母已爵	周早	《商周》07647
155	引镇孙岩村墓葬	1986年	父癸觯	商晚	《商周》10173
156	引镇	1975年	史祖乙觯	周早	《商周》10398
157	普渡村镐京故址	1943年	吕季姜壶	周晚	《商周》12283-84
158	王曲镇臧家庄		宝父簋	周中	《商周》04645
159	王曲镇臧家庄	1969年	𠫑丁爵	周早	《商周》07654
160	马桥村	1959年	穴簋	周早	《商周》03507
161	据传出自丰镐一带		有司简簋盖	周晚	《商周》05104
162	据传出自丰镐一带		仲殷盨盖	周晚	《商周》05579
163	丰镐遗址		穴爵	商晚	《商周》06867
164	长安	1964年入藏	宝爵	周早	《商周》08556
165	长安	1964年入藏	𠫑父丁觚	周早	《商周》09693
166	长安	1964年入藏	祖壬尊	周早	《商周》11251
167	分域12.1：长安		王人舀辅甗	周中	《商周》03350
168	捃古录：见于长安		弓𠫑鼎	商晚	《商周》01171
169	捃古录：见于长安		叔虎父鼎	周中	《商周》01788
170	捃古录：见于长安		蔡侯鼎	周晚	《商周》01943
171	捃古录：见于长安		叔荞父鼎	周晚	《商周》02030
172	捃古录：见于长安		𠫑父乙尊	商晚	《商周》11304
173	捃古录：见于长安		效尊	周早	《商周》11809
174	捃古录：见于长安		吴生残钟	周晚	《商周》15287-88
175	长安1.2		鱼父癸鼎	周早	《商周》00939
176	长安1.3	道光年间	扬方鼎	周早	《商周》01068
177	长安1.4		若母鼎	周早	《商周》01858
178	长安1.6		师汤父鼎	周中	《商周》02431
179	长安1.7		师器父鼎	周中	《商周》02355
180	长安1.8		苏卫改鼎	周晚	《商周》01872
181	长安1.9		季念鼎	周晚	《商周》01875
182	长安1.10		孟涐父鼎	周晚	《商周》01654
183	长安1.24		单伯原父鬲	周晚	《商周》03007
184	长安1.25		召仲鬲	周晚	《商周》02911

从出土金文数据看西周都城 | 243

续表

序号	出土地点	出土时间	器名	时代	出处
185	长安1.26		商妇甗	商晚	《商周》03241
186	长安1.15		豙父辛簋	商晚	《商周》03999
187	长安1.16		亢簋	周早	《商周》04511
188	长安1.22		仲五父簋盖	周晚	《商周》04632
189	长安1.36		父戊爵	商晚	《商周》08329
190	长安1.37		鸟父癸爵	商晚	《商周》07937
191	长安1.38		隹父癸爵	商晚	《商周》07939
192	长安1.35		旅父已爵	周早	《商周》08175
193	长安1.39		丙父已爵	周早	《商周》08185
194	长安1.34		作乙公爵	周早	《商周》08270
195	长安1.33		马爵	周早	《商周》08432
196	长安1.32		达爵	周早	《商周》08514
197	长安1.31		麋妇觚	商晚	《商周》09854
198	长安1.42		父丁觯	商晚	《商周》10163
199	长安1.40		妇嫘觯	商晚	《商周》10527
200	长安1.30		元罍	商晚	《商周》10883
201	长安1.21		弓父庚壶	周早	《商周》112074
202	长安1.20		小臣儿壶	商晚	《商周》12258
203	长安1.19		叀卣	周早	《商周》13173
204	长安1.17		效卣	周早	《商周》13346
205	长安1.13		匜方彝	周中	《商周》13529
206	长安1.27		父乙盉	周早	《商周》14655
207	长安1.28		敖王盉	周中	《商周》14723
208	长安1.29		伯正父匜	周晚	《商周》14922
209	岩窟：出自长安		作父辛瓠	周早	《商周》09825
210	长安出土		鱼簋	周中	《商周》03578-79
211	周金：得于长安		善鼎	周中	《商周》02487
212	薛氏：长安水中	宣和年间	字簋	周晚	《商周》03589
213	传长安出土		伯庸父盉	周晚	《商周》14783

注：

1.《商周青铜器铭文暨图像集成》简称《商周》；《金文分域编》简称《分域》；《捃古录金文》简称《捃古录》；《长安获古编》简称《长安》；《岩窟吉金图录》简称《岩窟》；《周金文存》简称《周金》；《历代钟鼎彝器款识》简称《薛氏》。

2.表格中纵向第一栏编号176—209所谓《长安》乃清人刘喜海《长安获古编》的简称，是书所收青铜器未必都是长安出土，但也不能肯定哪些不是长安出土的，这些数据若不加以利用，甚为可惜，但又证据不足，只能做个参考，所以本文据此得出的一些结论，有很多推测的成分，希望读者理解个中原委。

原载《古文字与青铜器论集》（第5辑），科学出版社，2016年

（张懋镕，陕西师范大学历史文化学院教授）

《史记》在长安的撰作与流播

张宗品

中国传统正史中,《史记》、《汉书》(部分)、《晋书》、《梁书》、《陈书》、《北齐书》、《周书》、《隋书》、《南史》、《北史》等多撰成于长安,约占"二十四史"三分之一强。《史记》《汉书》号称汉代史学双璧,其作者司马迁与班固分别为夏阳、扶风人士,俱属三辅,领于长安。陕西是司马迁的故乡,长安是《史记》的诞生地。该书的撰作、典藏、命名甚至删削、补益也在长安,其与长安的关系至为密切。太史公青年壮游,足迹遍天下,又久居政治文化中心长安,博极载籍,故有"究天人之际,通古今之变,成一家之言"的气度与底蕴。本文主要以两汉时期的长安为背景,探讨《史记》一书兴住异灭、存亡聚散的历史遭际。

一、周秦西汉的长安中心与太史公的道统意识

以长安为核心的关中地区不仅是秦汉都城,也是文武周公时期的京畿所在。周秦汉唐不仅是时代概念,也具备地域意涵。周发源于关中地区,迁于丰镐,地属长安。周朝官职已较为繁复,在西周金文中,周王朝有太史寮和卿事寮,祝、宗、卜、史当属太史寮。官吏从巫觋分化而凌驾其上,从而使民神异业。其后,南正和火正各司天地,绝地天通,可谓史官文化的第一次重建。[①]此后先秦典籍中不乏有关太史的记载。《周礼·春官》五史,太史"掌建邦之六典,以逆邦国之治,掌法以逆官府之治,掌则以逆都鄙之治"[②]。如《左传》襄公四年(前569)称:"昔周辛甲之为太史也,命百官,官箴王阙。"[③]《左传》哀公六年(前489)也记载了楚

---

① 参见张光直:《商代的巫与巫术》,见《中国青铜时代》二集,生活·读书·新知三联书店,1990年,第39—66页;李零:《西周金文中的职官系统》,见《待兔轩文存(读史卷)》,广西师范大学出版社,2011年,第127—139页。
② 〔清〕孙诒让:《周礼正义》卷五一,中华书局,1987年,第2079页。
③ 《春秋左传正义》卷二九。

人遇见不明的景象，"楚子使问诸周太史"①。刘师培认为"则史也者，掌一代之学者也；一代之学，即一国政教之本"。现代学者也认为："太史掌管西周王国的文书起草，策命诸侯卿大夫，记载国家之大事，编著史册，管理天文、历法、祭祀之事，并掌管图书典籍。他是一种兼管神职与人事，观察记载社会动态和自然现象的职官。"可以说，周之太史实则兼掌天道与人事，是道统的实际承担者。当时诸子之说尚未兴起，甚至儒家学说也只是其中传承乐官统绪的一支而已。天下纷乱之际，史官则抱典籍以奔，其奔或预示着天命所归，人心所向。若言明乎道统，自然是史官最有资格。

《史记》的撰作源于司马谈。他为西汉太史公，"仕于建元元封之间"。作为汉代的"太史公"，司马谈似乎有一种强烈的道统托命情怀。他在临终时追述祖先功德以激励其子，续作《史记》，称：

> 夫天下称颂周公，言其能论歌文武之德，宣周邵之风，达太王王季之思虑，爰及公刘，以尊后稷也。幽厉之后，王道缺，礼乐衰，孔子修旧起废，论《诗》《书》，作《春秋》，学者至今则之。自获麟以来四百有余岁，而诸侯相兼，史记放绝。今汉兴，海内一统，明主贤君忠臣死义之士，余为太史而弗论载，废天下之史文，余甚惧焉。

司马迁继作《史记》也是以接续周公、孔子以来的道统自居，与孔子作《春秋》同符：

> 夫《春秋》，上明三王之道，下辨人事之纪，别嫌疑，明是非，定犹豫，善善恶恶，贤贤贱不肖，存亡国，继绝世，补敝起废，王道之大者也。……故《春秋》者，礼义之大宗也。夫礼禁于未然之前，法施于已然之后；法之所为用者易见，而礼之所为禁者难知。②

司马迁将史家的统绪追述至五帝时期，太史公云：

> 昔在颛顼，命南正重以司天，北正黎以司地。唐虞之际，绍重黎之后，使复典之，至于夏商，故重黎氏世序天地。其在周，程伯休甫其后也。当周宣王时，失其守而为司马氏。司马氏世典周史。③

在与壶遂的对话中，司马迁也申明自己做《史记》是为了记载"明圣盛德"，"功臣世家贤大夫之业"。④并引《春秋》自况："《春秋》采善贬恶，推三代之

---

① 《春秋左传正义》卷二九。
② 《史记》卷一三〇。
③ 《史记》卷一三〇。
④ 《史记》卷一三〇。

德，褒周室，非独刺讥而已也。"①史家只是实录，既不曲学阿世，也不无故刺讥。

身在长安，位居太史令，他具有一般士人所不具备的数据采集、抽绎石室金匮之书的便利。当时有"天下计书先上太史公，副上丞相"之说。元封三年（前108），迁为太史令，"䌷史记石室金匮之书"（《太史公自序》）。由于司马世家在长安为官，对大量秦汉之际的风云激荡耳闻目睹，与有些后世景仰的帝王将相、英雄豪杰朝夕晤对。②这些无疑为《史记》的撰作提供了他人无可比拟的便利条件。

就此而论，《史记》一书似乎理应成为阐明周秦与西汉时期道统的旷世大典。但是，太史公在长安的个人遭际又使全书的旨趣与内容有了新的变化。武帝天汉二年（前99）李陵兵败投降匈奴，太史公仗义执言，遂自以无罪而"遭李陵之祸，幽于缧绁"。虽然班固在《汉书·司马迁传》称"迁既被刑之后，为中书令，尊宠任职"③。但太史公自己的感受却是"文史星历近乎卜祝之间，固主上所戏弄，倡优蓄畜之，流俗之所轻也"，甚至感到："仆以口语遇遭此祸，重为乡党戮笑，污辱先人，亦何面目复上父母之丘墓乎？虽累百世，垢弥甚耳！是以肠一日而九回，居则忽忽若有所亡，出则不知所如往。每念斯耻，汗未尝不发背沾衣也。"④

他开始退而深思："夫《诗》《书》隐约者，欲遂其志之思也。"⑤似乎在受刑之后，由记秦汉近事而变成述陶唐以来的通史，由记明主贤臣，到"遂其志之思"。书中对治统的历史记载和道统的追叙寄寓着个人遭际的感慨，对天道与人道的关系也有了更多的反思，甚至对"天意""天命"产生了极大的困惑。《太史公书》中甚至还潜藏了不少司马迁个人的幽怨之思。在《报任安书》中，司马迁对即将行刑的任安写道：

> 古者富贵而名摩灭，不可胜计，唯俶傥非常之人称焉。盖西伯拘而演《周易》；仲尼厄而作《春秋》；屈原放逐，乃赋《离骚》；左丘失明，厥有《国语》；孙子膑脚，《兵法》修列；不韦迁蜀，世传《吕览》；韩非囚秦，《说难》《孤愤》。《诗》三百篇，大氐贤圣发愤之所为作也。

---

① 《史记》卷一三〇。
② 司马谈、司马迁父子在《史记》中经常言及自己与这些人物的交往，经常有"吾观"某人如何的用语。参见顾颉刚《论司马谈作史》（《史林杂志初编》，中华书局，2005年，第226—233页）、赖长扬《司马谈作史补证》（《史学史研究》1981年第2期），相关讨论详见张大可《司马谈作史考论述评》（《青海师范学院学报》1984年第2期）。
③ 《汉书》卷六二。
④ 《汉书》卷六二。
⑤ 《史记》卷一三〇。

此人皆意有所郁结，不得通其道，故述往事，思来者。[1]

此时，以"道"衡"势"已不可能，随着史家地位的下降，道统与治统的关系也开始转为权力与学术的矛盾。《报任安书》中所举之例，除了左丘明修撰背景不详，其余数人都是为昏君恶主所残害，然后发愤著作。司马迁也只能通过修史，以期千载之后与权力争衡。他甚至宣称："仆诚已著此书，藏之名山，传之其人通邑大都，则仆偿前辱之责，虽万被戮，岂有悔哉！"[2]毕竟权力会随着时间的推移、政权的改变而失效，但著作一旦成为经典，反而会在时间的淘洗中焕发更夺目的光彩。

太史公无疑是希望自己能写成一部穷究天地大道，明载古今因革损益的"大历史"，此即"究天人之际，通古今之变"[3]。穷究了古今的事物之后，期待后有王者兴而有所取焉。这种意图在后人的阅读中也有所发现，同是意欲穷究天人的著作，在扬雄等人看来"《淮南子》之用不若《太史公书》之用也"[4]。在这一意义上，顾炎武的《日知录》，未尝不可以目为《太史公书》流传近两千年后的一种回响。[5]

《太史公自序》称："拾遗补蓺，成一家之言，厥协《六经》异传，整齐百家杂语。""拾遗补艺"，即对从远古至西汉武帝时期的知识体系，乃至对"六经"、百家之说，进行文化整合。[6]就这一意义而言，《史记》是继承孔子修"六艺"的传统，"绍明世，正《易传》，继《春秋》，本《诗》《书》《礼》《乐》之际"[7]，而不仅仅局限于《春秋》"贤贤贱不肖，当一王之法"的功能。[8]

---

[1] 《汉书》卷六二。

[2] 《汉书》卷六二。

[3] 《汉书》卷六二。在《史记》之前，《吕氏春秋》即有"备天地万物古今之事"的构想，《淮南子》已经有了囊括宇宙和世间理论于一书的实验。

[4] 〔汉〕扬雄：《法言义疏》，汪荣宝义疏，中华书局，1987年，第507页。

[5] 顾炎武在《初刻日知录自序》中称"须绝笔之后，藏之名山，以待抚世宰物者之求"；《与人书二十五》称己所作《日知录》"有王者起，将以见诸行事，以跻斯世于治古之隆，而未敢为今人道也"；《与杨雪臣书》谓"意在拨乱涤污，法古用夏，启多闻于来学，待一治于后王，自信其书之必传，而未敢以示人也"；《与友人论门人书》言"所著《日知录》三十余卷，平生之志与业，皆在其中。惟多写数本以贻之同好，庶不为恶其害己者之所去。而有王者起，得以酌取焉，其亦可以毕区区之愿矣"。见〔清〕顾炎武：《日知录校注》，陈垣校注，安徽大学出版社，2007年，第22—25页。

[6] 逯耀东《〈太史公自序〉的"拾遗补艺"》，见《抑郁与超越：司马迁与汉武帝时代》，生活·读书·新知三联书店，2008年，第35—89页。

[7] 《史记》卷一三〇。

[8] 关于《史记》继承《春秋》之说，参见阮芝生《论史记中的孔子与春秋》（《台大历史学报》1999年第23期）。

但是，在"道""势"此消彼长、权力决定一切的时期，他仍以陶唐以来的"天官"自命，追寻独立的"道"。他从一个冷静的旁观者的视角，不仅真实地记载了大汉帝国恢宏盛世表象下的真相，还将之放入三千年历史发展的长河中予以衡量。《史记》一书的基本性格也由此奠定。

二、长安阅读与《史记》文本之遭际

（一）自读

《史记》初名《太史公书》，①杀青之际即写为两本。《太史公书》的第一个抄写者和阅读者无疑是太史公本人。他在篇末写道："凡百三十篇，五十二万六千五百字，为《太史公书》。"一个对自己的著作按字数过的作者，写作自是字斟句酌，期待永传不朽。而一部著作问世以后一般都会遇到两类读者：一类是作者期待的"理想读者"（the model reader），②另一类是其他各种从自身角度去理解文本的读者。史书尤其如此。司马迁在自己的作品中曾一再表达他对"理想读者"的期待。他甚至说："仆诚已著此书，藏之名山，副在京师，传之其人通邑大都，则仆偿前辱之责，虽万被戮，岂有悔哉。"他与壶遂讨论《史记》著述立意的文字已被载诸本书，桓谭《新论》还记载司马迁曾将著作拿给东方朔过目，并请其题写书名。虽然太史公未必请东方朔题书，但以书示朔倒不无可能。这两位以及此后宣布《太史公书》的杨恽，应该都是司马迁所期待的读者。

（二）汉武帝

西汉武帝时期，汉室书库收藏当世重要的著作似乎已经成为一种惯例。如司马相如年轻时，武帝已能读到其赋作；相如去世之后，武帝即派人取书。③作为准官方的史学著作，该书也要呈给武帝览阅，司马迁也明确表示要"藏之名山"。因此，汉武帝一类的当权者也是他无法回避的读者。④

---

① 《史记》卷一三〇。
② 指那种按照文本要求，以文本应该被阅读的方式去阅读文本的读者。参见李景源主编、谢地坤副主编：《新中国哲学研究50年——中国社会科学院哲学研究所五十周年学术文集》（上），人民出版社，2005年，第347页。
③ 《史记》卷一一七《司马相如传》。
④ 对于这类读者，太史公依然秉笔直书，似乎并没有为尊者讳的顾忌。班固称之为"实录"，但也因此遭到删削。

针对这两类读者，太史公的传写策略就是"藏之名山，副在京师"[1]，即正本献于朝廷，藏于书府；副本藏于家中，传抄于京师。这种策略也可能是太史公当时所能做出的最佳选择。昔日秦始皇禁天下图书，也是禁百姓之书而不籍没"博士官"与内府之藏。京师为天下人才汇聚之地，京师留副，易使副本传抄各地，而使此书化身千亿。所谓"人能弘道非道能弘人"，无论是"藏之名山"，还是"副在京师"，目的俱在"传之其人"，有"其人"则此书自能广为天下人所知。

此外，如果我们将太史公的传抄策略置于"道""势"两大统绪之间来考察，或许另有发现。藏于书府的本子，自然是为承续治统的圣人有所借鉴；而"副在京师"的传本，是希望承续道统的君子得以观览。故此，两大传本系统不仅是出于文本传播上的考虑，更是出于传承统绪的需要。当然，如果传承道统者得位，只需"藏之名山"即可。但在太史公的眼中，当时的道统分明不是那些儒生所能接续的，既"愁学者不达其意"，只能"俟后世圣人君子"了。

但在武帝后期，统治阶层已选择儒学为官方的意识形态，皇权已经不允许任何道统以及以秉承道统自居的史家有批评自己的文化权力。因此，尽管太史公煞费苦心，但《史记》成书不久，即有亡阙。至于何时亡阙，亡阙了哪几篇，已成为学界聚讼不一的一大谜案，相关的讨论从东汉开始一直延续到今天。[2]整体上大致有三种意见：一是十篇非佚，迁当时未写完；二是十篇之中部分亡佚，部分未写完；三是

---

[1] 对于"名山"为何处的问题，《索隐》认为"名山"即书府，后人陈直、易平等多有讨论，以书府之说较为通达。两汉时不仅有将皇家书库称作"老氏蓬莱阁"（如东莞）的，更有将名山称作书府的。参见陈直：《汉晋人对史记的传播及其评价》，《四川大学学报》1957年第3期；易平、易宁：《〈史记〉早期文献中的一个根本问题——〈太史公书〉"藏之名山，副在京师"考》，《南昌大学学报》2004年第1期。

[2] 东汉的卫宏即开始言《史记》亡阙问题，此后历代学者皆有辨析，然而迄今难有定论。大略而言，主要有以下几种意见：一、亡《景帝本纪》《武帝本纪》。见《太史公自序》中《集解》引卫宏《汉旧仪》，《三国志·王肃传》，葛洪《西京杂记》卷六，梁玉绳《史记志疑》卷七，范文澜《正史考略·史记》，余嘉锡《太史公书亡篇考》等反对。二、十篇全亡说。见班固《汉志》，张晏《太史公自序》，《集解》引，《索隐》赞成，《正义》及余嘉锡赞成。三、十篇草创未成说。见刘知几《史通·古今正史》，《四库全书总目》"史记提要"赞成，但杨恽宣布未言缺略。四、十篇佚而复出，仅亡《武纪》说。见吕祖谦《大事记解题》卷一○，王鸣盛《十七史商榷》卷一。五、七篇亡。见梁玉绳《史记志疑》卷七，余嘉锡反驳。六、十篇未亡。见李长之《司马迁之人格与风格》第六章第一节，张大可《史记研究》之"《史记》残缺与补窜考辨"。相关讨论见余嘉锡《太史公书亡篇考》，见《余嘉锡论学杂著》（上）（中华书局，2007年，第1—108页）。今赵生群多同其说，见《〈史记〉编纂学导论》（凤凰出版社，2006年，第16—22页）。参见易平《张晏〈史记〉亡篇之说新检讨》（《台大历史学报》1999年第23期）。张大可《史记研究》（商务印书馆，2011年，第174—197页）。

除《武纪》外，皆迁手笔。①

根据东晋徐广注，我们可以基本确定两晋时期《史记》篇卷与今传本基本差别不大。后人所见皆为徐广、裴骃的校本。因此，我们讨论《史记》文本残缺的下限是东晋末年。东晋以后学者所见本与今本相较，或小有异文而无篇卷整体上的不同。这一时间段内的相关的原始材料主要有以下几条。

《汉书·艺文志》："《太史公》百三十篇。十篇有录无书。冯商所续《太史公》七篇。"又《汉书·司马迁传》："十篇缺，有录无书。"②由此可知，班固所见《史记》缺十篇无疑。缺篇，乃至有录无书的现象，在《汉志》中仅两见，其中因由值得关注。《后汉书·班彪传》载彪之论云：

> 孝武之世，太史令司马迁采《左氏》《国语》，删《世本》《战国策》，据楚、汉列国时事，上自黄帝，下讫获麟，作本纪、世家、列传、书、表凡百三十篇，而十篇缺焉。③

《太史公自序》篇末《集解》：

> 骃案：《汉书音义》曰"十篇缺，有录无书"。张晏曰"迁没之后，亡《景纪》《武纪》《礼书》《乐书》《律书》《汉兴以来将相年表》《日者列传》《三王世家》《龟策列传》《傅靳蒯列传》。元成之间，褚先生补阙，作《武帝纪》《三王世家》《龟策》《日者列传》，言辞鄙陋，非迁本意也。"④

颜师古《汉书叙例》载："张晏，字子博，中山人。"虽然此处并未标明其时代，按照文中人物的排序，当为魏人。又《索隐》：

> 案：《汉书》曰"十篇有录无书"。张晏曰"迁没之后，亡《景纪》、《武纪》，《礼书》、《乐书》、《兵书》，《将相表》，《三王世家》，《日者》《龟策传》《傅靳》等列传也"。案：《景纪》取班书补之，《武纪》专取《封禅书》，《礼书》取荀卿《礼论》，《乐》取《礼乐记》，《兵书》亡，不补，略述律历而言兵，遂分历述以次之。《三王系家》空取其策文以缉此篇，何率略且重，非当也。《日者》不能记诸国之同异，而论司马季主。《龟策》直太卜所得古龟兆杂说，而无笔削之

---

① 泷川资言《史记会注考证》认为"据今本考之，除《武纪》外，皆迁手笔"，李长之认为今本《史记》不缺。
② 《汉书》卷六二。
③ 《后汉书》卷四〇。
④ 《史记》卷一三〇。

功，何芜鄙也。①

《后汉书·班彪传》亦云"十篇阙焉"，注文所举篇目与此略同，唯《律书》作《兵书》。②我们发现关于《史记》亡阙问题，汉魏间士人意见较为一致。由上述材料及《太史公自序》，我们也不难推定：其一，司马迁在世时，其书已成，不缺。其二，迁死后，其书有缺，杨恽宣布时，目录尚存，书已不在。其三，今本不缺，乃后人所补。③

考察《史记》亡阙，我们首先应当核查文本。今本《史记》10篇中残损补苴痕迹相当明显，尤为明证。④此外，《汉书》所记武帝之前的内容基本因循《史记》而略有改动。对比今本《史记》《汉书》文字，即可判别是否参考。《景帝纪》之前的诸帝纪文字《汉书》与《史记》多同，《景帝纪》却差别较大。最明显的不同就是，《史记》中的《孝景本纪》几乎通篇未载诏书，而《汉书》多存诏书。⑤至于今本《孝武本纪》非《史记》原文，一般没有异议，可暂不讨论。⑥

10篇之中，我们需要注意的是《景纪》《武纪》应与其他各篇加以区分。虽然东汉班固已点出10篇，魏时张晏名其篇名，但汉魏时期所言亡篇多称《景纪》《武纪》，少言其余。今本《史记》"本纪"部分的补作与其他部分的补续文字相比，

---

① 《史记》卷一三〇。
② 《后汉书》卷四〇上。余嘉锡以为原当为《兵书》，见《太史公书亡篇考》。
③ 清代赵翼《廿二史札记》云："按太史公《自序》，十二本纪、十表、八书、三十世家、七十列传，共百三十篇，五十二万六千五百字。是史公已订成全书，其十篇之缺乃后人所遗失，非史公未及成，而有待于后人补之也。"（赵翼：《廿二史札记校证》，王树民校证，中华书局，2007年，第8—9页）余嘉锡《太史公书亡篇考》也认为："凡考古事，当征之前人之书，不可以臆见说也。《太史公书》百三十篇，十篇有录无书，著于《七略》，载于本传，而张晏复胪举其篇目。其事至为明白，无可疑者。"
④ 相关论述参见张大可：《〈史记〉残缺与补窜考辨》，《兰州大学学报》1982年第3期。
⑤ 吕祖谦《大事记解题》云："《史记·文帝纪》多载诏书，入《景纪》则皆不载，盖以为不足载也，其旨微矣。刘氏《七略》：'《太史公》百三十篇，十篇有录无书。'《汉书·太史公传》亦如之。以张晏所列亡篇之目校之，《史记》或其篇具在，或草具而未成，惟《武帝》一篇亡耳。司马贞《索隐》信张晏之说，遂谓《景纪》后人取班《书》补之。是殆不然。学者合取司马氏、班氏二《纪》，观其书法，则才识高下，可默喻矣。今各随事辨之。卫宏《汉书旧仪注》曰：'司马迁作《本纪》，极言景帝之短，及武帝之过，武帝怒而削去之，卫宏与班固同时，两《纪》俱亡，《景纪》所以复出者，武帝特能毁其副在京师者耳，藏之名山，固自有它本也。《武纪》终不见者，岂非指切尤甚，虽民间亦畏祸不敢藏乎。"见〔宋〕吕祖谦《大事记》所附《通释解题》卷一〇"汉孝景元年春正月下"，中华书局影印丛书集成初编本，1991年，第575页。
⑥ 虽然李长之在《司马迁之人格与风格》一书中曾大胆猜想此篇也有可能是太史公的原文，司马迁是以这种方式来嘲讽汉武帝的，但未能举证，一般也极少有人认同这种观点。

文献特征也明显不同。《孝景本纪》是否补作或有争议，①《武帝本纪》非史公原文甚至亦非褚补则基本可以确定。

此外，只要对剩余8篇的内容略作分析，我们就会发现：《将相表》《礼书》《乐书》《律书》4篇次序相连，而《汉兴以来将相侯者年表》又是"表"的最后一篇，《三王世家》是"世家"类的最后一篇，《日者》《龟策传》两传也是篇次相连且都与占卜有关。《傅靳蒯成列传》中的四位传主并无大的功业，但又俱与高祖关系异常亲密。同时，10篇又常为一帙之数，因此，我们推测是某一帝王对这10篇内容感兴趣，遂找出这10篇读之。最后两篇《本纪》禁传，其他各篇或未归还原处，于是造成"十篇缺"的现象。②就当时而言，对《孝景本纪》和《孝武本纪》感兴趣，又对《三王世家》感兴趣的，只有武帝本人。因为这三传分别讲了他本人以及其父其子的情况。孝武重儒家，讲治道，好求仙，对礼乐、律令及卜筮之书感兴趣也符合他的性格。③

因此，《史记》的残缺与当时的一位特殊的读者相关。《太史公自序》卷尾《集解》云：

> 骃案：卫宏《汉书旧仪注》曰"司马迁作《景帝本纪》，极言其短及武帝过，武帝怒而削去之。后坐举李陵，陵降匈奴，故下迁蚕室。有怨言，下狱死"。④

今案：《集解》引文或有脱讹，如前云《景帝纪》一般不会涉及武帝，而下云文涉景、武之过失，或前脱《今上本纪》之文。汉魏人皆云景、武两纪不在，可为

---

① 崔适等以为"盖此书实未亡"（《史记探源》，中华书局，1986年，第65页）；余嘉锡认为《景帝纪》为冯商所补《太史公书亡篇考·景纪第三》；另见张晏《〈史记〉亡篇说之新检讨》（《台大历史学报》1999年第23期）。

② 这种情况在后世并不稀见，如宋代相关文献中颇记此类事件。《宋会要辑稿》载："先是，判阁欧阳修言秘阁初为太宗藏书之府，并以黄绫装之，谓之太清本。后因宣取入内，多留禁中，而书颇不完。请降旧本，令补写之。"见〔清〕徐松辑：《宋会要辑稿》卷一七四二，中华书局，1957年，第2234页。

③ 虽然武帝对封禅很感兴趣，但《封禅书》应在司马相如死后献书时已经看过。

④ 关于此段文字所论之实情，今人郭沫若、刘际铨、袁传璋等并有论及，多所发明，认为符合实情。参见郭沫若：《〈太史公行年考〉有问题》，《历史研究》1955年第6期；郭沫若：《关于司马迁之死》，《历史研究》1956年第4期；刘际铨：《司马迁生于建元六年辨》，《历史研究》1955年第6期；袁传璋：《太史公生平著作考论》，安徽人民出版社，2005年，第160—180页。

旁证。晋葛洪《西京杂记》卷六，当本之。① 但奇怪的是，《西京杂记》在"有怨言，下狱死"之后直接说宣帝，或指杨恽，而非司马迁。卫宏为两汉之际人，年岁较班固为长。而且由于从杜林受古学，既有因作《汉旧仪》，载西京杂事，熟知西汉事不足为奇。② 史载杜林为杜邺子，杜邺既是张敞外孙，又与张家有很深的学术因缘。③ 据《汉书·杨恽传》，张敞与杨恽关系亲厚，并因杨恽免官，④ 对杨恽家史及《史记》遭际当有耳闻。明了这一层关系，我们就会发现卫宏的所载并非空穴来风了。此外，武帝时并非没有类似事件的记载。《史记·儒林列传》即云董仲舒著《灾异之记》，主父偃取书上奏武帝。"天子召诸生示其书，有刺讥""当死，诏赦之。于是董仲舒竟不敢复言灾异"。⑤

我们再玩味卫宏之语，似乎他认为武帝削去的只是《孝景本纪》，如果进一步引申，武帝也只能削去《今上本纪》。这种观点也可以在汉魏间的记载中得到印证。其一，《文选·典引序》载明帝诏云"司马迁著书成一家之言，扬名后世，至以身陷刑之故，反微文刺讥，贬损当世，非谊士也"⑥。其二，《三国志·魏志·王肃传》载魏文帝与王肃言"司马迁以受刑之故，内怀隐切，著《史记》非贬孝武，令人切齿"。而王肃称"汉武帝闻其述《史记》，去孝景及己本纪览之，于是大怒，削而投之。于今此两纪有录无书。后遭李陵事，遂下迁蚕室"⑦。其三，《后汉书·蔡邕传》载王允之言，王允对太尉马日䃅说："昔武帝不杀司马迁，使作谤书，流于后世。"⑧

由此可知汉魏间无论帝王、权臣、硕学都认为：《史记》有对二帝的批评，本书曾被删削，至曹魏时，《孝景本纪》《今上本纪》两卷仍"有录无书"。上文已论，这可能是汉武帝或其他帝王命人拣取自己认为比较重要或较感兴趣的10篇观

---

① 〔晋〕葛洪《西京杂记》卷六载："汉承周史官，至武帝置太史公。太史公司马谈，世为太史；子迁，年十三，使乘传行天下，求古诸侯史记，续孔氏古文，序世事，作传百三十卷，五十万字。谈死，子迁以世官复为太史公，位在丞相下。天下上计，先上太史公，副上丞相。太史公序事如古《春秋》法，司马氏本汉周史佚后也。作《景帝本纪》，极言其短及武帝之过，帝怒而削去之。后坐举李陵，陵降匈奴，下迁蚕室。有怨言，下狱死。宣帝以其官为令，行太史公文书事而已，不复用其子孙。"（中华书局，1985年，第43页）
② 《后汉书》卷七九。
③ 《汉书》卷八五。
④ 《汉书》卷六六。
⑤ 《史记》卷一二一。
⑥ 〔梁〕萧统：《文选》卷四八，上海古籍出版社，1986年，第2158页。
⑦ 〔晋〕陈寿：《三国志·魏书·王肃传》，中华书局，1982年，第418页。
⑧ 《后汉书》卷六〇《蔡邕传》。

看。由于长期存于帝王手边，内廷本遂阙10篇，后或随战乱而有散失。其中两篇本纪为武帝所削，自然不存。家藏之本也因取书制度而不敢宣布此10篇。但内廷无，外庭亦残缺，故其他各篇或有残缺。汉代随葬物中多有书籍，作为晚年常观之书，随武帝入墓，也不无可能，尤其是《今上本纪》。

按照卫宏等人的说法，司马迁是因有怨言而下狱死。《汉书·司马迁传》对司马迁的死因不著一词，班固不会不知，但这里有意不说，其中或有隐讳。我们也不难推知，当时《太史公书》被朝廷秘不外传当为实情。否则我们就无法理解既然太史公原意"副在京师，传之其人"，为何不在他死后立即全部公之于世，而要等到倜傥不逊的外孙出现才宣布。"其书稍出"或为其家冒险私藏，也是一种对当朝的抗争。《今上本纪》被削，家中藏本也不敢外泄。

（三）杨恽

《汉书·杨恽传》称："恽母，司马迁女也。恽始读外祖《太史公记》，颇为《春秋》。以才能称。好交英俊诸儒，名显朝廷，擢为左曹。"根据《汉书》的记载，杨恽因人告发"骄奢不悔过"，"章下廷尉案验，得所予会宗书，宣帝见而恶之"，遂以大逆无道论斩。[①]我们今天能在《汉书》中见到杨恽《报孙会宗书》当是班固所见朝廷抄没杨家之物。那么，《司马迁传》中的《报任安书》又是从何而来？

《报任安书》能够流传，当时必然有人上报。武帝观览之后做何感想，不难推知。司马迁自称"要之死日，然后是非乃定。"班固在《司马迁传》中写道："迁既死后，其书稍出。"至于去世的时间、死因俱付诸阙如。这段空白给后人留下了遐想的空间。司马迁在《报任安书》中，将作《史记》的原委及心态深作剖析。这对当时的帝王而言，不啻为一种公然的自宣和挑战。因此，卫宏的说法或不为无据。

《汉书·艺文志》言："《春秋》所贬损大人当世君臣，有威权势力，其事实皆形于传，是以隐其书而不宣。"[②]这恐怕也是当朝秘藏《史记》的主要原因。班固父子虽赞扬司马迁"其文直，其事核，不虚美，不隐恶"，"有良史之才"，但对其书的评价是"其是非颇谬于圣人，论大道则先黄老而后六经；序游侠则退处士而进奸雄，述货殖则崇势利而羞贱贫"[③]。可见，此书最大的问题乃"是非"不合。因

[①] 《汉书》卷六六。
[②] 《汉书》卷三〇。
[③] 《汉书》卷六二。

此，我们认为卫宏、张晏之说不为无据。武帝虽然没有像秦始皇那样焚书坑儒,[1]但也以其政治权力强行删改《太史公书》，刑司马迁。由于另有传本"副在京师"，故魏晋之际有学者掇拾补缀，此本流传至今。

（四）补续者

《史记》成书以后，其地位颇为特殊。一面是秘而不宣，侯王相见之而不得；二是后之学者多加评议，续补不绝。学者中对《史记》读抄较多的首先是刘向、刘歆父子。其《七略》中多用《太史公书》之传记。《后汉书·班彪传》云：

> 武帝时，司马迁著《史记》，自太初以后，阙而不录，后好事者颇或缀集时事，然多鄙俗，不足以踵继其书。章怀注曰："好事者谓杨雄、刘歆、阳城衡、褚少孙、史孝山之徒也。"[2]

另，《史通·古今正史》云：

> 《史记》所书，年止汉武，太初已后，阙而不录。其后刘向、向子歆及诸好事者，若冯商、卫衡、扬雄、史岑、梁审、肆仁、晋冯、段肃（原注：《班固集》作"段肃"，固本传作"殷肃"）、金丹、冯衍、韦融、萧奋、刘恂等相次撰续，迄于哀、平间，犹名《史记》。至建武中，司徒掾班彪以为其言鄙俗，不足以踵前史；又雄、歆褒美伪新，误后惑众，不当垂之后代者也。于是采其旧事，旁贯异闻，作《后传》六十五篇。其子固以父所撰未尽一家，乃起元高皇，终乎王莽，十有二世，二百三十年，综其行事，上下通洽，为《汉书》纪、表、志传百篇。其事未毕，会有上书云固私改作《史记》者，有诏京兆收系，悉录家书封上。固弟超诣阙自陈，明帝引见，言固续父所作，不敢改易旧书，帝意乃解。即出固，征诣校书，受诏卒业。经二十余载，至章帝建初中乃成。[3]

刘知几所言未知何据，但言之凿凿，或相关文献唐初犹存。史孝山或即史岑，卫衡或即阳城衡。若加上下文中所言孟柳，补续者有17人之多。[4]从时间上看，补史者基本都是宣帝以后的士人。这与《汉书》"迁既死后，其书稍出。宣帝时，迁外

---

[1] 《孟子》载战国诸侯亦有"恶其害己也，而皆去其籍"的现象。《孟子注疏》卷一〇上。
[2] 《后汉书》卷四〇。
[3] 〔唐〕刘知几：《史通通释》卷一二，〔清〕浦起龙通释，上海古籍出版社，2009年，第314页。
[4] 卢南乔先生在《从史学和史料来论述〈汉书〉编纂特点》一文中又加杨恽、班彪、贾逵，共有二十人之多。见吴泽主编：《中国史学史论集》（1），上海人民出版社，1980年，第276页。

孙平通侯杨恽祖述其书，遂宣布焉"①的记载一致，也印证了前文关于《史记》禁传的推断。"迄于哀、平间，犹名《史记》"的记述，也充分表明这种续补是与西汉政统相始终的。亦即，此时的《史记》已在某种程度上具有国史的性质。

其次，续补者基本都是内廷士人，甚至就是直接校书的人员。刘向、刘歆父子自不待言，杨雄也曾校书天禄阁②。《汉志》中著录的只有冯商一家："冯商所续《太史公》七篇。"注云：

> 韦昭曰：冯商受诏续《太史公》十余篇，在班彪《别录》。商字子高。师古曰：《七略》云商阳陵人，治《易》，事五鹿充宗，后事刘向，能属文，后与孟柳俱待诏，颇续列传，未卒，病死。③

根据颜师古的注文，当时的续补者当中另有孟柳。冯商或与刘向同校书秘阁，后受诏续书，所作藏于中秘。受诏续史也进一步表明此时《史记》已为准国史。上述续史者多不知名，依冯商之例推之，或为当时负责校书的郎官、掾史。他们既能观览《太史公书》，又有采掇汉代记录的便利条件。如《汉书·楚元王传》即载汉代灾异"皆著于《汉纪》"④，《汉志》有"《太史公》百三十篇。十篇有录无书。冯商所续《太史公》七篇。《太古以来年纪》二篇。《汉著记》百九十卷。《汉大年纪》五篇"⑤。这些应该都是他们参考的史料。

但上述材料无疑都是针对"太初已后，阙而不录"的情况而言，今可考见的除褚少孙以外，多为续史而非补史。他们虽然是接续《史记》记述汉代的历史，但在续写的同时也多以当时盛行的儒家观点对司马迁原书所秉持的史官道统有所批评。《汉书》扬雄本传载：

> 雄见诸子各以其知舛驰，大氐诋訾圣人，即为怪迂，析辩诡辞，以挠世事，虽小辩终破大道而或众，使溺于所闻而不自知其非也。及太史公记六国，历楚汉，讫麟止，不与圣人同，是非颇谬于经。故人时有问雄者，

---

① 《汉书》卷六二。
② 《汉书·扬雄传》载王莽时"雄校书天禄阁上"。
③ 《汉书》卷三〇。
④ 《汉书》卷三六。
⑤ 《汉书》卷三〇。

常用法应之，撰以为十三卷，象《论语》，号曰《法言》。①

扬雄死后，班固在《扬雄传》的结尾记载了当时士人的评价：

> 时大司空王邑、纳言严尤闻雄死，谓桓谭曰："子尝称扬雄书，岂能传于后世乎？"谭曰："必传。顾君与谭不及见也。凡人贱近而贵远，亲见扬子云禄位容貌不能动人，故轻其书。昔老聃著虚无之言两篇，薄仁义，非礼学，然后世好之者尚以为过于《五经》，自汉文景之君及司马迁皆有是言。今扬子之书文义至深，而论不诡于圣人，若使遭遇时君，更阅贤知，为所称善，则必度越诸子矣。"诸儒或讥以为雄非圣人而作经，犹春秋吴楚之君僭号称王，盖诛绝之罪也。自雄之没至今四十余年，其《法言》大行，而《玄》终不显，然篇籍具存。②

诸儒对扬雄"非圣人而作经"当"诛绝"的讥议不免让人联想到太史公的遭遇。西汉后期，无论桓谭、扬雄还是那些来咨问扬雄的学人，都对《史记》有读有议。一方面将之与《淮南子》等子书并提，认为非"五经"圣论，另一方面又与孔子进行比较，称"圣人将有取焉"。尤其值得注意的是桓谭论《老子》时，将文、景二帝与太史公对举。二者分可谓治统、道统两个方面的代表。这也表明在《太史公书》宣布之后，一方面书中旨趣与当朝倡导的官学不合，一方面又与学者宣讲的儒术不同，因此遭到两方面的批评。

这一时期的续史虽多，但在班彪看来多不可取，无法承续《史记》的记述。③班斿姊为班倢伃，班氏家族以外家之亲、班斿之能深得宣帝信任，赐以秘书之副。其宠信超过当时一般的侯王，甚至当时典领校书的皇族饱学之士刘向都没有享受此项殊荣。值得注意的是，他曾特意提到《太史公》一书。班固非常自豪地称东平思王求之书而不得，言下之意，自家有之。自己改作国史，也应家中先有《史记》始能改之。班家所藏《太史公书》，无疑同属"名山"系统的内廷抄本。

> 彪字叔皮，幼与从兄嗣共游学，家有赐书，内足于财，好古之士自远

---

① 《汉书》卷八七。按，《法言》称："淮南说之用，不如太史公之用也。太史公，圣人将有取焉；淮南，鲜取焉尔。必也，儒乎！乍出乍入，淮南也；文丽用寡，长卿也；多爱不忍，子长也。仲尼多爱，爱义也；子长多爱，爱奇也。"（《法言义疏》卷一二）；又，"或问：'司马子长有言，曰《五经》不如《老子》之约也，当年不能极其变，终身不能究其业。'曰：'若是，则周公惑，孔子贼。古者之学耕且养，三年通一。今之学也，非独为之华藻也，又从而绣其鞶帨，恶在《老》不《老》也？'"（《法言义疏》卷七）

② 《汉书》卷八七。

③ 《后汉书》卷四〇。

方至，父党扬子云以下莫不造门。①

扬雄等人与班家讨论艺文，观览群书，有相似的见解不足为奇。史称"叔皮唯圣人之道然后尽心焉"②。两汉之际隗嚣欲与刘秀争天下，他曾与班彪讨论天下大势，治统与道统所在。班彪极力维护汉祚，并著《王命论》"以救时难"③。

考查《史记》《汉书》二书的叙述模式，我们不难发现《汉书》模拟《史记》的痕迹十分明显，或者说是在《史记》的基础上改作汉史。班固父子的《史记》阅读，激发了他们撰述新史的意愿。最终，他们改作《史记》，勒成《汉书》，以儒家道统取代了道家道统，并与当朝者的意愿一致。④最终成为此后史书修撰的楷模。

（五）偷读者

虽然《太史公书》至宣帝时已经杨恽宣布，但当时的传播并不广泛，在某种意义上甚至还有禁读的迹象。没有帝王的允许，大臣并不能轻易观看中秘之书，私自抄读都是重罪。宣帝时，霍山"坐写秘书"，需"上书献城西第，入马千匹"始能赎⑤。甚至当时协助传抄内廷书籍的苏昌也"坐借霍山书，泄秘书，免"⑥。

《汉书·宣元六王传》载，汉成帝时，东平思王刘宇"上疏求诸子及《太史公书》"，大将军王凤以为：

> 诸子书或反经术，非圣人，或明鬼神，信物怪；《太史公书》有战国从横权谲之谋，汉兴之初谋臣奇策，天官灾异，地形厄塞：皆不宜在诸侯王。不可予。不许之辞宜曰："《五经》圣人所制，万事靡不毕载。王审乐道，傅相皆儒者，旦夕讲诵，足以正身虞意。夫小辩破义，小道不通，致远恐泥，皆不足以留意。诸益于经术者，不爱于王。"⑦

成帝时当权者依然认为该书记载了很多权谋，天地形势，是比较危险的一种著作。东平思王特意上疏将《太史公书》和诸子书并列，可见至少当时颇有神秘性。这段文字也向我们揭示了当权者对《太史公书》乃至学术的基本立场。而汉代尊儒重经的基本情况也不言自明。

王侯都不易得到《太史公书》，普通士人可想而知。图书乃至以图书为载体

---

① 《汉书》卷一〇〇。
② 《汉书》卷一〇〇。
③ 《汉书》卷一〇〇。
④ 孔子无其位而修《春秋》，实已启攘夺史家道统的意味。
⑤ 《汉书》卷六八。
⑥ 《汉书》卷一九。
⑦ 《汉书》卷八〇。

的学术、知识被帝王垄断，也成为一时风气。此时的《史记》文本依然是一种权力象征，被作为一种赏罚手段。有功者虽不求而赏之，无德者虽求而不得。这是《汉书》以降的正史所没有的功能。

东汉初期，《太史公书》的这种功能依然得以继承，但多为单篇，有针对性。《后汉书·窦融列传》载窦融忠于光武，责让隗嚣，"（光武）帝深嘉美之，乃赐融以外属图及太史公《五宗》《外戚世家》《魏其侯列传》"①。这三卷书主要是记载西汉外戚姻亲的，光武以之赏赐窦融表示劝勉和信任。这也说明，当时的《太史公书》依然是作为一种具有危险性的图书处于垄断和禁传的状态。

在某一方面政绩突出的官员也可以得到这种赏赐，《后汉书·循吏列传》载：

> （明帝）永平十二年，议修汴渠，乃引见景，问以理水形便。景陈其利害，应对敏给，帝善之。又以尝修浚仪，功业有成，乃赐景《山海经》《河渠书》《禹贡图》，及钱帛衣物。②

凡赏图书，其中几乎都有《太史公书》。似乎在两汉之际，此书已处于类似于国史的地位。但这种赏赐在《汉书》出现之后，并无记载。或与《汉书》代之成为国史有关。

《汉书》撰成之后，几乎再无续补《太史公书》的事情出现。士人很少言及此书，有的话也只是批评。东汉章帝时期曾诏集群儒在白虎观讨论"五经"异同。当时杨终深于《春秋》，得班固、贾逵的奏请，得以参加这次讨论。但与此相关的还有一件事，多为学者忽略。那就是杨终"后受诏删《太史公书》为十余万言"③。这种删节本将五十余万言的《太史公书》，删减得只剩下十几万字。章帝为什么删减？删去的是哪些内容？具体情形今天已然不得而知了，但根据当时的情势推断，应出于政治因素的考虑。

（6）属于长安的《太史公书》。《史记》初名《太史公书》，《太史公·自序》《汉书·司马迁传》《宣元六王传》《汉书·张汤传》《论衡·案书篇》《论衡·对作篇》《后汉书·班彪传》《后汉书·杨终传》并有言及。为何称"太史公书"？清人钱大昕《廿二史考异》卷五云：

> 子长述先人之业作书，继《春秋》之后，成一家之言，故曰《太史公书》。以官名之者，承父志也。以虞卿、吕不韦著书之例言之，当云《太

---

① 《后汉书》卷二三。
② 《后汉书》卷七六。
③ 《后汉书》卷四八。

史公春秋》。不称《春秋》者，谦也。①

钱氏所论甚为精当，"太史公书"的名称一来表明该书是承先人之业，乃"太史公"的一家之言，二来表示谦虚。司马迁在《太史公自序》中也向壶遂解释，自己虽继《春秋》之志，但不敢明说自己做的是圣人之业，也是《春秋》。关于《史记》一书的性质，梁启超《要籍解题及其读法》之"史记"条中也有明确的界定：

> 其著书最大目的，乃在发表司马氏一家之言，与荀卿著《荀子》、董生著《春秋繁露》，性质正同。不过其"一家之言"乃借史的形式发表耳。故仅以近世史的观念读《史记》，非能知《史记》者也。②

汉晋之际，学者称引书名不甚严谨，举其大端而已。因此，这一时期，《太史公书》又被随文称为"太史公"[③]"太史记"[④]"太史公传"[⑤]等，并非他们所见书名与《太史公书》有什么不同。有时同一作者在同一篇书中，称呼也有不同，可见古人并没有严格的书名观念。至于何时《史记》专门指称司马迁所著书，或云东汉[⑥]，或云三国时期[⑦]。《金石萃编》卷一二《汉执金吾丞武荣碑》："阙帻传讲《孝经》《论语》《史记》《左氏》《国语》，广学甄微，靡不冠综。"据陈直先生考证，前碑为桓帝永寿元年（155）立，后碑约立于灵帝初年。陈直《太史公书名考》，援引九例论证至桓、灵、献帝时《太史公书》多称《史记》。甚至约在桓帝时，多读《汉书》，而列《史记》于后。我们认为大略在汉末三国之际开始较为广泛地使用《史记》来指称《太史公书》。至于具体的时间，在不同的人、不同层次的读者之

---

① 〔清〕钱大昕：《廿二史考异》，方诗铭、周殿杰点校，上海古籍出版社，2004年，第88页。"太史公"之意，张大可概括为三类：尊称说、官名说、以官称为书名说，而倾向于俞正燮"以官名书"（《癸巳类稿》卷一一《太史公释名义》），相关讨论见张大可《太史公释名考辨》（见《史记研究》，商务印书馆，2001年，第113—121页）。

② 夏晓虹编：《梁启超文选》（下），福建教育出版社，2020年，第321—322页。

③ 如扬雄《法言·问神》："淮南太史公者，其多知与？曷其杂也。"扬雄将《淮南》与《太史公》并提，似倾向于归入杂家一类。《汉书·艺文志》、《太史公》百三十篇、《冯商所续太史公》七篇、王充《论衡·超奇》、《后汉书·窦融传》、《后汉书·范升传》、《后汉书·陈元传》等亦如是。

④ 《汉书·杨恽传》云："恽始读外祖太史公记。"《论衡·道虚》、《汉纪·孝武皇帝纪》、《风俗通义》之《皇霸篇》《声音篇》《祀典篇》皆云："太史公记。"

⑤ 《史记·龟策列传》褚先生曰，《太平御览》卷一五五引《帝王世纪》亦言。

⑥ 《汉书·五行志》，颜注称该志所称《史记》皆专指《太史公书》。梁玉绳《史记志疑》称"史记"之名起于班叔皮，观《五行志》及《班彪传》可知。泷川资言同之。

⑦ 《三国志·王肃传》，《汉书》十六处言"史记"，五条见诸"史记"，四条既不见于《国语》，亦不见于《太史公书》，实为史书泛称。王国维《太史公行年考》言始于《魏志·王肃传》、范文澜《正史考略》、梁启超《要籍解题及其读法》并同之。

《史记》在长安的撰作与流播

间所称有别，我们也不必过于坐实。值得注意的是，此时的政治文化中心已经不在长安，而《太史公书》之名，似乎只属于长安。书名的变化，其实也意味着人们对该书性质认识的变化。

"史记"之名，古已有之。"动则左史书之，言则右史记之"，故简称"史记"。司马迁本人称引"史记"的也颇有不少，皆不专指司马迁所作的《史记》，而是指古史。如《周本纪》《十二诸侯年表》《六国年表》《天官书》《陈杞世家》《晋世家》《孔子世家》《老子韩非列传》《儒林列传》《太史公自序》等。汉魏之际人们称《太史公书》为《史记》，正表明该书性质已由"究天人之际，通古今之变"的"一家之言"，变为论述旧事的古史。"史记"由古史的统称逐渐成为《太史公书》的专名，似乎士人只承认其整理汉代之前古史的部分。

三、长安与洛阳：两汉时期《史记》的传本谱系

《太史公书》杀青之后即"藏之名山，副在京师"；汉成帝时，班斿与刘向等共典校书，得赐秘书之副。汉代《史记》遂有两大传本系统：一为"藏之名山"的内廷本及"赐以秘书之副"的班斿藏本；二是"副在京师"的家藏本。

（一）中书内廷本

根据西汉的献书制度和《太史公书》的特殊性，此书杀青之后，必然要被朝廷征集于书府之中。①内廷中书本《太史公书》无疑是最为权威的传本。汉代书禁甚严，除了帝王之外，似乎只有那些专门掌领典籍的执事官才能见到部分篇目。②班斿得赐秘书之副，源于此本。两汉以来的赐书，也是从此本抄出的单篇。汉成帝时，刘向领校中秘，颇采此本《太史公书》以为《别录》③。嗣后，班固《汉志》以《七略》为依据，所举书目也应为内廷藏书，即"十篇阙，有录无书"说的正是内廷本的存佚情况。由此，我们也进一步推定张晏所见本，实为内廷本的传本。东汉以降

---

① 卢南乔先生以为《史记》只有家藏本的草稿，没有"藏于名山"的本子，此说不仅忽略了《太史公书》本身的特殊性，也与当时的藏书制度不符。参见吴泽主编：《从史学和史料来论述〈汉书〉编纂特点》，见《中国史学史论集》（1），上海人民出版社，1980年，第271—299页。

② 如前举东平王苍求书不得，霍山坐抄秘书获罪等。石渠阁会议时，桑弘羊曾引用《史记·货殖列传》之语，或以为其得见《太史公书》。但桑弘羊是盐铁官，或府中允许有《货殖列传》单篇。

③ 《汉志》"诸子略"有"《晏子》八篇"，班注"有列传"，颜注云："'有列传者'，谓《太史公书》也。"今存《韩非子书录》中亦多用《史记》之文。易平先生已言之，见《刘向班固所见〈太史公书〉考》[《南昌大学学报》（社会科学版）1999年第2期]。

的杨终删《太史公书》为十余万言，所据亦当为内廷本。前揭武帝削书的传说及王肃所谓"今此两纪有录无书"，亦就内廷本而言。

所有的官方续书所参考的《太史公书》都应为内廷本，或者说是内廷本系统的本子。所谓续即接续原文而作，《后汉书·班彪传》云："武帝时，司马迁著《史记》，自太初以后，阙而不录，后好事者颇或缀集时事，然多鄙俗，不足以踵继其书。""缀集时事"，表明班彪见到的那些"好事者"所作基本都是接续《史记》原文的"踵继"之文，不涉及改作原文的问题。因此，内廷本的《史记》原文部分较为稳定。但如果是受诏续史者，便有权力在已有文字后添加新的文字。今本表传部分有续文而无署名的，或多出于受诏续史的士人之手，尤其是冯商。今本《史记》补续文字最晚至成帝鸿嘉元年（前20），或即商"未成，会病卒"[①]的时间。

《后汉书》及刘知几《史通》中所言补续者甚多，其中除杨恽、班彪外，所据当主要为中书内廷本。所谓的补续也可能未必有心作史，只是摘录补充相关材料，单篇别行。今传本《西京杂记》或即当时材料的一种遗存。《汉书》中所引刘向、扬雄等人的言论多出于《新序》《法言》等书，而未必全是专门的续史著作，[②]可为一证。

诸家补作见于《汉志》的，仅冯商一家。冯商后事刘向，或刘向整理典籍之后，成帝遂命高才者如冯商续史。冯商受诏续史也应在刘向校篇籍之后，即略晚于汉成帝河平三年（前26）[③]。此处既指明冯商受诏而续，则其余诸家或为私作故未能列入。同时列入《汉志》"春秋类"的另有"《太古以来年纪》二篇。《汉注记》百九十卷。《汉大年纪》五篇"[④]。这些应该都是官方的记录，因而得藏中秘，其中应该有很多是冯商补续《史记》时所依据的材料。

这里还涉及班固省四篇内廷本《太史公书》的问题。余嘉锡等多言冯商所续《太史公书》本为十余篇，因四篇入于内廷本《太史公书》，故只余七篇。对此，易平先生有辩：第一，即使互著之例，也应说"出"，而不是"省"。这里"省"

---

① 《汉书》卷五九《张汤传》。
② 见卢南乔《从史学和史料来论述〈汉书〉编纂特点》一文。杨树达在《汉书窥管》卷八中依据《史通·正史》篇推测"此文刘向扬雄并举，疑皆指其所续撰之《史记》而言，与向之《新序》，雄之《法言》无涉也"，又称"今存《新序》颇序汉事，然则已佚之二十卷中亦必多序汉事，疑向续撰之《史记》尝编如《新序》中，故张晏云也"。（上海古籍出版社，1984年，第602页）当然，如果有专门的补作，更能说明当时补史之言不虚。
③ 《汉书》卷一〇《成帝纪》"秋八月乙卯"之后载"光禄大夫刘向校中秘书。谒者陈农使，使求遗书于天下"。
④ 《汉书》卷三〇，第1714页。

的当为合于中外书之后重复的篇目。第二，前举颜注已云"未卒，病死"，或只成七篇。①我们还可以补充两点：第一，史书所言冯商是续书而非补书，自然不存在入于《太史公书》而省的问题。第二，如果是因为冯商续史而删重复四篇，《汉志》著录"冯商所续《太史公书》"应著录为十一篇，而非七篇。②

管见以为，班固所省的是外间的褚氏所补篇目。一方面，班固久为校书郎，又整理《七略》《别录》，当如刘向、刘歆父子合中外书、民间书以校③，应见过褚补文字，甚至采入《汉书》。清代赵翼在《廿二史札记》中称："班书内燕王旦等封策及平阳公主以卫青为夫等事，皆采少孙语入列传，则知少孙所补久附《史记》并传矣。"④但由于当时学者多以为褚氏文多"鄙陋"，不足以继踵原书，又为私续，故不言之。而刘向、刘歆、扬雄等私续之篇本自别行，未曾入中书，因此也未著录。晋世犹存的《西京杂记》等篇未予录入，即为一证。而褚补文字因"编之如左"，附于民间传本并行，故取民间本《太史公书》时必然有此四篇，而整理时又必将删去。另一方面，据张晏所云，褚补《史记》恰为四篇，分别是《孝武本纪》《三王世家》《日者列传》《龟策列传》。其中今本《史记》的《龟策列传》和《三王世家》中，犹有褚先生曰："臣往来长安中，求《龟策列传》不能得"⑤"传中称《三王世家》文辞可观，求其世家终不能得"。⑥足见二传在当时的民间传本中确实已阙。虽然今本《日者列传》有褚补，但内容简短文意不全，似经后人删略。《孝武本纪》非太史公原书，但无"褚先生曰"，诸家或以为褚补亦亡。⑦褚补文字在民间流传，或于两汉之际当朝搜访图书之际进入书府。

---

① 这里涉及一个"十余篇"理解的问题，受诏续书，这"十余篇"当指诏命所言应续篇数，并非每一篇史臣都有权力续写。见易平：《刘向班固所见〈太史公书〉考》[《南昌大学学报》（社会科学版）1999年第2期］。

② 即令《汉书》在转写过程中将"十"讹为"七"（隶书中十、七字形相近），尚有"一"字不会随便抹去。

③ 班固校书之事见《后汉书·班固传》："显宗甚奇之，召诣校书部，除兰台令史。"（《后汉书》卷四〇）；《后汉书·班超传》："永平五年，兄固被召诣校书郎，超与母随至洛阳。"（《后汉书》卷四七）。

④ 《汉书》用褚少孙续补文字，只能表明班固见过褚氏补本，并不能说明内廷本也有褚氏补文。

⑤ 《史记》卷一二八。

⑥ 《史记》卷六〇。

⑦ 钱大昕称"予谓少孙补史，皆取史公所阙，意虽浅近，词无雷同，未有移甲以当乙者也。或魏晋以后，少孙补篇亦亡，乡里妄人取此以足其数尔。"见钱大昕：《廿二史考异》卷一，江苏古籍出版社，1997年，第13页。

（二）外廷本

汉代秘书有中外之分，《史记》藏于书府之后，也不可能只有一本。藏于"名山"的外廷本，此时也多有抄读。汉代藏书机构甚多，武帝"建藏书之策，置写书之官"，"外则有太常、太史、博士之藏，内则有延阁、广内、秘室之府"①。《太史公书》在这些外廷中也应录有副本。该书于两汉之际多有补续，而补续首先要读《太史公书》。这些续作者多为当时的郎官，他们当然不会都有资格观览内廷的藏书，因此也可推知他们当时所见到的多为外廷藏本。因此，成帝时刘向校书，每每胪列"中书、臣某书、太史书"②，即为此例。在某种意义上，我们甚至可以认为中书本更多的是一种概念上的原本，一般的读写多为据此本而抄写的副本，藏于外廷。如《后汉书》卷三六《范升传》载光武时期，范升与陈元等辩论是否立《左氏春秋》③。辩难的双方都提到《太史公书》与"五经"违戾之处，可想而知，二人必然读过《太史公书》。但二人身份为博士，且光武帝下诏的对象也只是博士，可知光武时期博士能读到此书无疑。

（三）班氏家藏本

班固在《汉书序传》云：

> （班）斿博学有俊才，左将军史丹举贤良方正，以对策为议郎，迁谏大夫、右曹中郎将，与刘向校秘书。每奏事，斿以选受诏进读群书。上器其能，赐以秘书之副。时书不布，自东平思王以叔父求《太史公》、诸子书，大将军白不许。④

既然刘向校书始于成帝河平三年（公元前26），而奏事进读群书，当在校书定本出现以后。赐书又在此后，则最早应在阳朔（前24—前21）、鸿嘉（前20—前17）年间。值得注意的是，今本《史记》中续补文字最晚恰止于鸿嘉元年⑤。前揭的一种可能是冯商卒于这段时间，此后未再诏人续写，内廷本的《太史公书》约定

---

① 《汉书》卷三〇《艺文志》。
② 见《七略别录佚文》所引《晏子书录》。
③ "'……《五经》之本自孔子始，谨奏《左氏》之失凡十四事。'时难者以太史公多引《左氏》，升又上太史公违戾《五经》，谬孔子言，及《左氏春秋》不可录三十一事。诏以下博士。"《后汉书》卷三六《陈元传》亦载此事。
④ 《汉书》卷一〇〇。
⑤ 裴骃、司马贞以为太始元年以后为后人所续，见《史记》卷二二。张大可以为征和四年以后为续补，见张大可《〈史记〉文献研究》（民族出版社，1999年，第191页）。

型于此时。在此,我们不能排除另一种可能,即今传本《史记》或多据班斿家藏本。因为班氏得到所赐秘书副本之后,不会再添加内容,年表记事也就止于抄录的时间。

班斿本《太史公书》在东汉史学上影响甚巨,尤其是班彪、班固父子的《史记》阅读,更是催生了一部新的伟大著作——《汉书》的诞生。此外,当时观览此本的,也多为一时鸿儒。史载,彪"幼与从兄嗣共游学,家有赐书,内足于财,好古之士自远方至,父党扬子云以下莫不造门",甚至桓谭都想去班家借书①。彪自著《后传》六十五篇,②颇言《太史公书》之短,所据的也应是家藏本。班固"改作国史",依据的也应为班氏家藏本《太史公书》。班氏家族中班昭、马续等能补续《汉书》也当与家有藏书、明于汉史有关。

第二种是"副在京师"的家藏本。这一传本应由司马迁之女(杨敞妻)保存,传于杨恽。《汉书·司马迁传》载:"迁既死后,其书稍出。宣帝时,迁外孙平通侯杨恽祖述其书,遂宣布焉。"③杨恽地节四年(前66)封侯,五凤二年(前56)失侯,其宣布《太史公书》当在这一时期。④所谓"其书稍出",自然指的是家藏本,此后杨恽所祖述、宣布的也必然是家藏本。亦即,当时外间流传的基本都是家藏本系统的抄本。"稍出"的特征,决定了外间所传的一般都是别行的单篇。按照常理推断,越是重要的篇目越是晚出,尤其是那些当朝较为忌讳的篇目一般不会随意传出。家藏本实有两个分支,一是太史公全书的副本,一是从副本逐渐传抄出去的单篇。

1.副本

《汉书》载:"恽母,司马迁女也。恽始读外祖《太史公记》,颇为《春秋》。"⑤杨恽所补续的文字当依据家藏的副本,易平先生以为"颇为《春秋》"即指杨恽增续《太史公书》。⑥而"其书稍出""遂宣布焉"也不可能如刻本时期的完整的大规模传播,只能是因讲读《史记》,而在狭小的范围内传抄流布。⑦此本当在五凤四年(前54)杨恽腰斩之际籍没,入于朝廷书府。

---

① 《汉书》卷一〇〇上。
② 《史通笺释》卷一二《古今正史第二》;又,王充《论衡·超奇》言:"班叔皮续《太史公书》百篇以上。"见《论衡校释》卷一三。
③ 《汉书》卷六二。
④ 易平:《杨恽与〈太史公书〉》,《大陆杂志》第93卷第1期。
⑤ 《汉书》卷六六。
⑥ 易平:《杨恽与〈太史公书〉》,《大陆杂志》第93卷第1期。
⑦ 郑之洪:《史记文献研究》,巴蜀书社,1997年,第171—172页。

2.褚氏本

褚少孙阅读与补续《史记》，多在长安。其自称"往来长安中十余年，访之得见"[1]。褚先生多次申明将自己补续的文字"编于左方"[2]，褚氏所补已然接续所抄录的太史公原文，合成一本。经褚氏续补之后的本子，形成了新的面貌，我们姑且称之为褚氏本。褚少孙补史所依据的很可能是杨恽宣布的传抄本，依据主要有以下三点：第一，从时间上，褚先生有条件见到杨恽宣布的《太史公书》。褚少孙在其续补的《建元以来侯者年表》中记载了平通侯杨恽在宣帝五凤四年"作为妖言，大逆罪腰斩，国除"[3]的事迹。在褚氏生活的时代，《史记》已经对外宣布了。第二，据当时的藏书及书禁制度，他最可能见到的只有杨恽宣布的本子。第三，从文本上看，褚本的底本留有杨恽抄读乃至续补的痕迹。如褚少孙对《建元以来侯者年表》的补续始于昭帝，而对此前尚有杨恽所续的武帝时赐封的"当涂""蒲""潦阳""富民"四侯一事并不知情，褚氏犹以为"太史公记事尽于孝武之事"，可见他所据为杨恽补续传于民间的单篇别行之本，而且他可能没有意识到该本已有补续。[4]

褚补的文字之前一般有"褚先生曰"四字[5]，相关提示文字如下：

《三王世家》："褚先生曰：臣幸得以文学为侍郎，好览观太史公之列传。传中称《三王世家》文辞可观，求其世家终不能得。窃从长老好故事者取其封策书，编列其事而传之，令后世得观贤主之指意。"[6]

《滑稽列传》："褚先生曰：臣幸得以经术为郎，而好读外家传语。窃不逊让，复作故事滑稽之语六章，编之于左。可以览观扬意，以示后世

---

[1] 《史记》卷一二八。
[2] 《史记》卷二〇。
[3] 《史记》卷二〇。
[4] 易平：《褚少孙补〈史〉新考》，《台大历史学报》2000年第25期。
[5] 褚少孙补续内容可参见张大可先生的统计：《三代世表》，810字；《建元以来侯者年表》补昭宣之世侯者，兼武帝征和以后四侯，其中褚序240字、补表2812字，总3052字；《陈涉世家》，953字；《外戚世家》，1180字；《梁孝王世家》，1153字；《三王世家》，1888字；《田叔列传》，1158字；《滑稽列传》，4145字；《日者列传》，409字；《龟策列传》，7664字；《张丞相列传》起句大类褚少孙他篇所续史之意，当为褚少孙所补，篇首因脱"褚少孙曰"，好事者误为司马迁文而在篇末窜加"太史公曰"，1204字；《汉兴以来将相名臣年表》疑为褚少孙所补，1439字；凡褚补皆述续补之意，并非妄作，共12篇，25055字。见张大可：《〈史记〉残缺与补窜考辨》，《兰州大学学报》1982年第3期。
[6] 《史记》卷六〇。

好事者读之,以游心骇耳,以附益上方太史公之三章"。①

《日者列传》:"褚先生曰:臣为郎时,游观长安中,见卜筮之贤大夫,观其起居行步,坐起自动,誓正其衣冠而当乡人也,有君子之风。②"又"臣为郎时,与太卜待诏为郎者同署"。③

《龟策列传》:"褚先生曰:臣以通经术,受业博士,治《春秋》,以高第为郎,幸得宿卫,出入宫殿中十有余年。窃好《太史公传》。《太史公之传》曰:'三王不同龟,四夷各异卜,然各以决吉凶,略窥其要,故作《龟策列传》。'臣往来长安中,求《龟策列传》不能得,故之太卜官,问掌故文学长老习事者,写取龟策卜事,编于下方。"④

《外戚世家》:"褚先生曰:臣为郎时,问习汉家故事者钟离生。"⑤

《梁孝王世家》:"褚先生曰:臣为郎时,闻之于宫殿中老郎吏好事者称道之也。"⑥

《田叔列传》:"褚先生曰:臣为郎时,闻之曰田仁故与任安相善。"⑦

由以上补文我们可以大略推知褚氏及其阅读《史记》的相关信息。

第一,褚少孙身份。先从博士习《春秋》,中高第,为文学侍郎,并在宫中任职有十余年。既云与"太仆待诏者同署",冯商亦曾为待诏,二者身份应该相近。《孝武本纪》卷首《集解》引张晏曰:"《武纪》,褚先生补作也。先生名少孙,汉博士也。"《索隐》对褚氏的身份亦有所记:

> 按:褚先生补《史记》,合集武帝事以编年,今止取《封禅书》补之,信其才之薄也。又张晏云"褚先生颍川人,仕元成间"。韦稜云"《褚顗家传》褚少孙,梁相褚大弟之孙,宣帝代为博士,寓居沛,事大儒王式,号为'先生',续《太史公书》"。阮孝绪亦以为然也。⑧

在时间上,今本所见确知为褚氏补文的时间止于元帝初元(前48—前44)时期,初元二年(前47)之后为后人所补。易平先生以为褚先生应博士弟子选在宣帝

---

① 《史记》卷一二六。
② 《史记》卷一二七。
③ 《史记》卷一二七。
④ 《史记》卷一二八。
⑤ 《史记》卷四九。
⑥ 《史记》卷五八。张夫子当指同事王式的博士张长安,见余嘉锡《太史公书亡篇考》之"褚先生事迹"。
⑦ 《史记》卷一〇四。
⑧ 《史记》卷一二。易平先生也以为宣帝时为褚少孙博士,见《褚少孙补〈史〉新考》。

地节（前69—前66）末，入仕为郎在元康（前65—前61）初，为博士在宣帝甘露（前53—前50）间，补史在宣元之际，大致可从。[1]褚先生在补续的文字中屡次言及"臣为郎时"及"往来长安中"，而且通篇语气似乎是在回忆往昔，可知补续《史记》时已经不为郎官，甚至也已经离开了长安。而各篇前之序多有重复，也表明他的补续并非连续集中地完成。篇中又言必称"臣"，似乎是对当时的显官乃至地方的诸侯王而言。

今本《史记·三代世表》所载张夫子与褚先生的一段对话尤可留意。其中言及今蜀王及亦为黄帝之后，并引《黄帝终始传》称慕霍光"持天下之政"而帝为"婴儿主，却行车"，"臣为郎时，与方士考功会旗亭下，为臣言。岂不伟哉！"此句王鸣盛《十七史商榷》卷三、臧庸《拜经楼日记》卷九言其欲谄谀将军霍光。张文虎亦云：

> 《黄帝终始传》曰："汉兴百有余年，有人不短不长，出自燕之乡。"案霍光事何与于《三代世表》？此褚少孙续貂之尤鄙谬者。《汉书·儒林传》：王式微昌邑王师，以《诗》谏，闻少孙乃其弟子。是生当宣帝之世。光薨于地节元年，霍禹谋反于四年，少孙此记当在霍氏盛时，（自注：霍氏败后，必不敢为此）造为妖言以取媚，玷其师甚矣。[2]

虽然余嘉锡已辩王、臧立说之非，但考虑到褚补非一时所为，张文虎的批评值得考虑。又《建元以来侯者年表》补续部分载："后进好事儒者褚先生曰：太史公记事尽于孝武之事，故复修记孝昭以来功臣侯者，编于左方，令后好事者得览观成败长短绝世之适，得以自戒焉。"褚氏之言倒似乎是针对霍氏之祸有感而发，而褚氏补表所列第一家即为博陆侯霍光，也在一定程度上印证了这一点。这与《三代世表》中"褚先生曰"的语气大不相同。《侯者年表》的"褚先生曰"部分，他又单举龙雒侯以标榜，称"有土君国以来，为王侯，子孙相承不绝，历年经世，以至于今，凡百余岁"，似乎与之有特别的关系。[3]他对龙雒侯的谀辞与之前吹捧霍氏的言辞也甚为相近。《田叔列传》中褚先生所补言田仁、任安事多贬卫青，文笔酣畅[4]。与此前的文字和立场颇有不同。如果"褚先生曰"四字为后人所加而且

---

[1] 易平《褚少孙补〈史〉新考》中举今确知褚补《建元以来侯者年表》中"龙雒侯""弋阳侯""平台侯""爰戚侯""阳平侯"事例明之。弋阳侯任宫寿终与爰戚侯国除而广陵王刘霸绍封事俱在初元二年，此为褚文补表之下线。余嘉锡先生《太史公书亡篇考》一文虽罗列材料甚多，但关于这一问题，基本没有直接可靠的材料，多为推论，今不从。

[2] 张文虎：《舒艺室随笔》卷四，辽宁教育出版社，2003年，第91页。

[3] 《史记》卷一三、卷二〇。

[4] 《史记》卷一〇四。

没有判断错误的话，说明褚氏后期的补续文字较之此前文风和立场多有不同。否则，只能说这些补续本来就不是一人所为，而被后来的整理者一概加上"褚先生曰"四字。

第二，褚少孙续补时所依据的材料。有较为原始的档案数据，如"从长老好故事者取其封策书"；有问习事者而记之，如"之太卜官，问掌故文学长老习事者，写取龟策卜事"。或访问了解文献掌故的宿学，如"问习汉家故事者钟离生"；或耳闻之，如"闻之于宫殿中老郎吏好事者称道之也""闻之曰田仁故与任安相善"等。从其所据史料来源判断，其补史之时，或为博士，但非受诏续史，而是一种个人行为。否则，他所依据的材料应该是书库中存藏的史官所记的正式史料，如《汉志》所存《汉著记》《汉大年纪》等，①而不是访问那些外廷官员。如此则不难理解为何《汉志》中只录冯商所续而未言褚少孙。

第三，褚先生所见之本与《史记》传播。当时流传较广的是列传部分，本纪之类可能由于涉及尊者隐讳之事，传布不广。所谓"传中称《三王世家》文辞可观"，当见于《太史公自序》。可见《太史公书》虽然对外公布，但可能只是部分或者大部分，而不是全部。没有或者不敢公布的部分长久以来面临残缺的危险，加上外禁内删，遂多有亡缺。

四、中心与周边：异域文本的长安指向

杨恽宣布《太史公书》之后，作为通邑大都的长安，颇有一些该书的散篇流传。但这些似乎并不是大规模的传抄，更不是全本。虽然这些抄本内容不全，但其传抄速度却非常惊人，甚至在宣帝时期即传至敦煌。20世纪初，英国斯坦因（Marc Aurel Stein）在敦煌一带发现了汉木简本《史记·滑稽列传》之《淳于髡传》②。因此为今见唯一幸存的汉代《史记》传本，③今略述其详。木简出敦六乙，长17.4厘米，宽0.8厘米，残存《淳于髡传》31字，隶书。释文作"久不相见萃然相觉以欢道故以请语当

---

① 《汉书》卷三〇。
② 收于1914年上虞罗氏宸翰楼《流沙坠简》中，见《流沙坠简》三"简牍遗文"，第2a页；"简牍遗文考释"，第2b页。沙畹（Chavannes,1865—1918）本原简号 T.vi.b.i301。水泽利忠《史记会注考证校补》册八图版二〇六，亦收之〔史记会注考证校补刊行会，昭和三十二年（1957）〕，另有张凤影印《汉晋西陲木简汇编》收之（上海有正书局影印本，第7页）。
③ 虽然今罗布淖尔出土有"人利则进不利则退"简文，与《史记·匈奴传》同，但字体似书札，不当以传本目之。见黄文弼：《罗布淖尔考古记》，国立北京大学出版部，1948年，第211—212页。

此之时臣窃①乐之欵至四五斗若耐男"②。后注云："惟今本作：'卒然相睹，欢然道故，以私情相语，饮可五六斗经醉矣，若乃州闾之会'与此多异。至简中'饮'字作'欵'，与《流沙坠简》卷一'医方类'中'欵尽'之'欵'字形相同。"

此简字迹规整，大小如一，字距相当，似有每行多少字的要求，与杂存信牍书风行格颇不类。这种字距、字体大小与出土于敦十五甲等地的医方类书籍颇为相似，当为着意抄写之典籍。此类简牍完整的形制为"二百三十二米里迈当，广五米里迈当"（23.2厘米、0.5厘米），《史记》书写的形制亦应大致如此。以残简存字推断，一支整简，可书约40字。这种形制也更适合书写文字繁多的书籍。

据罗氏卷末所附录图表，是简出于敦六乙，为汉时"凌胡燧"（原注：据烽燧类第二十六、第二十七，器物类第十一诸简），大煎都侯官治所（原注：据簿书类第六简）。同出敦六乙的尚有数种历谱，据沙畹及罗振玉推定，所载年月分别为西汉宣帝元康三年（前63）、神爵三年（前59）和五凤元年（前57）八月。《史记》简本书写时间亦当在此前后。此与前揭杨恽宣布《太史公书》的时间颇为一致。可见宣布之时，传抄之广、之速。其文字与今本多异的现象，也揭示出此书传抄之初，讹误之多。

这片竹简是上述三大传本系统中，迄今唯一可见的物质遗存，我们能于两千余年后一睹其神采，令人感慨万端。当时的中书内廷本或有帛书本的《太史公书》，而外延当多为简牍本。褚少孙言"编之于左"的附文方式也说明了这一点。当然，汉简中《史记》所用简牍长度约合汉制一尺，似乎也颇能说明此书的性质。

《史记》在当时书写的一般形制或亦如此，这种形制也更适合书写文字繁多的书籍。我们按照完整的简长和简宽，按照《太史公自序》所称《史记》本文为526500字计算，抄完该书需要用简约12748.18支，编连之后的净简总长约101.99米，书写面积约有23.66平方米；若按照汉简的通常宽度每简宽1厘米算，则总长有127.48米。③鉴于敦六乙中并未发现其他《史记》相关简牍，我们推测这支残简可能是当时军士所读书策中断裂脱落下来的，其上部断痕或可为证。其他较为完整的部分则应被随身带走。近百年来，西域一带发现的中古时期的典籍文献颇为可观，其中与《史记》相关的主要有两种。一是《史记》写本，如英国斯坦因发掘的敦煌汉木简

---

① 沙畹释为"庆"。
② 劳干增补为"男"字，今案，末字似为"则"。
③ 残简形制为长17.4厘米，宽0.8厘米，残存《淳于髡传》31字。同时发现汉简完整简长为23.2厘米，故每简当载31÷17.4×23.2≈41.3字；用简数为526500÷(31÷17.4×23.2)≈12748.18支；编连宽度为12748.18×0.008≈101.99米；书写面积101.99×0.232≈23.66平方米。

本《史记·滑稽列传》之《淳于髡传》（T.vi.b.i301）；俄国发掘的敦煌北凉时期《史记·李斯列传》残片（Дx-2670a、Дx.04666）；德藏唐初吐鲁番写本《仲尼弟子列传》残片（Ch.938V）；法藏唐初敦煌出土集解本《史记》三卷（P.2627）等。另一种与《史记》内容相关，但非《史记》原文，如俄藏Дx11638、Дx02663、Дx02724、Дx05341、Дx05784，英藏S713、S3616、S1439（释文本），法藏P2569（略出本）、P2589、P5523、P2702、P2872、P5010、P5034、P.T.1291（藏文译本）、德藏CH.734（卢注本）、北图藏新865等。① 这些文献基本都是被戍边将官及文士由当时的文化中心长安带往西域。而残留的古写本的意义不仅在于其自身，更在于其指向当时的文化中心长安的盛景。（两汉《史记》传本谱系构拟图，见图1）

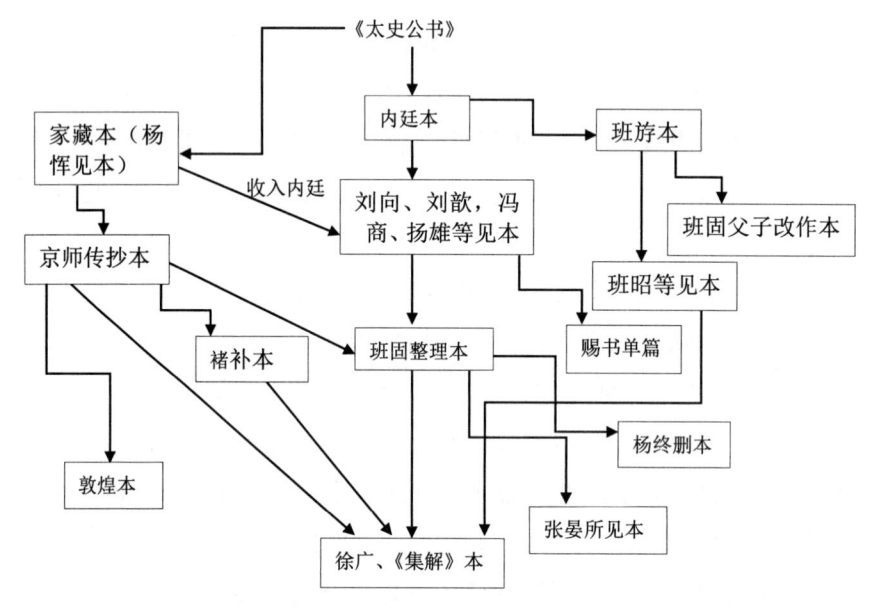

图1 两汉《史记》传本谱系构拟图

原载《长安学研究》（第2辑），科学出版社，2017年

（张宗品，陕西师范大学历史文化学院副教授）

---

① 参见罗振玉曾辑：《鸣沙石室佚书·春秋后国语》，1913年影印本；荣新江：《德藏吐鲁番出土〈春秋后语〉注本残卷考释》，《北京图书馆刊》1999年第2期；陆离：《俄藏敦煌写本〈春秋后语〉残卷探识》，《文献》2001年第2期；陆庆夫、陆离：《俄藏敦煌写本〈春秋后语〉残卷再探——对Дx11638号与Дx02663、Дx02724、Дx05341、Дx05784号文书的缀合研究》，《敦煌学辑刊》2004年第1期。其中藏文部分参见王尧、陈践：《敦煌吐鲁番文书P.t7129号〈战国策〉藏文证补，此处将〈春秋后语〉误作〈战国策〉》［《青海民族学院学报》（社会科学版）1983年第3期］；王恒杰：《春秋后语辑考》（齐鲁书社，1993年，第11页）有引，但文书号著录有误。

两汉之交动荡政局中的扶风名士

孙家洲

扶风，西汉武帝太初元年（前104）地名改革中所得佳名，全称为"右扶风"，与左冯翊、京兆尹并称为"三辅"。①西汉时，为京畿之地。东汉政权以洛阳为都，"三辅"之地尽管依旧享有政治上的较高名分，但是在国家政治格局中的实际地位与西汉时期相比，确实有明显的下降。都城东迁，对于三辅之地在两汉时期的不同地位的影响，是另外一个值得讨论的问题。本文聚焦的是：在两汉之交的动荡政局时期，在政治舞台上，活跃着多位出生于扶风的名士。他们在"光武中兴"的过程中，不论是作为光武帝逐鹿天下的对手，还是作为辅弼王业的功臣，都发挥过重要的作用。关注和分析这一现象，可以从地域文化的视角加深对东汉政权建立过程的认识。

一、公孙述

"公孙述字子阳，扶风茂陵人也。哀帝时，以父任为郎。……后太守以其能，使兼摄五县，政事修理，奸盗不发，郡中谓有鬼神。王莽天凤中，为导江卒正，居临邛，复有能名。"②及至反莽义军大起，公孙述乘乱行事，自称"辅汉将军、蜀郡太守兼益州牧"，而渐开割据之势。稍后，他接收其部属功曹李熊的建言："方今四海波荡，匹夫横议。将军割据千里，地什汤武，若奋威德以投天隙，霸王之业成矣。宜改名号，以镇百姓。"于是自立为蜀王，都成都，割据巴蜀的局面正式奠定。在光武帝刘秀称帝的当年——建武元年（25）四月，公孙述"自立为天子，号成家。色尚白。建元曰龙兴元年"。公孙述由此开始了在巴蜀之地长达12年的割据

---

① 《汉书》卷一九上《百官公卿表上》，中华书局，1962年，第736页。关于"三辅"的相对位置，注引颜师古曰："《三辅黄图》云京兆在尚冠前街东入，故中尉府，冯翊在太上皇庙西入，右扶风在夕阴街北入，故主爵府。长安以东为京兆，长陵以北为左冯翊，渭城以西为右扶风也。"

② 《后汉书》卷一三《公孙述传》，中华书局，1965年，第533页。

统治。在公孙述割据局面促成时期，其属下军队的构成中，关中豪杰诸部占据了很大的比例，这与公孙述本人是扶风茂陵人或许有相当的关系。"自更始败后，光武方事山东，未遑西伐。关中豪杰吕鲔等往往拥众以万计，莫知所属，多往归述，皆拜为将军。遂大筑营垒，陈车骑，肆习战射，会聚兵甲数十万人"①。也正是因为公孙述善于笼络人心，刘秀把公孙述视为最危险的敌手。有一个细节，很能说明问题："述亦好为符命鬼神瑞应之事，妄引谶记。"刘秀本人居然亲自致信公孙述，与之从容讨论谶记的含义，并好言相劝，希望公孙述归降："图谶言'公孙'，即宣帝也。代汉者当涂高，君岂高之身邪？乃复以掌文为瑞，王莽何足效乎。君非吾贼臣乱子，仓卒时人皆欲为君事耳，何足数也。君日月已逝，妻子弱小，当早为定计，可以无忧。天下神器，不可力争，宜留三思。"②公孙述并不回复刘秀的解释与劝降，表现出的是对刘秀的蔑视。后来，光武帝为了统一巴蜀，付出了惨重的代价，来歙、岑彭两位汉军名将先后为刺客所杀，其后的汉军统帅吴汉也为公孙述的部将延岑所败，"潜遣奇兵出吴汉军后，袭击破汉。汉堕水，缘马尾得出"③。光武帝统一天下之战，以消灭公孙述一役最为艰难。就此而言，可以说公孙述是与光武帝刘秀争衡天下的主要对手。

二、耿弇

"耿弇字伯昭，扶风茂陵人也。……弇少好学，习父业。常见郡尉试骑士，建旗鼓，肆驰射，由是好将帅之事。"④耿弇在光武帝的开国功臣集团"云台二十八将"之中，有着特殊的地位。在征战以靖乱世的过程之中，耿弇在两个关键时期为刘秀的开国功业做出了不可磨灭的贡献。

其一，两定幽燕的"东道主人"。

王莽败亡前后的河北政局突发巨变：邯郸卜者王郎诈称西汉成帝之子刘子舆，起兵于邯郸，河北吏民因为"思汉"心切，纷纷响应，一时之间声势浩大。

王郎的突然崛起，使得当时以更始政权"破虏将军行大司马事"身份经营河北的刘秀也陷入变动。王郎任官置守，"分遣将帅，徇下幽、冀"，移檄州郡，号称是汉家正统，结果是"赵国以北，辽东以西，皆从风而靡"⑤。一个有趣的历史场景

---

① 《后汉书》卷一三《公孙述传》，中华书局，1965年，第537页。
② 《后汉书》卷一三《公孙述传》，中华书局，1965年，第538页。
③ 《后汉书》卷一三《公孙述传》，中华书局，1965年，第543页。
④ 《后汉书》卷一九《耿弇传》，中华书局，1965年，第703页。
⑤ 《后汉书》卷一二《王昌（郎）传》，中华书局，1965年，第492页。

出现了：当时经营河北的刘秀，本来已经形成了一定的地盘和影响，但是，王郎的声望竟然盖过了汉世远支的刘秀，迫使刘秀暂避其锋，步步被动。耿弇得知刘秀在卢奴（今河北定州市），就急驰北上谒见，刘秀任命他为门下吏，并未重用他。耿弇通过护军朱佑向刘秀请求归郡发兵，以定邯郸。刘秀对这位青年将领开始刮目相看了，笑曰："小儿曹乃有大意哉！"①随即数次召见，刻意恩慰。耿弇服膺刘秀的胸襟气度，倾心归附。

耿弇跟随刘秀到达蓟县（今北京市）不久，王郎以重赏购求刘秀首级的文书已经在当地流传开来，并且风传王郎的军队也即将到达，刘秀的部下一时人心惶惶，刘秀本人也产生了率军南归暂避锋芒的念头。在刘秀召集官属商量大计时，耿弇独持异议，反对领兵南下的主张，力主凭借渔阳、上谷两郡的精兵，与邯郸的王郎势力决战，他说："今兵从南来，不可南行。渔阳太守彭宠，公之邑人；上谷太守，即弇父也。发此两郡，控弦万骑，邯郸不足虑也。"刘秀的官属特别是腹心人物皆不赞同耿弇的主张，刘秀却欣赏耿弇的勇气，手指耿弇曰："是我北道主人也。"②表明刘秀愿意按照耿弇的方案行事，即借重南阳同乡、渔阳太守彭宠和耿弇之父、上谷太守耿况，在蓟县一带与王郎决战。

在刘秀失利仓皇出逃的危急状况中，耿弇与刘秀失散。但他忠于刘秀事业的初衷未改，他前往昌平县与其父耿况（时任上谷郡守）相会，劝说耿况归附刘秀。耿况按计行事，派出部将寇恂东行，与渔阳郡守彭宠约定：各发"突骑"两千匹，步兵千人参战，支持刘秀消灭王郎。上谷、渔阳的步骑精兵六千人投入战斗，从根本上改变了战场上的力量对比。耿弇与景丹、寇恂率领渔阳精兵，南下征讨王郎。刘秀在大喜之下说道："当与渔阳、上谷士大夫共此大功。"③刘秀加封耿弇诸人为偏将军，使还领其兵。特别加封耿况为大将军、兴义侯。后来，耿弇等北边诸将参与了攻克邯郸、消灭王郎的战役。

更始政权见刘秀威声日盛，疑虑其不可复制，就遣使立刘秀为萧王，令其罢兵与诸将有功者还长安。此时的刘秀面临两难的选择：如果奉命内还，就会受制于人，甚至惨遭杀戮；如果公开抗命，就要与更始政权反目为敌，胜负尚在未可知之间。刘秀难下决断，昼卧于邯郸宫中的温明殿。耿弇单身闯入，立于床下进说大计，力主刘秀趁机自立："今更始失政，君臣淫乱，诸将擅命于畿内，贵戚纵横于都内。天子之命，不出城门，所在牧守，辄自迁易，百姓不知所从，士人莫敢自

---

① 《后汉书》卷一九《耿弇传》，中华书局，1965年，第704页。
② 《后汉书》卷一九《耿弇传》，中华书局，1965年，第704页。
③ 《后汉书》卷一九《耿弇传》，中华书局，1965年，第704页。

安。……其败不久。公首事南阳，破百万之军；今定河北，北据天府之地。以义征伐，发号响应，天下可传檄而定。天下至重，不可令它姓得之。闻使者从西方来，欲罢兵，不可从也。今吏士死亡者多，弇愿归幽州，益发精兵，以集其大计。"刘秀闻言大喜，封拜耿弇为大将军，命令他与吴汉北归，征发幽州所辖各郡兵众。耿弇回到上谷，收捕更始政权新任命的上谷、渔阳郡守，"悉发幽州兵，引而南"，参加了刘秀平定河北的诸多恶战。耿弇时常"将精骑为军锋，辄破走之"[①]。刘秀在河北的战略基地得以形成，耿弇的苦战之功极为关键。

因此，刘秀即位之初，封拜耿弇为建威大将军，以酬其功。

在光武帝刘秀南定中原的关键时刻，本来是他"龙兴之地"的河北，却连续发生了两起地方大吏的叛乱事件：渔阳郡守彭宠、涿郡郡守张丰先后拥众造反。两人的叛乱，对光武帝刘秀的"中兴之业"无疑构成了冲击。当时，刘秀不仅需要平定北方的叛乱，而且还要尽快荡平割据齐地的张步等地方势力，否则就会破坏他重建一统的抱负。在这急需良将的时刻，耿弇面见刘秀，"自请北收上谷兵未发者，定彭宠于渔阳，取张丰于涿郡，还收富平、获索，东攻张步，以平齐地。帝壮其意，乃许之"[②]。刘秀重用耿弇以镇压渔阳叛乱，显然不仅是因为耿弇自动请战，而且还有借重耿氏父子在北边诸郡的特殊影响的深意。特别是联系到彭宠还曾经联络上谷郡守耿况一同举事的背景，重用耿弇平叛的高明之处，就更加彰显出来了。后来，耿弇等人击败彭宠的军队，为刘秀重新控制河北扫清了最大的障碍。

刘秀先后两次平定河北，耿弇都发挥了极为重要的作用。

其二，平定齐地的杰出统帅。

建武五年（29），在平定了渔阳彭宠、涿郡张丰之后不久，耿弇接到了刘秀的诏书，要他进讨张步。耿弇雷厉风行，展开了平定齐地的恶战。

张步，琅邪郡不其（今山东即墨南）人，是两汉之际乘乱而起的齐地豪杰。张步颇具谋略胆识，又有笼络人才的手腕，经过几年的苦心经营，形成了一个稳定的军政集团，占据了东方十二郡之地，自称"齐王"，成为势力强大的割据者之一。面对如此强敌，光武帝刘秀派出耿弇统兵作战，实在表现出对他的信任与倚重。

耿弇的军事天才，在这一战役中淋漓尽致地显示出来。张步得知汉军来犯，命令其大将军费邑率大军扼守历下（今山东济南），又部署另外一支军队驻守祝阿（今山东齐河东南），还在太山、钟城（今山东济南南）一带，"列营数十"，摆出以历下为中心、全面迎敌的阵势。耿弇对费邑重兵设防的历下置之不顾，渡河首

[①] 《后汉书》卷一九《耿弇传》，中华书局，1965年，第706页。
[②] 《后汉书》卷一九《耿弇传》，中华书局，1965年，第707页。

先攻击防守力量较弱的祝阿。在耿弇的精兵猛攻之下，祝阿城防不到半天就被攻破，钟城守军在大惊之下，连夜溃逃。一战而得两城，耿弇的威名在齐地大盛。其后，耿弇又围攻齐军重兵防守的巨里（今山东历城东），耿弇采取"围城打援"的战术，大破强敌，齐军大将费邑被斩杀。耿弇乘胜进军，纵兵平定其余40余营，遂定济南。本来，张步对以费氏兄弟为核心的历下防线寄予厚望，以为他们足以阻止汉军的脚步。不料，耿弇完全掌握了战场的主动权，把费氏兄弟玩弄于股掌之上，在汉军雷霆万钧的打击之下，历下防线迅速土崩瓦解。

当时，张步急忙派出他的弟弟张蓝统领精兵2万扼守齐郡的西安县城（今山东桓台东），又调集其余诸郡太守合兵万余人坚守临淄（今山东淄博北）。两城相距40里，借此形成互为掎角之势。耿弇亲临前线侦察敌情，发现西安县城虽小却有坚固的城防，而且张蓝所率领的军队又是精兵；临淄名号虽大而实易攻。于是，耿弇巧用声东击西之计，突然进攻临淄，仅仅用了半天就破敌入城。空守西安县城的张蓝心生惧意，率领其部众逃走。耿弇"击一而得二"的战略意图得以完全实现。

随后，耿弇在临淄城下与张步亲自率领的20万援兵展开了激战。乱军之中，飞矢射中耿弇大腿，耿弇以佩刀截断箭杆，连左右护卫都无人知晓主帅中箭受伤。当时，光武帝刘秀在曲阜一带，得知耿弇被张步大军围攻，形势十分严峻，亲自领兵往救。援军尚未到达，部将陈俊向耿弇建议：张步的军队势力太盛，可暂且闭营休整，等待皇帝所率主力援兵到达之后再与敌决战。耿弇却表示：不能把强敌留给皇帝对阵，一定要赶在皇帝到达之前克敌制胜。他毅然出兵大战，自旦及昏，杀伤无数。耿弇料定张步夜间即将退兵，预先布置左右翼伏兵以待之。张步果然引军撤退，途中遇到汉军伏兵突起纵击，齐军溃不成军。汉军获得全胜，"八九十里僵尸相属，收得辎重二千余两。"

大捷之后数日，光武帝刘秀到达临淄劳军。刘秀在百官俱在的场合，郑重表彰耿弇说："昔韩信破历下以开基，今将军攻祝阿以发迹，此皆齐之西界，功足相方。而韩信袭击已降，将军独拔勍敌，其功乃难于信也。"[1]把耿弇与西汉的开国元戎韩信反复比较，认为他的破齐之功甚至超过韩信。刘秀的喜出望外，折射出耿弇此战的胜利是如何来之不易。

耿弇在光武帝的开国之战中，有"平郡四十六，屠城三百"[2]的辉煌战绩，未曾遭遇挫折，称得上是常胜将军。

---

[1]《后汉书》卷一九《耿弇传》，中华书局，1965年，第712页。
[2]《后汉书》卷一九《耿弇传》，中华书局，1965年，第713页。

三、耿况

耿弇之父耿况，字侠游，扶风茂陵人。其人其事，已略见于前述。在王莽新朝统治时期，出任上谷郡守（王莽改上谷地名为"朔调"，易郡守官名为"连率"）。在动荡多事之秋，耿氏家族凭借耿况边郡大吏的身份，成为幽燕之地举足轻重的地方势力。在光武帝经营河北的前期，他与渔阳郡守彭宠共同发挥过特殊的作用，光武帝也曾经刻意笼络他。后来在彭宠叛乱时，耿况坚拒彭宠的诱惑，毫不含糊地拥戴刘秀，[1]从而为刘秀第二次稳定河北大局做出了积极贡献。

四、窦融（附：史苞）

窦融在东汉开国史上，以"河西集团"的首领人物而著称。但是，窦融在进入刘秀东汉政权阵营之前，其政治方向的选择却多有曲折。"窦融字周公，扶风平陵人也。"王莽居摄年间，窦融任职强弩将军司马，在翟义举兵反莽之后，新莽政权出兵镇压，窦融参与其中，进攻扶风的槐里，以军功受封为"建武男"。窦融的妹妹是新莽政权重臣大司空王邑的小妾。因为有这样的姻亲关系，关于窦融的早期记录是新莽政权的积极追随者。"家长安中，出入贵戚，连结闾里豪杰，以任侠为名。"[2]及至王莽统治的末期，青州、徐州的反莽事变不断，太师王匡奏请以窦融为助军，参与东征。及汉兵大举起事，窦融跟随王邑参与昆阳决战，新莽军队被刘秀等人指挥的汉军击溃。历史在此处表现出了它的复杂和诡异：刘秀和窦融，这对不久之后的"君臣楷模"，在昆阳之战时都在阵前厮杀，却是"各为其主"。新莽军队惨败之后，窦融率部长驱入关，经过王邑出面推荐，窦融受拜为波水将军，赐黄金千斤，引兵至新丰驻守。等到新莽政权败亡，窦融率领其部下军队投降于更始政权的大司马赵萌。赵萌对窦融极为器重，先任用为校尉，后来又推荐窦融出任巨鹿太守。身处动荡之世的窦融，在这个紧要关头，表现得特别理智。窦融看到更始政权新立，函谷关以东尚处在战乱状态，大局不可预料，不欲出关就任巨鹿太守之职。窦融联想到高祖父曾经担任张掖太守，从祖父曾任职为护羌校尉，从弟也曾经担任武威太守。窦家"累世在河西，知其土俗"的家世背景，此时成为窦融选择安身立命之所的重要依据。窦融对其兄弟分析形势："天下安危未可知，河西殷富，

---

[1] "会上谷太守耿况亦使功曹寇恂诣宠，结谋共归光武……（彭宠）又自以与耿况俱有重功，而恩赏并薄，数遣使要诱况。况不受，辄斩其使。"（《后汉书》卷一二《彭宠传》，中华书局，1965年，第502页—503页）

[2] 《后汉书》卷二三《窦融传》，中华书局，1965年，第795页。

带河为固，张掖属国精兵万骑，一旦缓急，杜绝河津，足以自守，此遗种处也。"兄弟都赞同窦融的高见。于是，窦融每日都到赵萌府中拜访祈求，辞让巨鹿之职，图谋出任河西官职。赵萌碍于情面，就出面为窦融向更始皇帝求情，终于获得新的职务——张掖属国都尉。窦融大喜，立即携带家属西行。此时的窦融把离开大局难卜的关中看作为避祸之计。窦融到任张掖之后，"抚结雄杰，怀辑羌虏，甚得其欢心，河西翕然归之"[1]。这个识时务的选择，为后来窦融割据河西以待明主奠定了基础。

此时，酒泉太守梁统、金城太守库钧、张掖都尉史苞、酒泉都尉竺曾、敦煌都尉辛肜，都是州郡英俊，窦融与他们全力结交，成为好友。及更始政权败亡，窦融与梁统等人计议曰："今天下扰乱，未知所归。河西斗绝在羌胡中，不同心勠力，则不能自守；权钧力齐，复无以相率。当推一人为大将军，共全五郡，观时变动。"诸人认为窦融"世任河西为吏，人所敬向，乃推融行河西五郡大将军事"。其时的武威太守马期、张掖太守任仲二人孤立无援，窦融等人移书相告，马期、任仲二人自行解职而去。于是以梁统为武威太守，史苞为张掖太守，竺曾为酒泉太守，辛肜为敦煌太守，库钧为金城太守。至此，以窦融为首的河西五郡自治体制正式形成。这是一个割据自保的地方政治军事实体。窦融为政宽和，取得了"上下相亲，晏然富殖"的成效。在中原陷入混战的背景之下，窦融有效地维持了河西的地方秩序，保证了地方经济的恢复与发展。

后来，窦融等遥闻光武帝刘秀即位，已有东向归附之意，因为"河西隔远，未能自通"，只能通过此前已经归附洛阳光武政权的隗嚣间接地表示归附光武政权。当时的隗嚣，得到了光武帝刘秀的礼遇，受封"西州大将军，得专制凉州、朔方事"[2]。但是，隗嚣身为一时人杰，却不愿久居刘秀之下，而暗藏自立之念，从东汉政权的角度来看，就是"外顺人望，内怀异心"了。作为刘秀与窦融的中间人，隗嚣却派出了辩士张玄游说河西诸豪："更始事业已成，寻复亡灭，此一姓不再兴之效。今即有所主，便相系属，一旦拘制，自令失柄，后有危殆，虽悔无及。今豪杰竞逐，雌雄未决，当各据其土宇，与陇、蜀合从，高可为六国，下不失尉佗。"也就是鼓动窦融等人仿效战国时代的六国之君和秦汉之际割据岭南的赵佗，长期割地称尊而不再归附立都于洛阳的刘秀政权。这是一个事关大局的选择。窦融召集当地豪强与郡守会商，有智者侃侃而论："除言天命，且以人事论之：今称帝者数人，而洛阳土地最广，甲兵最强，号令最明。观符命而察人事，它姓殆未能当也。"在

---

[1] 《后汉书》卷二三《窦融传》，中华书局，1965年，第796页。
[2] 《后汉书》卷一三《隗嚣传》，中华书局，1965年，第522页。

场的诸郡太守和他们的部属，见解并不一致。窦融"小心精详，遂决策东向"[①]。窦融成为决策东附洛阳刘秀政权的关键人物。

光武帝刘秀是很有大局感的政治家，他"闻河西完富，地接陇、蜀"，就产生了主动招抚割据河西的窦融集团以威逼隗嚣和公孙述的战略思路。双方互派通好的使者相遇于中途。刘秀赐给窦融玺书："制诏行河西五郡大将军事、属国都尉：劳镇守边五郡，兵马精强，仓库有蓄，民庶殷富，外则折挫羌胡，内则百姓蒙福。……今益州有公孙子阳，天水有隗将军，方蜀汉相攻，权在将军，举足左右，便有轻重。以此言之，欲相厚岂有量哉。诸事具长史所见，将军所知。王者迭兴，千载一会。欲遂立桓、文，辅微国，当勉卒功业。欲三分鼎足，连衡合纵，亦宜以时定。天下未并，吾与尔绝域，非相吞之国。今之议者，必有任嚣效尉佗制七郡之计。王者有分土，无分民，自适己事而已。今以黄金二百斤赐将军，便宜辄言。"随即拜授窦融为凉州牧。[②]光武帝的这封玺书，对窦融既有足够的尊重，更有坦诚相待的诚意与厚道。正因为如此，赢得了窦融及其部属、盟友的倾心归附。在隗嚣公开叛汉而与公孙述结盟之后，窦融主导下的河西集团毅然选择站在东汉政权一方，为牵制和最后平定隗嚣与公孙述两个割据势力，发挥了独特的作用，做出了很大贡献。

在平定陇蜀、统一天下之后，窦融等人自动请命，离开经营多年的河西地区而移居都城洛阳。光武帝对窦融隆礼相待，窦融则以谦逊自守。窦氏家族，安享荣华富贵。

在考察窦融割据河西到归汉的过程中，我注意到另外一位扶风人——史苞的存在。史苞，原为张掖都尉，后来在窦融割据河西局面初成之时，武人自相授受而尽职为张掖太守。《窦融传》的正文，没有记载史苞的乡里籍贯，但是，注引《三辅决录》注有如此文字："苞字叔文，茂陵人也。"[③]茂陵邑，是扶风的重要组成部分。在河西集团的六位头面人物中，史苞是窦融唯一的扶风老乡。二人的交情或许更为深厚。因为史苞的记载太过简单，无法详考，故附见于此。

五、班彪

班彪，即《汉书》的主要作者班固的父亲。"班彪字叔皮，扶风安陵人也。"史称"彪性沉重好古"，在更始政权败亡、三辅大乱之时，隗嚣拥众天水，班彪为了避难而依投隗嚣。隗嚣曾经与班彪从容讨论天下大势，有以师礼相待之意。班彪

---

① 《后汉书》卷二三《窦融传》，中华书局，1965年，第798页。
② 《后汉书》卷二三《窦融传》，中华书局，1965年，第799页。
③ 《后汉书》卷二三《窦融传》，中华书局，1965年，第796页。

力言"汉家复兴"已是不可违逆的大势,劝隗嚣真心归附刘秀。但是,隗嚣另有算计,不加采纳。为此,班彪"伤时方艰,乃著《王命论》",希望可以规劝隗嚣做汉家之臣。隗嚣坚持已见,班彪告别而行,选择了避地河西。河西大将军窦融礼聘班彪为从事,"深敬待之,接以师友之道。彪乃为融画策事汉,总西河以拒隗嚣"。如此可见,班彪是支持窦融全心附汉的幕后人物之一。等到窦融征还京师,光武帝问他:"所上章奏,谁与参之?"可见,刘秀对窦融所上章奏的撰写水平很欣赏。窦融以实相对:"皆从事班彪所为。"光武帝"雅闻彪才,因召入见"[①]。光武帝刘秀对班彪的敬重之意,表现得也很清楚。

六、马援

"马援字文渊,扶风茂陵人也。"在并不得志的青年时代,马援就对人表达过自己的追求:"丈夫为志,穷当益坚,老当益壮。"

王莽统治的末年,四方兵起,马援曾经担任王莽政权的新成(汉中郡守)大尹也。及王莽败亡,马援避地凉州。光武帝即位之后,马援留居西州,"隗嚣甚敬重之,以援为绥德将军,与决筹策"。后来,当隗嚣在依附洛阳光武帝政权还是依附割据巴蜀的公孙述之间犹豫不定之时,派出了他所信重的马援前往两地做实地考察,以定取舍之策。马援在奉命出使之初,似乎有乡里之情,故选择了先去巴蜀考察。马援本来以为与公孙述都是扶风茂陵邑人,曾经是同里而居的邻居,而且私交很好,他推测旧友相见的场面应该是"既至当握手欢如平生",没有想到称帝之后的公孙述自我膨胀很严重,在马援面前摆足了皇帝的阵势,"盛陈陛卫,以延援入,交拜礼毕,使出就馆……欲授援以封侯大将军位"。随行者都有留居巴蜀之意,马援却告知他们一番道理:"天下雄雌未定,公孙不吐哺走迎国士,与图成败,反修饰边幅,如偶人形。此子何足久稽天下士乎?"随即告辞公孙述,返归天水。马援对隗嚣汇报出使巴蜀的感受:"子阳井底蛙耳,而妄自尊大,不如专意东方。"[②]也就是建议隗嚣归附洛阳的光武帝。马援对公孙述的观察和判断之准确,足见其眼光之敏锐。

不久,马援又奉使到洛阳。光武帝刘秀与马援相见,不设任何帝王仪式,简易到完全不设防的程度。刘秀以其大政治家的胸襟与言谈,使得马援真心服膺:"天下反复,盗名字者不可胜数。今见陛下,恢廓大度,同符高祖,乃知帝王自有真也。"从此,马援就认定光武帝是自己应该辅佐的君王。马援西归陇右,"隗嚣与

[①] 《后汉书》卷四〇上《班彪传》,中华书局,1965年,第1324页
[②] 《后汉书》卷二四《马援传》,中华书局,1965年,第827—829页。

援共卧起",询问京师得失,马援极力赞扬刘秀。正是在马援的一再劝导之下,隗嚣才下定决心,归附洛阳汉家政权。但是,后来隗嚣心生异念,与光武帝刘秀渐行渐远,终于走向了公开为敌的地步。在这个过程中,当时陪同隗嚣长子定居洛阳的马援曾经几次致信隗嚣,加以劝导。隗嚣认定马援背叛了自己,也就反目为仇。在这样的局面之下,当刘秀统兵征讨隗嚣时,马援作为隗嚣的旧时部下,主动上书光武帝刘秀,愿意帮助汉家政权荡平隗嚣,刘秀自然喜出望外。马援到达前线,运用他熟悉当地地理与风俗的优势,为刘秀出谋划策。"援因说隗嚣将帅有土崩之势,兵进有必破之状。又于帝前聚米为山谷,指画形势,开示众军所从道径往来,分析曲折,昭然可晓。"光武帝大为振奋:"虏在吾目中矣。"①简而言之,刘秀能够较快击败隗嚣,实在得益于马援之力甚多。

在平定隗嚣之后,马援为东汉政权稳定在陇右的统治秩序继续做出杰出贡献。"自王莽末,西羌寇边,遂入居塞内,金城属县多为虏有。来歙奏言陇西侵残,非马援莫能定。十一年夏,玺书拜援陇西太守。援乃发步骑三千人,击破先零羌于临洮,斩首数百级,获马牛羊万余头。守塞诸羌八千余人诣援降。""武都参狼羌与塞外诸种为寇,杀长吏。援将四千余人击之……豪帅数十万户亡出塞,诸种万余人悉降,于是陇右清静。"②

后来,"交趾女子徵侧及女弟徵贰反,攻没其郡,九真、日南、合浦蛮夷皆应之,寇略岭外六十余城,侧自立为王"。光武帝以玺书封拜马援为伏波将军,统兵平叛。经过旷日持久的苦战,"斩徵侧、徵贰,传首洛阳"③。马援全胜而归。伏波将军的威名盛传岭南。东汉政权在岭南的统治秩序,得以恢复。

直到晚年,马援还为东汉政权北部边境的安宁,而统兵与匈奴、乌桓作战。最后,这位百战名将病死于征伐武陵五溪蛮夷的军阵之中。实现了他"男儿要当死于边野,以马革裹尸还葬耳,何能卧床上在儿女子手中邪"④的壮烈情怀。马援为东汉政权的重建统一和巩固统一,真正做到了鞠躬尽瘁,死而后已。

七、方望

方望,是一位昙花一现的风云人物。由于他活动于政治舞台上的时间太过短暂,以至于研究两汉之交历史的学者,几乎没有人关注到他的存在。其实,方望在

---

① 《后汉书》卷二四《马援传》,中华书局,1965年,第830—834页。
② 《后汉书》卷二四《马援传》,中华书局,1965年,第835—836页。
③ 《后汉书》卷二四《马援传》,中华书局,1965年,第838页。
④ 《后汉书》卷二四《马援传》,中华书局,1965年,第841页。

当时的政治斗争中，曾经散发出特殊的光彩。本文有意将他"发掘"出来。

方望，扶风平陵人。其人行事，主要附见于《隗嚣传》，又散见于《光武纪上》《刘玄刘盆子传》。从《隗嚣传》的记载来看，方望不失为一位高明的战略家，可惜未遇明君，未能尽展其才。

"（隗）嚣既立，遣使聘请平陵人方望，以为军师。"平陵，是扶风的属县。方望首次见到隗嚣，就给他做出了高明的战略规划。就其指陈天下大势的气势而言，几乎可以媲美于韩信的"汉中对"、诸葛亮的"草庐对"。请看："足下欲承天顺民，辅汉而起，今立者乃在南阳，王莽尚据长安，虽欲以汉为名，其实无所受命，将何以见信于众乎？宜急立高庙，称臣奉祠，所谓'神道设教'求助人神者也。"隗嚣采纳其言，遂立汉家宗庙，祭祀高祖、太宗（汉文帝）、世宗（汉武帝），从而使得隗嚣打出"复汉"的政治旗帜师出有名。方望还为隗嚣设计了会盟仪式与誓词，曰："凡我同盟三十一将，十有六姓，允承天道，兴辅刘宗。如怀奸虑，明神殛之。高祖、文皇、武皇，祚坠厥命，厥宗受兵，族类灭亡。"以隗嚣的名义公布的"移檄告郡国"文书，也必定出自方望这位军师的设计："故新都侯王莽，慢侮天地，悖道逆理。鸩杀孝平皇帝，篡夺其位。矫托天命，伪作符书，欺惑众庶，震怒上帝。反戾饰文，以为祥瑞。戏弄神祇，歌颂祸殃。楚、越之竹，不足以书其恶。天下昭然，所共闻见。今略举大端，以喻吏民。"[1]戳穿了王莽为自己设计的圣人形象，把王莽置于政治罪人的地位，从而使得隗嚣的起兵反莽具备了正义性。

其后，王莽败亡，更始政权遣使征召隗嚣兄弟入朝。隗嚣将行，方望却表现出高度的政治预见，"方望以为更始未可知，固止之"，可惜的是，隗嚣一心入朝做官，不听方望的一再劝阻。面对如此局面，方望再一次表现出高士风范，他致书于隗嚣，辞官而去。方望的这封辞官文书，不仅文采飞扬，更是见识高远！摘录如下："足下将建伊、吕之业，弘不世之功，而大事草创，英雄未集。以望异域之人，疵瑕未露，欲先崇郭隗，想望乐毅，故钦承大旨，顺风不让。将军以至德尊贤，广其谋虑，动有功，发中权，基业已定，大勋方缉。今俊乂并会，羽翮并肩，望无耆耇之德，而猥托宾客之上，诚自愧也。虽怀介然之节，欲洁去就之分，诚终不背其本，贰其志也。何则？范蠡收责句践，偏舟于五湖；舅犯谢罪文公，亦逡巡于河上。夫以二子之贤，勒铭两国，犹削迹归愆，请命乞身，望之无劳，盖其宜也。望闻乌氏有龙池之山，微径南通，与汉相属，其傍时有奇人，聊及闲暇，广求

---

[1] 《后汉书》卷一三《隗嚣传》，中华书局，1965年，第514—515页。

其真。愿将军勉之。"①方望得以全身而退。隗嚣兄弟到达长安,成为更始政权的右将军、御史大夫。不多久,就卷入了高层的政治斗争,隗嚣的两个兄弟死于非命,隗嚣本人侥幸逃脱,重新返回天水,建立起割据政权。可惜的是,隗嚣再也没有找到方望这样的高级军师了!

八、万修

"万修字君游,扶风茂陵人也。更始时,为信都令,与太守任光、都尉李忠共城守,迎世祖,拜为偏将军,封造义侯。及破邯郸,拜右将军,从平河北。建武二年,更封槐里侯。与扬化将军坚镡俱击南阳,未克而病,卒于军。"②

万修病逝过早,使得他在光武帝的开国功臣集团中不是显要人物,但是,万修在光武帝早期经营河北的过程中,发挥过重要作用,因此受封为"造义侯",后来,又被改封为"槐里侯"——这个封号,尤其应该引起我们的注意。因为在汉武帝的"茂陵"设邑之前本名"茂乡",隶属于"槐里"县之下,光武帝以"槐里侯"作为万修的更封爵号,显示的是荣归故里的皇恩,光武帝显然是在表达对万修的恩宠和笼络之意。可见,当年的万修,在光武帝刘秀的心目中是很看重的人物。

九、其他应该关注的扶风人物

"孔奋字君鱼,扶风茂陵人也。"③

"杜林字伯山,扶风茂陵人也。"④

"申屠刚字巨卿,扶风茂陵人也。"⑤

"郭伋字细侯,扶风茂陵人也"⑥

"鲁恭字仲康,扶风平陵人也。"⑦

"张湛字子孝,扶风平陵人也。"⑧

---

① 《后汉书》卷一三《隗嚣传》,中华书局,1965年,第520页;又,从《光武纪上》的片段记载来看,平陵人方望主谋"立孺子刘婴为天子,更始遣丞相李松击斩之",是方望不得善终。《刘玄刘盆子传》也有相应的记载,颇堪玩味,此处从略。
② 《后汉书》卷二一《万修传》,中华书局,1965年,第757页。
③ 《后汉书》卷三一《孔奋传》,中华书局,1965年,第1098页。
④ 《后汉书》卷二七《杜林传》,中华书局,1965年,第934页。
⑤ 《后汉书》卷二九《申屠刚传》,中华书局,1965年,第1011页。
⑥ 《后汉书》卷三一《郭伋传》,中华书局,1965年,第1091页。
⑦ 《后汉书》卷二五《卓茂传 附鲁恭传》,中华书局,1965年,第873页。
⑧ 《后汉书》卷二七《张湛传》,中华书局,1965年,第928页。

"苏竟字伯况,扶风平陵人也。"①

以上7位扶风人士,在光武帝刘秀"中兴之业"中,都是堪称名臣的人物。由于本文的篇幅所限,其事迹略而不论。

总计以上所考,在两汉之交,曾经有18位扶风人士活跃在当时的政治舞台上,充任过重要的角色,发挥过特殊的作用。尤其是公孙述、耿弇、窦融、马援4位,都是举足轻重的人物。扶风何以多出仁杰?这个现象的出现,值得我们关注。至于造成这一格局的原因何在,拟另文讨论。

原载《长安学研究》(第3辑),科学出版社,2018年

(孙家洲,中国人民大学历史学院教授)

---

① 《后汉书》卷三〇上《苏竟传》,中华书局,1965年,第1041页。

远志与乡愁：汉唐长安"灞柳"象征*

王子今

汉唐长安作为国际性都市，曾经是东方世界的中心。在交通建设获得突出进步、交通地位得以显著发展的时代，长安是国家交通重心，也是社会不同层次的人们旅宦、游学、行贾、征戍多种行旅方式出发的原点。祖道饯别是社会交通文化的传统，而场地设定在灞桥的"祖饯"这种仪式，因"柳色"为自然布景，"柳枝"以富有生命力且适宜寄托柔情的特点作为道具同时介入，形成了可以使"故园情"艺术定格，有益于寄托"伤别"意绪的特殊情境。于是，壮行与伤别，远志与乡愁，由"灞柳"所牵系，体现出交通文化史及相关礼俗研究值得回顾的复杂心态，同时保留了深切的历史记忆。在汉唐向西大步实现文化扩张，社会普遍认同"宜西北万里"[①]的时代，"灞柳"起初的空间虽定位在长安以东，但又扩展其文化内涵，被借用以纪念西行送别。"柳"，于是以一种富有生命力的特殊的树种，成为长久以来体现中国古代交通文化某些重要风格的象征性的文化符号。

一、祖道传统："灞上柳枝黄，垆头酒正香"

《仪礼·聘礼》说到"释币于'行'"的礼俗规范，郑玄注："告将行也。""今时民春秋祭祀有行神，古之遗礼乎？"[②]行神也称作"祖神"，行神祝祀又称作"祖道"。《诗·大雅·烝民》有"仲山甫出祖"的诗句，在《诗·大雅·韩奕》中也可以看到所谓"韩侯出祖"。[③]《史记》卷八六《刺客列传》中记述了荆轲远行赴秦谋刺嬴政时，燕太子丹在易水之上为他举行"祖道"仪式的情形："太子及宾客知其事者，皆白衣冠以送之。至易水之上，既祖，取道，高渐离

---

* 基金项目：中国人民大学科学研究基金项目（中央高校基本科研业务费专项资金资助）"中国古代交通史研究"（项目编号：10XNL001）

① 周新：《鄂城汉镜铭文"宜西北万里"小议》，《南都学坛》2018年第1期。
② 〔清〕阮元校刻：《十三经注疏》，中华书局，1980年，第1047页。
③ 〔清〕阮元校刻：《十三经注疏》，中华书局，1980年，第569、571页。

击筑，荆轲和而歌，为变征之声，士皆垂泪涕泣。又前而为歌曰：'风萧萧兮易水寒，壮士一去兮不复还！'复为羽声慷慨，士皆瞋目，发尽上指冠。于是荆轲就车而去，终已不顾。"①

汉代民间普遍盛行"祖道"风习。这种礼俗通行于社会不同层面。对于基层社会生活的影响，由居延汉简如下简文可以得到反映：

候史褒予万岁候长祖道钱 出钱十付第十七候长祖道钱

……□道钱 出钱十付第廿三候长祖道钱

……□道钱 出钱十

……出钱□　　　（104.9，145.14）②

这大概可以看作同事间共同出钱办理祖道事宜的一份账单。看来，行旅祖道风习社会影响之广泛，可能确实如同晋人嵇含在《祖道赋序》中所写道："祖之在于俗尚矣，自天子至庶人，莫不咸用。"③

《汉书》卷七一《疏广传》记载，汉宣帝时，太傅疏广和兄子少傅疏受一起主动辞职，告老归乡，一时轰动朝廷，"公卿大夫故人邑子设祖道，供张东都门外"，高级官员以及好友、同乡聚集在长安城东都门外，举行规模盛大的祖道仪式，参与者的乘车竟然多达数百辆。④晋人张协的《咏史》诗追忆当时京都为二疏祖道的盛况，曾经这样写道："昔在西京时，朝野多欢娱。蔼蔼东都门，群公祖二疏。朱轩曜金城，供帐临长衢。达人知止足，遗荣忽如无。抽簪解朝衣，散发归海隅。"⑤祖道仪式进行的地点，在东都门。⑥

蔡邕《祖饯祝》写述了关于祖饯仪程比较具体的情景："令岁淑月，日吉时良。爽应孔嘉，君当迁行。神龟吉兆，休气煌煌。著卦利贞，天见三光。鸾鸣嗈嗈，四牡彭彭。君既升舆，道路开张。风伯雨师，洒道中央。阳遂求福，蚩尤辟兵。仓龙夹毂，白虎扶行。朱雀道引，玄武作侣。勾陈居中，厌伏四方。君往临邦，长乐无疆。"⑦祖饯仪式中所谓"饯"，是"迁行""升舆"，"道路开张"之

---

① 《史记》，中华书局，1959年，第2534页。
② 谢桂华、李均明、朱国照：《居延汉简释文合校》，文物出版社，1987年，第173页。
③ 〔明〕梅鼎祚编：《西晋文纪》卷一八，文渊阁《四库全书》本。
④ 《汉书》，中华书局，1962年，第3040页。
⑤ 〔唐〕欧阳询：《艺文类聚》，汪绍楹校，上海古籍出版社，1965年，第993页。
⑥ 送行至东都门外史例，又有《史记》卷九五《樊郦滕灌列传》司马贞《索隐》引《博物志》："公卿送婴葬，至东都门外，马不行，踣地悲鸣，得石椁，有铭曰'佳城郁郁，三千年见白日，吁嗟滕公居此室'。"
⑦ 《太平御览》卷七三六引蔡邕《祖饯祝》，见〔宋〕李昉等撰：《太平御览》，中华书局，1960年，第3264页。

际，送行"求福"，祝颂"长乐无疆"的内容。①战国秦汉社会的这一文化传统，得以长期沿承。唐代史籍所见"祖道"实例，有《新唐书》卷一一一《张仁愿传》："秋复督军备边，帝为赋诗祖道，赏赉不赀。"《新唐书》卷一七六《李吉甫传》："帝为御通化门祖道，赐御饵禁方。"《新唐书》卷一九九《儒学传中·马怀素》："长安中，大夫魏元忠为张易之构谪岭表，太仆崔贞慎、东宫率独孤祎之祖道，易之怒，使人上急变，告贞慎等与元忠谋反。"《新唐书》卷二〇三《文艺传下·吴武陵》："大和初，礼部侍郎崔郾试进士东都，公卿咸祖道长乐，武陵最后至，谓郾曰：'君方为天子求奇材，敢献所益。'"《长安志》卷七《唐京城一》："东面三门，北曰通化门。"原注："门东七里长乐坡上有长乐驿，下临浐水。"②

一如荆轲故事"至易水之上，既祖，取道"，古人往往临水祖饯。唐人岑参《送怀州吴别驾》："灞上柳枝黄，垆头酒正香。春流饮去马，暮雨湿行装。驿路通函谷，州城接太行。覃怀人总喜，别驾得王祥。"③所谓"灞上柳枝黄，垆头酒正香"的饯行方式，是继承了祖道的悠久传统的。"灞上""驿路"送别，"去马""行装"出发，是千百年来承袭的仪式。宋人柳永《雨霖铃》词"今宵酒醒何处？杨柳岸晓风残月"④，正是饯别之后的感受。而"杨柳岸"所提示旅行的特殊场景与特殊心境，是值得我们注意的。

《史记》卷一一《孝景本纪》记载，汉景帝六年（前151），"后九月，伐驰道树，殖兰池。"⑤既言"伐"，又言"殖"，注家多有疑问。我们分析，应是伐取驰道行道树枝条于兰池水畔栽植。《战国策·魏策二》："今夫杨，横树之则生，侧树之则生，折而树之又生"⑥。可知扦插法育苗技术当时已经成熟。⑦所谓"灞上柳"，应当是以这种方式用心"树之"形成特殊的景观规模的。

"灞柳""送客"古风传承长久。清人陈廷敬《广宁门再送容斋二首》写道："西门一步地，送客已他乡。古庙官桥下，离亭大道傍。塞鸿初断影，灞柳不成行。翘首怀人处，关河近夕阳。""壮游芳岁晚，屡别客愁新。草土沾衣泪，烟霄

---

① 文渊阁《四库全书》本《太平御览》卷七三六引作"长乐无强"。
② 〔宋〕宋敏求：《长安志》，辛德勇、郎洁点校，三秦出版社，2013年，第255页。
③ 〔唐〕岑参：《岑参集校注》，陈铁民、侯忠义校注，上海古籍出版社，1981年，第298页。
④ 唐圭璋编：《全宋词》，中州古籍出版社，1996年，第15页。
⑤ 《史记》，中华书局，1959年，第443页。
⑥ 〔西汉〕刘向集录：《战国策》，上海古籍出版社，1985年，第838页。
⑦ 王子今：《"伐驰道树殖兰池"解》，《中国史研究》1988年第3期。

抗手人。白云虚在目，落日对伤神。忍约重来事，萋萋苑树春。"①说明相关礼俗沿袭久远。虽然同样有"官桥""大道"，广宁门却并非在长安。"灞柳"对于"送客""怀人"情境，已经成为具有典型性、代表性象征意义的场景。"苑树"与"灞柳"的对应，似依然回望汉唐时代古远情境。在诗人笔下，尽管是所谓"壮游"，仍然不免"客愁"沉郁，"草土沾衣泪"，"落日对伤神"。

二、霸上与轵道：汉唐长安交通的文化枢纽

回顾历史，对于汉唐长安交通地理稍有常识的人都知道，渭河中游都城长安以东面向关东的交通大道，经过"霸上"直指函谷关。这里是帝国交通富有政治意义的枢纽，同时也是文化枢纽、情感枢纽。

"霸上"，是秦末历史具有重要军事交通意义的空间标志。刘邦入关中，在这里约降秦王子婴。入咸阳彻底灭亡秦王朝后，他的部队又停驻"霸上"。《史记》卷六《秦始皇本纪》："子婴为秦王四十六日，楚将沛公破秦军入武关，遂至霸上，使人约降子婴。子婴即系颈以组，白马素车，奉天子玺符，降轵道旁。沛公遂入咸阳，封宫室府库，还军霸上。"关于"轵道"，裴骃《集解》："徐广曰：'在霸陵。'骃案：苏林曰'亭名，在长安东十三里'。"②《史记》卷八《高祖本纪》："汉元年十月，沛公兵遂先诸侯至霸上。秦王子婴素车白马，系颈以组，封皇帝玺符节，降轵道旁。诸将或言诛秦王。沛公曰：'始怀王遣我，固以能宽容；且人已服降，又杀之，不祥。'乃以秦王属吏，遂西入咸阳。欲止宫休舍，樊哙、张良谏，乃封秦重宝财物府库，还军霸上。"关于"霸上"③，张守节《正义》："故霸陵在雍州万年县东北二十五里。汉霸陵，文帝之陵邑也，东南去霸陵十里。《地理志》云：'霸陵故芷阳，文帝更名。'《三秦记》云：'霸城，秦穆公筑为宫，因名霸城。汉于此置霸陵。'《庙记》云：'霸城，汉文帝筑。沛公入关，遂至霸上，即此也。'"关于"轵道"④，司马贞《索隐》："轵音只。《汉宫殿疏》云：轵道亭东去霸城观四里，观东去霸水百步。苏林云在长安东十三里也。"张守节《正义》："轵音纸。《括地志》云：'轵道在雍州万年县东北十六里苑

---

① 〔清〕陈廷敬：《午亭文编》卷九，文渊阁《四库全书》本。
② 《史记》，中华书局，1959年，第275页。
③ "霸上"，颜师古注："应劭曰：'霸上，地名，在长安东三十里，古曰滋水，秦穆公更名霸。'师古曰：'霸水上，故曰霸上，即今所谓霸头。'"
④ 颜师古注："苏林曰：'亭名也，在长安东十三里。'师古曰：'轵音轵。轵道亭在霸成观西四里。'"

中。'"①"霸上"与"轵道",与"霸城""霸陵"有关,也与"霸水"有关。如颜师古说,"霸水上,故曰霸上,即今所谓霸头"。

"霸上""轵道"在咸阳、长安附近地方的交通格局中有异常突出的地位。刘邦于此灭亡秦政,创建汉朝,使得这里表现出双重的关键意义,既是军事交通重要的枢纽,也是政治文化开局的标志。

汉唐最重要的交通干线,是长安、洛阳间道路,即汉时经过"崤黾"路段的交通要道。②唐时为两京间道路。唐玄宗李隆基《初入秦川路逢寒食》诗:"洛阳芳树映天津,灞岸垂杨窣地新。直为经过行处乐,不知虚度两京春。"③既说"两京"之间交通,必然历见"灞岸垂杨"景观。然而从关中东南通向南阳,进而联系江汉平原的武关道,自战国时期就连通秦楚,成为重要交通干道。④这条道路也经行"灞上""灞岸"。除刘邦入关经过"霸上"故事外,又可见《汉书》卷四〇《周亚夫传》记载平定吴楚七国之乱时选择东进路线事:"亚夫既发,至霸上,赵涉遮说亚夫曰:'将军东诛吴楚,胜则宗庙安,不胜则天下危,能用臣之言乎?'亚夫下车,礼而问之。涉曰:'吴王素富,怀辑死士久矣。此知将军且行,必置间人于殽黾厄狭之间。且兵事上神密,将军何不从此右去,走蓝田,出武关,抵雒阳,间不过差一二日,直入武库,击鸣鼓。诸侯闻之,以为将军从天而下也。'太尉如其计。至雒阳,使吏搜崤黾间,果得吴伏兵。"⑤这一记录可以说明,无论经"崤黾间""崤黾厄狭之间",还是"走蓝田,出武关",都必然经过"霸上"。行武关道,即"从此右去"。王翦率军攻楚,应当也是从"霸上"经武关东南进军。《史记》卷七三《白起王翦列传》:"王翦将兵六十万人,始皇自送至灞上。"⑥"灞上"就是"霸上"。通常记述刘邦灭秦至"霸上",而《史记》卷

---

① 《史记》,中华书局,1959年,第362页。
② 《史记》卷五五《留侯世家》:"洛阳东有成皋,西有殽黾……"《汉书》卷四〇《周亚夫传》:"此知将军且行,必置间人于殽黾厄狭之间。"《汉书》卷九九中《王莽传中》:"肴黾之险,东当郑卫。"《后汉书》卷七九上《儒林传上·刘昆传》:"崤、黾驿道多虎灾,行旅不通。"
③ 《全唐诗》卷三"洛阳"一作"洛川","灞岸"一作"灞上"。参见《全唐诗》,中华书局,1960年,第29页。
④ 《史记》卷四〇《楚世家》:"秦以车五百乘救楚。"《史记》卷六六《伍子胥列传》记载,伍子胥攻破楚都,"申包胥走秦告急,求救于秦。……乃遣车五百乘救楚击吴。"《史记》卷五《秦本纪》:"(秦昭襄王)十二年,……予楚粟五万石。"以汉代运输车辆的装载规格一车二十五石计算,"粟五万石"需用运车两千辆。
⑤ 《汉书》,中华书局,1962年,第2059页。
⑥ 《史记》,中华书局,1959年,第2340页。

二四《封禅书》则写道:"遂以十月至灞上,与诸侯平咸阳,立为汉王。"①

也就是说,由咸阳、长安东行,无论从正东方向还是东南方向开始旅程,都会面对"灞上柳枝"。

前引《新唐书》卷一七六《李吉甫传》:"帝为御通化门祖道。""通化门"东对"霸上",东北向"轵道"。《太平御览》卷一九三引《郡国志》:"雍州霸陵城在通化门东二十里。秦襄王葬于其坂,谓之霸上。"②《长安志》卷一一《县一·万年》:"轵道,在通化门东北十六里。"③

三、折柳与故园情

《古诗十九首》中《行行重行行》与《青青河畔草》两首,都以深沉笔意抒说"别离"之情:"行行重行行,与君生别离。相去万余里,各在天一涯。道路阻且长,会面安可知。胡马依北风,越鸟巢南枝。相去日已远,衣带日已缓。浮云蔽白日,游子不顾返。思君令人老,岁月忽已晚。弃捐勿复道,努力加餐饭。""青青河畔草,郁郁园中柳。盈盈楼上女,皎皎当窗牖。娥娥红粉妆,纤纤出素手。昔为倡家女,今为荡子妇。荡子行不归,空床难独守。"④第二首有"郁郁园中柳"句,借以表抒亲人"行不归"时的依依之情。顾炎武《日知录》卷二一"诗用叠字"条:"诗用叠字最难。《卫诗》:'河水洋洋,北流活活。施罛濊濊,鳣鲔发发。葭菼揭揭,庶姜孽孽。'连用六迭字,可谓复而不厌、赜而不乱矣。"又写道:"古诗:'青青河畔草,郁郁园中柳。盈盈楼上女,皎皎当窗牖。娥娥红粉妆,纤纤出素手。'连用六叠字,亦极自然。下此即无人可继。"⑤其"极自然"的评价,肯定了诗作抒说真情的文学成功。

《艺文类聚》卷五六引南朝梁范云《四色诗》有"折柳"字样,于是将"纤纤出素手"与"郁郁园中柳"联系了起来:"折柳青门外,握兰翠疏中。绿苹骋春日,碧渚澹时风。"⑥说道"折柳青门外",《三辅黄图》卷六《桥》"灞桥"中的"灞桥,在长安东,跨水作桥。汉人送客至此桥,折柳赠别"⑦则明确说"汉人送

---

① 《史记》,中华书局,1959年,第1378页。
② 《太平御览》,中华书局用上海涵芬楼影印宋本1960年2月复制重印版,第931页。
③ 〔宋〕宋敏求:《长安志》,辛德勇、郎洁点校,三秦出版社,2013年,第368页。
④ 马茂元:《古诗十九首初探》,陕西人民出版社,1981年,第105、112页。
⑤ 〔清〕顾炎武:《日知录集释》(全校本),黄汝成集释,栾保群、吕宗力点校,上海古籍出版社,2006年,第1190页。
⑥ 〔唐〕欧阳询:《艺文类聚》,汪绍楹校,上海古籍出版社,1965年,第1008页。
⑦ 何清谷校注:《三辅黄图校注》,三秦出版社,1995年,第342页。

客"在"长安东"霸桥,"折柳赠别"已经成为仪式性的民俗表现。通过唐人许景先《折柳篇》"春色东来渡灞桥,青门垂柳百千条"①,可以理解"灞桥""柳"和"青门""柳"的关系。

唐诗所见《折柳》曲调,体现"故园""春色"的象征。如李白《塞下曲六首》之一:"五月天山雪,无花只有寒。笛中闻《折柳》,春色未曾看。晓战随金鼓,宵眠抱玉鞍。愿将腰下剑,直为斩楼兰。"又《春夜洛城闻笛》:"谁家玉笛暗飞声,散入春风满洛城。此夜曲中闻〈折柳〉,何人不起故园情。"②深心所"起""故园情",由《折柳》而生,有时则寄托于"灞上""柳丝"。又如郑谷《乱后灞上》写道:"柳丝牵水杏房红,烟岸人稀草色中。日暮一行高鸟处,依稀合是望春宫。"③

钱起《送崔十三东游》以"离宴""夕阳"写送别场面:"千里有同心,十年一会面。当杯缓筝柱,倏忽催离宴。丹凤城头噪晚鸦,行人马首夕阳斜。灞上春风留别袂,关东新月宿谁家。官柳依依两乡色,谁能此别不相忆。"④所谓"灞上春风""官柳依依",是"千里"远行、"十年"久别情形深心"相忆"的场景。

体会唐人行旅送别心态,可以读杜牧《柳长句》:"日落水流西复东,春光不尽柳何穷。巫娥庙里低含雨,宋玉宅前斜带风。莫将榆荚共争翠,深感杏花相映红。灞上汉南千万树,几人游宦别离中。"⑤所言"灞上""柳""风",是远行之人长久的记挂。又如温庭筠《送李亿东归》说"渭城""秦树":"黄山远隔秦树,紫禁斜通渭城。别路青青柳弱,前溪漠漠苔生。和风澹荡归客,落月殷勤早莺。灞上金樽未饮,燕歌已有余声。"⑥诗句都说到"灞上""柳"与"游宦别离""别路""归客"的关系。方干《途中逢孙路因得李频消息》中的"灞上寒仍在,柔条亦自新。山河虽度腊,雨雪未知春。正忆同袍者,堪逢共国人。衔杯益无语,与尔转相亲"⑦则说"灞上""柔条"是"相亲"之情遥远的寄托。

前引清人陈廷敬诗句"塞鸿初断影,灞柳不成行""壮游芳岁晚,屡别客愁新",显现"灞柳""客愁"之风景与心境的关系。而唐诗作品则常见"乡愁"语句。如皇甫曾《送汤中丞和蕃》:"继好中司出,天心外国知。已传尧雨露,更说

---

① 〔唐〕佚名:《搜玉小集》,明崇祯元年《唐人选唐诗》本。
② 〔清〕王琦注:《李太白全集》卷二五,中华书局,1977年,第284、1161页。
③ 〔宋〕洪迈编:《万首唐人绝句》卷六五二,明嘉靖刻本。
④ 〔唐〕钱起撰:《钱考功集》卷一,《四部丛刊》景明活字本。
⑤ 〔唐〕杜牧:《樊川诗集注》,〔清〕冯集梧注,上海古籍出版社,1978年,第236页。
⑥ 〔唐〕温庭筠:《温庭筠诗集》卷一,《四部丛刊》景清述古唐钞本。
⑦ 《文苑英华》卷二一八,中华书局,1966年,第1091页。

汉威仪。陇上应回首,河源复载驰。孤峰问徒御,空碛见旌麾。春草乡愁起,边城旅梦移。莫嗟行远地,此去答恩私。"①"乡愁"与"旅梦"对应。钱起《晚入宣城界》:"斜日片帆阴,春风孤客心。山来指樵路,岸去惜花林。海气蒸云黑,潮声隔雨深。乡愁不可道,浦宿听猿吟。"②"乡愁"正是"孤客心"。又杜甫《和裴迪登蜀州东亭送客逢早梅相忆见寄》:"东阁官梅动诗兴,还如何逊在扬州。此时对雪遥相忆,送客逢春可自由。幸不折来伤岁暮,若为看去乱乡愁。江边一树垂垂发,朝夕催人自白头。"③"伤岁暮"与"乱乡愁"共同惹动"诗兴"。戎昱《云梦故城秋望》:"故国遗墟在,登临想旧游。一朝人事变,千载水空流。梦渚鸿声晚,荆门树色秋。片云凝不散,遥挂望乡愁。"④"乡愁"与"旧游"之"想",是晚来"秋望"的自然心境。我们看到,勾引"乡愁"的,有"春草""花林""官梅""树色",也使我们联想到"灞柳"。在有的诗人笔下,频繁出现"乡愁"字样。如岑参《宿关西客舍寄东山严许二山人时天宝初七月初三日在内学见有高道举征》:"云送关西雨,风传渭北秋。孤灯然客梦,寒杵捣乡愁。"又岑参《送韦侍御先归京》:"闻欲朝龙阙,应须拂豸冠。风霜随马去,炎暑为君寒。客泪题书落,乡愁对酒宽。先凭报亲友,后月到长安。"岑参《武威春暮闻宇文判官西使还已到晋昌》:"片云过城头,黄鹂上戍楼。塞花飘客泪,边柳挂乡愁。"⑤有关乡愁的感叹涉及"渭北""长安""龙阙",方位指向是大致明确的。而"塞花飘客泪,边柳挂乡愁"句,品味其中"柳"字,也可以体会其深刻意境。

崔涂《灞上》诗写道:"长安名利路,役役古由今。征骑少闲日,绿杨无旧阴。水侵秦甸阔,草接汉陵深。紫阁曾过处,依稀白鸟沈。"⑥写叙"长安名利路"匆匆行役的辛苦。诗题"灞上",却不言"柳"而说"绿杨",其中描述的心意是相近的。而许景先《折柳篇》:"春色东来度灞桥,青门垂柳百千条。垂柳西连建章路,汉家禁苑纷无数。萦花始遍合欢枝,游丝半罥相思树。秦楼初日照南隅,柔条垂绿映金铺。""自怜柳塞淹戎幕,银烛长啼愁梦著。芳树朝催玉管新,春风夜染罗衣薄。城头杨柳已如丝,今年花落去年时。折芳远寄相思曲,为惜容华难再

---

① 〔唐〕皇甫曾:《皇甫曾诗集》,《四部丛刊》三编景明本。
② 〔唐〕钱起:《钱考功集》卷四,《四部丛刊》景明活字本。
③ 〔唐〕杜甫著,〔清〕钱谦益笺注:《钱注杜诗》卷八,上海古籍出版社,1979年10月版,第381页。
④ 《文苑英华》卷三〇九,中华书局,1966年,第1586页。
⑤ 〔唐〕岑参:《岑参集校注》,陈铁民、侯忠义校注,上海古籍出版社,1981年,第40、96、89页。
⑥ 《全唐诗》卷六七九,中华书局,1960年,第7777页。

持。"①所谓"萦花""游丝""柔条垂绿""芳树""春风",寄寓诗句中重复出现的"相思",其义是饱含暖意和生机的。而"柳塞""戎幕"和"城头杨柳"则说明诗情"愁梦"所系,至于对与汉家林苑空间距离非常遥远的地方"柳塞"的理解,可以联系古来"榆塞"传说。②

四、"灞柳"季节疑问

关于"灞柳"的美好诗句,"柳"总与"春色""春光""春风"连说。然而出行送别,却并非总是在春季。如韩愈"云横秦岭家何在,雪拥蓝关马不前"③诗句所言,当时的"灞柳"只存残败枯枝,与"花林""芳树""柔条垂绿"景象已经全然不同,应当已经没有折取以寄柔情的意义了。那么,这种象征是否会出现季节性消败的情形呢?

《白孔六帖》卷九七"驴"条引郑綮《琐言》的"诗思在灞桥风雪中驴子上"④或写作"诗思在灞桥风雪中驴背上"⑤,或写作"诗思在灞桥风雪中驴子背上"⑥。可知"灞桥风雪"已经成为另一种特殊的文化意境,"灞桥"作为代表性文化符号的意义并没有消减。

《宣和画谱》卷一〇《山水一》说五代画家关仝作品:"关仝,一名穜,长安人。画山水。早年师荆浩,晚年笔力过浩远甚。尤喜作秋山、寒林,与其村居、野渡、幽人、逸士、渔市、山驿,使其见者悠然如在灞桥风雪中,三峡闻猿时,不复有市朝抗尘走俗之状。"⑦大致唐代以后,"灞桥"成为山水画"悠然"风格的表现主题之一。然而其季节背景是冬季,"灞桥风雪"是典型画面。清人卞永誉《式古堂书画汇考》卷三六《画六·明独册》著录王履《王安道游华山图并记诗序册》中,有《骑驴行食所携松实桃枣以适》:"灞桥风雪寻诗处,可似携清啖果时。说与小僮浑未识,徐徐分付与斜晖。"⑧所谓"灞桥风雪寻诗处",用唐时郑綮"诗思

---

① 〔唐〕佚名:《搜玉小集》,明崇祯元年《唐人选唐诗》本。
② 王子今:《榆塞和竹城》,《寻根》2003年第3期。
③ 〔唐〕韩愈:《左迁至蓝关示侄孙湘》,见《韩昌黎诗系年集释》,钱仲联集释,上海古籍出版社,1984年,第1097页。
④ 〔唐〕白居易原本,〔宋〕孔传续撰:《白孔六帖》,上海古籍出版社,1992年,第892册第584页。
⑤ 〔唐〕孙光宪:《北梦琐言》卷七,文渊阁《四库全书》本。
⑥ 〔宋〕蔡正孙:《诗林广记》后集卷一〇,文渊阁《四库全书》本;〔宋〕尤袤:《全唐诗话》卷五,〔明〕《津逮秘书》本。
⑦ 〔宋〕佚名:《宣和画谱》,〔明〕《津逮秘书》本。
⑧ 〔清〕卞永誉:《式古堂书画汇考》,文渊阁《四库全书》本。

在灞桥风雪中驴子背上"旧典。宋人黄庭坚《奉和慎思寺丞太康传舍相逢并寄扶沟程太丞尉氏孙著作二十韵》有句："今年病起疏酒杯,醉乡荆棘归无路。诗穷净欲四壁立,奈何可当杜武库。不似灞桥风雪中,半臂骑驴得佳句。"[1]李纲《题成士毅所藏辋川雪图》："乘危跨蹇者谁子,竦肩缩袖,何其寒。只应诗句独有得,不减灞桥风雪间。"[2]范成大《南塘冬夜倡和》:"燃萁烘煖夜窗幽,时有新诗趣倡酬。为问灞桥风雪里,何如田舍火炉头。"[3]杨万里《诗人王季廉挽诗》:"不餐烟火惟存骨,吟杀江山失却须。锦里莺花余故宅,灞桥风雪入新图。"[4]陆游《作梦》:"作梦今逾七十年,平生怀抱尚依然。结茅杜曲桑麻地,觅句灞桥风雪天。"[5]以上也都咏叹"灞桥风雪"。

据清人宫梦仁《读书纪数略》卷一二《地部·名胜》,"关中八景"包括"灞桥风雪"。[6]显然,"灞桥"表现出长久的文化象征作用。这一代表性符号的延续性影响,也和"灞柳"在社会文化生活中的显赫知名度与长久的影响力有某种内在关联。

五、西行歌诗中的"柳色"

《唐才子传》卷七《雍陶》写道:"(雍陶)后为雅州刺史。郭外有情尽桥,乃分袂祖别之所,因送客。陶怪之,遂于上立候馆,改名'折柳桥',取古乐府'折杨柳'之义。题诗曰:'从来只有情难尽,何事呼为情尽桥?自此改名为折柳,任他离恨一条条。'甚脍炙当时。"[7]看来,"送客""折柳"风习,是超越区域限定的文化形态。甚至在距离长安相当远的地方,也可以看到相关表现。"情"的绵长"难尽",可能处处都是"折"不断的。

宋程大昌《演繁露》卷七"霸陵折柳"条:"《黄图》曰:'霸桥,跨霸水为桥也。汉人送客至此桥,折柳为别。'故李白《乐府》曰:'年年柳色,霸桥伤

---

[1] 〔宋〕黄庭坚:《山谷外集》卷一二《古诗》,文渊阁《四库全书》本。
[2] 〔宋〕李纲:《梁溪集》卷一七《诗十三》,文渊阁《四库全书》本。
[3] 〔宋〕范成大:《石湖诗集》卷五,《四部丛刊》清爱汝堂本。
[4] 〔宋〕杨万里:《诚斋集》卷三六《诗·退休集一》,哈佛大学汉和图书馆藏清抄本。
[5] 〔宋〕陆游:《剑南诗稿》卷三五,见钱仲联校注:《剑南诗稿校注》,上海古籍出版社,1985年,第2287页。
[6] 〔清〕宫梦仁《读书纪数略》卷一二《地部·名胜》"关中八景"条:"关中八景长安:渭城朝雨,骊山晚照,灞桥风雪,辋川烟云,杜曲春游,咸阳晚渡,蓝水飞琼,终南叠翠。"见文渊阁《四库全书》本。
[7] 〔元〕辛文房:《唐才子传》,王大安校订,黑龙江人民出版社,1985年,第131—132页。

别。'而王维亦曰：'渭城朝雨浥轻尘，客舍青青柳色新。劝君更尽一杯酒，西出阳关无故人。'审求其地，则在渭北。盖汉分秦咸阳置县，名渭城也。若霸陵，则在渭南，不在渭北矣。维之所饯者，其人出戍阳关，而赋诗之地，乃在渭北。仍援折柳为词，则仍用霸陵故事也。"①由"柳色"渲染的别离之情，已经离开了原本"霸陵""霸桥"的空间设定，转而面向汉唐"宜西北万里"体现进取精神和英雄主义的远行大道。他在《雍录》卷七"渭城"条中表抒了同样的意思："汉世凡东出函、潼，必自霸陵始，故赠行者于此折柳为别也。李白词曰'年年柳色，霸陵伤别'也。王维之诗曰：'渭城朝雨浥轻尘，客舍青青柳色新。劝君更尽一杯酒，西出阳关无故人。'盖援霸桥折柳事而致之渭城也。渭城者，咸阳县之东境也。唐世多事西域，故行役之极乎西境者，以出阳关为言也。既渡渭以及渭城，则夫西北向而趣玉门、阳关者皆由此始。故维诗随地纪别而曰'渭城''阳关'，其实用霸桥折柳故事也。"②

五代后周人王仁裕在《开元天宝遗事》卷下《天宝下》"销魂桥"条写道："长安东灞陵有桥，来迎去送皆至此桥，为离别之地，故人呼之'销魂桥'也。"③以柳象征千里相系的离别之情，较早的实例有前引《古诗十九首》，而南朝齐人虞羲的《自君之出矣》诗"自君之出矣，杨柳正依依"，"流年无止极，君去何时归？"④以及南朝梁人范云《送别》诗"春风柳线长，送郎上河梁"，"空怀白首约，江上早归航"⑤也都以柳丝的悠长柔美，比喻离情的幽婉缠绵。《艺文类聚》卷八九梁沈约《玩庭柳》诗则写道："轻阴拂建章，夹道连未央。因风结复解，沾露柔且长。楚妃思欲绝，班女泪成行。游人未应去，为此还故乡。"⑥柳，可能正是以其"结复解""柔且长"这种与离情别绪相近似的特点而成为行旅离别的象征，成为联系游人、故乡之间的"依依"情思的象征。

《艺文类聚》卷八九："古乐府有《折柳曲》。"⑦前引李白《塞下曲》的"五月天山雪""笛中闻《折柳》"句，说西域"闻《折柳》"。又李白《折杨柳》

---

① 〔宋〕程大昌：《演繁露》，中华书局，1991年，第80页。
② 〔宋〕程大昌：《雍录》，黄永年点校，中华书局，2002年，第146页。
③ 〔五代〕王仁裕：《开元天宝遗事十种》，丁如明辑校，上海古籍出版社，1985年，第93页。
④ 〔宋〕郭茂倩编：《乐府诗集》卷六六《杂曲歌辞》，中华书局，1979年，第988—989页。
⑤ 〔南北朝〕徐陵辑：《玉台新咏笺注》卷五，〔清〕吴兆宜注，清乾隆三十九年（1774）刻本。
⑥ 〔唐〕欧阳询：《艺文类聚》，汪绍楹校，上海古籍出版社，1965年，第1533页。
⑦ 〔唐〕欧阳询：《艺文类聚》，汪绍楹校，上海古籍出版社，1965年，第1532页。

诗："垂杨拂渌水，摇艳东风年。花明玉关雪，叶暖金窗烟。美人结长想，对此心凄然。攀条折春色，远寄龙庭前。"[1]所谓"攀条折春色"，则"长想""玉关"，"远寄""龙庭"。此《折柳》，与长安"东出函、潼"的"霸陵""霸桥"似乎已经没有直接的关系了。柳已经成为情感象征的文化符号。

六、"柳""留"通假推想

《宋书》卷三一《五行志二》写道："太康末，京、洛始为《折杨柳》之歌，其曲始有兵革苦辛之词，终以禽获斩截之事。"[2]说晋武帝太康末年，洛阳附近地区开始风行《折杨柳》之歌，这种歌曲起初"有兵革苦辛之词"。据《旧唐书》卷二九《音乐志二》的记载，"梁胡吹歌云：'快马不须鞭，反拗杨柳枝。下马吹横笛，愁杀行客儿。'此歌辞元出北国。"[3]《晋书》卷二三《乐志下》写道："胡角者，本以应胡笳之声。后渐用之横吹，有双角，即胡乐也。张博望入西域，传其法于西京。惟得《摩诃兜勒》一曲。李延年因胡曲更造新声二十八解。乘舆以为武乐。后汉以给。和帝时，万人将军得之。魏晋以来，二十八解不复具存，用者有《黄鹄》《陇头》《出关》《入关》《出塞》《入塞》《折杨柳》《黄覃子》《赤之杨》《望行人》十曲。"[4]《后汉书》卷四七《班超传》李贤注引《古今乐录》说："横吹，胡乐也。张骞入西域，传其法于长安，唯得《摩诃兜勒》一曲，李延年因之更造新声二十八解，乘舆以为武乐，后汉以给边将，万人将军得之。在俗用者有《黄鹄》《陇头》《出关》《入关》《出塞》《入塞》《折杨柳》《黄覃子》《赤之杨》《望行人》十曲。"[5]也说《折杨柳》与"胡曲""武乐"的关系。其中《折杨柳》与《出关》《入关》《出塞》《入塞》并列，颇为醒目。大约正是辗转行至内地而远征远戍于西北边防，体验"兵革苦辛"的下层士卒们，通过自身步步足迹都沾染血痕的行旅生活的经历，最早完成了这种"元出北国"的民歌同中原"折柳"赠别礼俗的艺术结合，于是有《甘泽谣》"折柳传情，悲玉关之戍客"[6]的说法。

---

[1] 〔清〕王琦注：《李太白全集》，中华书局，1977年，第338页。"垂杨"一作"杨柳"，"摇艳"一作"艳裔"，"庭前"一作"沙边"。
[2] 《宋书》，中华书局，1974年，第914页。
[3] 《旧唐书》，中华书局，1975年，第1075页。
[4] 《晋书》，中华书局，1974年，第715页。
[5] 《后汉书》，中华书局，1965年，第1577页。
[6] 《太平广记》卷二〇四"许云封"条引《甘泽谣》，见〔宋〕郭茂倩编：《乐府诗集》，中华书局，1979年，第1555页。

很早就有西方学者发现："中国人的象征语言，以一种语言的第二种形式，贯穿于中国人的信息交流之中；由于它是第二层的交流，所以它比一般语言有更深入的效果，表达意义的细微差别以及隐含的东西更加丰富。"①有西方学者通过对远东艺术收藏品的分析指出，"所有的东方绘画，都可以看作是象征，它们富有特色的主题""不仅表现了自己本身，而且还意味着某种东西"。这些"富有特色的主题"之中，包括树。②美国学者W·爱伯哈德在《中国符号词典——隐藏在中国人生活与思想中的象征》一书中指出，中国因此"形成了一个运用象征形式的社会"，而且，"这种表达方式由于习惯而得到加强，并且将个人与公共秩序、道德结合在一起"。他对柳的象征意义有所说明。特别注意到柳用于送行的情形："古代有个风俗，给远行人送行时，送他一根柳枝。因此，当一个人到远方去赴任时，女人们和朋友们就在首都东门外，送他以柳枝。"③

对于柳的象征意义，有学者强调其性别指向，认为"偏指女性也泛指爱情"。论者以为："随着市民阶层兴起繁盛，文学娱人性的强化，经过齐梁宫体诗赋对女性、爱情题材的开拓，杨柳意象渐趋阴柔。国外汉学家曾统计《唐诗三百首》中各类树木意象，柳出现29次，大多与女性有关。在爱情生活上，由于中国古代的女性们是被动的接受者，使植立地面不能自主动作的植物尤其是美而柔弱的花柳日益锁定于女性频道。""含义丰富的花柳意象，表达了女性特有的生活状态，极生动地象征男性对于女性的占有、支配特权，以及女性依附男人、任人摆布、受尽凌辱的凄惨命运。"④这样的说法似乎全不符合前引《宋书》卷三一《五行志二》关于《折杨柳》之歌所谓"其曲始有兵革苦辛之词，终以禽获斩截之事"。折柳有时用以寄托闺怨，但是从数量非常多的行旅诗文和饯别诗文看，柳并非"大多与女性有关"，没有性别指向，只是用以寄托不忍离别之情义。送客灞桥、折柳为别的情形，比较普遍的是男性亲友、旧游之间表述离恨的。

也许可以推想，作为古人通行的送别礼俗中重要的文化象征"折柳"，其最初的由来，很可能和"柳"与"留"音近有关。《礼记·檀弓下》："设萎翣。"郑

---

① ［美］W.爱伯哈德：《中国文化象征词典》，陈建宪译，湖南文艺出版社，1990年，第1—3页。

② ［美］W.爱伯哈德：《中国文化象征词典》，陈建宪译，湖南文艺出版社，1990年，第3—4页。

③ ［美］W.爱伯哈德：《中国文化象征词典》，陈建宪译，湖南文艺出版社，1990年，第7、352页。

④ 居阅时、瞿明安主编：《中国象征文化》，上海人民出版社，2001年，第315—316页。

玄解释说："《周礼》'蒌'作'柳'。"①《国语·鲁语上》："水虞于是乎讲罛罶。"②而《说文·网部》将"罶"则写作"䈝"。又写道"䈝"，'罶'或从娄。《春秋国语》曰：'沟罛罶'。"段玉裁注："《鲁语》文。'沟'疑误。古本盖作'菁'。'菁'犹交加也。今《鲁语》作'講'。"③因而"柳"与"留"大概也是可以相通的。人们所熟悉的另一个例子，是"柳"与"瘤"可以通假。《庄子·至乐》有"柳生其左肘"的文句，郭庆藩在《庄子集释》中曾经引述郭嵩焘的意见："瘤之生于身，假借者也""柳瘤字，一声之转"。④王辉《古文字通假字典》"柳"条："曾侯乙墓出土漆盒盖朱书二十八宿命有栖，而《吕氏春秋·有始》作柳。""又鄂君启车节：'自鄂市，就阳丘……就栖焚，就繁阳。'姚汉源《鄂君启节释文》'栖焚'读为'柳棼'。""按《说文》：'酉，古文作丣。'丣甲骨、金文无，实即卯字。酉与卯通，故栖与柳通。"⑤而《说文·木部》："柳，少杨也，从木丣声。丣古文酉。"《说文·田部》："留，止也，从田丣声。"⑥作为共同声符的丣，也是"柳"和"留"共同的形符。既然"柳"和"留"有可能通假，那么古人折柳送行风习的内涵，起初或许有挽留远行亲友的意义。⑦

曾经流行北国的以折柳为主题的"兵革苦辛之词"，与"首都东门外"即"霸陵""霸桥"的传统折柳礼俗表现方位相反，空间距离也非常遥远，但是"柳"作为共同象征符号的意义是明朗的。无论是由"霸陵""东出函、潼"至于"洛城"者，还是由"渭城""趣玉门、阳关者"，心中的柳色都寄托着对长安的深心怀念。

本文的写作得到首都博物馆李兰芳的帮助，谨此致谢。

原载《长安学研究》（第5辑），科学出版社，2020年

（王子今，中国人民大学国学院教授）

---

① 〔清〕阮元校刻：《十三经注疏》，中华书局，1980年，第1304页。
② 徐元诰：《国语集解》（修订本），王树民、沈长云点校，中华书局，2002年，第168页。
③ 〔汉〕许慎：《说文解字注》，〔清〕段玉裁注，上海古籍出版社，1981年，第355页。
④ 郭庆藩辑，王孝鱼整理：《庄子集释》，中华书局，1961年，第615—616页。
⑤ 王辉编：《古文字通假字典》，中华书局，2008年，第198页。
⑥ 〔汉〕许慎：《说文解字注》，〔清〕段玉裁注，上海古籍出版社，1981年，第235、697页。
⑦ 王子今：《古人折柳赠别礼俗的象征意义》，《华夏文化》1996年第3期。

隋唐长安城研究中史籍与考古研究存在的错误

李健超

隋文帝开皇二年（582），于关中平原龙首原东南营造大兴城，面积达84平方公里，由宫城、皇城、外郭城组成，唐代改大兴城名长安城，是世界历史上空前的国际大都会。到唐昭宗天祐元年（904）这座千门万户、历时323年的宏伟城市遭人为毁弃。残存的皇城作为五代、宋、元中国西北地区的地方行政城市，明初以唐长安皇城为基础扩建为明清西安城。隋唐长安城的宫殿、官署、城墙、城门、街道、水渠、宅第、寺观尚残存遗址和遗迹。20世纪50年代开始，随着国民经济建设的发展，城区的拓展和改造，除零星矗立在隋唐长安城遗址的大雁塔、小雁塔和个别佛寺、道观外，其他遗存大多荡然无存。因此，对隋唐长安城的城址选建、规划、设计、建筑等进行研究或复原，就只能依据史籍的记载和地下考古发掘报告的研究成果。然而，研究的实践过程中发现史籍记载中有错误，亦或张冠李戴。而现代考古发掘报告中也有一些并非史迹的真面目。本文针对宋宋敏求撰著的《长安志》等史籍和考古发掘报告中兴庆宫的兴庆池的形状，城市三大水利工程之一的清明渠流路，通化门遗址的位置、唐玄宗贞顺武皇后敬陵位置等，进行厘正和说明。（见图1）

一、《长安志》记载隋唐长安城的史实有误

宋神宗熙宁九年（1076），宋敏求撰著《长安志》二十卷，是依据唐中叶著名史学家韦述的《两京新记》，又博采群书，网罗旧闻，"穷传记诸子钞类之语，绝编断简，靡不总萃隐括而究极之"[①]，补缀而成。其中第七至第十卷，以四卷篇幅对唐皇城、京城作了详细而具体的记述。该书历来颇被称道。[②]然而撰者在引用典籍时未能精审，有不少错误，再加以长期被辗转抄录，鲁鱼亥豕在所难免。

[①] 〔宋〕赵彦若：《长安志·序》。
[②] 《四库全书总目》载："此志精博宏瞻，旧都遗事，借以获传，实非他地志所能及也。"周中孚《郑堂读书记·补遗十二》曰："无不纲举目张，典而有体，瞻而不芜。"王鸣盛在《新校正长安志·序》中也说："宋代此编，纲条明晰，瞻而不秽，可云具体。"

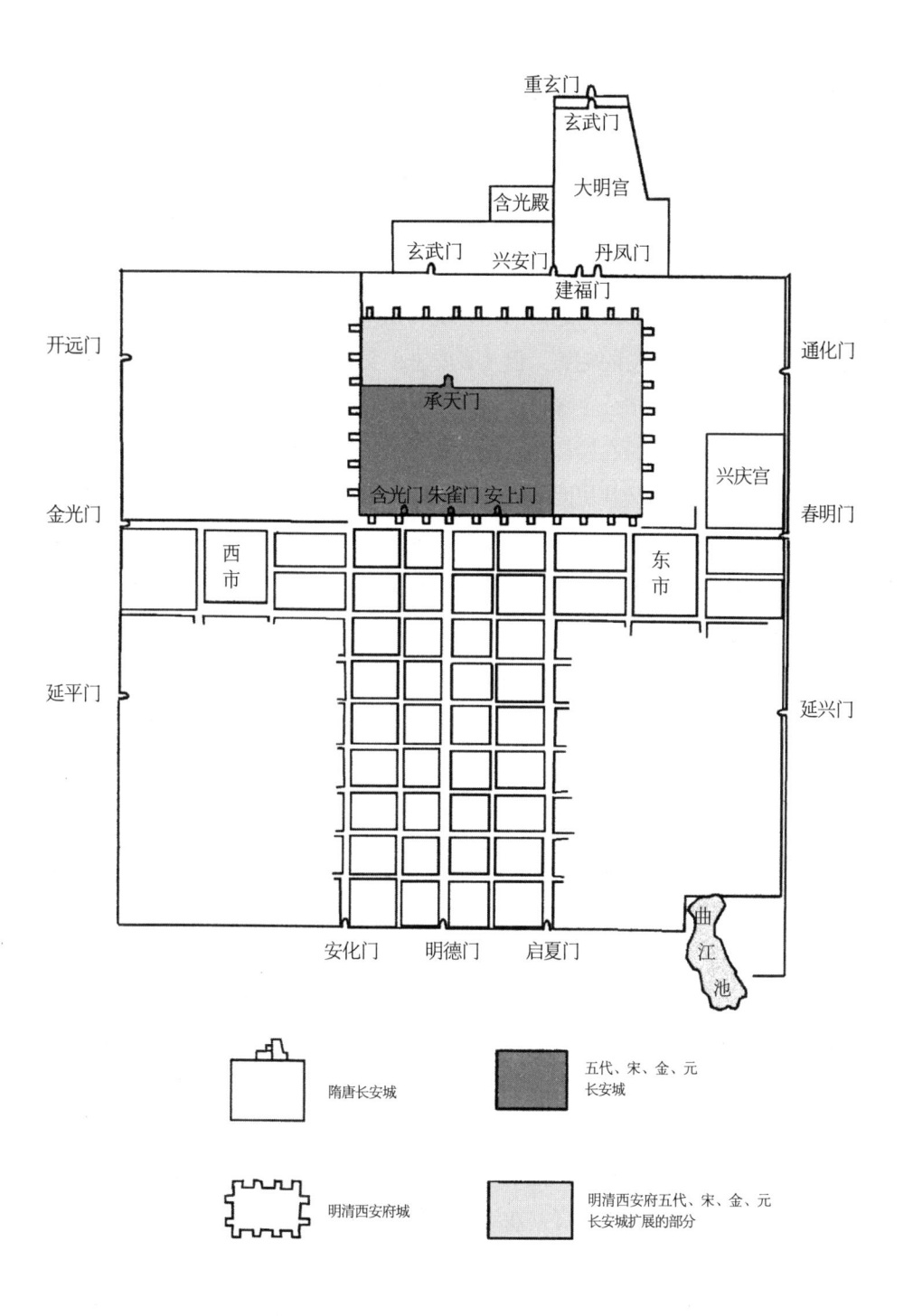

图1 明清西安府与隋、唐、五代、宋、金、元长安城位置关系图

1. 长宁公主宅在崇仁坊

《长安志》崇仁坊南门之西礼会院下注："本长宁公主宅。公主及驸马杨慎交，奏割宅向西（应为东）一半，官市为礼会院，每公主，郡、县主出降，皆就此院成礼。"又在崇仁坊西南隅元真观下注："半以东本尚书左仆射申国公高士廉宅，西北隅，本左金吾卫，神龙元年并为长宁公主第，东有山池别院，即旧东阳公主亭子，韦庶人败，公主随夫为外官，遂奏请为景龙观……天宝十二载，改为元真观。"以上所记崇仁坊南门之西的礼会院和西南隅的元真观，在唐中宗神龙年间都是中宗第四女长宁公主的宅第。但《长安志》又在靖恭坊西北隅驸马都尉杨慎交宅下，毕沅注："唐长宁公主嫁杨慎交。《新唐书·长宁公主传》取西京高士廉第、左金吾卫故营合为宅。右属都城，左俯大道，作三重楼以凭观，筑山浚池，帝及后数临幸，置酒赋诗。又并坊西隙地广鞠场。"那么长宁公主宅第究竟在崇仁坊还是在靖恭坊？还是这两个坊中都有长宁公主宅第？崇仁坊元真观下说明长宁公主宅第原为高士廉和左金吾卫地，而在靖恭坊驸马都尉杨慎交宅下又引《新唐书·长宁公主传》说长宁公主下嫁杨慎交，公主取西京高士廉及左金吾卫故营合为宅。哪里有那么凑巧，偏偏在崇仁坊和靖恭坊都有高士廉的宅第和左金吾卫的故营而并为长宁公主宅第呢？即便是在这两个坊中都有高士廉的宅第，而左金吾卫故营绝不可能地处离皇城很远的靖恭坊。因此，长宁公主宅第绝不可能在这两个坊中都有。

记述唐代长安城坊里内容最早而且较详的是唐韦述的《两京新记》（《两京记》）。《太平御览》卷一八〇引韦述《两京记》："崇仁坊西南隅，长宁公主宅，既承恩，盛加雕饰，朱楼绮阁，一时胜绝。又有山池别院，山谷亏蔽，势若自然，中宗与韦庶人数游此第，留连弥日，赋诗饮宴，上官昭容操翰于亭子柱上写之。韦氏败，公主随夫为外官，初欲出卖，木石当两千万，山池别馆，仍不为数，遂奏为观，请以中宗号为名。词人名士竟入游赏。"宋敏求《长安志》卷八崇仁坊元真观下注："半以东，本尚书左仆射申国公高士廉宅，西北隅，本左金吾卫。神龙元年并为长宁公主第。东有山池别院。"《长安志》记述元真观半以东之地与《新唐书·长宁公主传》同，将《新唐书·长宁公主传》的内容又误置于靖恭坊杨慎交宅下。《长安志》关于靖恭坊西北隅驸马都尉杨慎交宅下注："宅南隔街有司农卿韦玢宅。"《新唐书》："云长宁公主嫁杨慎交。"清乾隆四十九年（1784）毕沅校正《长安志》靖恭坊中仅记有杨慎交宅。据上所述，唐长宁公主宅在崇仁坊南门之西直至西南隅，而不在靖恭坊。[1]

2. 太平公主在长安城共有三处宅第

太平公主在长安城究竟有几处宅第？《长安志》记载有四，分别在兴道坊、平康坊、兴宁坊和醴泉坊。但将这些坊中太平公主宅第的有关记述进行比较，发现平康坊和兴宁坊指的应是一处宅院，不应该分处两坊。

《长安志》记述平康坊与兴宁坊的太平公主宅第内容如下：

> 平康坊：万安观，天宝七载永穆公主出家，舍宅置观。其地西南隅本梁国公姚元崇宅，次东即太平公主宅，其后敕赐安西都护郭虔瓘，后悉并为观。

> 兴宁坊：西南隅开府仪同三司姚元崇宅，屋宇并官所造，其东本太平公主宅，后赐安西都护郭虔瓘。华封观，天宝六载骠骑将军高力士舍宅置观。

《长安志》在这两个坊中所述的太平公主宅第，有三点完全相同，一是太平公主宅在姚崇（元崇）宅东；二是姚崇宅在坊西南隅；三是太平公主宅后敕赐郭虔瓘。

《长安志》于兴宁坊西南隅载有开府仪同三司姚崇宅，平康坊西南隅则是国子祭酒韦澄宅、兰陵公主宅、孔颖达宅。虽然该书记载平康坊万安观为天宝七载永穆公主出家舍宅置观，并且把原为太平公主宅、后赐给郭虔瓘的宅第都并为观，而太平公主宅在西南隅姚崇宅东。但该书却偏偏没有在平康坊给姚崇宅留下位置，这绝不是疏忽，而是平康坊本来就没有姚崇宅，因此平康坊也就没有太平公主宅。

传世唐长安城坊里图最早的是吕大防于宋神宗元丰三年（1080）编制的《长安图》，图上清晰地绘有兴宁坊西南隅姚崇宅，但在平康坊却没有万安观，也没有姚崇宅和太平公主宅。

历史文献记载兴宁坊有姚崇宅，而西安出土的唐人墓志又为兴宁坊永穆公主宅提供了无可辩驳的证据。据《古志石华续编》所载，京兆府泾阳县主簿王郊，贞元十九年（803）八月九日亡于万年县兴宁里永穆观之北院，闰十月十七日葬于万年县浐川乡先茔之侧。据王郊墓志铭文所载，其曾祖王同皎尚定安长公主，即唐中宗第二女。祖王繇，尚永穆公主，即唐玄宗长女。父王训，娶嗣纪王铁诚之季女。王郊夫人是嗣泽王潓之长女，嗣泽王润之姊（润为潓子）。[2] 王训墓志出土于西安东郊田家湾（《雍州金石记》），这里正是唐代的浐川乡。王郊卒于兴宁坊之永穆观北

---

[1] 京洛：《长宁公主宅在唐长安崇仁坊》，《中国历史地理论丛》1996年第3辑。
[2] 《新唐书》卷八一《三宗诸子》"高宗子泽王上金之孙潓"条。

院，该院无疑是永穆公主宅第，天宝七载舍宅置永穆观。在此，必须明确指出，兴宁坊的永穆观，才是永穆公主出家前的宅第。

3. 长安道德坊开元观的内容是东都洛阳开元观

《长安志》记述道德坊开元观："（开元观）本隋秦王浩宅，武后朝置永昌县，神龙元年县废，遂为长宁公主宅。景云元年置道士观，开元五年，金仙公主居之，改为女冠观，十年改为开元观。"《长安志》撰于宋神宗熙宁九年（1076），在此前二十四年即宋仁宗皇佑四年（1052），宋敏求已撰成《河南志》二十卷。至今我们所见到的《元河南志》大体上还保存宋《河南志》的有关记载。《元河南志》：道德坊"本曰道训，北至洛水。隋有秦王浩宅，唐永昌中析河南、洛阳二县立永昌县，治此坊之东南隅，神龙元年省并，一坊为长宁公主宅及鞠场。景龙女道士观，南北居半坊之地，金仙公主处焉"。永昌县是从河南、洛阳两县分出来的一个县。《旧唐书·地理志》河南府河南县记载："垂拱四年，分河南、洛阳置永昌县，治于都内之道德坊。永昌元年改河南为合宫县，神龙元年复为河南县，废永昌县。"（《新唐书》所记与此大致相同）从河南、洛阳两县分出来的永昌县治所，怎么会跑到八百里之西的长安呢？永昌县废后为长宁公主宅，后又为金仙公主居住的开元观，其沿革是很清晰的。1974年出土于陕西蒲城县三合乡武家村的《大唐故金仙长公主志石铭并序》："暨主上嗣升大宝，仁先友爱。进封长公主加实赋一千四百户焉。仍于京都双建道馆。馆台北阙，接笙歌于洛滨；珠阁西临，聆箫曲于秦野。……以壬申之年建午之月十日辛巳薨于洛阳之开元观。"壬申之年建午之月为开元二十年五月。丙子之年（开元二十四年）七月四日，陪葬于唐睿宗桥陵。金仙公主志石铭中的"馆台北阙，接笙歌于洛滨"正是《河南志》所述洛阳道德坊"北至洛水"的生动地理写照。金仙公主墓志中还有"京都双建道馆"的记载。京指长安，都指洛阳，即长安和洛阳都建有开元观。关于长安的开元观史料可证："申元之者，不知何许人。游名山博采方术，得内修度世之道。唐明皇开元中，召入上都开元观。"（《道藏·洞真部·记传类·历世真仙体道通鉴》专三十六申元之）唐元稹《蛅蟓》诗："梨笑清都月（京开元观多梨花蜂），蜂游紫殿春。"杨凭《长安春夜宿开元观》诗："霓裳下晚烟，留客杏花前。遍问人寰事，新从洞府天。长松皆扫月，老鹤不知年。为说蓬瀛路，云涛几处连。"

4. 道德尼寺

隋唐京师休祥坊东南隅有万善尼寺，寺西为昭成尼寺。关于昭成尼寺的沿革变迁,《长安志》云:"隋大业元年,元德太子为尼善惠、玄懿立为慈和寺,永徽元年废崇德坊之道德寺,乃移额及尼于此寺。先天二年又为昭成皇后追福,改为昭成寺。"《长安志》对于崇德坊西南隅的原道德寺是这样记载的:"(崇圣寺)有东西两门。西门,本济度尼寺,隋秦孝王俊舍宅所立。东门本道德尼寺,隋时立。至贞观二十三年(649)徙济度寺于安业坊之修善寺,以其所为灵宝寺。尽度太宗嫔御为尼以处之。徙道德寺额于嘉祥坊之太原寺,以其所为崇圣宫,以为太宗别庙,仪凤二年(677)并为崇圣僧寺。"那么《长安志》记述的道德寺搬迁后的新址有问题,同一时间,同一个寺院,道德寺一移于休祥坊的慈和寺,一移于嘉祥坊之太原寺。然而长安无嘉祥坊,太原寺是在休祥坊。如果《长安志》所说嘉祥坊是休祥坊之误,那么太原寺本为侍中杨仁恭宅,咸亨元年以武后外氏故宅立为太原寺,垂拱三年改为魏国寺,载初元年又改为崇福寺。从史料记载看尼寺与从崇德坊移来的道德寺关。那么究竟道德寺迁移后的轨迹如何?1950年在西安市西郊梁家庄出土的《大唐京师道德寺故大禅师之碑》为解开此谜提供了实物证据。碑文所载:"大业元年,有诏令二阇梨为太子戒师……敕于京邑弘德里为立道德道场……初以太宗升遐,天经京立,乃于弘德坊置崇圣宫,尼众北移休祥里,即今之道德寺是也……"此碑文与《长安志》所记昭成尼寺的变迁相符。崇德坊原名弘德坊,神龙初改。休祥坊在长安朱雀门西第四街,街西从北第二坊;崇德坊在朱雀门西第二街,街西从北第四坊;崇德坊在休祥坊东南。故碑文称道德寺"尼众北移休祥里"。这不仅证明道德寺确实北移到休祥坊,填补了慈和寺于太宗升遐后改为道德寺的确切年代,即唐贞观二十三年(649),从而也否定了《长安志》关于道德寺徙"嘉祥坊之太原寺"之说。①

5.金城坊西南隅没有"思后园",也没有"会昌寺"

《长安志》卷一〇对金城坊的记述中前后两次出现"西南隅"。其一是"西南隅匡道府即思后园";另一是"西南隅会昌寺"。在该书中这是一个绝无仅有的特殊整合。究竟西南隅是思后园抑或是会昌寺?要么两者同处西南隅,一东一西,或一南一北;要么,两者之中必有一误。实际上金城坊西南隅既没有思后园,也没有会昌寺。思后园在金城坊西北隅,会昌寺在金城坊南门之西。唐韦述的《两京新记》残第三卷金城坊西南隅记载会昌寺。那么《长安志》中西南隅的思后园根据从何而来呢?思后园是汉孝武帝卫皇后的陵园。卫皇后字子夫,是西汉大将军卫青的

---

① 樊波:《唐道德寺碑考述》,见西安碑林博物馆编:《碑林集刊》(第5辑),陕西人民美术出版社,1999年,第79—84页。

姐姐，曾为平阳公主的歌女，汉武帝纳入宫，不久又立为皇后，生三女一子，子即戾太子刘据。因刘据遭巫蛊之祸，卫皇后被武帝没收"皇后玺绶"后自杀，葬于长安城南的桐柏亭附近。汉宣帝即位后，将其祖母卫皇后改葬于长安城覆盎门外南北大道之东。覆盎门又称杜门，杜门南直对古杜城，故又称杜门外大道东，追卫皇后为"思后"。子夫年轻时为歌女，所以又迁徙"倡优杂伎千人"于陵园。"隐王母之非命，纵声乐以娱神"（《文选》卷一〇潘安仁《西征赋》）。思后园因迁倡优杂伎千人，故又称"千人聚"（《水经注》卷一九，误以为戾园。以倡优千人乐思后园庙，故亦曰"千乡"）。思后园在汉长安城杜门外大道以东。唐颜师古注《汉书》："葬在杜门外大道东，以倡优杂伎千人乐其园，故号千人聚。其地在今长安城内金城坊西北隅是。"（《汉书·外戚传上》）由此看来《长安志》将思后园置于金城坊西南隅是错误的，应为金城坊西北隅。

思后园在金城坊的西北隅，金城坊西南隅就应该是会昌寺了。《两京新记》所记应该是无误的。其实，唐武德元年（618）于金城坊建造的会昌寺，原本是隋海陵王贺若谊的宅第，也不在金城坊西南隅。《法苑珠林》卷四六记载了一件神鬼故事："唐雍州长安县高法眼，是隋代仆射高颎之玄孙。至龙朔三年正月二十五日，向中台参选，日午还家。舍在义宁坊东南隅，向街开门，化度寺东即是高家。欲出子城西顺义门，城内逢两骑马逐后。既出城已，渐近逼之。出城门外，道北是普光寺。一人语骑马人云：'汝走捉普光寺门，勿令此人入寺，恐难捉得。'此人依语，驰走守门。法眼怕不得入寺，便向西走，复至西街金城坊。南门道西，有会昌寺。复加四马骑，更语前二乘马人云：'急守会昌寺门。'此人依语，走捉寺门。法眼怕，急便语乘马人云：'汝是何人？敢逼于我。'乘马人云：'王遣我来取汝。'法眼语云：'何王遣来？'乘马人云：'阎罗王遣来。'法眼既闻阎罗王使来，审知是鬼。"唐道宣《集神州塔寺感通录》（宋《碛砂藏经》第464册）中记高表仁之孙乘马从顺义门出遇鬼追赶与此应是一件事，记述略有不同。

高法眼与追赶沿途所经城门、坊里、道路、寺院完全是唐长安城的真实情况。高法眼去中台参选，中台就是尚书省，唐龙朔二年及长安初皆称尚书省为中台。唐尚书省在今西安市西大街以北钟楼至北广济街之间，鼓楼应当是尚书省的都堂，顺义门即唐皇城西门，即今西安城西门。出顺义门道北是颁政坊，颁政坊南门之东是唐贞观五年（631）太子承乾所立的普光寺，后改为中兴寺，又改为龙兴寺。再向西道北是金城坊，金城坊南门道西是唐武德元年所立会昌寺。会昌寺不在金城坊西南隅。因此，唐韦述《两京新记》所记会昌寺在金城坊西南隅，亦误。

唐代传奇小说如《霍小玉传》《李娃传》《东城老父传》《宣室志》及宗教著

述等记载了许多仙鬼灵怪的奇异故事，杂有宗教迷信的神鬼妖怪，但所记长安城内坊市、街道、寺观、达官贵人宅第等都是写实的。这是研究唐长安风貌极其宝贵的史料，其中不仅保存了许多历史异闻和民间传说，对于了解当时的社会风貌有重要的参考价值，而且这些传奇故事大多有头有尾、结构完整、情节委婉曲折、语言明快，有很高的艺术价值。

6.妙胜尼寺

唐长安城醴泉坊西南隅有三洞女冠观，观北妙胜尼寺。《两京新记》残第三卷"妙胜尼寺"条："开皇三年周平原公主所立。"而宋敏求《长安志》关于"妙胜尼寺"条则为："开皇二年周静帝皇后平原公主所立。"那么，妙胜尼寺究竟是周平原公主所立，还是周静帝皇后所立？周静帝的皇后是不是平原公主呢？是隋文帝开皇三年（583）所立，还是开皇二年所立？

周静帝皇后是司马令姬。《周书》卷九《皇后》："静帝司马皇后名令姬，柱国荥阳公消难之女。大象元年二月，宣帝传位于帝。七月，为帝纳为皇后……二年九月，隋文帝以后父拥众奔陈，废后为庶人。后嫁为隋司隶刺史李丹妻，于今尚存。"《北史》卷一四《列传二·后妃下》静帝司马皇后所记内容与《周书》所记大致相同，也点明"贞观初犹存"。据《周书·静帝纪》所载：大象二年（580）八月庚辰，后父司马消难拥众奔陈，九月壬辰，废皇后司马氏为庶人。大象三年（581）改为大定元年，二月甲子，隋王杨坚称帝，周静帝逊于别宫。开皇元年（实即大象三年、大定元年）五月壬申，静帝崩，时年9岁。这说明周静帝从大象二年五月登上皇帝位时只有8岁，一年以后即死去。当时如果司马皇后令姬的年龄与周静帝相当或差不了几岁，那么到贞观初，或者说到贞观十年（636）《周书》完成时，司马令姬大约是60多岁。史书记载周静帝这个只有八九岁的小皇帝仅有一个皇后，即司马消难之女——司马令姬。

《长安志》载妙胜尼寺是"周静帝皇后平原公主所立"。周平原公主绝不是周静帝皇后，北周平原公主是周太祖文皇帝宇文泰的女儿。《周书》卷三〇《于翼传》："于翼字文若，太师、燕公谨之子。美风仪，有识度。年十一，尚太祖女平原公主。大统十六年，进爵郡公。"大统十六年是公元550年。西魏恭帝元年（554）于翼随其父于谨破江陵时已立下战功，如果他当时是20岁，于隋文帝开皇三年死时大约50岁。史书未载周平原公主生卒年月，隋开皇三年也应是五十岁左右。周平原公主不可能是周静帝的皇后：第一，从年龄上看，50岁的人怎么会是八九岁小皇帝的皇后？第二，从血缘关系上看，周的公主怎么能是周皇帝的皇后？第三，从辈分上看,平原公主是周静帝的姑奶奶。

妙胜尼寺为周平原公主所立,是符合当时的社会风尚的。韦述《两京新记》所载休祥坊东南隅万善尼寺:"周宣帝大象二年立,开皇二年度周氏皇后嫔御以下千余人为尼以处之也。"这是一处安置北周皇后和妃子的集体处所。周宣帝崩后,陈、元、尉迟三皇后已出家为尼,为宣帝追福。开皇二年时,周在世的皇后,除隋文帝杨坚的女儿周宣帝天元皇后杨丽华外,还有孝闵帝皇后元胡摩,出居里第,大业十二年(616)殂;周武帝李皇后娥姿,也于隋文帝开皇元年(581)为尼;周武帝皇后阿史那氏,突厥木杆可汗俟斤之女武德皇后(武成皇后),开皇二年殂,隋文帝召有司备礼与周武帝合葬孝陵(陵已被盗);周宣帝朱皇后满月,隋开皇元年也出俗为尼。周武帝李皇后娥姿和周宣帝朱皇后满月是否都在万善尼寺,因史料缺载,不得而知。1957年在今西安玉祥门外发现隋李静训墓,从墓志中得知李静训的外祖母就是隋文帝之女杨丽华,是北周宣帝的皇后。李静训死后葬入万善尼寺,这说明万善尼寺确为北周皇后在隋时生活和居住的地方。北周的皇后和嫔妃都在万善尼寺居住,那么当隋开皇三年,周平原公主为驸马于翼追福立妙胜尼寺就不足为奇了。故所载长安醴泉坊妙胜尼寺"开皇二年周静帝皇后平原公主所立"是错误的,应是"隋开皇三年,周平原公主所立"。

7. 异僧万回宅与烈士台

《长安志》卷一〇于醴泉坊载:"东南隅太平公主宅,公主死后,没官为陕王府,宅北有异僧方回宅,太平公主为造宅之""烈士台世传安金藏之居"。

《新唐书·五行志》记述:"长安初,醴泉坊太平公主第,井水溢流。"(《文献通考》卷二九七亦载此事)太平公主宅北有无异僧方回宅?按《续高僧传》与《宋高僧传》所载唐代僧人,均无方回其人,方回应是万回之误。万回被人称为"神僧",他的预言多灵验。《太平广记》卷九二"万回"条记述:万回,阌乡人,俗姓张,回生而愚。其兄戍役安西(今新疆库车),忽一日,万回朝往夕归,告父母曰"兄平善"。弘农(阌乡属弘农郡)抵安西,盖万余里,以其万里回,故号曰万回也。"太平公主为造宅于己宅之右,景云中,卒于此宅"(《太平广记》引自《谈宾录》及《两京记》)。这则记载没有说明太平公主为万回所造宅在什么坊,然而《宋高僧传》卷一八《唐虢州阌乡万回传》则有明确的记载:"释万回,俗姓张氏,虢州阌乡人也。……太平公主为造宅于怀远坊中,与主宅前后尔。……回宅坊中井皆咸苦,唯此井甘美。"既然万回传所记万回宅在怀远坊,为什么《长安志》将万回宅记在醴泉坊呢?《景德传灯录》卷二七《万回法云公》:

"（万回）景云二年辛亥十二月八日，师卒于长安醴泉里，寿八十。"景云二年为公元771年。又《佛祖历代通载》卷一二："丁未，改景隆（龙），（神僧万回）……示寂于长安醴泉里，寿七十四矣。"景龙元年为公元707年。两书所记万回示寂时间虽异，但均说明万回卒于醴泉里。

烈士台是世传安金藏之居，在醴泉坊里，疑有误。安金藏《新唐书》卷一九一有传。1981年洛阳龙门东山北麓出土《唐故陆胡州大首领安君墓志》[①]，志载：安菩字萨，其先安国大首领。麟德元年（664）十一月七日，卒于长安金城坊之私第。安菩是安金藏之父，其宅第在醴泉坊之北的金城坊，金城坊应为安金藏之居。[②]

8.褒义寺与宣化尼寺

隋唐京师朱雀门西的第四街，从北第七嘉会坊西南隅有褒义寺，从北第八永平坊东门之北有宣化尼寺。《长安志》记述："（褒义寺）本隋太保吴武公尉迟刚宅。初，刚兄迥置妙象寺于故都城中，移都后刚舍宅立寺，名褒义，材木皆旧寺者。""（宣化尼寺）隋开皇五年，周昌乐公主及驸马都尉王安舍宅所立。"《长安志》是据韦述的《两京新记》卷三，对个别字进行改动，也因袭个别错字，如尉迟刚应为尉迟纲。[③]

尉迟纲卒于北周武帝天和四年（569），这距杨坚代周建立隋朝还有11年，因此尉迟纲不能称"隋太保吴武公"，应当是"周太保吴武公"。而嘉会坊褒义寺也不可能是尉迟纲的宅第，纲死后12年，隋文帝开皇二年才在长安旧城（汉长安城）东南建大兴城。宣化尼寺的建寺人昌乐公主是北周文帝宇文泰的姐姐。《周书》、《北史》的尉迟迥、尉迟纲传都有明确的记载。1989年咸阳国际机场出土的尉迟纲子尉迟运墓志也明确记载："祖俟兜，赠赐持节，太傅，柱国，大将军，长乐定公……尚太祖文皇帝姊昌乐长穆公主……"宇文泰生于507年，昌乐公主至少比宇文泰大一岁，假如是生于506年，到隋文帝开皇五年（585），也是80岁的老人了。而尉迟安是昌乐公主的二儿子尉迟纲的第三子（《北史》称第二子）尉迟运之弟，即昌乐公主的孙子，据《北史》卷六二《尉迟纲传》，"第二子安以嫡嗣，大象末，

---

① 赵振华、朱亮：《洛阳龙门唐安菩夫妇墓》，《中原文物》1982年第3期。
② 唐人在长安城中有两处或两处以上的宅第者不乏其人。安金藏是否在醴泉坊也有宅第？除《长安志》外，尚未发现证据。安氏父子均生活在开元、天宝年间，韦述《两京新记》未载其事迹与宅第。
③ 《两京新记》关于褒义寺的记载："本隋太保吴武公尉迟刚（刚应为纲）宅，初刚兄迥置妙象寺于故都城中，移都后，刚舍宅，复立于此，改名褒义寺。其殿堂□宇，并故都旧寺之林木。"宣化尼寺"隋开皇五年，周昌乐公主及驸马都尉尉迟安舍宅立"。

位柱国。入隋，历鸿胪卿、左卫大将军"。待隋文帝移建新都，这位大将军在新都永平坊东门之北拥有宅第，到隋开皇五年时这位年已八十的昌乐公主与孙子尉迟安舍宅而立宣化尼寺。因此《长安志》载宣化尼寺"隋开皇五年，周昌乐公主及驸马都尉王安舍宅所"，是不正确的。

9.长安城怀真坊正名

长安朱雀街西第二街，从北第五坊"怀真坊"。唐韦述《两京新记》《新旧唐书》，宋宋敏求《长安志》卷九、卷一二均作"怀真坊"。但到清乾隆四十九年（1784）毕沅校正宋《长安志》后，又历经学者岑仲勉、杨鸿年的研究，认定"怀真坊"应是"怀贞坊"。以后徐松《唐两京城坊考》，清王森文《汉唐都城图》、1996年史念海师主编的《西安历史地图集》均将"怀真坊"标为"怀贞坊"。

在清毕沅校正《长安志》之前，文洲阁本《四库全书》（清乾隆四十六年）《长安志》怀真坊，所载唐名人宅第和庙有乐思晦宅、毕构宅、唐休景宅、惠昭太子庙、韦让宅五处。乐思晦宅为《两京新记》所载。毕构在东都、西京均有宅第，《河南志》与《长安志》均有记述。唐璇，字休景，《全唐文》卷二五七苏颋《右仆射太子少师唐璇神道碑》记述延和元年（712）七月戊子薨于长安怀真里第。惠昭太子庙，《唐会要》卷一九记述宝历二年（826）二月，太常奏惠昭太子庙在怀真坊。韦让宅，《唐会要》卷二六记："大中三年（849）六月，义成军节度使韦让于怀真坊西南角亭子西侵街造房九间。"《旧唐书》卷一八下，大中三年六月，"御史台奏：义成军节度使韦让于怀真坊侵街造房九间，已令毁拆讫"。这四处宅第和惠昭太子庙，史书记载得非常明确是怀真坊，而不是怀贞坊。（见图2）

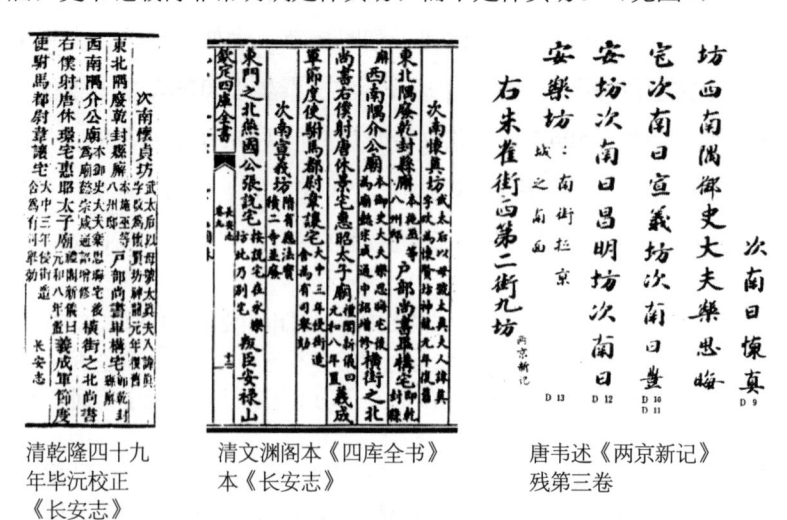

清乾隆四十九年毕沅校正《长安志》　　清文渊阁本《四库全书》本《长安志》　　唐韦述《两京新记》残第三卷

图2　《两京新记》《长安志》扫描图

撰者至今收集到近年考古发掘出土的唐人墓志中，有陈子绰、萧怀举、樊浮生、崔藏之、韦慎名、渤海郡夫人高氏六方墓志，他们生前皆居于怀真坊，也未见过一方墓主生前居于怀贞坊的唐人墓志。因此可以断定，自毕沅校正《长安志》误改怀真为怀贞后，所有有关唐长安的著述和地图，均以讹误怀真坊为怀贞坊。①

二、近现代考古发掘研究中的错误与问题

1. 关于唐玄宗贞顺武皇后敬陵的问题

唐玄宗李隆基在位时先后有三位皇后。王皇后废为庶人。按唐帝陵制度，帝后同陵，谓之合葬。元献杨皇后与唐玄宗合葬泰陵（在今陕西蒲城县），那么贞顺武皇后葬于何处？

贞顺武皇后于开元初，先后生怀安王敏和寿王瑁、咸宜公主等四子三女。《旧唐书》卷一〇七《玄宗诸子》记载，怀安王敏是玄宗第十五子，天宝十三载，改葬京城南，祔其母敬陵。敬陵在长安城南什么地方？唐代史籍未记述具体地理位置，宋敏求《长安志》卷一一载万年县"唐明皇贞顺武皇后敬陵，在县东四十里"。万年县治在长安城宣阳坊，县东四十里已达骊山西麓，显然方位与在京师南相违。元代长安人骆天骧实地考察汉唐长安故地后，所撰《类编长安志》卷六云："唐明皇贞顺武皇后敬陵在县东四十里少陵原长胜坊，明皇御书碑犹存。"又在卷之十记："《唐贞顺皇后武氏碑》玄宗御制，御书八分字，太子亨题额。……天宝十三年立。在庞留村南长胜坊冢墓前。"还有唐咸宜公主碑。咸宜公主是唐玄宗第十八女，贞顺武皇后生。该碑和有关敬陵的石碑已无下落，1958年第10期《文物参考数据》刊载陕西省文物管理委员会的《西安南郊庞留村的唐墓》一文，墓主是唐玄宗第十八子李瑁的第六女清源县主。咸宜公主和清源县主为何埋葬于此？假如当时陕西考古工作者能利用手抄本《类编长安志》（陕西省文物管理委员会有手抄本）有关敬陵碑的记载，就可以确认贞顺皇后武氏的女儿、孙女们的葬地应是武氏的敬陵。很可惜敬陵没有得到应有的重视与保护，2003年敬陵武皇后的石椁被盗墓分子贩卖到美国。

2. 长安城通化门遗址的误定

隋唐长安城东、西、南三面各三门，共九门，东面三门中最北的是通化门。

---

① 杨军凯：《隋唐长安城怀真坊坊名考》，见荣新江主编：《唐研究》（第17卷），北京大学出版社，2011年，第515—519页。杨军凯同志认为是清徐松误改怀真坊名。

20世纪50年代，陕西省文物管理委员会曾对长安城的外郭城、兴庆宫、大明宫、曲江池和芙蓉园做了实地探测。在其《唐长安城地基初步探测》一文中关于通化门的位置是这样论述的："沿春明门向北2110米处为通化门，在今之火电公司东南角。一九五四年火电公司修建楼房时，发现水渠遗迹。……据清理水渠数据看，我们可以肯定它的具体位置，当在水渠南岸。"该文又在"龙首渠"条中说："一九五四年三月，唐东郭城南距春明门2100米处，火电公司修建大楼，发现渠水道及涵洞……。据其位置及渠旁出土的其他现象看，此二洞当为龙首渠南支，即通化门、兴庆宫，由皇城入太极宫的入口处。"这两段文字，自相矛盾。既然探测者已经发现此门，并肯定了它的"具体位置，当在水渠南岸"，那么为什么龙首渠南距春明门只2100米，而通化门反而南距春明门2110米呢？这岂不是通化门反而在龙首渠之北了吗？

按唐长安城的平面布局，通化门向西有条大街，西至皇城东面的延喜门。这条大街之北，还有南北两列东西共八个坊。邻近通化门之北的二坊是十六王宅和兴宁坊，兴宁坊南临通化门大街。

陕西省考古研究所1986年6月4日在西安市长乐西路四十号院内发现隋代舍利墓，墓志称："大隋开皇九年岁星是在东井次皇龙八大囗十月囗囗囗十一日，于兴宁坊清禅寺主人德……"①

《长安志》兴宁坊下载"南门之东清禅寺"。宋吕大防石刻唐长安城图上，清晰地显示清禅寺在兴宁坊南门内之东。既然通化门大街之北的兴宁坊的南界还在今长乐西路之南，那么兴宁坊南临的通化门大街的通化门遗址怎么会在今长乐西路以北的电力公司院内（20世纪50年代的电力公司，今为陕西省电力建设总公司）？唐长安通化门遗址应在今长乐西路陕西省电力建设总公司之南，长乐西路以南，南距春明门既不是2100米，也不是2110米，而是1900米处（约在长乐西路南100米，东距金花北路180米处）。

3.兴庆池图与考古研究之误

隋唐长安城毁弃后，兴庆宫亦成为废墟。但龙池（兴庆池）并未干涸，根据历史文献记载，唐以后历五代、宋、元400多年，兴庆宫遗址处于西安城东南郊（见图3），仍然是京兆府和奉元城的重要游乐场所。

---

① 郑洪春：《西安东郊隋舍利墓清理简报》，《考古与文物》1988年第1期。从清禅寺出土文物结合《续高僧传·慧胄传》，有学者认为该舍利墓应是清禅寺佛塔地宫（李爱民：《隋唐西京寺观丛考》，《中国历史地理论丛》2011年第2辑）。

元骆天骧撰《类编长安志》卷三,"兴庆池"条新说曰:"兴庆宫,经巢寇、五代,至宋湮灭尽净,惟有一池。至金国张金紫于池北修众乐堂、流杯亭,以为宾客游宴之所,刻画楼船,上巳、重九,京城仕女,修禊宴燕,岁以为常。正大辛卯东迁后,遂为陆田。兵后,为瓜区、蔬圃。庚子岁,复以龙首渠水灌之,鲫鱼复生,旧说有千岁鱼子,信不诬矣。"《类编长安志》卷六"龙首渠"条、《类编长安志》卷八"雁塔影"条新说曰:"龙池兵后水涸,为民田、瓜区、蔬圃十余年。庚子、辛丑岁始引龙首渠水灌池,许人占修酒馆。至壬寅池水泓澄,四无映带,唯见雁塔影倒于池中,游观者无数,酒炉为之一空。"

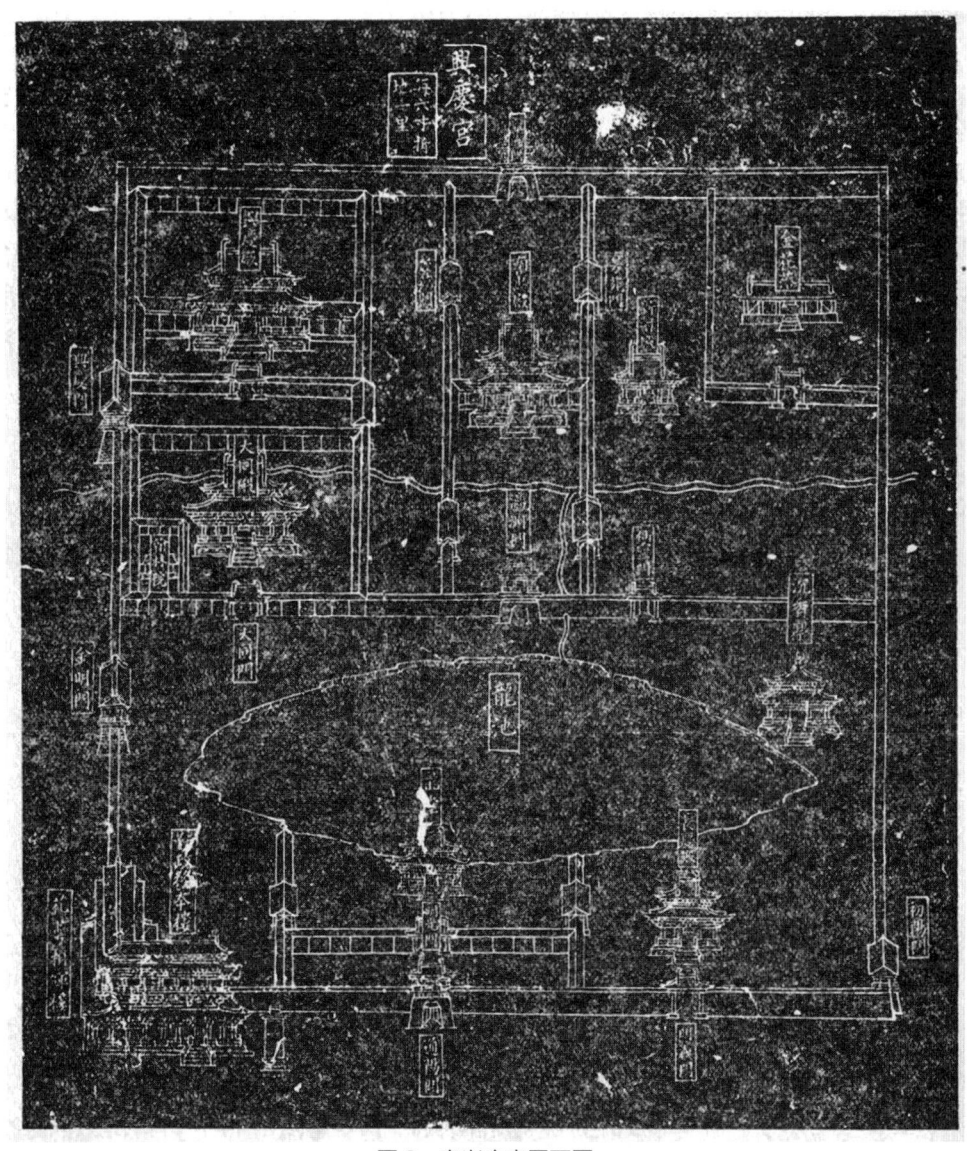

图3 宋兴庆宫平面图

元代人在兴庆池修禊宴游，陕西周至县（螯室）祖庵所存的元顺帝元统三年（1335）所立的皇元孙真人道行碑记"癸卯冬十二月（元成宗大德七年冬十二月），安西王妃大宴兴庆池"。由此可知，唐兴庆宫中之兴庆池在后世曾几度繁华，成为文人学士和长安仕女修禊宴燕的场所，甚至连寒冬腊月还有安西王妃大宴兴庆池。

兴庆池的干涸当在明代。因池系人工开凿，水源来自浐河，由渠道引水。明代无引水入池，所以龙池也就干涸了，但遗留至20世纪中叶的兴庆池，虽然经过唐以后至今1000多年的风雨所浸、人力所毁，但总的轮廓无太大的变化。马得志《唐长安兴庆宫发掘记》指出有关兴庆宫的各图，以《陕西通志》的兴庆宫图与发掘的情况相符。因循旧图旧说证明历代绘制的兴庆池范围和形状均与实际情况不符。1993年测绘的万分之一西京地形图上，按等高线勾绘出兴庆池形状与历代绘出兴庆池的图形，与20世纪50年代对兴庆池的考古钻探并不相同。

《类编长安志》还提供了有关石碑的迁移地点，卷一〇《石刻》宋兴庆池禊宴诗碑载："庆历十五年建，在众乐堂前。大元至元十三年，安西教官移在文庙，背面刻重修庙记。""《大元京兆府重修文宣王庙记》中书省左右司郎中徐剡撰。府学教授骆天骧书并篆额，至元十三年正月建。"今宋碑与元碑藏西安碑林。但《类编长安志》2006年点校本错漏字很多，宋碑不是庆历十五年（1055），因为宋仁宗庆历只有八年，原文是"庆历壬午"，即庆历二年（1042）。元碑原文是《大元国京兆府重修宣圣庙记》。至元十三年（1276）九月，不是至元十三年正月建。

4.误定临皋驿地望

从长安的开远门西去，第一个驿站是临皋驿，具体地理位置，史籍虽有记载，但不准确，也无留下遗址、遗存。著名的唐代交通史学家严耕望先生，有关于临皋驿的记述："由长安都亭驿西北行出开远门十八里，盖由中渭桥渡渭水，又二里至临皋驿，为京城西行第一驿，故公私送迎多宴饯于此。"又西经三桥（今有三桥镇，严先生注）、望贤宫，至咸阳县（今县东五里）置陶化驿，去临皋驿二十里。（《唐两京馆驿考》，载《唐史研究丛稿》1969年）。后来严先生对临皋驿的地点有所更正，但仍有误。严先生足迹未至华北、西北，他据《元和郡县图志》和《太平寰宇记》两书所载咸阳距京兆府的距离："正东，微南至府四十里。"《长安志》亦云咸阳县郭去府（京兆府）四十里，"临皋驿在县东南二十里"。史志记载咸阳县郭与长安京兆府的距离是正确的，严耕望先生误为咸阳县郭距唐长安城四十里，因此他将临皋驿误定在开远门外渭河以北二十里之遥，绕了一个圈，二渡渭河，凑够了四十里。实际唐咸阳县城距唐长安城只有三十里。为什么史籍记述是四十里？是指咸阳县郭距离京兆府廨是四十里。京兆府廨在长安城光德坊东南隅，即今友谊西路边家村西南，京兆府距唐长安城西面最北的开远门尚有十里余。唐长安县廨在长安城长寿坊，今西安蒋家寨村北。唐韦述《两京新记》记载："去府六里。"万年县廨在长安城宣阳坊，即今西安市和平门外李家村附近，宋敏求《长安志》亦记"去府七里"。同处于唐长安城内的万年县廨距京兆府七里，长安县廨距京兆府是六里，那么咸阳县郭至京兆府也应是四十里。近几十年来，西安郊区出土了许多唐人墓志，涉及临皋驿的所在大多没有具体地理位置，其中内侍省宫闱局丞杜玄礼墓志称："开元七年岁次庚申，于京城西开远门外七里临皋驿前，予修砖堂塔一所。"开元十五年（727）杜玄礼与夫人黄氏就葬在这座砖堂塔下。唐长安开远门遗址就在今西安市大土门村。考古工作者没有将杜玄礼墓志出土地点记录在案，但从交通路线走向推论，应在大土门村西北（唐开远门）枣园村西北，东南距开远门3.5公里。

严耕望先生研究唐代中国交通史，功勋卓著。临皋驿地望之误"实则凌云之才，不可以寸朽为病也。"

5.清明渠流路之误

清明渠是隋唐长安城初建时开凿的三大水利工程之一，引用城南的潏水入城，萦回曲流于坊、市、官署、寺观、宫苑间，以供长安城西部、中部地区的供水和环境绿化。清明渠在城内的流路，地方志和历史地图均有记载和展现。宋敏求《长安志》卷一〇大安坊下记述清明渠于大安坊"南街，又屈而东流，至安乐坊之西南隅，屈而北流安乐、昌明、丰安、宣义、怀真、崇德、兴化、通义、太平九坊之西，又此流经布政坊之东，在金吾卫之东南，屈而东南流入皇城……又北流入宫城"。清嘉庆十一年（1806），王森文亲自对汉唐长安进行履勘，他所编绘的《汉唐都城图》明确标出从大安坊至太平坊清明渠的流路，均在该九坊之坊墙之内（东）（见图4）。唐末至今1000多年来，风雨所浸，人力所毁，清明渠遗址在地面之上大都堙塞。19世纪50年代以来，隋唐清明渠遗址、遗迹时有暴露。特别是2001年12月，西北大学校园因建校舍，开挖地基，发现清明渠渠道遗址359.45米，后来校方利用清明渠渠道铺设供暖设施，渠道遗址全部被破坏。校园内359.45米渠道南高北低，比降为1/525，渠水由南北流。①西北大学校园是隋唐太平坊。（见图5）清明渠沿线三门口村以东200米处，即长安安化门紧西北清明渠入城（安化门是长安城南面

---

① 李健超：《隋唐长安清明渠》，见《汉唐两京及丝绸之路历史地理论集》，三秦出版社，2007年，第72—89页。

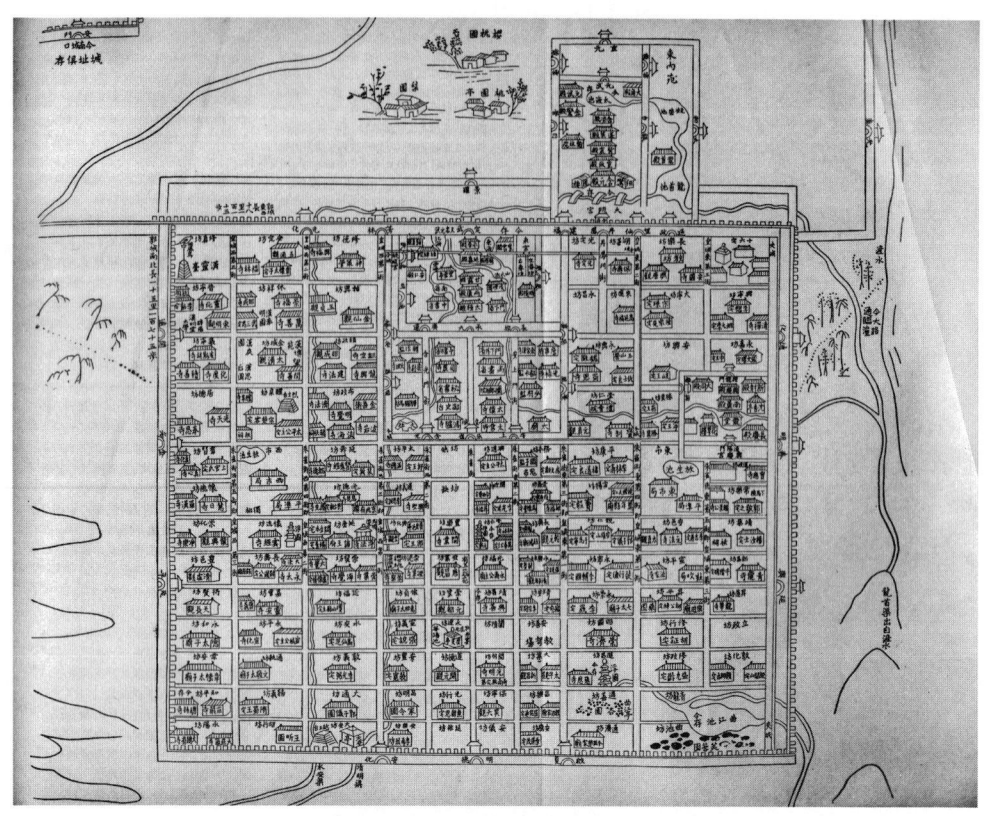

图4 清王森文《汉唐都城图》唐城部分（摹本）

三个门的西门，有三个门道，今错误改名"山门口村"），西安西何家村（长安兴化坊）北也探出清明渠遗址。这两处清明渠遗址与西北大学校园发现的清明渠遗址，南北是一条线路，而且均在流经的坊墙之内（东），由此可见史念海先生主编的《西安历史地图集》有关唐长安城园林、池沼、井泉的分布图中将清明渠绘制在大安坊至太平坊之西坊墙外，需要改绘。（见图6）

为什么隋唐清明渠在太平坊（今西北大学校园）西北隅不径直向北流入皇城，反而又向西北流经布政坊绕了一大圈，又向东南入皇城呢？原因是渠道必须沿等高线递减的规律。西北大学校园海拔是408米，与太平坊北邻的皇城，即今西安城的西南隅海拔高程404米左右，由408米到404米落差太大，从太平坊绕向西北布政坊，由布政坊东南再入皇城，正是沿408米等高线递减的流路。

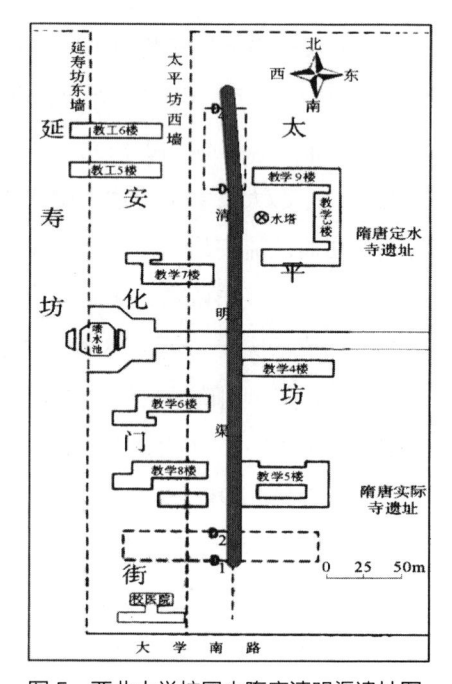

图5 西北大学校园内隋唐清明渠遗址图

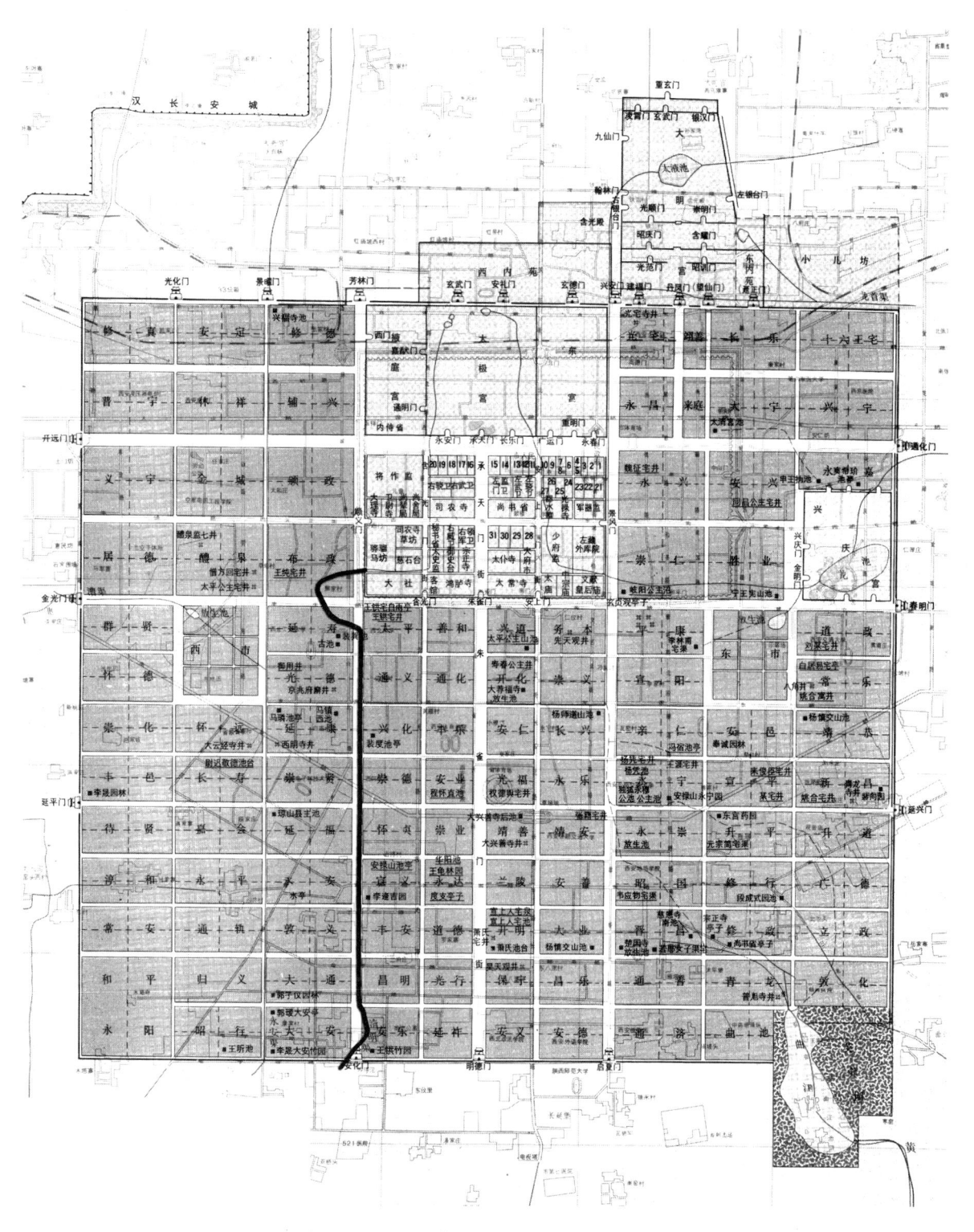

图 6 《西安历史地图集》唐长安城园林、池沼、井泉分布图

原载《长安学研究》（第1辑），科学出版社，2016年

（李健超，西北大学西北历史所教授）

隋唐之际墓志所见隋炀帝亲征高句丽
——兼论唐初君臣对隋亡事件的诠释

拜根兴

前言

大业八年（612），隋炀帝首次亲征高句丽，随后的大业九年（613）、大业十年（614），隋炀帝连续东向亲征，直到全国范围内乱兵四起，仍有再次征伐之心的隋炀帝才不得不罢手。这场动用举国之力、费时数年、成为隋朝灭亡导火线的征战，自唐初以来无论是政府还是民间，均予以鞭挞和劣评，这从唐人编撰《隋书》，以及五代和北宋出现的《旧唐书》《新唐书》《资治通鉴》等史书及笔记小说均可看到。显然，这些记载倾向，对于继隋而立的唐朝来说，无疑是再正常不过的事情。然而，翻检近年来公布的亲历征战者的墓志史料，重温战争的肃杀氛围和征战者为国捐躯的事迹，或许能对历来的看法有所矫正。本文即在此前海内外学界研究[①]的基础上，利用亲历征战者墓志等史料，探讨隋末炀帝三次亲征涉及的诸多问题，并对唐初过度诠释隋亡原因提出看法，以就教于诸师友方家！

一、亲历者墓志所见隋炀帝亲征

关于隋炀帝大业年间亲历征伐高句丽之战的隋人墓志，笔者从天津古籍出版社出版的《隋唐五代墓志汇编》（1991年），三秦出版社出版的韩理洲辑校《全隋文补遗》（2004年），王其祎、周晓薇编著《隋代墓志铭汇考》（线装书局，2007年），罗新、叶炜《新出魏晋南北朝墓志疏证》（中华书局，2017年），周绍良、赵超主编《唐代墓志汇编》《唐代墓志汇编续集》等书，以及发表于文博杂志、网络等近年来

[①] 岑仲勉：《隋唐史》（上册），高等教育出版社，1982年，第66—71页；金宝祥、李清凌、侯丕勋等：《隋史新探》，兰州大学出版社，1989年；胡戟：《隋炀帝新传》，上海人民出版社，1996年；刘健明：《隋代政治与对外政策》，文津出版社，1999年，第312—330页；乔凤岐：《隋唐皇朝东征高丽研究》，中国社会出版社，2010年，第72—89页；清华大学国学研究院主编，冯强才选编：《蓝文徵文存》，江苏人民出版社，2012年。

新出的墓志中检出36件①。当然，可能还有一些珍贵墓志没有检出。另外，西安、洛阳每年均出土一定数量的隋唐墓志，这一时段的墓志可能还有，并会陆续公布面世。本稿所论即是以这些石刻墓志史料为重点，探讨涉及的问题。

1.病殁于开战前夕

在古代，一场大的出征事件，无论是皇帝亲征，还是将帅挂印征伐，行前祭祀昊天大地，不仅可讨到好的彩头，而且能提高士气。正因如此，隋炀帝大业八年正月到达涿郡，"宜社于南桑干水上，类上帝于临朔宫南，祭马祖于蓟城北"②，举办了一系列有助于征伐、为自己亲征壮胆、为出征将士祈福、为征战胜利张目的活动，但在此前后发生的诸多事件，可能令已经出征的隋炀帝心情郁闷！具体来说，先是自诩已300岁、号称能合炼金丹、欺骗皇帝建造嵩阳宫的道士潘诞，因炼丹药不成惹怒隋炀帝，被械送涿郡斩杀。而合水令庾质、右尚方署监事耿询苦苦上谏炀帝勿要亲征，引起炀帝极度不快，以至于要斩杀耿询。

炀帝君臣浩浩荡荡到达涿郡，但从上到下，从年轻到年老的臣僚，或许长途北上不服水土，或许临战心情紧张，更可能不大习惯关外气候，一连串的重臣将帅临阵亡，为出征埋下了不祥的预兆。

凡此种种，现存墓志记载了这些还未来得及征战就死于前方的隋朝官僚军将。

（1）出身萧梁皇族，官拜秘书监左光禄大夫萧场。墓志载云：

（大业）四年，守秘书监。五年，即真秘书监。六年，封陶丘侯。七年，行幸幽燕，有事辽碣，诏检校左骁卫将军，余并如故。以其年十二月十七日，遘疾薨于涿郡蓟县之燕夏乡归善里，春秋卅有九。③

（2）金紫光禄大夫梁郡太守刘德。其墓志云：

大业三年，朝议改大将军，授金紫光禄大夫，改宋州刺史，授梁郡太守，膺兹草命，再加隆重。七年，被追涿郡，方应受诏辽海，绥诱边戎，天不憖遗，山颓木坏。以大业八年正月九日壬子，构疾终于涿郡，时年六十有七。④

（3）右骁卫司骑参军尉仁弘。其墓志曰：

---

① 参见文后"附表"。
② 《资治通鉴》卷一八一"隋炀帝大业八年正月"条，中华书局，1985年，第5660页。
③ 陈长安主编：《隋唐五代墓志汇编·洛阳卷》（第1册），天津古籍出版社，1991年，第82页。
④ 韩理洲辑校：《全隋文补遗》，三秦出版社，2004年，第271页。

仁寿二年，以勋门隆重，擢任皇右挽郎，敕授游骑尉。大业三年，任汉东郡司功书佐。至七年，圣皇念旧，别诏追集，补右骁卫司骑参军。不余旬日，除骁卫司仓。以大业八年二月一日，春秋三十有二，薨于燕蓟。其月二十二日，祔殡大坎东北。呜呼哀哉，实可伤悲。①

（4）左御卫大将军，隋宗室观德王杨雄。其墓志云：

（大业）七年，敕兼左御卫大将军。八年，韩貊九种，负阻弗宾，貔虎百万，致兹天讨，授左第七军辽东道。受赈以出，成师言迈。方当纪迹封山，棱威截海；而纬舛中阶，氛临左角，凯乐未旋，虞哥遽反。大业八年三月十日遘疾薨于辽西郡，春秋七十有三。乘舆辍朝兴悼，不听政者三日。饰终之典，礼数兼常；仪重加襚，恩深去蕢。有诏遣鸿胪丞崔君德监护送至东都，丧事所须，随由资给。谥曰德王，礼也。②

除过墓志数据记载之外，《隋书》卷六三、《资治通鉴》卷一八一还记载了内史令（正三品）元寿大业八年（612）正月甲辰薨于涿郡，③左侯卫大将军段文振（正三品）三月辛卯死于南苏道进军途中。④可以看出，战斗还没有打响，隋炀帝君臣从遥远的关中先到达东都洛阳，随后乘船沿大运河永济渠到达涿郡；而一般的军将兵士，以及后勤民夫等队伍则循序进发北上，绵延千里，其中劳烦辛苦可想而知。从上引墓志史料看，观德王杨雄、大将军刘德、内史令元寿、左侯卫大将军段文振等可能因年龄偏大，长途跋涉难受其累患病死亡，尚可理解，而骁卫司仓尉仁弘、秘书监左光禄大夫萧玚正值30余岁壮年，司职隋征伐军统帅部御营，可能因担当使命重大，身心疲惫，他们突然"遘疾"身亡，其造成的影响可能更大。

首先，作为隋朝征伐高句丽的前沿阵地涿郡、辽西郡，隋炀帝亲临这里，随行的政府机关、军事人员齐聚于此，虽然现在不能准确计算来到这里的具体人数，但车马辐辏、人数众多当是自然。这样，在农历正月、二月仍然寒冷异常的塞北涿郡，随行臣僚或者年老体弱，或者触发本身已有疾病，当地简陋的医疗条件使疾病得不到很好的治疗，命丧于此也不是什么稀奇的事情。⑤好在这个季节只是寒冷，除

---

① 孟繁峰、刘超英主编：《隋唐五代墓志汇编·河北卷》（第1册），天津古籍出版社，1991年，第19页。
② 张应桥：《隋观德王杨雄及其妃王氏墓志》，《中国国家博物馆馆刊》2016年第6期。
③ 《隋书》卷六三《元寿传》，中华书局，1973年，第1498页。
④ 《资治通鉴》卷一八一"隋炀帝大业八年三月辛卯"条，载段文振为左侯卫大将军，出南苏道。
⑤ 陈寅恪曾指出辽东地域气候严寒对隋唐两代征伐高丽所造成的困惑。参见陈寅恪：《唐代政治史述论稿》，上海古籍出版社，1981年。

过现在都了解的感冒、肺病可置人于死地之外，夏天一些令人畏惧的疫病应不会发生。因为开皇十八年（598）六月隋文帝发30万军马征伐高句丽之时，淫雨经月不停，饷运不济军中乏食，导致疫病盛行，造成很大的困惑。[①]隋炀帝选择这个季节聚兵于涿郡，是否汲取了隋文帝开皇十八年出征教训？因为上述段文振在出征途中患病弥留之际，曾上谏隋炀帝云：

> 窃见辽东小丑，未服严刑，远劳六师，亲劳万乘。但夷狄多诈，深须防拟，口陈降款，诡伏多端，毋得便受。水潦方降，不可淹迟。唯愿严勒诸军，星驰速发，水陆俱前，出其不意，则平壤孤城，势可拔也。若倾其本根，余城自克；如不时定，脱遇秋霖，深为艰阻，兵粮既竭，强敌在前，鞨靺出后，迟疑不决，非上策也。

引文中提到"水潦方降，不可淹迟"等字样，可见当时人已注意到出兵时间优劣选择问题。[②]

其次，上述六人死亡时间分别为大业七年（611）十二月，大业八年正月、二月、三月，即隋炀帝到达涿郡，隋军发起进攻前后，而战争还没有全面展开，统帅部及其主要军道却频繁出现非正常减员，虽然现有记载没有隋炀帝对如此事态的感受，但上至亲王，下到统帅部主要执事官的突然离世，是否也引起自幼感情细腻、力主亲征的隋炀帝心情不快？是否影响他对整个战役的总领指挥？不仅如此，这些人的突然离世，在1400余年前人们普遍迷信的年代，是否也使隋统帅部幕僚人员、军事将领，乃至隋炀帝本人心理产生疑虑？在此后战役进行过程中，这种心理暗示对战争进程施加的影响到底有多少？这些都是值得关注的事情。

再次，虽已七十三岁，但作为左第七军，观德王杨雄生前担当辽东道出征重任，他突然离世，谁是继任者？这支部队在随后的征伐战斗中表现如何？左侯卫大将军段文振进军南苏道途中死亡也存在类似的问题。总之，从现在公布的墓志及文献数据可以看出隋炀帝亲征高句丽，虽然到达涿郡前后采取了一些措施，想告慰上天、提高士气，但随后征伐军统帅部及重要统帅人员的患病身亡，以及可以预见的普通士兵的非战斗减员，可能对作为统帅的隋炀帝造成影响，他发布严厉的"凡军事进止，皆须奏闻待报，毋得专擅"等钳制前方将领的非专业的敕令，是否与此有关，值得深究。

2. 隋军出征涉及的军种及组织

有关隋军出动军队的数量，此前熊义民、宁志新、乔凤岐等人进行过探讨，特

[①] 《资治通鉴》卷一七八"隋文帝开皇十八年六月"条，中华书局，1985年，第5561页。
[②] 《隋书》卷六〇《段文振传》，中华书局，1973年，第1461页。

别是乔凤岐在分析已有研究和现存史料的基础上，认同宁志新的观点，即认为《隋书》《资治通鉴》两书对大业八年出征人员损失的记载有夸张的成分。①对此，笔者在下文中将予以论证。

至于隋朝出动军队"九军""二十四军"如何解释？文献记载较为笼统。②依据《隋书》卷二《炀帝纪》记载，当时出兵涉及左右两军：

左十二军进军方向有镂方道、长岑道、海冥道、盖马道、建安道、南苏道、辽东道、玄菟道、扶余道、朝鲜道、沃沮道、乐浪道。

右十二军进军方向有黏蝉道、含资道、浑弥道、临屯道、候城道、提奚道、踏顿道、肃慎道、碣石道、东暆道、带方道、襄平道。③

蓝文徵依据《隋书》人物传记等，考出隋军出征高句丽共十三军道，还有上述《隋书·炀帝纪》中没有记载，《资治通鉴》提及的"遂城道""增地道"，蓝氏认为当是新增的道。④乔凤岐依据《隋书》人物传记及《资治通鉴》卷一八一记载，标示出其中可考的十七军主要将领名讳，即比上述蓝文徵多出了平壤道、踏顿道、东暆道，也包括增地道，但没有提及遂城道，实为可贵。⑤应当说明的是，上述"道"，似乎只是进出道路的意味，其很好地利用了自汉以来辽东乃至朝鲜半岛的古地名，指明每一军进军的大体目标和路线，以壮出征隋军之声威。而有的则是专门的交通通道，如左军中提及的"南苏道"就是如此，唐朝征伐高句丽之时，亦是沿此道路进军的。⑥这种编排出征军队的做法，唐太宗、唐高宗父子征伐高句丽时亦是如此。如显庆五年（660）苏定方出征百济当时就是发十四道兵，因为主攻方向转到朝鲜半岛西南的百济，故而就有新出现的"神丘道""熊津道""嵎夷道""马韩道"等名称，⑦当然也有薛万备担当副总管的"鸭渌道"，笔者认为"鸭渌道"可

---

① 乔凤岐：《隋唐皇朝东征高丽研究》，中国社会出版社，2010年，第81—83页。
② 《隋书》卷六五《周法尚传》载有隋炀帝与内史令元寿、周法尚的一次谈话，元寿曾提及"御营之外，请分为二十四军，日别遣一军发，相去三十里"，隋炀帝虽认同周法尚的建议，但可能在亲征高句丽之时，最终采纳了元寿的提议。
③ 《隋书》卷二《炀帝纪》，中华书局，1973年，第80—81页。
④ 清华大学国学研究院主编，冯强才选编：《蓝文徵文存》，江苏人民出版社，2012年，第92—93页。
⑤ 乔凤岐：《隋唐皇朝东征高丽研究》，中国社会出版社，2010年，第84—85页。
⑥ 王绵厚：《新城、南苏、木底道与高句丽南北二道的关系》，《社会科学战线》1996年第5期。
⑦ 拜根兴：《韩国新发现的唐〈含资道总管柴将军精舍草堂铭〉考释》，见荣新江主编：《唐研究》（第8卷），北京大学出版社，2002年，第347—356页。

能是为防御高句丽南下救援百济而设。①这样，隋炀帝出兵高句丽，史书记载号称"九军"，其实应是二十四支发往辽东等广大地域不同进攻目标的军队；当然，还有从海路进击的隋军，这些理应计算在征讨大军之内。史书所载"九军"，只是说明当时出兵军队数量之多，当非实指。

至于墓志中出现的进军路线涉及的道有：①辽东道（杨雄墓志、唐直墓志、杨恭仁墓志）；②海冥道（豆卢寔墓志）；③建安道（蒋庆墓志）；④扶余道（宇文述墓志）；⑤沧海道（王安墓志）。

虽然隋人墓志中提及的征伐目的地少于文献史料所及，对我们论证"九军"或"二十四军"难以提供牢靠的佐证，影响本稿的立意延伸，但墓志史料中多处有"六军""六师"的记载，其史实亦应得到重视，不妨征引史料予以说明。

隋豆卢寔墓志载：

> 于是，六军临辽，七萃同奋，克殄夷丑，预有其勋。

隋长孙汪墓志载：

> 八年，从驾倍麾，问罪辽碣。圣上君临天下，包括区宇，日月所出，风雨所沾，并梯山架海，网弗来庭。而蕞尔高丽，独隔声教，躬行吊伐，亲御六军。而彼岛夷，尚怀小姜，帅领凶党，抗我王师。

隋王德备墓志载：

> 炀帝亲董六军，远出辽左，任属心膂，近侍帷帐，朝夕宿卫，备尽勤诚，蓄锐贾勇，固敌是求，简在帝心，特加褒尚，以先锋陷阵，拜朝请大夫。

隋观德王杨雄妃王氏墓志载：

> 至于大业八年正月廿八日，六师电发，濯征辽浿。以王为左御卫大将军，出辽东道。方肆貔虎，扫清虺蚁，而英略未振，厥疾先侵。以其年三月十日薨于辽西郡。

唐孟府君买墓志之铭记载：

> 君讳买，字先长，河南洛阳人也。……大业八载，东夷未宾，随主亲总六师，吊民辽碣，君陪奉銮辂，宿卫钩沉，体国忘家，身先士卒，金鼓既作，犀象飞驰，□□□□，直截玄菟，驱曳弃本，手仗悬门，□榖臣于车上，缚郭最于麾下，以战功第一，乃授建节尉。仍除同州建安府司马，左蓐右辖，鱼丽鹤□，甲坚戈锐，弓劲马肥，□威关中，人百其勇。嘱随运渐

---

① 拜根兴：《新见初唐名将薛万备墓志考释》，见杜文玉主编：《唐史论丛》（第27辑），三秦出版社，2018年，第275—294页；拜根兴：《唐高宗时代朝鲜半岛剧变与高丽的应对：兼论高丽灭亡的原因》，《陕西师范大学学报》（哲学社会科学版）2014年第4期。

终，火德将改。八纮崩沸，万姓不安，豺狼满途，枭境蔽野。①

按："六军"或者"六师"，据《隋书》记载，有左右卫、左右武卫、左右武侯府等，②其与上述文献资料中提及的"九军""二十四军"应有区别，即专指随皇帝左右担任安全及随时调遣的军队，当然也是隋军精锐中的精锐。上述王德备、孟买两人应该就是隋炀帝禁卫军，即御营中的一员。也就是说，出征的隋朝军队，除过上述的诸多奋战陆海前线、和高句丽军队浴血奋战的各个参战部队外，还有保卫隋炀帝，随时可派往前线的禁卫军。而且禁卫军无论是组成人员、人员类别还是军队数量、战斗力等，均在整个征伐战中起到重要的震慑统领作用。

二、隋炀帝三次征伐高句丽再探讨

1.隋炀帝亲征高句丽的原因

对于隋炀帝出兵征伐高句丽的原因，以及因此导致隋朝灭亡，学界评价纷纭，其中就有以"好大喜功"笼而统之之盖棺定论。而传统史家对隋炀帝征伐高句丽的评述值得深究，不妨征引如下：

> 自高丽抚有周余，惠此中国，开皇之末，方事辽左，天时不利，师遂无功。二代承基，志包宇宙，频践三韩之地，屡发千钧之弩。小国惧亡，敢同困兽，兵连不戢，四海骚然，遂以土崩，丧身灭国。兵志有之曰"务广德者昌，务广地者亡"。然辽东之地，不列于郡县久矣。诸国朝正奉贡，无缺于岁时，二代震而矜之，以为人莫若己，不能怀以文德，遽动干戈。内恃富强，外思广地，以骄取怨，以怒兴师。若此而不亡，自古未之闻也。然则四夷之戒，安可不深念哉！

无疑，上述评述是唐初史家对前朝灭亡的直接感应和看法，因魏徵其人主持《隋书》的编纂事业，可以认定魏徵对这种看法亦应认同。与此同时，唐太宗在与臣僚的时事对话中，以隋炀帝作为治理国家的反面参照物，其中魏徵多次参与这种君臣对话，谈到隋炀帝生活的奢侈，用人、赏罚的随意，对臣下的无端猜忌等，唐太宗君臣相互勉励，其中也牵涉对隋炀帝征伐高句丽的评论。

> 贞观九年，太宗谓侍臣曰："往昔初平京师，宫中美女珍玩，无院不满。炀帝意犹不足，征求无已，兼东西征讨，穷兵黩武，百姓不堪，遂致亡灭。此皆朕所目见，故夙夜孜孜，惟欲清净，使天下无事。遂得徭役不

---

① 赵君平、赵文成编：《秦晋豫新出墓志搜佚续集》，国家图书馆出版社，2013年。
② 《隋书》卷二八《百官志下》，中华书局，1973年，第773—803页。

兴，年谷丰稔，百姓安乐。夫治国犹如栽树，本根不摇，则枝叶茂荣。君能清净，百姓何得不安乐乎？"

贞观四年，房玄龄奏言："今阅武库甲仗，胜隋日远矣。"太宗曰："饬兵备寇虽是要事，然朕唯欲卿等存心理道，务尽忠贞，使百姓安乐，便是朕之甲仗。隋炀帝岂为甲仗不足，以至灭亡？正由仁义不修，而群下怨叛故也。宜识此心。"

贞观十八年，太宗以高丽莫离支贼杀其主，残虐其下，议将讨之。谏议大夫褚遂良进曰："陛下兵机神算，人莫能知。昔隋末乱离，克平寇难，及北狄侵边，西蕃失礼，陛下欲命将击之，群臣莫不苦谏，唯陛下明略独断，卒并诛夷。今闻陛下将伐高丽，意皆荧惑。然陛下神武英声，不比周、隋之主，兵若渡辽，事须克捷，万一不获，无以威示远方，必更发怒，再动兵众，若至于此，安危难测。"太宗然之。

贞观十九年，太宗将亲征高丽，开府仪同三司尉迟敬德奏言："车驾若自往辽左，皇太子又监国定州，东西二京，府库所在，虽有镇守，终是空虚，辽东路遥，恐有玄感之变。且边隅小国，不足亲劳万乘，若克胜，不足为武，傥不胜，翻为所笑。伏请委之良将，自可应时摧灭。"太宗虽不从其谏，而议者是之。[1]

可以看出，唐太宗君臣对隋炀帝亲征高句丽导致隋朝灭亡很是认同，而且从语言到谈论风格在当时来说包含十足的正能量。但对隋炀帝乃至隋朝征伐高句丽的评价，是否有言过其实或者脸谱化倾向？从唐太宗为树立自我完美形象的倾向性看，这种可能显然不能排除。当然，这无疑就影响了评论事件的诸多客观性。如他一再鞭挞鄙夷的隋炀帝亲征，到了贞观十八年（644），他也走向亲征高句丽之路途，只是其说辞稍有改变而已。就是说，虽然出兵时间相差40年，出兵原因可能有所差异，但两人都是不光彩取得帝位、都是亲征、都是劳民伤财、都是无功而返，只是后代对隋炀帝与唐太宗征辽的评价却有天壤之别，为什么如此？笔者认为，隋朝确是因隋炀帝亲征高句丽所引起的一系列连锁反应而灭亡的，但上述唐初编撰史书、这一时期君臣对话、初唐朝野社会思潮均将隋炀帝的负面信息无限扩大化，以至于

---

[1] 〔唐〕吴兢：《贞观政要集校》卷一《君道》，谢保成集校，中华书局，2005年，第41、252、481、482页。

后世编撰的各种文字，对隋炀帝连篇累牍的污名化，都是以这些记载为据的，进而使隋炀帝完全成为暴戾亡国之君的典型。且不说传统史家对隋炀帝的极端评论，中外学者吕思勉、韩国磐、宫崎市定等人亦是如此。虽然此后有中国学者万绳楠、胡戟、杨永安，日本学者布目潮讽，英国学者崔瑞德①等采取较为客观公正的态度，对隋炀帝的评价有所改观，②但其运用的史料仍然以初唐时期编撰的史书或者文献为据。隋朝末年时出现的第一手史料，即当时人撰写的墓志，在上述学者的论述中并未得到很好的利用，此无疑是颇为遗憾的事情。当然，墓志史料也有其本身的短板，这就是学界常说的"谀墓文"问题。一般墓志序文中对死者的生平及官职升迁这些令墓主及其家属感到荣耀无比的事件记述，其信凭度还是值得信赖的。重要的是具体问题具体分析，对于涉及的墓志史料的甄别探讨工作不可缺失。同时，我们并非要给隋炀帝摘掉亡国之君的帽子，他的一系列失当的举措，确实造成隋朝富裕强悍的国运走向崩溃，但这一时期的一些史实性的东西，应该回归历史真实，不能囫囵吞枣式一笔带过。

上述隋炀帝亲征高句丽的原因问题，学者刘健明援引金毓黼、万绳楠、岑仲勉、王连升、赵俪生、余又逊、金宝祥等人的论述，先从高句丽的立场出发，综合探讨上述问题，认为隋朝统一中国后，要维护东亚宗主地位，高句丽则要摆脱中原王朝束缚统一半岛，两者发展方向发生冲突。而隋朝的强大，也使高句丽感到威胁；隋文帝出兵高句丽，颇多损失，已为隋炀帝征伐埋下伏笔；高句丽因隋文帝征伐不克，助长了坚决对抗中原王朝的信心，如此就出现隋军和高句丽间的冲突战争，此为难能避免的事情。③而胡戟则从隋唐两朝长时段对朝鲜半岛的政策入手，认为隋唐两朝连续对东北方向用兵，是一场收复故土和反包围的斗争。④笔者比较认同胡戟的观点，即虽然隋唐两代皇帝亲征高句丽的具体原因有差异，但从较长时段探讨这一问题，可能会看得更清楚些。

2.墓志石刻所见大业八年亲征

众所周知，学界对隋炀帝三次亲征高句丽均以失败告终没有异议，在现存《隋书》《旧唐书》《新唐书》《资治通鉴》等书都有明确记载。特别是对大业八年第一次亲征高句丽，隋军出动30万军马，但"将帅奔还至者二千余骑""二千七百

---

① ［英］崔瑞德：《剑桥中国隋唐史》，中国社会科学出版社，1990年，第144—145页。
② 梁克敏：《关于唐人对隋炀帝的评价》，硕士学位论文，陕西师范大学，2015年。
③ 刘健明：《隋代政治与对外政策》，文津出版社，1996年，第278—282页。
④ 胡戟：《隋炀帝新传》，上海人民出版社，1995年，第181—182页。

人"。①乔凤岐认为史书对大业八年出征人员损失的记载有夸张的成分，确实道出问题的实质，但具体状况如何，难能知晓。为说明方便，引用九方关联墓志史料如下：

（1）《隋故礼部侍郎通议大夫陈府君之墓志铭》载：

> 大业七年，东巡检校右御卫虎贲郎将。八年，授朝散大夫，其年，以临辽勋例授通议大夫，寻摄判吏部侍郎事。九年，检校左屯卫鹰扬郎将。卿寺增辉，郎曹切务。越辽浦而陞侍，奉旌门而毂立。大业七年②，凯旋西斾，礼毕东辕，其年十二月廿七日还届洛川，奄然暴殒，终于河南县思顺里之宅，春秋五十三。

（2）《大隋故金紫光禄大夫豆卢公墓志铭并序》载：

> 天子问罪东夷，陈兵朔野，以公为左第二军海冥道副将，犹典禁兵。公蒙犯霜露，率先士卒。军井不饮，将盖靡张，抚而勉之，人思效节。于是，六军临辽，七萃同奋，克殄夷丑，预有其勋。以平辽功，诏授金紫光禄大夫。③

（3）《隋故正议大夫虎贲郎将光禄卿田公墓志》载：

> 皇上问罪辽东，貔虎百万，虽承庙略，亦寄英奇，又拜公行军总管。师旋，改授左武卫虎贲郎将。④

（4）《王世琛墓志》载：

> 以公子贵游，早入宿卫。起家勋侍，值王师薄伐，陪驾辽东，始预前驱，一发便中，蒙授奋武尉。九年，重从平辽，即授朝散大夫。⑤

（5）《隋故正议大夫左武侍鹰扬郎将长孙君墓志》载：

---

① 以往论者均以《隋书》卷四《炀帝纪》的"九军并陷，将帅奔还亡者二千余骑"，卷六一《宇文述传》的"初，渡辽九军三十万五千人，及还至辽东城，唯两千七百人"为据，《隋书》之后诸史书多依此论为据。

② 此墓志纪年可能有误，只是王其祎引用《汉魏南北朝墓志集释》，以及王氏附考均未提及此事。志文中先述"大业七年"记事，后述及"大业八年""大业九年"墓主参与征伐高句丽事宜，但随后又及"大业七年"墓主"凯旋西斾，礼毕东辕。于其年十二月廿七日还届洛川，奄然暴殒"。显然，志文纪年有问题，其"大业七年"或为"大业九年"之误。参见王其祎、周晓薇编著：《隋代墓志铭汇考》，线装书局，2007年，第5册，第110—113页。

③ 王其祎、周晓薇编著：《隋代墓志铭汇考》（第4册），线装书局，2007年，第349—350页。

④ 王其祎、周晓薇编著：《隋代墓志铭汇考》（第5册），线装书局，2007年，第315—316页。

⑤ 王其祎、周晓薇编著：《隋代墓志铭汇考》（第5册），线装书局，2007年，第331—332页。

八年，从驾倍廘，问罪辽竭。圣上君临天下，包括区宇，日月所出，风雨所沾，并梯山架海，网弗来庭。而蕞尔高丽，独隔声教，躬行吊伐，亲御六军。而彼岛夷，尚怀小姜，帅领凶党，抗我王师。于是，白羽一挥，旌旗暂动，贼从溃散，一举而灭。君任凥心膂，倍奉髦轮，持简帝心，恩光橃众。授君通议大夫，领右武侍效节府鹰扬郎将。①

（6）《隋故左御卫府长史通议大夫宋君墓志铭》载：

八年，天子亲临辽隧，问罪燕郊，分命方叔，长驱被练，四网周设，一彀而摧。以勋进授通议大夫，长史如故。②

（7）《大唐故左光禄大夫蒋国公屈突府君墓志铭》载：

七年，东夷不宾，职贡时息。天子把旄杖钺，风驰电逝，乘六龙以大讨，诏七萃以长驱。公董帅貔狱，爰陪军幕，摧锋却敌，公有力焉。迁右光禄大夫，授左候将军。③

（8）《王德备墓志铭》载：

炀帝亲董六军，远出辽左，任属心膂，近侍帷帐，朝夕宿卫，备尽勤诚，蓄锐贾勇，固敌是求，简在帝心，特加褒尚，以先锋陷阵，拜朝请大夫。④

（9）《蒋庆墓志铭》载：

至大业八年，预涉戎行，辽东伐罪，前驱执锐，得第一，勋转为奋武尉。后向建安道行兵，擒获凶徒，转授建节尉。又选为领骁果校尉，任行军长史。⑤

上引九方随隋炀帝出征高句丽隋军将士墓志，相对于现存文献史料，具有一定的特点。其一，这些志文的墓主大业八年返回洛阳后，都不同程度受到嘉奖或升职。如（1）（2）（6）（9）为以功勋例授官职，（3）（7）为返回后改授、迁授官职，（4）（5）（8）作为隋炀帝御营军将，因功授予官职。其二，墓主多为隋炀帝御营的中级官员，而御营虽然亦参与整个战役的指挥及紧急部署作战，但与上述"九军"或"二十四军"参战境遇或许还有颇多不同之处，至少可以说明隋炀帝御营在整个征伐战中的损失并不大。其三，授予的官职为"通议大夫""金紫光禄大夫""右光禄大夫""朝请大夫""奋武尉""建节尉"等。查阅《隋书》《通

---

① 王其祎、周晓薇编著：《隋代墓志铭汇考》（第5册），线装书局，2007年，第354页。
② 王其祎、周晓薇编著：《隋代墓志铭汇考》（第5册），线装书局，2007年，第386—387页。
③ 周绍良主编、赵超副主编：《唐代墓志汇编》贞观007，上海古籍出版社，1992年。
④ 陕西省古籍整理办公室编：《全唐文补遗》（第5辑），三秦出版社，1998年，第93页。
⑤ 黄林纳：《隋代蒋庆墓志考释》，《中原文物》2014年第3期。

典》等书可知，其中通议大夫、金紫光禄大夫、右光禄大夫、朝请大夫均为散官，而奋武尉、建节尉两职位虽然品级不高，却是隋炀帝专为前方立功将士所设立，能够获得如此称号，一者说明被授予者在前线建有功勋，二者表示获得隋炀帝的宠爱。可以看出，除过豆卢寔以平辽功，获授"金紫光禄大夫"①之外，其余诸人因本来官位较低，故虽因战功获奖授官职，但官品并不高。无论如何，依据志文，这些人不仅没有打败仗，而且确实在前方建有战功，所以才受到隋炀帝的嘉奖。在墓志序文中，对于并非大富大贵者，一般记载墓主一生最为闪光和值得夸耀的东西，而因战功获得官职升迁、受到嘉奖则是最好的素材。墓主死亡距离建立战功官职升迁的时间十分接近，排除记忆模糊或无端阿谀之嫌疑，记载的真实性当能保证。正因如此，如以现存文献史料为据的话，这些当事人墓志记录信息当做何解释？除此之外，上述《炀帝纪》《宇文述传》中记载隋军败亡的具体情形亦应重新探讨。如《隋书》卷六三《卫玄传》就有不同的记载：

大业八年，转刑部尚书。辽东之役，检校右御卫大将军，帅师出增地道。时诸军多不利，玄独全众而还。拜金紫光禄大夫。

当时隋炀帝亲征参战的一些将领返回后亦获得嘉奖。如《隋书》卷六四《王辩传》载："辽东之役，以功加通议大夫，寻迁武贲郎将。"《隋书》卷六五《王仁恭传》载：隋炀帝称赞其"往者诸军多不利，公独以一军破贼"。吐万绪率步骑兵数万直指盖马道，参与隋炀帝亲征，似并未受到损失，故而留镇怀远，并获得嘉奖，进位左光禄大夫。②就是对上述王辩、王仁恭、吐万绪诸人在大业八年立功疆场、九方墓志墓主立功返回洛阳受到隋炀帝嘉奖视而不见，按照隋军的兵员建制核算，上述卫玄增地道步骑军队"全众而还"，其人数也不至于只有2700人。总之，现存《隋书》《资治通鉴》对隋军的损失夸大记载，显示初唐时期唐朝君臣为巩固新政权，人为竖立对立面，并想从鞭挞前朝穷兵黩武、国破家亡提醒自己。然而，隋唐东北方向的险恶形势，以及不断增强的威胁决定了中原王朝无论是谁家当政，经营东北均刻不容缓，故而唐太宗在以隋炀帝作为暴戾亡国参照的同时，也未能免俗，最终同样走向亲征高句丽之路途。当然，唐太宗有隋炀帝亲征的前车之鉴，在处理一些关键问题上避免犯同样的错误，所以亲征虽然没有达到预期目的，但总体来说并未出现直接危害新生政权存亡之结果。解决高句丽问题，在唐高宗时期各种

---

① 隋代散官"金紫光禄大夫"的品级难能知晓，而唐代将其定为正三品，唐沿袭隋官职，故隋代的品级应该也很高。

② 《隋书》卷六五《吐万绪传》，中华书局，1973年，第1538页。

条件臻于完备，唐朝与新罗最终联合灭亡高句丽，实现了朝鲜半岛三国的统一。[①]

三、结语

本稿利用36方隋末唐初曾随隋炀帝亲征高句丽的隋朝军将墓志，结合现有文献史料的记载，对大业八年隋炀帝亲征高句丽涉及问题，如战争爆发前后隋朝统帅部频发的官员死亡事件的出现及其危害，隋炀帝亲征高句丽的原因，动用的军队组织结构和人数，唐初君臣在谈论朝政得失过程中将隋炀帝人为树立为治理国家的反面参照，无限夸大隋炀帝自身以及亲征高句丽涉及问题的危害，导致此后史家的连锁反应，影响学界对一些问题的评价。无疑，唐人编撰《隋书》时，这些当事人的墓志深埋地下。墓志中涉及的人物事迹，对于学界探讨隋炀帝亲征诸多问题可提供证据。当然，正如古代东亚史研究著名学者高明士教授所言："墓志对于功勋的记叙，不免溢美，但至少可说明大业八年之役，尚有若干战绩，不至于一败涂地。唐初对炀帝一朝的数据，需要靠唐人采访来补全，对于《隋书》《旧唐书》《新唐书》《资治通鉴》《册府元龟》等史籍所载，不能尽信，同时要留意唐人对隋炀帝的偏见。初唐所见墓志，有补充史实作用，但仍须批判使用。这是研究炀帝一朝历史的盲点，治史者当引以为戒。"[②]期待有更多的隋唐之际关联石刻墓志出土，使得对上述问题的探讨更加客观，推动7世纪东北亚历史研究走向深入。

附表

隋炀帝亲征高句丽关联石刻墓志

墓主	墓志铭名称	征战时间	死亡时间	出处
杨恭仁	大唐故特进观国公墓志	大业十一年	639	《唐代墓志汇编》
陈叔明	隋故礼部侍郎通议大夫陈府君之墓志铭	大业八年	612	《隋代墓志铭汇考》
张寿	隋故光禄大夫右翊卫大将军张公墓志	大业九年	614	《隋代墓志铭汇考》
豆卢寔	大隋故金紫光禄大夫豆卢公墓志铭并序	大业八年	613	《全隋文补遗》
马称心	马称心墓志	大业十年	614	《全隋文补遗》
元智	大隋故朝请大夫夷陵郡太守太仆卿元公之墓志铭	大业九年	613	《全隋文补遗》
范安贵	隋故左候卫大将军右光禄大夫范公墓志铭	大业八年	615	《隋代墓志铭汇考》

---

① 参见拜根兴《七世纪中叶唐与新罗关系研究》（中国社会科学出版社，2003年）、《唐朝与新罗关系史论》（中国社会科学出版社，2009年）、《唐代高丽百济移民研究》（中国社会科学出版社，2012年）、《石刻墓志与唐代东亚交流研究》（科学出版社，2015年）等书论述。

② 高明士：《从军礼论隋唐皇帝亲征》，见刘晓、雷闻主编：《隋唐辽宋金元史论丛》（第8辑），上海古籍出版社，2018年。

续表

墓主	墓志铭名称	征战时间	死亡时间	出处
田行达	隋故正议大夫虎贲郎将光禄卿田公墓志	大业八年		《隋代墓志铭汇考》
王世琛	王世琛墓志	大业八年、九年	615	《隋代墓志铭汇考》
长孙汪	隋故正议大夫左武侍鹰扬郎将长孙君墓志	大业八年		《隋代墓志铭汇考》
宋永贵	隋故左御卫府长史通议大夫宋君墓志铭	大业八年	614	《隋代墓志铭汇考》
宇文述	宇文述墓志	大业八年、九年	617	《碑林集刊》
韦匡伯	郑故大将军虞（韦？）公之墓志铭	大业八年	617	《全隋文补遗》
屈突通	大唐故左光禄大夫蒋国公屈突府君墓志铭	大业八年	628	《唐代墓志汇编》
王德备	王德备墓志铭	大业八年	618	《全唐文补遗》
段师	隋故银青光禄大夫殷州刺史段君墓志铭	大业九年		《唐代墓志铭汇编附考》
邓宝明	□□□虎贲郎将朝请大夫南阳邓君墓志铭	大业九年	614	《隋唐五代墓志汇编》
萧玚	隋故秘书监左光禄大夫陶丘兰侯萧君墓志铭并序	大业七年	611	《隋唐五代墓志汇编》
□永贵	□永贵造像记	大业九年		《全隋文补遗》
刘德	隋金紫光禄大夫梁郡太守刘府君墓志铭并序	大业八年	612	《隋唐五代墓志汇编》
尉仁弘	尉仁弘墓志	大业八年	612	《全隋文补遗》
杨雄	隋观德王杨雄及其妃王氏墓志	大业八年	612	《中国国家博物馆馆刊》
杨续	唐杨续墓志	大业八年	652	《李小勇网络发布》
蒋庆	蒋君（庆）墓志	大业八年、九年	615	《中原文物》
柳则	随故导官署令柳君之墓志铭[①]	大业八年	615	《洛阳新见墓志》（2015）
李祯	大唐故司隶刺史李君墓志	大业八年	629	《西安晚报》
孟买	隋故孟君墓志之铭记	大业八年	617	《秦晋豫新见墓志搜佚续编》
侯敬	大唐故处士侯君（彪）墓志铭并序	大业八年		《全唐文补遗》（第6辑）

① 墓志记载导官署令柳则其人曾奉诏出使高句丽，但途中患病返回，并于大业十一年（615）病亡。至于隋朝是否另派他人出使，不得而知。由此可见隋炀帝亲征之际，其与高句丽间的使节来往并未间断。笔者推测出使当在大业八年（612）隋军退兵之后。参见拜根兴：《隋唐时代出使高句丽三使者墓志考释》，见陕西历史博物馆编：《陕西历史博物馆馆刊》（第24辑），三秦出版社，2018年。

续表

墓主	墓志铭名称	征战时间	死亡时间	出处
索玄	唐故开府索君（玄）墓志并序	大业八年	643	《全唐文补遗》（第6辑）
张孝绪	大唐故大将军张府君（孝绪）墓志	大业五年？	643	《全唐文补遗》（第6辑）
王安	唐故蒲州虞乡县丞王君（安）之志	大业八年	636	《全唐文补遗》（第1辑）
张渊	大唐故郑州荥阳县令上骑都尉张府君（楚贤）墓志	大业		
周护	大唐故辅国大将军荆州都督上柱国嘉川襄公周公墓志	大业八年		《全唐文补遗》（第1辑）
独孤开远	唐左卫将军上开府考城县开国公独孤府君墓志铭	大业八年		《全唐文补遗》（第3辑）
张伽	大唐故张君（伽）墓志之铭	大业八年	657	《全唐文补遗》（第3辑）
史善应	大唐故左卫将军弓高侯史公墓志铭	大业年中	643	《新见隋唐墓志集释》

原载《长安学研究》（第4辑），科学出版社，2019年

（拜根兴，陕西师范大学历史文化学院教授）

《鄎国长公主神道碑铭（并序）》考释

郭海文　远　阳　李　炖

引言

鄎国长公主是唐睿宗的第七女，但在《新唐书·诸帝公主》的记载中却只有寥寥数字："鄎国公主，崔贵妃所生。三岁而妃薨，哭泣不食三日，如成人。始封荆山。下嫁薛儆，又嫁郑孝义。开元初，封邑至千四百户。"[①]

鄎国公主墓，在陕西省蒲城县坡头镇东贾村东一里处，封土高约6米。底围直径约32米，周围为耕地，地势北高南低，呈倾斜状。墓南有神道碑一座，开元十三年（725）四月刻，《鄎国长公主神道碑铭》一直存在于此，其存在揭开了笼罩在这个大唐公主身上的神秘面纱，让我们得以探寻她辉煌但又坎坷的人生。目前学术界关于鄎国长公主相关的研究论文主要有6篇。[②]

鄎国长公主神道碑碑文"系尚书左丞相燕国公张说撰文，玄宗李隆基隶书。碑高一丈一尺六寸，广六尺一寸四分，二十三行，行五十二字。字多漫漶"[③]。张说《张说集校注》卷二一录有此文，此外，周绍良先生主编的《全唐文新编》卷二三〇[④]及王昶辑的《金石萃编》卷七五[⑤]亦有此铭文的收录。现以《张说集校注》本为底本，与其余二者进行对校，将碑铭摘录于此。

[①] 《新唐书》卷八三《诸帝公主》，中华书局，1975年，第3656页。
[②] 郭海文：《试论唐代公主改嫁的原因》，《河南师范大学学报》（哲学社会科学版），2011年，第38卷第1期；蒙曼：《公主婚姻与武周以后的政局》，《中国典籍与文化》第4期，2002年；郭海文：《唐代公主结缡年龄考——以墓志为中心》，见西安碑林博物馆编：《碑林集刊》（第19辑），三秦出版社，2013年；李娜：《唐代公主再嫁现象考释》，《中华文化论坛》，2009年第2期；孙丽丽：《唐代公主生活研究》，硕士学位论文，陕西师范大学，2007年；常春：《唐代公主书法艺术管窥》，《陕西师范大学学报》（哲学社会科学版）2013年第3期。
[③] 李慧主编：《陕西石刻文献目录集存》，三秦出版社，1990年，第82页。
[④] 周绍良主编：《全唐文新编》卷二三〇，吉林文史出版社，2000年，第2603—2604页。
[⑤]〔清〕王昶辑：《金石萃编》卷七五，江苏古籍出版社，1998年，第516—517页。

鄎国长公主神道碑铭（并序）

张　说

　　臣闻，尧有娥英，致①九族之敦序②；舜有霄③烛，动百里之光耀④。大圣之后，天必纵之；积善之家，神所庆矣。岂惟⑤上帝之女，云汉为灵，平王之孙，肃雍⑥其德，连华前志，世⑦有其人。皇唐鄎国长公主者，睿宗之第七女也，母曰崔贵妃。构累圣而成门，合济美而为室，蕴乾坤之纯粹，演日月之清明。神媛诞灵，常言所绝，免怀之岁，天夺圣善，不食三日，哀比成人，文母流胎教之慈，曾子得生知之孝；由是宫闱延瞩，邦国远闻。及乎⑧玉笄耀首，油骈⑨在驭，锡之美地，邑以荆山，求之令族，嫔于薛氏。尔其居玩图史，动修⑩法度，服其瀚⑪濯，恭俭之教兴；鼓其琴瑟⑫，敬让之风被。其行己也，安亲惠下之谓仁，敬宗合好⑬之谓义，降贵接卑之谓礼，恕情周物之谓智，推心而行，罔不该备。其理家也，侍膳⑭饔餗之均和，主馈醴酏之品齐，丝竹五⑮音之徽靡，纂组九华之缛丽，经目所涉，莫⑯不精诣。每至三元上贺，五日中参，进对详华，折旋舒婉。故以式瞻贵里，仪范通门，如千花之泛⑰惠风，百草⑱之涵膏露。窈窕之仪⑲克举，蕃⑳

---

① 周本为"承"。
② 王本为"叙"。
③ 王本为"宵"。
④ 王本为"曜"。
⑤ 王本为"唯"。
⑥ 王本为"邕"。
⑦ 周本、王本均为"代"。
⑧ 王本此处缺"及乎"二字。
⑨ 周本、王本均为"軿"。
⑩ 王本为"循"。
⑪ 王本为"浣"。
⑫ 王本此处为"瑟琴"。
⑬ 王本此处为"好合"。
⑭ 周本、王本均为"视膳"。
⑮ 周本、王本均为"七"。
⑯ 周本为"罔"，王本为"网"。
⑰ 周本为"汎"。
⑱ 周本、王本均为"卉"。
⑲ 周本、王本均为"宜"。
⑳ 周本、王本均为"繁"。

衍之福大来,有男子四,女子五,瑶碧生阶,芝兰满室①也。习礼明诗,日渐庭闱②之训;银章艾绶,地连恩泽之侯。自先朝彻扆之辰,迄今③公主成笄之日,外降④过制,内疾⑤余哀,手写金字梵经三部,躬绣彩线佛像⑥二铺。贝叶真偈,现心相于银钩;莲花妙容,呈意生于玉指。孝思惟则,道远乎哉。开元继明,推恩由己,进封郧国长公主,食邑一千⑦百户。田赋广而弥俭,礼秩尊而益恭。其后君子晨歌,夫人昼哭,未亡为称,生意尽矣。抚视遗孤,将守柏舟之誓;志期⑧剃落,永从奈苑之游。朝制断恩,改降郑氏。陵谷可移⑨,隋⑩和之德不昧;寒暑有迁,松筠⑪之性如一。均养七子,麻荫二宗,汾阴之室忘亡,荥阳之党相庆。既而善福虚应,寝疾弥留,尽国医之伎⑫,远方毕至;供御府之药,中使相望,命之必至,不可支也。堂邑山林,忽焉瘁色;平阳歌舞,适足愁人。开元十三年二月庚午,薨于河南县之修业⑬里,春秋三十⑭有七。震悼紫庭,哀伤朱邸,倾家若坠,举国同悲。有诏光禄卿孟温礼⑮监护丧葬,京兆⑯尹能⑰延休副焉。窆窆之礼,一如凉国长公主故事。夏四月,恩旨陪葬于桥陵,不祔,不从古之道也。皇上念同气之致⑱美,感阅川之永谢,恨棠⑲华之半缺,悲瑶草之先化,乃命国史,昭铭懿迹,降恩礼于云露,写哀词于金石。水非湘渚,还

---

① 周本、王本此处均多一"者"字。
② 王本为"闺庭"。
③ 周本、王本此处均少一"今"字。
④ 周本、王本此处均为"除"。
⑤ 王本为"疢"。
⑥ 王本为"象"。
⑦ 周本、王本均为"四"。
⑧ 周本、王本均为"祈"。
⑨ 王本为"易"。
⑩ 王本为"随"。
⑪ 周本、王本均为"竹"。
⑫ 周本为"技"。
⑬ 王本为"荣"。
⑭ 王本为"卅"。
⑮ 王本此处为"孟德"。
⑯ 王本此处多一"少"字。
⑰ 周本为"冯"。
⑱ 王本为"懿"。
⑲ 王本为"棣"。

起帝子之祠①；山是洛阳，即封天妹之冢②。铭曰：

　　帝系白云，仙③源紫气。涨家成国，承天祚④贵。赫赫圣祖，曰文曰武。皇皇睿宗，一变万邦。挺生淑媛，慈和孝恭。清胪如神，娥⑤眉无双。邸⑥第立官，汤沐建封。爰⑦及笄总，礼施环佩。鸣凤献祥，乘龙择对。帝唐降女，天乙归妹。珠玉过庭，苹蘩正内。蛟门早闻，龙湖忽上。无地何载，无天何仰。金殿⑧书经，华丝绣像。欲报之德，昊天罔⑨极。孰是言归，良人永违。银炉烟断，罗幕霜飞。恳愿毁形，托⑩身坏衣。不谅人只，改嫔他士。禀命曰从，从人曰顺。息妫绳楚，怀嬴羁⑪晋。反经合权，与道同韵⑫。燠休二室，均欢等润。四海谧清，九族和平。万物向荣，众雏未成。心恋盛明，形随落英。祖载鼎城，归窆⑬咸京。挽歌扬⑭声，卤薄凶行。哀哀圣情，恻恻同生，桥山片石，千秋令名。⑮

一、生平简考

据碑铭记载："开元十三年二月庚午，薨于河南县之修业里，春秋三十有七。"开元十三年为公元725年，公主37岁去世，可知公主出生于公元689年，为则天顺圣皇后载初元年。

（一）鄎国长公主的父系与母系情况

像所有的碑铭一样，碑文的开题一般都是一些溢美之词，记录的都是志主的家

---

① 王本为"词"。
② 王本为"塚"。
③ 周本、王本均为"仟"。
④ 周本、王本均为"作"。
⑤ 周本、王本均为"娥"。
⑥ 王本为"邱"。
⑦ 王本为"年"。
⑧ 周本、王本均为"淀"。
⑨ 王本为"网"。
⑩ 周本、王本均为"讬"。
⑪ 周本、王本均为"霸"。
⑫ 王本为"韵"。
⑬ 周本、王本均为"窆"。
⑭ 周本、王本均为"敭"。
⑮ 《鄎国长公主神道碑铭（并序）》，见张说：《张说集校注》卷二一，中华书局，2013年，第1014页。

世背景、生平等。郕国长公主的碑铭与此一样，和唐代碑铭的记录形式没有太大差异。《郕国长公主神道碑铭（并序）》记载："皇唐郕国长公主者，睿宗之第七女也，母曰崔贵妃。"从中可看出其父亲、母亲情况。

父亲：公主的父亲为唐睿宗。"睿宗玄真大圣大兴孝皇帝讳旦，高宗第八子也"①。可知郕国长公主为高宗与武则天之孙女，睿宗之女，玄宗李隆基同父异母的妹妹。

母亲：公主的母亲为崔贵妃。"免怀之岁，天夺圣善，不食三日，哀比成人"，所以可知公主三岁时崔贵妃去世，但《旧唐书》和《新唐书》中对崔贵妃皆无明确记载。据《旧唐书·后妃上》记载："唐隋制，皇后之下，有贵妃、淑妃、德妃、贤妃各一人，为夫人，正一品"。②但唐睿宗时，另有一位明确记载的豆卢贵妃，所以崔氏的贵妃封号很可能是死后追封的。

兄长：因为崔贵妃在《旧唐书》和《新唐书》中均无记载，查阅新、旧唐书中睿宗有记载的子女，只有惠文太子李范生母记载为崔孺人，考古睿宗唐孺人与崔孺人墓，但发现崔孺人墓志铭缺失③，所以崔孺人与郕国长公主之母崔贵妃是否为同一人已无可考，更无从得知郕国长公主是否有同母兄弟姐妹，其异母兄长李隆基后来继承皇位，是为唐玄宗。

（二）品行才华

碑铭记载："构累圣而成门，合济美而为室，蕴乾坤之纯粹，演日月之清明。神媛诞灵，常言所绝，免怀之岁，天夺圣善，不食三日，哀比成人，文母流胎教之慈，曾子得生知之孝；由是宫闱延瞩，邦国远闻。"虽可能有些溢美之词，但仍可见郕国长公主的品行和才华均为上乘。

1.公主的品行仁礼恭敬，恪守孝道

碑铭记载："尔其居玩图史，动修法度，服其瀚濯，恭俭之教兴；鼓其琴瑟，敬让之风被。其行己也，安亲惠下之谓仁，敬宗合好之谓义，降贵接卑之谓礼，恕情周物之谓智，推心而行，罔不该备。其理家也，侍膳饔飧之均和，主馈醴酬之品齐，丝竹五音之徽靡，纂组九华之缛丽，经目所涉，莫不精诣。"这是对公主的一

---

① 《新唐书》卷五《睿宗玄宗》，中华书局，1975年，第115页。
② 《旧唐书》卷五一《后妃上》，中华书局，1975年，第2161页。
③ 史家珍、吴业恒、朱磊：《唐安国相王孺人唐氏、崔氏墓发掘简报》，《中原文物》2015年第6期。

个总的评价。具体可分为四点。

（1）郧国长公主孝著闺门。郧国长公主对父母的孝仁之心，在史料中也有提及。《新唐书·诸帝公主》记载："郧国公主，崔贵妃所生。三岁而妃薨，哭泣不食三日，如成人。"①崔贵妃去世时，郧国长公主年仅3岁，却如同成人般哭泣绝食三日，足见公主之孝。

（2）郧国长公主为人仁善有礼。前文已经讲到，郧国长公主拥有高贵的出身，但公主并没有因此骄横，而是严格遵守礼法，据碑铭记载郧国长公主"安亲惠下""降贵接卑"，由此可知公主为人仁善守礼。

（3）郧国长公主为人勤俭节约，处事周到。碑铭记载公主"服其澣濯"。据《新唐书·食货二》记载："是时，因德宗府库之积，颇约费用，天子身服澣濯。"②"澣濯"指洗过多次的衣服、旧衣。身为公主，却身着旧衣，足见公主为人勤俭节约。碑铭又载公主"恕情周物之谓智，推心而行，罔不该备"，由此可见公主心思细密，处事周到。

（4）郧国长公主持家有道。碑铭记载公主"其理家也，侍膳饔飧之均和，主馈醴酬之品齐，丝竹五音之徽靡，纂组九华之缛丽，经目所涉，莫不精诣"，公主在安排家庭各项事务时均井井有条，可见公主持家有道。

碑铭除了记载郧国长公主美好的品性以外，还记载了公主在艺术上和文学上非凡的造诣。

2.公主在文学和艺术上的才华

《礼记·内则》有这样的记载："女子十年不出，姆教婉娩听从；执麻枲、治丝茧、织纴组紃，学女事以共衣服。观于祭祀、纳酒浆、笾豆、菹醢，礼相助奠。"③唐代是一个相当注重文化教育的朝代，上自统治阶级，下至黎民百姓，都把教育放在相当重要的位置，认为教育可以兴邦立业。而皇室更是注意对王子、公主的教育。相对于普通老百姓而言，皇室成员具有更为优越的受教育条件。④在唐代，太子、诸王与公主都有专人负责教育。郧国长公主很小就受到良好的教育。碑铭中记载："尔其居玩图史""丝竹五音之徽靡，纂组九华之缛丽，经目所涉，莫

---

① 《新唐书》卷八三《诸帝公主》，中华书局，1975年，第3656页。
② 《新唐书》卷五二《食货二》，中华书局，1975年，第1359页。
③ 〔清〕孙希旦：《礼记集解》，沈啸寰点校，中华书局，1989年，第773页。
④ 郭海文、赵文朵：《〈唐安公主墓志〉考释》，见西安碑林博物馆编：《碑林集刊》（第21辑），三秦出版社，2015年，第82页。

不精诣""自先朝彻扆之辰，迄今公主成笄之日，外降过制，内疾余哀，手写金字梵经三部，躬绣彩线佛像二铺。贝叶真偈，现心相于银钩；莲花妙容，呈意生于玉指"。这就可以看出四点：第一，公主文学造诣深厚，精通图史；第二，公主通晓音律；第三，公主了悟佛经；第四，公主精于女红。

（三）册封与食邑

据碑铭记载："及乎玉笄耀首，油骈在驭，锡之美地，邑以荆山。"由此可知公主是在及笄之时被册封为荆山县主的。根据《全唐文》卷六四七《李愬妻韦氏封魏国夫人制》："凉国公李愬妻韦氏，德宗皇帝之外孙也。笄年事诉，克有令仪，天荫虽高，犹执妇道。"①《释名疏证补》曰："笄，系也。所以系冠使不坠也。"毕沅曰："士冠礼有皮弁笄、爵弁笄。"郑注："笄，今之簪也。"②即指用簪子来插住挽起的头发，以示女子成年。《礼记·内则》："十有五而笄。"郑玄注："谓应年许嫁者，女子许嫁，笄而字之。其未许嫁，二十则笄。"③同时，《仪礼·士昏礼》称："女子许嫁，笄而礼之，称字。"④可见，古代笄礼的时间特指的是在女子年满15岁的时候。所以郧国长公主册封为荆山县主时是15岁。通过前文可知公主出生于公元689年，故公主15岁时为公元704年，即武则天长安四年，此时唐睿宗的身份为相王，据《旧唐书·职官二》："凡外命妇之制，皇之姑，封大长公主，皇姊妹，封长公主，皇女，封公主，皆视正一品。皇太子之女，封郡主，视从一品。王之女，封县主，视正二品。"⑤相王之女可封为县主，所以郧国长公主初封荆山县主。

唐代公主的封号通常可分为三种，宋仁宗时王宗道、王洙等检讨前代封爵典故言："唐制封公主，有以国名，有以郡名，有以美名者。"⑥荆山即郡名。荆山县属山南东道之襄州，治今湖北南漳县西。据《旧唐书·地理二》载："南漳：汉临沮县，属南郡。晋立上黄县，后魏改为重阳县，隋改为南漳。武德二年，分南漳置荆山县。又于县治西一百五里置重州，领荆山、重阳、平阳、渠阳、土门、归义六县。

---

① 《全唐文》卷六四七元稹《李愬妻韦氏封魏国夫人制》，中华书局，1983年，第6554页。
② 〔汉〕刘熙撰：《释名疏证补》卷四《释首饰第十五》，〔清〕毕沅疏证，〔清〕王先谦补，中华书局，2008年，第154页。
③ 《礼记正义》卷二八《内则》，北京大学出版社，1999年，第1014页。
④ 《仪礼注疏》卷六《士昏礼》，北京大学出版社，1999年，第109页。
⑤ 《旧唐书》卷四三《职官二》，中华书局，1975年，第1821页。
⑥ 《续资治通鉴长编》卷一二四"宋仁宗宝元二年九月己亥"条，中华书局，1985年，第2924页。

七年省渠阳入荆山，省平阳入重阳，又省土门、归义二县并房州之永清。贞观元年，废重州，以荆山属襄州。移重阳入州城，改属迁州。八年，省重阳入荆山。开元十八年，省荆山移治于南漳故城，乃改为南漳。"①这即荆山县主封号之来源。

及至玄宗即位，"开元继明，推恩由己，进封鄎国长公主，食邑一千一百户"。前文已提到唐代规定："凡外命妇之制，皇之姑，封大长公主，皇姊妹，封长公主，皇女，封公主，皆视正一品。"②荆山县主因是玄宗的妹妹而进封为鄎国长公主。此是以国名为封号。息（鄎）国是西周至春秋初期的姬姓诸侯国。息国故城位于今河南息县城西南6公里的青龙寺一带，春秋初期为楚文王所灭，其地被楚国设置为县。③

关于鄎国长公主的食邑，唐代食封制度经历了一个发展变化的过程，封户也随之有变。唐代初年"公主三百户，长公主加三百户，有至六百户"④。高宗以后，以太平公主故，公主恃宠，不断逾越定制。玄宗即位，开始整肃食封，开元初年，重新确定封户数，"皇妹为公主者，食封一千户，中宗女亦同。其后，皇子封王者赐封二千户，皇女为公主者赐封五百户"⑤。但到了开元后期，咸宜公主得宠，"咸宜赐汤沐，以母惠妃封至一千户，诸皇女为公主者，例加至一千户。其封自开元已来，皆约以三千为限"⑥。鄎国长公主进封是在开元初年，按例应食封一千户。而据《鄎国长公主神道碑铭（并序）》记载："开元继明，推恩由己，进封鄎国长公主，食邑一千一百户。"《全唐文》则记载："开元继明，推恩由己，进封鄎国长公主，食邑一千四百户。"《新唐书·诸帝公主》记载："鄎国公主，崔贵妃所生……开元初，封邑至千四百户。"后两者与前者之间存在差异，且这三条记载又都与"皇妹为公主者，食封一千户"的规定不符。对比同期的公主碑铭，《代国长公主碑》记载"锡之美邑，食封一千四百户，置邑官焉。"《大唐故金仙长公主（无上道）志石铭并序》也记载"暨主上嗣升大宝，仁先友爱，进封长公主，加实赋一千四百户焉。"由此推测玄宗初期的长公主食封应为一千四百户，所以鄎国长公主的食封应以《新唐书》的记载为准，为一千四百户。

---

① 《旧唐书》卷三九《地理二》，中华书局，1975年，第1550—1551页。
② 《旧唐书》卷四三《职官二》，中华书局，1975年，第1821页。
③ 闫孟莲：《息国历史与地理论考》，《信阳师范学院学报》（哲学社会科学版），2010年第1期。
④ 《旧唐书》卷一〇七《玄宗诸子》，中华书局，1975年，第3267页。
⑤ 《旧唐书》卷一〇七《玄宗诸子》，中华书局，1975年，第3267页。
⑥ 《旧唐书》卷一〇七《玄宗诸子》，中华书局，1975年，第3267页。

二、婚姻情况

据《新唐书·诸帝公主》记载："下嫁薛儆,又嫁郑孝义。"①可知公主曾有过两段婚姻,分别是与薛儆和郑孝义。

(一)求之令族,嫔于薛氏

据碑铭记载:"及乎玉笄耀首,油骈在驭,锡之美地,邑以荆山,求之令族,嫔于薛氏。"由此可知公主是在及笄之时嫁予薛儆,上文已说过古代笄礼的时间特指的是在女子年满15岁时,所以鄎国长公主嫁给薛儆时是15岁。公主15岁时被封为荆山县主,而《唐银青光禄大夫驸马都尉上柱国汾阴郡开国公赠兖州都督薛君(儆)墓志铭并序》中记载薛儆"乃尚荆山县主"②,身份与时间点符合,所以鄎国长公主出嫁时应为15岁。至于"求之令族"则可知公主的择偶标准是挑选名门世族中合适的人。

鄎国长公主的驸马薛儆在《新唐书》与《旧唐书》中均没有传记,但在《全唐文补遗》第7辑中有其墓志铭收录,即《唐银青光禄大夫驸马都尉上柱国汾阴郡开国公赠兖州都督薛君(儆)墓志铭并序》,其较为详细地记载了薛儆的生平经历。

驸马的墓志中讲道:"君讳儆,别名缜,轩辕之裔也。曾大父德,充庐奴候,相州刺史。祖怀安,赠庆州刺史。皇考瑊,赠绛州刺史。公即季子也。驸马都尉瓘之侄,驸马都尉绍之弟。淄川郡王之外孙,睿宗皇帝之子婿。"③据此可知驸马的家世显赫。薛儆是薛瓘的侄子,薛绍的堂弟。薛绍与薛儆的曾祖父就是薛德元,为庐奴候,相州刺史;薛德元有长子薛怀昱(司卫卿、绛卫二州刺史、河东县侯),次子薛怀安(庆州刺史、绛州刺史);薛怀昱的儿子是薛瓘,孙子是薛绍,而薛怀安的孙子就是薛儆。薛瓘(奉宸将军)娶唐太宗与长孙皇后之女城阳公主为妻,生薛顗、薛绪、薛绍;幼子薛绍(散骑常侍、右武卫将军、平阳县子)又以唐高宗的嫡女太平公主为妻,生二子二女;而薛儆本人又尚唐睿宗之女鄎国公主为妻,成为睿宗皇帝的女婿,足见其家世显赫。所以,薛儆为薛绍之堂弟,但兄弟二人却分别娶了姑侄二人。

---

① 《新唐书》卷八三《诸帝公主》,中华书局,1975年,第3656页。
② 《唐银青光禄大夫驸马都尉上柱国汾阴郡开国公赠兖州都督薛君(儆)墓志铭并序》,见吴钢主编:《全唐文补遗》(第7辑),三秦出版社,2000年,第37—38页。
③ 《唐银青光禄大夫驸马都尉上柱国汾阴郡开国公赠兖州都督薛君(儆)墓志铭并序》,见吴钢主编:《全唐文补遗》(第7辑),三秦出版社,2000年,第37—38页。

据《唐银青光禄大夫驸马都尉上柱国汾阴郡开国公赠兖州都督薛君（儆）墓志铭并序》记载：薛儆"开元八年(720)十二月七日，春秋卅二，薨于安业里"①，可知薛儆出生于公元678年。薛儆是通过科举考试进入仕途的（"甲科升焉"）。初时仅是"补安国府典签，转法曹"。法曹，即法曹参军事，掌法律，督盗贼，知鞫狱，只是从七品下的小官。但其中"安国府"应为"安国相王府"，此时为武则天在位时期，"安国相王府"即李旦的府邸，所以薛儆为官之途是由相王府起步的。在这里，他应该与之后的两任皇帝睿宗和玄宗维持了良好的关系，这也是他之后可以"尚荆山县主"的一个重要因素。

薛儆任汾州司兵时，应在武则天时代，墓志仅记为"霓氛生妖，龙跃将坠"，但不知具体年代。司兵为州内掌武官选及兵甲、门禁、烽候的地方官，与法曹一样也是品级较低的官。到薛儆"尚荆山县主"后，其官职升为朝散大夫、秘书郎、太常丞，朝散大夫为从五品下的文阶官；秘书郎则分掌四部书，秩从六品；太常丞为从五品官。此时公主刚及笄，15岁，为公元704年，即则天顺圣皇后长安四年，此时薛儆为26岁。

之后薛儆墓志又记载："属韦武乱常，是作蚕螣，长策潜辅，圣君用康。皇哉唐哉，寰海夷谧。"②这句话是说时值中宗韦皇后和武三思等人祸乱朝纲，就像斑蚕和螣蛇一样，（薛儆）提出了有效的计策，潜心辅助，圣君最终平定了祸患。皇皇大唐，四海安定。因为薛儆的立功，故公元712年玄宗一即位，"县主封鄌国长公主，君拜驸马都尉，殿中少监，贶亲也。加银青光禄大夫、太仆少卿、上柱国、汾阴公，邑二千，封五百，懋功也"。这也是唐玄宗对其站对政治立场的一种嘉奖。之后薛儆"转岐州刺史，告身御书，明宠也"，连薛儆上任岐州刺史的告身，都是由唐玄宗亲笔所写的，足见盛宠。

之后，薛儆"有累授泽邓二刺史，虢邓二别驾"，他任职期间，"厘刑法，辑章典，郡无奸人焉，宥闻罪，法积德，郡无冤人焉"。其后又历任除郓州刺史，乞绛州别驾，汾州别驾等，而鄌国长公主身为他的妻子，也会跟随薛儆到处上任，故鄌国长公主这第一段婚姻也是在不停地辗转之中度过的。

薛儆在汾州别驾任上不幸染病，"遘疾于郡，来朝镐都，开元八年十二月七日，春秋卅二，薨于安业里，命也"。即染病后回到京城，于开元八年（720）病逝

---

① 《唐银青光禄大夫驸马都尉上柱国汾阴郡开国公赠兖州都督薛君（儆）墓志铭并序》，见吴钢主编：《全唐文补遗》（第7辑），三秦出版社，2000年，第37—38页。
② 《唐银青光禄大夫驸马都尉上柱国汾阴郡开国公赠兖州都督薛君（儆）墓志铭并序》，见吴钢主编：《全唐文补遗》（第7辑），三秦出版社，2000年，第37—38页。

于安业里。"明年,岁次辛酉七月景午朔十六日辛酉,归葬于万泉之孤山,莹于孟仲之次,礼也"。即开元九年薛儆葬于万泉县一座孤山之上。

但薛儆去世后,其墓志中只有赠官"兖州都督",却将谥号空了出来,这一点一直让后来的研究者很困惑。人臣初亡之际的赠官并非徒有虚名,而是有其实际的意义。根据丧葬令,"诸赠官者,赗物及供葬所须,并依赠官品给"[①],所以薛儆葬礼的规格,并非以临终所任的汾州别驾(从四品下)而定,而是按照兖州都督(正三品)这一赠官的标准来操办的。谥号方面,据《唐六典·考功郎中》记载:"诸职事官三品已上、散官二品已上身亡者,其佐史录行状申考功,考功责历任勘校,下太常寺拟谥讫,覆申考功,于都堂集省内官议定,然后奏闻。"[②]所以薛儆有请谥资格。但赠谥不同于赠官,赠官一般卒后即赠,更多是为了体现出皇帝的恩泽;而赠谥则范围小,规格高,而且要经过严格评议,并非统治者个人所能决定的,而是给后人提供典范的"不刊之令"[③]。可见赠谥的受重视程度远胜赠官,由于评议过程的存在,所以其耗时也要长于赠官。但在薛儆去世之前,发生了另一件事。开元八年(720)十月,"上禁约诸王,不使与群臣交结。光禄少卿驸马都尉裴虚己与岐王范游宴,仍私挟谶纬;戊子,流虚己于新州,离其公主"[④]。这导致了玄宗忌惮外戚与诸王之间的交往,不愿再赠谥给薛儆以提高外戚的地位,这很大程度地影响到了评议的结果,从而导致了薛儆墓志上谥号的空缺。但这对于已去世的薛儆来说已经没有多大关系了。

薛儆死后,公主"抚视遗孤,将守柏舟之誓;志期剃落,永从奈苑之游",由此可见郢国长公主与驸马薛儆的感情深厚。

薛儆去世时郢国长公主31岁,薛儆与公主共养育九位儿女,"有男子四,女子五,瑶碧生阶,芝兰满室者也。习礼明诗,日渐庭闱之训;银章艾绶,地连恩泽之侯"。但薛儆墓志明确记载的仅有三子,"嗣子锈、镠、镕等,孺号龙钟,未救丧事";还有一子薛谂,未见于墓志,但在《旧唐书》中有提及。据《旧唐书·玄宗下》记载:"先是,郢国公主之子薛谂与其党李谈、崔洽、石如山同于京城杀人,或利其财,或违其志,即白日椎杀,煮而食之。其夏事发,皆决杀于京兆府门,谂

---

① 天一阁博物馆、中国社会科学院历史研究所天圣令整理课题组:《天一阁藏明钞本天圣令校正(附唐令复原研究)》(下册),中华书局,2006年,第710页,转引自李雨生《山西唐代薛儆墓几个问题的再思考》,《中国国家博物馆馆刊》,2013年第5期。
② 《唐六典》卷二"考功郎中"条,中华书局,1992年,第44页。
③ 吴丽娱:《唐代赠官的赠赗与赠谥——从〈天圣令〉看唐代赠官制度》,见荣新江主编:《唐研究》(第14卷),北京大学出版社,2008年,第413—438页。
④ 《资治通鉴》卷二一二"唐玄宗开元八年十月戊子"条,中华书局,1976年,第6741页。

以国亲流瀼州，赐死于城东驿。"①由此可知薛诱被玄宗赐死。

据《旧唐书·玄宗诸子》记载："（李瑛）开元元年，唐玄宗即位，进封郢王；三年正月，册立为皇太子。十三年，改名李鸿，纳妃薛氏。二十五年七月，改名瑛。二十五年四月，杨洄又构于惠妃，言瑛兄弟三人与太子妃兄驸马薛锈常构异谋。玄宗遽召宰相筹之，林甫曰：'此盖陛下家事，臣不合参知。'玄宗意乃决矣。使中官宣诏于宫中，并废为庶人，锈配流，俄赐死于城东驿。天下之人不见其过，咸惜之。"②可知，公主的一个女儿曾为太子李瑛的妃子，李瑛及公主的儿子薛锈也被赐死。

据《资治通鉴》卷二一九记载："戊戌，永王璘败死，其党薛镠等皆伏诛。"③可知薛镠因参与永王谋反于至德二年（757）被杀。

至此，郾国长公主的第一段婚姻结束。公主与驸马的四个儿子中三个儿子都因政治斗争被杀。

（二）朝制断恩，改降郑氏

碑铭记载："朝制断恩，改降郑氏。"公元720年，在薛儆去世后，玄宗下诏令郾国长公主改嫁郑孝义。

公主碑铭又记："均养七子，麻荫二宗，汾阴之室忘亡，荥阳之党相庆。"由此可知驸马郑孝义为荥阳郑氏，且公主可以兼顾薛家和郑家，处事周到。公主改嫁的时间不可知，但从"均养七子，麻荫二宗""开元十三年（725）二月庚午，薨于河南县之修业里，春秋三十有七"可推算出公主丧夫不久即改嫁。因为"均养七子"是说她与前夫有四子，后与郑氏又生三子，共七子。薛儆死于720年，公主死于725年，5年间与后夫生养三子，当为前夫死后不久公主改嫁他人。

薛儆去世不久玄宗即下诏让郾国长公主改嫁，看起来未免显得寡恩，很是反常，这可能与唐玄宗不肯给薛儆谥号是一个原因。同年驸马都尉裴虚己与岐王范游宴一事，使唐玄宗忌惮外戚势力与诸王结交，为显兄弟友爱，唐玄宗不能加罪于兄弟，就只能从外戚势力下手，削弱外戚实力。而汾阴薛氏正是此时最为强盛的外戚势力之一，又与太平公主有着密切关系，玄宗对太平公主的忌惮之心更重，且太平公主与李旦为抗衡韦后所形成的联盟早已解散，身为睿宗女儿的郾国长公主也不必再与太平公主的夫家薛家联姻以巩固联盟关系了。种种因素叠加，故薛儆刚去世，

---

① 《旧唐书》卷九《玄宗下》，中华书局，1975年，第211页。
② 《旧唐书》卷一七〇《玄宗诸子》，中华书局，1975年，第3258—3260页。
③ 《资治通鉴》卷二一九"唐肃宗至德二年二月戊戌"条，中华书局，1976年，第7019页。

唐玄宗就立刻将郾国长公主改嫁郑氏，这也是当时的政治环境使然。

据《新唐书·宰相世系五上》记载：荥阳郑氏先祖可追溯到周宣王分封的郑国，郑国灭亡后以国为氏。东汉末年，以郑当时一脉的郑浑、郑泰等人为开始，逐渐发展为高门望族。北魏时与范阳卢氏、清河崔氏、太原王氏并称为四姓，到了唐朝，郑姓在中国北方的荥阳已经发展到了鼎盛时期。[1]有唐一代，郑姓家族出现了22名进士，6名状元，8位驸马，9位宰相，家族地位和声望十分显赫。郑孝义即其中的"八驸马"之一，但其在《新唐书》与《旧唐书》中均没有传记，详细家世生平已不可考，这也从侧面显示了荥阳郑氏很少参与唐前期的任何政治大事，甚至中唐以前，荥阳郑氏在政治上都不太活跃，新、旧唐书中有传的仅有郑善果、郑元寿、郑虔等寥寥数人。[2]虽门第高贵但在唐初却不是显赫的外戚势力，又与太平公主、诸王势力均无甚联系，与薛儆相对比，正符合唐玄宗为郾国长公主选取第二位驸马的标准。

前文已经提到，郾国长公主墓志记载"均养七子，麻荫二宗"，又记郾国长公主与薛儆"有男子四，女子五"，所以可知郾国长公主与郑孝义有三子，但都无明确记载。

开元十三年（725）二月庚午，郾国长公主去世。

纵观郾国长公主的婚姻生活，虽墓志中并未提及公主参与任何政治事件，但无论是公主第一次婚姻的择偶标准，薛儆的墓志铭提到的韦武之乱，还是玄宗下令让公主改降郑氏的原因，都体现了政治因素对郾国长公主婚姻生活的影响从未间断，直至其去世。

三、瘗玉埋香

据《郾国长公主神道碑铭（并序）》记载："开元十三年二月庚午，（郾国长公主）薨于河南县之修业里，春秋三十有七。"

（一）死亡原因

郾国长公主去世时才37岁，那么是什么原因导致了郾国长公主在大好年华逝世？正史中对其并无相关记载。碑铭对其死因的记载也并不详细，只有"既而善福虚应，寝疾弥留，尽国医之伎，远方毕至；供御府之药，中使相望，命之必至，不可支也"一句，记载了公主是生病不治而死。"寝疾"，指卧病。语出《左传·昭

---

[1] 〔宋〕欧阳修：《新唐书》卷七五上《宰相世系五上》，中华书局，1975年，第3258页。
[2] 张卫东：《唐代荥阳郑氏个案研究》，硕士学位论文，陕西师范大学，2003年，第30页。

公七年》:"寡君寝疾,于今三月矣。"①但公主因何得病?具体得了什么病?今天的我们已经不得而知了。

公主出嫁时15岁,去世时37岁,据碑铭记载:"蕃衍之福大来,有男子四,女子五。"后文又说其"均养七子,庥荫二宗",即鄎国长公主有7个儿子,正史与碑铭中均找不到关于鄎国长公主生育孩子具体数量的记载,只能知道她在改嫁郑孝义后又生了3个儿子,但有没有生育女儿已不得而知,所以鄎国长公主在22年的婚姻生活中至少生育了12个孩子,平均1.8年生育一个孩子,或许生育过多也是公主早亡的原因之一。而且三个儿子、一个女婿都因政治原因被杀,这对一个母亲的伤害是极大的。

且公主一生虽未亲身参与任何政治斗争,但在第一段婚姻中,因薛氏为显赫外戚,并与太平公主之乱有直接亲属关系,公主必常年忧思过重;加之驸马都尉薛儆曾辗转多地任职,公主作为妻子,必会跟随左右,舟车劳顿,定会身体疲惫,这都会影响到公主的身体健康,最终导致公主早逝。

(二)丧葬礼

《论语·学而》:"曾子曰:'慎终追远,民德归厚矣!'"②唐朝提倡以孝治国,丧葬礼仪渗透着亲情,培育了感恩心。人性就是这样被呵护,文明由此而弘扬。③鄎国长公主作为玄宗的妹妹,去世时又正值开元盛世之时,国力强盛,玄宗自然要为鄎国长公主举行一场隆重的丧葬礼。

1.官员护丧

唐代公主薨亡后,朝廷不仅会派人前往吊祭,还会专门派遣官员监护丧事。鸿胪寺便是负责重要人物丧葬事务的机构之一,至于承诏负责协助亡者家属办理丧事的大臣,则是根据逝世者的品级来派遣:"一品则鸿胪卿护其丧事,二品则少卿,三品丞。人往皆命司仪示以制。"④而据碑铭"有诏光禄卿孟温礼监护丧葬,京兆尹能延休副焉",鄎国长公主在下葬时,其丧事监护就是光禄卿孟温礼。光禄寺一般设有卿一人,从三品;且当时的京兆尹能延休,官职为正四品上。由此可见唐玄宗对鄎国长公主丧礼的重视。

---

① 杨伯峻编著:《春秋左传注》,中华书局,1981年,第1078页。
② 《论语》,中华书局,2006年,第6页。
③ 胡戟:《大唐西市博物馆藏墓志》,北京大学出版社,2012年,第17页。
④ 〔宋〕王溥:《唐会要》卷三八《葬》,中华书局,1988年,第691页。

2.窀穸之礼

"窀穸"是"埋葬"之意,《左传·襄公十三年》:"若以大夫之灵,获保首领以殁于地,惟是春秋窀穸之事,所以从先君于祢庙者,请为'灵'若'厉',大夫择焉。"①杜预注:"窀,厚也;穸,夜也。厚夜犹长夜。春秋谓祭祀,长夜谓葬埋。"

(1)彻悬久悼。"彻悬"指的是停奏音乐。《资治通鉴》"晋恭帝元熙元年"条载:"今入岁以来,阴阳失序,风雨乖和,是宜减膳彻悬,侧身修道。"②胡三省注:"古者,天子膳用六牲,具马、牛、羊、犬、豕、鸡。诸侯膳用三牲。悬,乐悬也。天子宫悬,诸侯轩悬。大荒、大札。天地有灾,国有大故,则减膳彻乐。"在古代,每有天灾或天象变异时,皇帝则减少菜肴,停止奏乐,以此自责。郯国长公主去世时,玄宗也为妹妹"彻悬",由此可见,玄宗对妹妹郯国长公主葬礼重视之程度。

(2)陪葬于桥陵。据公主墓志"夏四月,恩旨陪葬于桥陵,不祔,不从古之道也"可知,郯国长公主去世之后陪葬了桥陵。桥陵是唐睿宗李旦的陵寝,位于蒲城县西北约15公里处的丰山(唐时称为桥山,又称苏愚山)西南。桥陵以丰山为陵,在山腹开凿地宫,并在四周建造陵墙。丰山气势雄伟,蜿蜒如巨龙盘峙,登顶南眺,平野辽阔,一望无垠。陵穴高出周围平地250米左右,四周诸峰环绕,山势巍峨,蔚为壮观。唐睿宗李旦有6个儿子,11位公主,但能陪葬桥陵的据《唐会要》记载只有7人,分别为惠宣太子李业、惠庄太子李捴、惠文太子李范、金仙长公主、凉国长公主、郯国长公主驸马和李思训。③前文可知薛儆已葬于万泉县一座孤山之上,所以这里所说的"郯国长公主驸马"应为郑孝义,应该是郯国长公主与郑孝义合葬,一起陪葬桥陵。

(三)撰者书人

碑铭记载:"皇上念同气之致美,感阅川之永谢,恨棠华之半缺,悲瑶草之先化,乃命国史,昭铭懿迹,降恩礼于云露,写哀词于金石。"《郯国长公主神道碑铭(并序)》撰写者为唐朝著名政治家、文学家张说,在《旧唐书》和《新唐书》中均有其列传。

郯国长公主开元十三年(725)去世,玄宗下令张说为郯国长公主撰写碑铭,此

---

① 〔晋〕杜预注:《春秋经传集解》,中华书局,1989年,第236页。
② 《资治通鉴》卷一一八"晋恭帝元熙元年"条,中华书局,1976年,第3728页。
③ 〔宋〕王溥:《唐会要》卷二一《陪陵名位》,中华书局,1988年,第415页。

时其身任中书令、修书使、集贤院学士知院事。

据《资治通鉴》记载："（开元十一年）癸亥，以张说兼中书令。……上置丽正书院，聚文学之士秘书监徐坚、太常博士会稽贺知章、监察御史鼓城赵冬曦等，或修书，或侍讲；以张说为修书使以总之。"①

据《旧唐书·张说传》记载："十三年，受诏与右散骑常侍徐坚、太常少卿韦绦等撰东封仪注。旧仪不便者，说多所裁正，语在《礼志》。玄宗寻召说及礼官学士等赐宴于集仙殿，谓说曰：'今与卿等贤才同宴于此，宜改名为集贤殿。'因下制改丽正书院为集贤殿书院，授说集贤院学士知院事。"②

据《新唐书·百官二》记载："中书令二人，正二品。掌佐天子执大政，而总判省事。"③据此可知身为中书令的张说为正二品官。又载："学士、直学士、侍读学士、修撰官，掌刊缉经籍。凡图书遗逸、贤才隐滞，则承旨以求之。谋虑可施于时，著述可行于世者，考其学术以闻。凡承旨撰集文章、校理经籍，月终则进课于内，岁终则考最于外。（开元……十一年，置丽正院修书学士；光顺门外，亦置书院。十二年，东都明福门外亦置丽正书院。十三年，改丽正修书院为集贤殿书院，五品以上为学士，六品以下为直学士，宰相一人为学士知院事，常侍一人为副知院事，又置判院一人、押院中使一人。）"④又因《旧唐书·张说传》记载张说为集贤院学士知院事，可知张说此时为宰相。

由上，从张说撰写碑铭时品级之高也可看出唐玄宗对郯国长公主的重视。且《郯国长公主神道碑铭（并序）》的书丹者为唐玄宗本人，更显郯国长公主的受重视程度。

结语

综上所述，郯国长公主出生于则天顺圣皇后载初元年（689），一生经历了其父的几次退让皇位、武周王朝的建立、神龙政变后李唐皇室的恢复，以及韦后之乱、太平公主之乱，一直到开元盛世年间去世。如此看来她的一生时时处于动荡不安之中，尤其是郯国长公主的第一任丈夫薛儆为太平公主第一任丈夫薛绍的堂弟，在太平公主之乱时极有可能会被波及，但这些在其碑铭中均没有体现。其碑铭主要介绍了

---

① 《资治通鉴》卷二一二"唐玄宗开元十一年二月癸亥"条，中华书局，1976年，第6755—6756页。
② 《旧唐书》卷九七《张说传》，中华书局，1975年，3049页。
③ 《新唐书》卷四七《百官二》，中华书局，1975年，第1210页。
④ 《新唐书》卷四七《百官二》，中华书局，1975年，第1212页。

郾国长公主的生平经历、才华品德、婚姻生活、死亡时间以及其隆重的丧葬仪式，并着重表达了玄宗对这个妹妹的看重，为其亲书碑铭。至于碑铭中完全没有提及政治动荡，笔者认为可能的原因有二：一是时人对于武周这段改朝换代时期的忌讳，故省略不提；二是这些政变确实没有影响到郾国长公主的生活，故不必要提。

总之，《郾国长公主神道碑铭（并序）》史料价值颇高，它不仅让我们了解了公主的生平，补充了正史记载之不足，丰富了郾国长公主的人物形象，也让我们对武周时期、中宗朝、睿宗朝、玄宗开元盛世时期等历史阶段有了更直观、更感性的认识，值得今人多加品读，细细体味。

原载《长安学研究》（第3辑），科学出版社，2018年
（郭海文，陕西师范大学历史文化学院教授；远阳，陕西师范大学出版总社编辑；李炖，陕西师范大学历史文化学院教学秘书）

读《陕西神德寺出土文献》札记[*]

景新强

神德寺是一座隋唐古刹，位于今陕西省铜川市耀州区北步寿原下，现存砖塔一座，巍峨耸立。2004年9月文物部门在维修该塔时，在塔第四层拱券内发现一批古代写经卷子。2010年学者黄征、王雪梅着手整理研究这批文献，发表初步成果，[①]并于2012年以《陕西神德寺塔出土文献》（以下简称《神德寺文献》）之名全文出版，[②]计有306个独立卷号。这批文献的发现过程，黄征在该书"前言"中有详细介绍，兹不赘述。笔者在拜读《神德寺文献》和上述大作时，偶有疑惑，随手札记，略缀文字，以就教方家。

一、《神德寺文献》的整理特点

古代塔刹出土纸本文献，往往多有，著名的如应县木塔出土辽代刻本、写本佛经，震惊学界。此次《神德寺文献》出土，令人瞩目，整理为300余卷号，堪称大宗。整理者以"藏经洞"呼之，且处处比附于敦煌莫高窟第17窟藏经洞。实际上文献出土处为砖塔拱券也，呈半开放状，故为鸠雀占据，粪土堆积，腐蚀严重。总体观之，该批文献也与莫高窟第17窟所出性质迥乎不同，不必掠美自矜。《神德寺文献》是这批经卷的整理成果，整理者说，整理内容包含录文、标点、解题、断代、校勘、考证、注释术语、辨析字形8个方面；全书彩色图版，精装4册，整理者为此付出了艰辛的劳动，应予肯定。

《神德寺文献》整理的第一个特点是未予分类编排。整理者的大致意图是以

---

[*] 文为西北大学"学分制改革下版本目录学小班授课改革研究"项目（编号JX18064）资助成果。

[①] 黄征、王雪梅：《陕西神德寺塔藏经洞出土文献Y0001〈金光明经〉卷第二为唐人写经考》，《中华文史论丛》2011年第2期；黄征、王雪梅：《陕西神德寺塔出土文献编号简目》，《敦煌研究》2012年第1期；王雪梅、黄征：《陕西神德寺塔出土文献Y0067〈佛说随愿往生经〉校录考订》，《西华师范大学学报》（哲学社会科学版）2012年第3期。

[②] 黄征、王雪梅主编：《陕西神德寺塔出土文献》，凤凰出版社，2012年。

经卷残损程度编列，完整者居前，残破者居后，最后是佛画、木轴等杂件。鄙意以为，既然均为佛经，应以佛经目录分类结构编排，以类相从，可以有"读者友好"的界面，甚至相同经卷、一卷裂出者，其义互见，灿然明白，省却许多前后翻检之劳。当然，编列的办法已经不能用《开元释教录》及其衍生目录等古典藏经目录体系，因为神德寺所出比较特殊，够不上体系化的佛教文献（详后）。鄙意可用《大正藏》《卍续藏》等近代调整后的分类结构予以体现，因其目录结构对佛教经典的覆盖较全面，疑伪经等均能统摄之故。

《神德寺文献》整理的第二个特色是图版之外全文录文标点，并补足了原卷腐烂缺损部分的所有文字，整理者称之为"校勘"。"校勘"的办法，其实是以写卷上的残存文字，检索《大正藏》《卍续藏》《藏外佛经》等丛书的相应经典，来比定残卷名称、内容后，以补足"缺失"文字。近年来，由于CBETA[①]（中华电子佛典）的上线，为这类工作提供了极大便利，整理者应是以此按图索骥而来。继而所作的录文、解题、校勘、考证等，均与此相联系，实为一体。但是，用晚近时代形成的佛典文本检索比定中古时期的写卷文本，并为之定名、补文，如此工作难免流于粗疏，如学界已有对神德寺出土《十王经》文本比定失误的批评，[②]已经触及了中古写本经卷整理研究的深层次问题，即忽视佛经文本流变脉络，忽视佛经文本的历史形态与信仰变迁之间的联系，机械地以晚出文本来比定早期文本，实际上掩蔽了出土文本的时代价值。

《神德寺文献》整理的第三个特色是争取为每一件经卷断代。由于300余号经卷纯粹为佛经，只有2件卷末有年款，其他的或因为残损，或原本就没有年款，也无可供参照的纸背内容，所以整理者以负责任的态度为这些经卷断代，应该说具有很高的学术勇气。笔者梳理了《神德寺文献》约前三分之一经卷（以《神德寺文献》编例，前列的经卷往往是残存文字纸张较多的，属精华部分）的断代依据，发现整理者断代的思路颇有特点，兹不烦冗长，列为表1。

[①] CBETA是对《大正藏》《卍续藏》《汉译南传大藏经》等近世佛教典籍予以校勘、标点并数字化的一个佛教典籍数据库，详见《CBETA电子佛典集成版权宣告》。

[②] 张总：《〈十王经〉新材料与研考转迁》，见郝春文主编，中国敦煌吐鲁番学会、上海师范大学敦煌吐鲁番学研究所、香港中华文化促进中心、香港大学饶宗颐学术馆、北京大学东方学研究院合办：《敦煌吐鲁番研究》（第15卷），上海古籍出版社，2015年，第53—93页。

表1 《陕西神德寺塔出土文献》部分经卷断代情况表

卷 号	断 代	依 据
Y0001	唐写本	卋①多见，葉（从云），憨、民缺笔
Y0002	印本，宋太祖	世（一见），光作本字
Y0003	唐五代写本	世多见，故不可能入宋
Y0004	唐五代写本	有世字，憨（缺笔）
Y0005	高宗—宪宗元和元年	治作理，有世字，憨缺笔
Y0006	晚唐—宋太祖	有世字，光作本字
Y0007	宋太祖时	世作本字，光、敬、义作本字
Y0008	五代宋初	治作里（理），世作本字，故底本为唐本
Y0009	唐五代	世多见，憨缺笔，
Y0010	唐五代	有世字
Y0011	宋初太宗之前	世、民、治作本字
Y0012	宋初太宗之前	世作本字，无宋太宗讳
Y0013-1	唐之后宋太宗之前	世，民不缺笔②
Y0013-2	唐五代宋太祖	世、敬、义作本字
Y0014-1	印本，宋太祖太宗	刻印本在宋代才流行，故入宋
Y0014-2	宋太祖太宗	世作本字，故
Y0015	宋太祖	世、講作本字，故入宋；无宋讳
Y0016	唐五代	无讳字可据
Y 0017	入宋，太祖	世作本字
Y0018-1	刚入宋	世与卋同见③
Y0020	宋太祖	世作本字，无宋太宗讳字④
Y0021	宋太祖太宗	世或卋均有
Y0022	入宋	世作本字
Y0023	唐五代	有世字
Y0024	唐五代宋初	残存5字，无依据⑤
Y0025	唐五代宋初	残存3行，无依据
Y0026	宋太祖	世、卋均有⑥
Y0027	宋太祖太宗之际	世、民、治作本字，不避宋太宗讳⑦
Y0028	唐五代	世，憨缺笔⑧

① 由于卋字形常见，为排版方便，下文卋字形一律写为"世"，不一一截图，敬请读者悉知。

② "又说明是唐后而非唐前的"，参见黄征、王雪梅主编：《陕西神德寺塔出土文献》，凤凰出版社，2012年，第196页。

③ 整理者："唐五代人写字，要么都缺笔，要么都不缺笔，但不会一下子缺笔一下子又不缺笔。"故入宋。参见黄征、王雪梅主编：《陕西神德寺塔出土文献》，凤凰出版社，第255页。

④ 此件为摘抄本《大乘大集地藏十轮经》，脱漏严重。

⑤ 可与Y0077缀合，书法一致，顺序为Y0024+Y0077。

⑥ "在同一个人抄写的经卷中，同一个世字，一会儿缺笔，一会儿不缺笔，这种奇特的现象只有刚刚入宋不久的时候才会出现。"参见黄征、王雪梅主编：《陕西神德寺塔出土文献》，凤凰出版社，2012年，第308页。

⑦ 可与Y0007缀合。

⑧ 可与Y0004缀合，Y0028在卷首，接Y0004，应题《佛说随愿往生经》，不应以大正藏定名。

续表

卷 号	断 代	依 据
Y0029	唐五代	世，愍缺笔①
Y0030	宋太祖	世作本字，义、议、光、敬等作本字
Y0031	宋太祖	世作本字；民加点，不缺笔；愍缺笔②
Y0033	唐五代宋初	无避讳字可据③
Y0034-1	唐五代宋初	无避讳字可据
Y0034-2	宋太祖太宗	世作本字④
Y0036-1	宋太祖太宗	世作本字
Y0036-2	未断代	残存3行计10字
Y0038-1	唐五代	有世字
Y0038-2	唐五代宋初	无避讳字可据
Y0038-3	唐五代宋初	无避讳字可据
Y0038-4	唐五代宋初	无避讳字可据
Y0039-1	印本，宋太祖太宗	世作本字
Y0039-2、Y0039-3	均为印本，宋太祖太宗	无避讳字可据
Y0039-4	印本，唐五代宋初	无避讳字可据
Y0040	唐五代	愍缺笔
Y0042	唐五代宋初	无避讳字可据⑤
Y0043	印本，晚唐五代宋初	残存3字，无避讳字可据
Y0044	唐五代宋初	残存3行计7字，无避讳字可据。按此为《佛说续命经》：□愿圣□罪者□如影随形 愿舍利西方阿□⑥
Y0045	唐五代宋初	残存2字
Y0046	唐五代宋初	残损3行，无避讳字可据
Y0047	宋太祖太宗	世作本字，非唐五代习惯
Y0048-1	印本，宋太祖	民、光作本字，首书写"郭家经一卷"
Y0048-2	印本，晚唐五代	有世字
Y0049	唐五代	有世字；义作本字⑦
Y0050	宋太祖太宗	世、治均作本字
Y0051	宋太祖	世、民均作本字
Y0052	宋太祖	世、光、义、敬均作本字⑧

① "民字多加一点似乎也有避讳作用。"参见黄征、王雪梅主编：《陕西神德寺塔出土文献》，凤凰出版社，2012年，第330页。

② 与Y0011《金光明经卷三》为一人所写。

③ 残存3行，可与Y0009缀合，Y0033在前。

④ 可与Y0031缀合，Y0034-2在前。

⑤ 可与Y0038-2缀合，Y0042在前。

⑥ 原卷抄写极为草率，"形"误作"刑"，"离"误作"利"，残剩"刂"旁。

⑦ 可与Y0037-2、Y0073缀合，顺序为Y0037-2+Y0073+Y0049，三件书法独特、一致。而Y0073断为唐五代宋初，Y0037-2未断代。

⑧ 此件可与Y0151缀合。Y0151残片原位置在图版Y0052-3断烂处（参见黄征、王雪梅主编：《陕西神德寺塔出土文献》，凤凰出版社，2012年，第451页），因Y0151残片无所谓避讳字，故被断为"唐五代宋初"（参见黄征、王雪梅主编：《陕西神德寺塔出土文献》，凤凰出版社，第690页），与Y0052断代矛盾。另该书第455页"注6"已经补出Y0151残剩文字，但454页录文中误标"注6"为"注7"，应是手民之误。

续表

卷 号	断 代	依 据
Y0053	宋太祖太宗之际	愍缺笔，沿袭唐讳；民、世、敬作本字；光、乂未见
Y0054	唐五代宋初	无避讳字可据①
Y0055—1	宋太祖太宗	世、丗均有，为入宋不久
Y0055—2	印本，唐五代宋初	残存9字，无可据②
Y0056	印本，宋太祖	世、丗均有，民、光不缺笔
Y0058	印本，唐五代宋初	講从"云"，唐讳
Y0059	印本，宋太祖	世、光不缺笔
Y0060	唐五代宋初	残存4行10余字，世泐损，别无避讳字③
Y0061	宋太祖太宗	世不缺笔④
Y0062	唐五代	有丗字
Y0064	未断代	残存"□齐毁？"⑤
Y0067	唐代	有丗字，民、愍缺笔⑥
Y0068	无断代	以"校注考证"所举例，应定宋初⑦
Y0069	宋太祖	世、光作本字
Y0072	唐五代宋初	仪不缺笔
Y0074	印本，唐五代宋初	无避讳字可据
Y0075	唐五代	有丗字，愍缺笔
Y0076	五代	"十王经"为五代造伪经
Y0077	五代	"十王经"为五代造伪经
Y0078	唐五代	弃，缺笔
Y0079	唐五代宋初	无避讳字依据⑧
Y0082	宋太祖太宗	世作本字⑨
Y0085	唐五代宋初	无避讳字可据⑩

① 按：残存4行10余字，可与Y0020缀合，Y0054居前。而Y0020被断为宋太祖时。

② "世"泐损；可与Y0002缀合，Y0055-2居前；而Y0002被断为宋太祖时。

③ 存3行，可与Y0009缀合，Y0033在前。

④ 似可与Y0034-1缀合，Y0034-1居首。

⑤ 可与Y0096、Y0192缀合，顺序为Y0061+Y0192+Y0096。Y0061和Y0096两件中"切""功"右半、"不可"笔法一致，Y0192书法纸色与上述两件一致；文义均连属少缺。Y0096被断为宋太祖时，矛盾。

⑥ 残件似"齐毁"二字，若是，可推定为有偈赞的"十王经"文本（参考《卍续藏》）。

⑦ 此件可与Y0087缀合，两件"得""生""苦""方"等字笔法一致，Y0087居前有残，Y0067居末。而Y0087被断为唐五代宋初，矛盾。

⑧ 此件可与Y0145缀合，随Y0145之后，书法一致，文义连属。而Y0145因"世"字被断为宋太祖时。

⑨ 此件为数十残片，由整理者拼摆为一号。审视书法则可分为2件不同的《大乘大集地藏十轮经卷九》，其中图版Y0082-2、Y0082-4为一件，与Y0020为同一人书写，其书法"出""世""为""间"等高度一致；但不能缀合，因为图版Y0082-2文字又见图版Y0020-11。

⑩ 此件可与Y0009缀合，Y0085居前，Y0009接后，书法一致，断烂形态一致，当为一卷裂出。而Y0009以"世"多见、"愍"缺笔，断为唐五代，矛盾。

卷　号	断　代	依　据
Y0099	唐五代宋初	无避讳字可据①
Y0112	唐五代	无避讳字可据②

据上表可知，《神德寺文献》整理者对经卷断代的类型，分为以下几种：

（1）原卷有明确年款者，只有Y0041《北斗七星护摩法》"开宝九年六月"、Y0032《佛说解百冤家经》"雍熙二年正月八日"两条，即以款识定年。其实Y0041《北斗七星护摩法》为刻本，卷末手写题记云："亡过长男在生之日有誓修写消灾经一□□散施与人诵持，伏望□□□三界，开宝九年六月日记。"因此，散施该经的时间，并非刊刻时间。推测此件应为经坊印制售卖品，而施主为亡子请经散施祈福，故而题记另行手写，题记与正文末尾也并非一纸，粘贴痕迹明显；③不像敦煌出土的王玠为二亲敬造的《金刚经》（咸通九年，868年）那样事先规划一体印制了，因为王玠是专门出资不惜工本地雕造该经的。上述经卷的年代先后符合印刷术发展的基本逻辑，即经坊印刷者晚于王玠捐造者。④

（2）原写卷无明确年款，也没有整理者认为的明显避讳字字形，无"据"可依，故全部断代为"唐五代宋初"。这种经卷为数不少。⑤

（3）原写卷有整理者认为的避讳字字形，则据避讳断代。此类为数众多。如认为"丗"是"世"的缺笔第四笔字形，⑥"葉""講""棄"等为从"世"构件之字，改从"云"或缺笔；"民""愍"缺笔，"愍"上半部作"改"，甚至认为

---

① 此件可与Y0149缀合，书法一致，如"复""能""或""有"等字；Y0149居首，后残，接Y0099。而Y0149断为唐五代，也无避讳字可据。

② 此件可与Y0148缀合，书法一致，如"得""报"等字；Y0112居前，接Y0148；抄写有漏句。而Y0148断为唐五代宋初，也无避讳字可据。

③ 黄征、王雪梅主编：《陕西神德寺塔出土文献》，凤凰出版社，2012年，"图版2"第402页。

④ 印刷术的诞生与佛教有密切的关系，已是学界共识，相关文献与研究史探讨，可参见辛德勇：《中国印刷史研究》（生活·读书·新知三联书店，2016年）。早期佛教印刷品多为单品单叶的经咒、佛画等物，大篇幅卷轴经文印制应稍晚，商业化的佛经印制则更晚。

⑤ 此类为数不少多为整理者不事缀合、孤立断代之故。

⑥ 黄征、王雪梅：《陕西神德寺塔藏经洞出土文献Y0001〈金光明〉经卷第二为唐人写经考》，《中华文史论丛》2011年第2期；王雪梅、黄征：《陕西神德寺塔出土文献Y0067〈佛说随愿往生经〉校录考订》，《西华师范大学学报》（哲学社会科学版）2012年第3期。

"民"字多写一"、"也有避讳意味;①"治"缺末笔,或作"理";等等。

（4）刻印本经卷,若无整理者认为的避讳字依据,则断为宋初,并以为印本现象多为入宋立论。②但也有例外,如Y0039-4、Y0043、Y0055-2是印本,且无所谓唐讳,但定为（晚）唐五代宋初。这又是法外之例。

（5）刻印本经卷,若有整理者认为的唐讳、宋讳,则据避讳断代。如Y0048-2有"世"字,定为晚唐五代;Y0039-1"世"作本字,故不能在唐,要入宋;Y0048-1"民""光"作本字,故定宋太祖时。诸如此类,多据唐讳定为唐五代,不避宋太宗讳则在太宗之前。但也有例外,如Y0002"世"一见,是所谓唐讳,定为宋太祖时;Y0058"講"右上从"云",是唐讳,定为唐五代宋初;③又如第（4）条所举3则印本断代宽泛例。总之,读者若想弄清楚整理者对刻印本经卷的断代依据,很难。

（6）所谓唐讳的避讳不严、正字讳字互见例,整理者认为是"入宋不久"的特殊现象,④可据以断代。如:Y0013-1"世""民"同见;Y0008"治"作"里（理）","世"作本字;Y0018-1、Y0026"世""丗"同见,被认为是避讳不严互见之例,是去唐以后、宋初的时代特征。这是令人耳目一新的意见,以其判断之精微,若成立,将为中古写本断代奠定一条可以信据的例法。

那么,《神德寺文献》的整理者提出的断代意见,是否成立?又是否能够援例为中古佛经写卷断代的范式呢?对此还需要检讨。

二、对《神德寺文献》断代的检讨

能与神德寺文献断代研究相比拟的是敦煌遗书的断代研究。海内外敦煌学界对敦煌文献断代方法已有长期的、广泛的、深入的讨论和实践,学术史和方法归纳见张秀清《敦煌文献断代方法综述》(《敦煌学辑刊》2008年第3期)、陈国灿《略论敦煌吐鲁番文献研究中的史学断代问题》(《敦煌研究》2006年第6期)等,本文从略。综合起来,不外乎写卷内部的和外部的证据两个路径,以文字特征断代（如

---

① 黄征、王雪梅主编:《陕西神德寺塔出土文献》,凤凰出版社,2012年,第330页。但此民字加"、",整理者在他处又不提及有讳意,似底气不足。其实已有学者指出民字加"、"是一个俗写字形而已。参见窦怀永:《敦煌文献避讳研究》,博士学位论文,浙江大学,2007年,第31页。

② 黄征、王雪梅主编:《陕西神德寺塔出土文献》,凤凰出版社,2012年,第223页。

③ 此件断代连带"宋",笔者猜测是第（4）条刻印本多在宋的规则左右了整理者的认识。

④ 黄征、王雪梅主编:《陕西神德寺塔出土文献》,凤凰出版社,2012年,第255页,第308页。

避讳字①、书法、笔迹等）只是其中内证之一。②总之，因为产生历史绵长、数量巨大、纸背内容丰富、书法字迹随时代流变等条件，敦煌遗书的断代基础要比神德寺文献好一些，其断代方法也具有参考意义。

但总的来说，《神德寺文献》整理者采用了避讳字断代法，特别是断代依据中非常多地以"卋""丗"的判断，认为"丗"是"世"本字的一个避讳字形。由于"世界""世尊"等佛教用语，"世"字几乎是佛经中频率最高的单字之一，又涉唐太宗名讳，以之断代，可谓便利。那么是否真的如此呢？

先说"丗"字形。唐以前碑石如《隋张俭墓志》③《隋龙藏寺碑》④均有"丗"形。唐以后继续使用，宋代写本、刻本中触目皆是，如北宋《金粟山大藏经》写本⑤、温州慧光塔出土五代北宋写经刻经⑥，甚至南宋黄善夫本《史记》的"丗家"等，均如是。笔者还稍微翻阅了国家图书馆"北敦"敦煌遗书，有明确纪年的佛经写卷如BD01032号《维摩经义记》（537年北朝写本）、BD03272号《净名经》（825年蕃占期）、BD03390号《涅槃义记》（615年隋写本）等均作"丗"；BD03272号、BD06040号（开元十六年）还"世"和"丗"并用。这些例子都是与《神德寺文献》性质相同、且有明确纪年的佛教经卷。⑦相反，有些初盛唐时期的佛经写本，"世"本字却十分普遍，随手查出若干，⑧如表2所示。

---

① 窦怀永等对敦煌文献避讳字断代研究有较深入探讨，除《敦煌文献避讳研究》（甘肃教育出版社，2013年）专著外，另有《敦煌写本的避讳特点及其对传统写本抄写时代判定的参考价值》（《敦煌研究》2004年第4期）等专文，强调不能拘泥某避讳字强行断代，而要注意其历史变迁。

② 另外，施安昌提出了"递变字群"断代的概念，本质上是对俗写字体流变的统计学考察，以期得出断代认识。但或因缺乏大数据支持，或因还有内在矛盾难以解决，此一方法响应不多。见《敦煌写经断代发凡——兼论递变字群的规律》（《故宫博物院院刊》1985年第4期）、《论汉字演变的分期——兼谈敦煌古韵书的书写时间》（《故宫博物院院刊》1987年第1期）、《敦煌写经的递变字群及其命名》（《故宫博物院院刊》1988年第4期）。

③ 秦公、刘大新：《碑别字新编》，文物出版社，2016年，第14页。

④ 《龙藏寺碑》"世""牒（从丗）"并存。

⑤ 中国国家图书馆、中国国家古籍保护中心编：《第一批国家珍贵古籍名录图录》（第2册）00849号，北京图书馆出版社，2008年，第12页。

⑥ 温州博物馆编：《白象慧光》，文物出版社，2010年，第208—248页。

⑦ 国家图书馆藏"北敦"敦煌遗书伪造者绝少，本文所举写卷款识应属可靠。参见方广锠：《国家图书馆藏敦煌遗书北敦00337号小考》，《文献》2006年第1期。

⑧ 本文仅仅查阅少数"北敦"写卷举例言之。对敦煌避讳字筛查严密者，当推窦怀永《敦煌文献避讳研究》第三章第二节"敦煌有纪年文献避讳情况总览"、第五章"敦煌文献避讳方法研究"等章节，用力称勤，结论得实。

表2 "世"本字在部分初盛唐写本中的用例

编号	BD00024	BD02095	BD02602	BD04074	BD04716	BD05520	BD05671-2	BD06040
卷名	金刚经	大佛名略出忏悔	金刚经	回向轮经	金刚经	无上秘要	法华经	阿弥陀经
纪年	710	905或965	景龙二年（708）	905	7世纪，有武周新字	718	天宝三载（744）	开元十六年（728）
政治	盛唐	归义军	盛唐	归义军	初唐	盛唐	盛唐	盛唐

上述写卷，除归义军时期外，大部分书法精美、一丝不苟，具备盛唐官写经的风貌，难道也不知道避"世"字吗？

文字避讳是历史上十分突出的一种文化现象，当然可以为据。但根本的问题在于，《神德寺文献》的整理者误认"卋"为"世"的避讳字形，妄下结论。其实，"卋"（写本、碑刻、刻本中作"竺""卋"）为汉字楷化过程中的别体俗写，为一笔之省，而不涉避讳。"世"字的缺笔避讳形作"世"，"卋"的缺笔避讳形作"业"，从"世"之构形改从"云"等。①上述纪年文献举例也能支持这一结论。那么，《神德寺文献》中大部分以"世""卋"字形来判断时代的做法，就必然动摇了。再说"民""愍""治""葉"等缺笔、改字之例，在Y0001、Y0005等写卷中很突出。这些当然是确定无疑的唐讳，以之断代，似乎称善。但陈垣在《史讳举例》中早已申明"翌代仍讳"，并举了渊"淵"、世"竺"、民"尸"等在唐后仍存的例子，称不能据此定其年代。②窦怀永也举出敦煌遗书S.2973"开宝三年八月日节度押衙知上司书手马文斌牒"，其"牒"字右上角作"云"，是承袭唐讳。窦文还专辟"敦煌避讳的承沿性"一节，详尽论述，来说明后世保留唐讳的现象。③这实际是说，既然是一种文化现象，而不是政治现象（虽然是由政治引起的文化现象），避讳就有一定的迟滞特征，特别是在以书写为主要文字传播复制方式的环境下，习惯表现得更稳定。

论者或谓：敦煌不同于耀州神德寺，彼地去神都遥远，又陷于吐蕃，别立归义军，实际独立，避讳不严或避讳迟滞，是中原政治文化不能遥及之态。亦即是说，神德寺所出文献理应避讳严密、紧随政治之变迁而变迁。但看来也并不如此。从表1可知，神德寺经卷中也有避讳不严的情形，这被整理者解释为"入宋不久"的特

---

① 参见窦怀永：《敦煌文献避讳研究》，甘肃教育出版社，2013年，第32、34、211、251页；另，《陕西神德寺塔出土文献》的整理者以"敦煌俗字"研究名家，其视"卋"字若此，庶不敢从。
② 陈垣：《史讳举例》，中华书局，1997年，第80页。
③ 窦怀永：《敦煌文献避讳研究》，甘肃教育出版社，2013年，第192页。

殊现象。这种观点十分突兀，也很新鲜，却无统计意义的支撑。这种现象依然不出写本时代避讳字有承沿性（迟滞）的特征这一逻辑。这里还可分析一例即Y0005，有"卅"字，"愍"缺笔，"治"作"理"，整理者认为这是唐高宗至唐宪宗元和元年之间的写卷，依据是宪宗即位后迁高宗神主出七庙，已祧不讳。①但更可以解释为："愍"缺笔、"治"作"理"是书写者受底本所带来的唐旧讳影响，习惯地写成的。因为可以想见的是，唐代佛经写本不会大面积出现"改字讳"的避讳办法，②那样做会掩蔽经典原文造成大量校勘疑难，令后世佛教学者整理教典时回改不尽。后世佛教经典特别是大藏经本，基本都受《开宝藏》的影响，③并不见因改字而致的校勘问题。④所以，佛经写本中的改字讳应是个例，是书手受当时文字环境影响而书写的。实际上，中古写本（含刻石）避讳，大致上分为对正字形的避讳和对俗字形的避讳两路。正字即现代人接受的汉字规范字形，避讳办法有缺笔、改字等。俗字是汉字发展史中楷化不规范的另一形态，俗字的灵魂在于俗而不在于正，俗字形也发生了避讳现象。⑤古代并无强制性规范去约束俗字形的应用，只在后起的经典化（楷书石经）、印刷术（楷书版印）、科举试等文化力、传播力的作用下，俗字（不规范字形）才趋于减少，字形走向规范，但也只是相对的。明乎此，对"卅""菁""葉"等结构件改形沿用成为"俗字"也就好理解了。⑥

另外，即便是以整理者的避讳字断代的逻辑为每一件经卷断代，也失之鲁莽。因为若残卷残片能够缀合，而入缀部分若有所谓"避讳字"字形者，当以整理者之"避讳字"断代逻辑予以处理，所以应先予缀合为是，但整理者并未措意于缀合。对此笔者所作按语已经揭示。总之，整理者所制订的"避讳字"断代原则，根本上有较大缺陷，不能作为此类经卷断代的依据，应另寻出路。

---

① 若真如此，此件乃盛唐中唐时期写本，又神德寺地处长安近畿，必将十分珍贵。但或许是觉得避讳字太少或依据不那么充分，整理者并未看中此卷单独作文论证，只在"校注考证"中加以断定。实际是此卷书法潦草，笔迹狭促，毫无盛中唐时期写本那样的端雅方正、一丝不苟。

② 如唐高宗认为佛经"既是圣言，不须避讳"，在实践中也表现为佛经避讳并不如儒家经典严格。参见窦怀永：《敦煌文献避讳研究》，甘肃教育出版社，2013年，第202—203页。

③ 何梅：《历代汉文大藏经目录新考》，社会科学文献出版社，2014年，第1553页。

④ 试以"治""愍""民"等字检索CBETA，结果均极多，如"愍"字20000余次，而"愍"（常被认为是"愍"的避讳代用字形）只有500余次。

⑤ 窦怀永：《敦煌文献避讳研究》第六章第二节，甘肃教育出版社，2013年。

⑥ 窦怀永：《敦煌文献避讳研究》第六章第一节，甘肃教育出版社，2013年。

三、认识《神德寺文献》时代的几个思路

对于出土文献,当然要看它自身的内容属性,也要看它出土地的历史和环境。这是认识它、研究它的应有思路。《神德寺文献》的整理者也注意到了这些方面,在整理"前言"中大篇幅谈及了神德寺的历史变迁、塔的历史建造,也简单讨论了经卷的内容属性,做了一些推论,有些观点也很有见地。[①]鉴于此,笔者更进一步思考《神德寺文献》的性质和历史,试图在以下几个方面做一些讨论。

1.看它有什么,没有什么

其一,神德寺出土文献几乎全部是佛教经卷,虽然腐烂严重,但根据残片观察,完全没有纸背内容及其迹象,没有世俗文书和社会经济文书,这和敦煌莫高窟17窟所出遗书性质完全不同,[②]绝不能相比附。没有纸背文书,而印本比例较高,这显然是印刷术比之敦煌稍有发展、而此地纸张不缺(不必重复利用)、产生时段相对集中的反映。前述整理者断代为"唐五代宋初"者不少,若以宋真宗为界,唐五代宋初达400年,近畿古刹在如此长时段内累积经卷不当才300之数。

其二,既然是佛经,写本多、刻本少,但其中没有经录,没有经帙。经录,即佛经的目录,不管是寺院点勘经卷的登记目录,还是编造藏经的工作目录,更还是从藏经中传抄出写本经录,都能反映出该寺院当时的经典状态和宗教环境,所以经录的意义十分重要。例如《神德寺文献》Y0153定名《西天大小乘经律论并在唐都数目录》[③],如图1,录文如下:

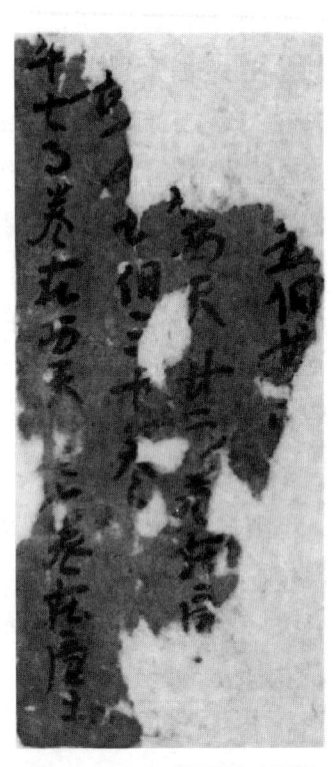

图1 Y0153《西天大小乘经律论并在唐都数目录》(出自《收藏》2014年第19期)

---

① 如认为这批经卷是神德寺当地百姓在一次祈福禳灾的活动中供奉的。参见黄征、王雪梅主编:《陕西神德寺塔出土文献》,凤凰出版社,2012年,"前言"第13页。

② 对第17窟遗书的属性,笔者赞同方广锠的"废弃说"。参见方广锠:《敦煌藏经洞封闭原因之我见》,见《方广锠敦煌遗书散论》,上海古籍出版社,2010年,第1—27页。

③ 图版见《陕西神德寺塔出土文献》,凤凰出版社,第692页;另,刘铁《如是无量事 我今但略说 陕西耀州区神德寺塔藏经》(《收藏》2014年第19期)有更为清晰的图片,且残存字较多,本文以此为据。

（前缺）

☐ 五百廿☐ ☐

☐ 西天，廿二卷在唐☐

☐ 故一千七百三十卷

☐ 千七百卷在西天，☐十卷在唐土

（后缺）

这是以敦煌遗书S.3565、P.2987为参考定名的。此类虽名为目录，但并非典型意义上的经录，而"是一种修功德的工具"，与学术性、理论性佛教文献编录无涉。[①]是中土撰作的疑伪文献，其时代在晚唐。[②]具体到Y0153，因残存字迹不多，试与方广锠所辑录两件敦煌遗书和两件明代文本对照，唯"千七百卷在西天，☐十卷在唐土"似乎与"佛藏经"卷数相仿，"五百廿☐"似乎与"瑜伽论经"在西土卷数上相仿，但前后文参差巨大。[③]或因此类文本的经卷数字本身均为虚数，难以究诘；或因Y0153又是一摘抄简省过甚的本子，与敦煌本难以核正。另外，Y0153文中将"在西天""在唐土"并举，与敦煌本单列"在唐（国）"者不同，为别本的可能性更大。总之，这也是一件功德性的佛教文献。

经帙即包裹经卷的包袱皮，体现在与经卷、经录的关系上，即寺院管理大批经卷乃至大藏的计量单位。经帙能够反映该寺院所藏经典的规模、编次、点勘及贮藏状态，对反映其宗教发展形态也很有意义。[④]《神德寺文献》出土时虽腐蚀断烂严重，但可见的报道并没有经录和经帙，其总数量300件左右也不能支持一部大藏的规模，故而其存藏状态（塔上的拱券）就不能以佛教典籍收藏、贮存处视之，性质当

[①] 方广锠对此类"经录"有深入的研究，参见方广锠辑校《敦煌佛教经录辑校》（江苏古籍出版社，1997年，第267—294页）、方广锠《中国写本大藏经研究》（上海古籍出版社，2006年，第296—316页）。刘波、林世田《〈西天大小乘经律论并见在大唐国内都数目录〉的流变》（《"写本学国际学术研讨会"会议论文集》，中国敦煌吐鲁番学会西华师范大学，2018年7月，第303—317页）对此录的后世文本的流传线索进行了梳理、讨论；另外，陆扬在伦敦发表对《西天大小乘经律论并在唐都数目录》的研究成果，惜未见大作（参见https://baijiahao.baidu.com/s?id=1611121799813091402&wfr=spider&for=pc）。

[②] 任继愈主编：《佛教大词典》，凤凰出版社，2002年，第469—470页。按此条反映方广锠的观点。方广锠认为S.3565、P.2987均为10世纪写本（《敦煌佛教经录辑校》第268页），与认为此录产生时代在晚唐并不矛盾。

[③] 参见方广锠编：《敦煌佛教经录辑校》，江苏古籍出版社，1997年，第275、277、282页；方广锠：《中国写本大藏经研究》表二十四，上海古籍出版社，2006年，第300页。

[④] 参见史树青：《苏州虎丘云岩寺塔发现的"经袱"和"经帙"》，《文物》1958年第3期；方广锠：《敦煌经帙》，见《方广锠敦煌遗书散论》，上海古籍出版社，2010年，第58—76页。

然与敦煌所出不同。

其三，神德寺出土文献中，没有史传，没有律藏，没有论部，没有完整的大部经，也没有经疏，这都折射出了这一批经卷被安置时的状态和用途，即哲学化、理论化的佛教形态在退缩。有的是密宗教典（如《十王经》《灌顶经》《尊胜陀罗尼》等），大部经的摘抄本（《金刚》《法华》《光明》等流行经典），大量的"疑伪经"等，还基本都是卷帙不大、选择摘抄的本子，这是一种用于信仰、供奉的佛典"拼盘"，而不是寺院用来贮存经卷的专门处所。

其四，有供奉题记者。其中有纪年的两卷，Y0041《北斗七星护摩法》为刻本而手写题记，其性质已如前揭示。还有一卷Y0048-1也是印本，但在卷首书"郭家经一卷"，其意为郭家供奉，而不是郭家雕印，也是经坊印本；写在卷首（书法潦草率意），便于法事活动中识别登记，有很明显的供奉意图。

其五，印本的特征。较完整且纸数较多的印本是Y0002《三十二分金刚经》，此本首残尾全，有上下栏，无行格，每纸30行17字，存8纸。仔细观察它是一纸一版，印好后黏接的；在每版开头或中间的空白处刻有版号（往往在小标题下），可见五、六……十一，最后一版有尾题者，没有版号。本卷也似经坊雕印，因为为了省料，若上一分（"分"即《金刚经》的一个小节）的末尾多出三五字必须另占一行，那么下一分的小标题就接在这一行排版，而不单独再起一行，颇有节约的意味。版号是非常重要的信息，它往往出现在印刷技术发展到一定程度（而不是初起阶段）、文字较长、版片较多，印制时需要管理、排序的复杂工艺的时期。这件金刚经有版号，且最后一版因为有标题就省略了版号，工匠们可以娴熟地识别其顺次，这显示了较高的印装工序水平。方广锠专门报道过几件早期印本佛经卷子（不含陀罗尼、版画等），认为这类单刻本有版号的卷装佛经，都比较早，是晚唐五代之物。[①]神德寺的Y0002《三十二分金刚经》书法古拙，多方笔、顿挫，有浓厚的写经意味，书法上要比山西高平文管所藏的第六种《妙法莲华经》[②]神采飞扬一些、古老一些。我认为Y0002应是晚唐五代版刻。《神德寺文献》中其他残破过甚的印本，经观察字体特征与Y0002近似，应刊刻于同一时段内。

其六，写本内容简省严重，以整理者用后世藏经本子校勘看，掉字、掉句（不是单纯省略某些偈赞）比较突出，有些已经不能用别本来解释。可以推测是当时抄

---

① 方广锠：《九种早期刻本佛经小记》，见沈乃文主编：《版本目录学研究》（第6辑），北京大学出版社，2015年，第221—226页。
② 图版见中国国家图书馆、中国国家古籍保护中心编：《第一批国家珍贵古籍名录图录》（第4册），北京图书馆出版社，2008年，第146页。

写供奉并不那么"认真严肃",形式感强。

2. 寺与塔的历史

经卷虽然放在拱券中,但很有可能是早期经卷放在晚期建造的佛塔中,这种例子不胜枚举。①那么,神德寺和塔的历史情况如何呢?它们与经卷的时代关系是怎样的?笔者想从以下几个方面予以提示。

其一,这批文献的时代不应早于"会昌灭佛"。唐武宗会昌年间(841—846)的排佛运动,是中国佛教史上最严重的一次"法难",学界对其研究已经较多,②一致认为,灭佛期间全国寺院、僧尼、经像等毁坏严重、扫地以尽。如《旧唐书·武宗纪》:"(敕曰)上州合留寺,工作精妙者留之;如破落,亦宜废毁……上都左街留慈恩、荐福;右街留西明、庄严。"③"天下所谓节度、观察、同、华、汝三十四治所得留一寺……其他刺史州不得有寺。"④刺史州中的上州,才允许留寺一所(即精妙者)。神德寺所在为唐京兆府华原县,虽是上州,但是县属寺院是下寺。⑤县所属下寺,在武宗灭佛的最严酷阶段,均在废毁之列。⑥若《神德寺文献》Y0005有唐高宗讳,即被断为高宗至宪宗元和前的写本,难符史实。

其二,应考虑黄巢之乱和五代战乱对耀州地区的影响。神德寺是一座历经隋唐

---

① 如1981年陕西法门寺原明塔坍塌后发现宋刻《毗卢藏》零册,参见西北大学历史系扶风县博物馆联合调查组:《法门寺调查简报》,《文博》1985年第6期。

② 相关成果如方广锠:《中国写本大藏经研究》,上海古籍出版社,2006年,第317—327页;[美]斯坦利·威斯坦因著:《唐代佛教》,张煜译,上海古籍出版社,2010年,第126—149页;方胜:《唐武宗会昌灭佛中寺院及僧尼留存情况》,《史学月刊》2009年第11期。

③ 《旧唐书》卷一八,中华书局,1975年,第605页。上都即长安。左街、右街,是唐宪宗元和二年(807)后将全国僧道管理隶属左街、右街功德使,不隶祠部;武宗灭佛期间(强制僧尼革除、还俗后)将剩余寺僧归属主客;次年宣宗即位又立即恢复了左右街功德使(参见周奇:《唐代宗教管理研究》,博士学位论文,复旦大学,2005年)。

④ [唐]杜牧:《杭州新造南亭子记》,转引自方广锠:《中国写本大藏经研究》,第321—322页,标点有改动。

⑤ 关于唐代寺院等级的研究,参见周奇:《唐代宗教管理研究》,博士学位论文,复旦大学,2005年。

⑥ "全中国只有四十九座寺院,容纳大约800名僧人,可以合法地存在。"参见[美]斯坦利·威斯坦因:《唐代佛教》,张煜译,上海古籍出版社,2010年,第138页。

至宋金的古寺，有关该寺的历史记载，王仲德《铜川旧志拾遗》搜罗较详。[①]据南宋陈思《宝刻丛编》引欧阳棐《集古录目》，唐开元年间立有《神德寺碑》《神德寺弥勒阁碑》，[②]今已不存。晚唐以后，神德寺必然见证会昌灭佛、黄巢之乱、朱温废唐、温韬割据等历史事件。特别是黄巢扰乱关中、温韬割据华原，都对当地经济文化造成巨大破坏，神德寺必也失去往日光辉。

其三，塔的断代。经卷出于佛塔第四层拱券，当然是先有塔，尔后再放置经卷，塔的断代是经卷断代的一个参照。《神德寺文献》"前言"极言其为唐塔，并举邻近富平县唐塔与神德寺塔风格一致，之所以定宋塔者，乃早年文物部门对缺乏文献依据之古塔一律定以宋塔之故。[③]这一推论是错误的。今陕西富平县现存3座古塔，分别是法源寺塔、圣佛寺塔、万斛寺塔，前二塔与神德寺塔相近，尤其以法源寺塔最相似，"前言"所说当指此塔。（见图2）

图2　神德寺塔、法源寺塔、圣佛寺塔（左起）
（出自赵克礼：《陕西古塔研究》，科学出版社，2007年，第260页）

---

① 王仲德：《铜川旧志拾遗》，中国社会出版社，1997年，第7—14页。见黄征、王雪梅主编：《陕西神德寺塔出土文献》，凤凰出版社，书前冠李利安教授"序言"，对该寺的历史及变迁做了全面的考察：唐宋神德寺位于北魏所建龙华寺故址，原龙华寺有隋代弥勒阁（大像阁）建筑。"序言"有两处笔误：是唐神德寺迁建于北魏之龙华寺故址，而原隋神德寺迁建于龙华寺故址；神德寺在金代改名明德寺，而非明代。

② 〔宋〕陈思：《宝刻丛编》卷一〇，清光绪归安陆氏十万卷楼丛书本，第17a、19a页。

③ 整理者声言要另文考证该塔为唐塔，但至今未见高论（见黄征、王雪梅主编：《陕西神德寺塔藏经洞出土文献Y0001〈金光明经〉卷第二为唐人写经考》，《中华文史论丛》2011年2期）。

据研究，上述富平县法源寺塔和圣佛寺塔分别为明塔和清塔，均有显著时代特征或纪年依据。①神德寺塔与之不同，此前著录一致以其为宋塔，并无唐塔之说。②据《神德寺文献》"前言"，出土经卷放置于塔第四层南侧门券内，券洞口有二次封闭痕迹。一般古塔建成之际并不封闭门券，③这说明经卷不是建塔之际安放，而是塔建成若干时间之后二次放置并加封堵的，这对经卷的断代也有参照价值。

其四，神德寺在宋代的情况。五代之后，神德寺罕有记载。北宋天圣五年（1027），富言官耀州通判，子富弼（1004—1083）随侍，④富弼两次登临神德寺故隋弥勒阁，⑤咏诗二首：

春日登大像阁

拂衣潇洒倦尘寰，走马登临未问禅。匝野乱流萦古堞，插云高阁逼遥天。
山含暮色连青稼，柳带春容蠹翠烟。独凭危栏不成句，敢同当日善游仙。

再登大像阁

万古泥阳旧帝畿，苦教行客泪沾衣。旧游水石应牢落，落尽余花犹未归。⑥

以诗意看，富弼所见有匝野、乱流、古堞，古堞当是隋唐华原县老城，宋代迁于原下。又耀州旧称泥阳，此时道路艰苦，水石牢落，颇为荒凉。诗人咏及插云高阁，但未咏及寺塔，按此塔高35米，蔚为壮观，故颇怀疑该塔建在富弼游览之后。毕仲游（1047—1121）于元祐末知耀州，时耀州大旱继而久霖雨，仲游率众先祈雨

---

① 赵克礼：《陕西古塔研究》，科学出版社，2007年，第259—261页。
② 笔者专门请教《陕西古塔研究》作者赵克礼先生，赵先生确认耀州神德寺塔为宋塔。
③ 也有古塔作实心门券，成一龛状，安奉佛像于其中，形制与此不同。
④ 〔明〕张琏《（嘉靖）耀州志》卷上"富公亭"条引绍圣四年（1097）二月十五日李注《富公亭记》，富言为耀州倅，倅即州之通判。参见明嘉靖刻本，第4a页。
⑤ 北宋末兵火，阁毁寺废，金代重修，更名明德寺。见明乔世宁：《乔三石耀州志》卷二〔清乾隆二十七年（1762）刻本，第16b页〕。按耀州方志，初有明嘉靖间张琏《耀州志》两卷本；嘉靖三十六年（1557）乔世宁（三石）续撰《耀州志》一一卷，张琏之子张蒙训作序，赞许世宁赓续之功，唯蒙训序称其父琏撰成旧志七卷，今存嘉靖刻本张琏《耀州志》才二卷，不详其故。今有乾隆二十七年知耀州府汪灏刻《乔三石耀州志》一一卷附《五台山志》一卷本，汪灏刻书后记称《乔志》嘉靖旧刻版面漫漶，故重刊之。2010年中共铜川市耀州区委史志办公室校注并影印乾隆本。原嘉靖三十六年本已不存，黄征、王雪梅《陕西神德寺塔藏经洞出土文献Y0001〈金光明经〉卷第二为唐人写经考》（第359页注①）引所谓"嘉靖三十六年刊本"当即此乾隆本，盖以目录末乔世宁识语断代耳。
⑥ 富弼诗见《（雍正）陕西通志》卷九六、卷九七。《乔三石耀州志》卷一一记"富弼登大像阁诗碑在仪门后壁上"（第4b页）。〔清〕陆耀通《金石续编》卷一七载"富丞相登大像阁诗，大观元年正月于巽书并记，在陕西耀州"〔《石刻史料新编》（第1辑第5册），新文丰出版公司，1982年，第3375页〕。此碑清人尚见，今已失传（耀生：《耀县石刻文字略志》，《考古》1965年第3期）。

后祈晴，所祈祷的四方神祇中居然有嵯峨山（温韬割据时的那座山）圣母这样的地方淫祠，却不见神德寺。[①]北宋仁宗以后与西夏在陕西地区和战不断，耀州处关中向陕北的门户，钱粮、人员往来应称繁盛，但以记载之罕推测此时神德寺应是一座地方性寺院。

四、结语

《神德寺文献》的发现，是近年来出土佛教文献的最大一宗，价值当然独特。《陕西神德寺塔出土文献》的整理出版，留下了诸多遗憾。通而观之，整理者未能以佛教文献学的方法来认识、研究、整理这些珍贵经卷，在避讳断代、版刻风貌、文献属性、寺塔历史等方面，所论或有缺。笔者认为神德寺塔所出佛教经卷大多为五代宋初遗物，若要与唐相联系，要加上一个"晚"字。它们是地方信众做功德的产物，制作时段相对集中，反映了唐宋之际耀州地方佛教信仰的一段历史状态；后被安置在宋塔的拱券中，乃至今日重现。笔者浅陋，略陈数言，敬请批评。

原载《长安学研究》（第4辑），科学出版社，2019年

（景新强，西北大学历史学院讲师）

---

① 〔宋〕毕仲游：《西台集》卷一二《祝文》，陈斌点校，中州古籍出版社，2005年，第203页。

人人有路通长安

——近代西方人在西安的活动及其影响[①]

史红帅

近代西安作为汉唐故都、西北重镇、清末临时国都和民国陪都西京，以重要的交通区位、悠久的历史文化、丰富的文物古迹、浓厚的宗教氛围、特殊的军政地位等，吸引了大量西方传教士、学者、教习、医生、记者、商人、外交官、军人等探访、经行此地，乃至长期驻留、生活于此。然而，对西安城市史上这一至关重要的中西交流阶段，却鲜有学者进行系统性研究。[②]笔者在考订大量中、西文史料的基础上，对1840—1949年间往来、驻留西安的26个国家的806名西方人（含亚洲相关国家人士）进行了统计、分析，以下概要论述其来源国籍、类型与活动、特殊群体等内容，以期从整体上阐明近代西方人在西安活动的阶段特征与相关影响。

[①] 本文系在史红帅《近代西方人在西安的活动及其影响研究（1840—1949）》（科学出版社，2017年）相关内容基础上修订而成。

[②] 20世纪80年代以来，隋唐史、民族史和历史地理学学者们主要研究往来唐都长安的域外人士及其活动，如王仁波《唐代日本留学僧在长安》（《法音》1982年第6期）、戴禾《唐代来长安日本人的生活、活动和学习》[《陕西师范大学学报》（哲学社会科学版）1985年第1期]、李令福《来唐日本人在唐都长安》（《唐都学刊》2001年第4期）、韩香《唐代长安中亚人的聚居及汉化》（《民族研究》2000年第3期）、葛承雍《论唐代长安西域移民的生活环境》（《西域研究》2005年第3期）、拜根兴《入乡随俗：墓志所载入唐百济遗民的生活轨迹——兼论百济遗民遗址》[《陕西师范大学学报》（哲学社会科学版）2009年第4期]等。他们充分利用传统史料、碑刻和考古资料，对驻留唐长安的来自日本、中亚等地的使节、留学生、僧侣、商人等活动进行了深入研究。宋、元、明至清代前期，往来西安的域外人士数量稀少，留存史籍寥寥，因而研究成果也凤毛麟角，仅有贾二强《〈马可·波罗游记〉中的陕西地名及陕情记载》[《陕西师范大学学报》（哲学社会科学版）1986年第3期]、李健超《终南山翠微寺与日僧雪村友梅》[《碑林集刊》（第12辑），陕西人民美术出版社，2006年]、侯甬坚《足立喜六先生与长安》（《西安教育学院学报》2001年第4期）等数篇。由于资料匮乏，学者们难以进行更为细致的探讨。

一、近代往来、驻留西安的西方人类型与活动

1.国别与数量

近代西安及其周边地区虽然地处西北内陆，在对外联系方面远不如东部沿海、沿江的开埠城市便利，但经过笔者对中西文献资料的广泛搜集和细致爬梳，得以统计出1840—1949年至少有来自26个国家的806名外籍人士经行或驻留西安，反映出西安重要的交通区位和作为西北重镇的军事、政治、经济与文化枢纽地位。这些外国人的身影出现在封建时代后期及至近代西安城市生活的多个方面，在相关领域对西安的发展产生了深远影响。具体国别与侨民数量，如表1所示。

表1　1840—1949年往来、驻留西安的外籍人士国籍一览表

序号	国别	人数
1	美国	267
2	日本	237
3	英国	151
4	德国	34
5	法国	24
6	意大利	17
7	瑞典	10
8	朝鲜（韩国）	9
9	奥匈帝国（奥地利）	8
10	挪威	7
11	俄国（苏联）	7
12	奥斯曼帝国（土耳其）	6
13	印度	5
14	西班牙	4
15	加拿大	3
16	荷兰	2
17	塞尔维亚	3
18	澳大利亚	2
19	新西兰	2
20	阿富汗	2
21	比利时	1
22	丹麦	1
23	捷克	1
24	波兰	1
25	南斯拉夫	1
26	墨西哥	1
合计		806

如上表所示，位列前三的分别是美国、日本和英国，分别占全部外籍人士数量的33.13%、29.41%和18.73%，其余23个国家人士所占比例合计为18.73%，这充分表明来自美、日、英三国的人士在近代西安城乡地区活动最为频繁，对西安城乡社会的近代化进程影响最大。

美国以267人居首，主要是由于北美瑞挪会（The Scandinavian Alliance Mission）传教士数量较多，而往来陕西、甘肃等地的瑞挪会、挪华盟会（The Norwegian Alliance Mission）等传教士及其眷属大多以西安为往来的中转和聚会之地，因而传教士数量占有较大比例；同时，近代来自美国从事自然科学考察的人士较多，主要在西安及秦岭一带进行动植物标本采集、地图测绘、地理考察等。

日本以237人位列次席，其主要是由两大类人士构成。一类是清末民初西安、三原各新式学堂任教的教习及其眷属；另一类是进行历史文化踏察、产业调查的学者、学生和调查人员，其中以日本在上海创立的东亚同文书院历届学生占较大比例。东亚同文书院自清末1907年即派遣学生来西安进行考察，此后直至1923年前后，先后派出多期学生入陕考察，而西安为主要的考察目的地。

英国以151人排名第三，主要包括英国浸礼会传教士（含医务传教士）及其眷属。由于西安、三原是英国浸礼会在华传教的重要区域，因而自1891—1949年，有大量传教士及其眷属长期驻留、生活在西安、三原，从事"福音"传播、医疗卫生、文化教育、慈善赈济等多方面的活动，对西安城乡社会的影响十分深远。另外，清末民初之际，西安邮政局长期由英国人与德国人负责管理，对西安的邮政近代化进程多有帮助。

法国、意大利、西班牙等国人士主要是指天主教神父、传教士等，同时有少数探险家、学者；瑞典、挪威人士主要是瑞挪会、挪华盟会传教士及其眷属；德国、奥匈帝国、土耳其、塞尔维亚、阿富汗等国人士主要是第一次世界大战期间途经西安的"无照"侨民和"俘虏"，也包括德国籍邮政局长、学者等；来自澳大利亚、新西兰、捷克的主要是记者；另外还有丹麦探险家与朝鲜"客民"。上述宏观数据的统计和分析，在一定程度上有助于揭示近代不同国家人士对西安城乡社会的影响力度和广度。而实际上，在每一个外籍人名的背后，都有着或惊心动魄，或曲折艰苦，或执着坚守的活动、经历与事件。

2.身份与职业

近代往来、驻留西安的大量西方人，因其身份与职业的不同、派遣机构的差异、个人前期受教育程度及阅历等区别，在西安从事的活动内容及其影响千差万别。早在1906年，陕西巡抚曹鸿勋在奏折中就对来陕西方人的类型有述及，称在"各国传教之士"之外，又有"洋人游历，近益日多，涉险绘图，随山探矿"，以及"邮局、学堂聘订外人，铁路工程借才异地"，以至于洋务局"交涉之繁，有加无已"。①

在近代往来、驻留西安的西方人中，从事"福音"传播的传教士与从事考察、游历的探险家、学者及学生是人数最多的群体。

西安是近代天主教和基督教新教传教士在西北地区的重要活动地，在笔者统计的近代往来、驻留西安的806名域外人士中，传教士就多达247人（不含其眷属），约占总数的30.65%。自1840年之后，西安、高陵等地除原有的天主教神父、修女等神职人员外，基督教新教，主要是中国内地会、瑞挪会和英国浸礼会赴西安的传教士络绎不绝，结合传教而开展的活动日趋多样化。在建立教堂的同时，教会也开办新型学校和医院，从而为西安教育、医疗等领域带来了新的气象。由于天主教神父、修女大多来自意大利、法国、西班牙，而基督教新教传教士来自英国、美国、瑞典、挪威等，数量较多，且长期驻守各教堂、教会传播福音，加之新教传教士往往带有妻子儿女，在西安、三原等城乡生活，在一定程度上对区域社会产生了微妙而重要的影响。不少传教士及其眷属在西安、三原等地生活长达数年乃至数十年之久，他们对于城乡社会的了解十分深入，在长期工作、生活的过程中不可避免地对这片土地产生了"好感"。从客观角度而言，西安乃至陕西已然成了这些长期驻留、生活于此的西方传教士的"第二家乡"。有些传教士在西安辞世，并埋葬于此，而有些传教士的子女又在西安出生并度过其童年，他们对于西安这座城市、关中这片土地和陕西人的情感自然与匆匆经行此地的西方人不可同日而语。

与传教士及其眷属长期驻留西安不同，前往西安考察、游历的探险家、学者与学生等群体属于短期驻留人士，其考察目的较为明确，或搜集动植物标本，或考察民风社情，或从事历史考古调查。其中既有怀着探寻中华文明之心来考察的学者，也有为列强进一步侵略做准备，以"游历""调查"等为名而搜集我国内地军事、政治、经济、文化等情报的间谍。在西安从事科学考察等活动的西方人，尤其是美、英等国人士，多由本国政府、学术机构（如博物馆、地理学会）等派遣，资金雄厚，仪器先进，考察人员素质较高，因而能够在较短时间内获得珍贵标本和大量科学数据、信息，这些实物与数据资料成为其研究生物学、地理学、地质学、人类学等学科的重要基础，在推进相关学科发展方面起到了积极作用。而那些从事历

---

① 陕西巡抚曹鸿勋：《奏为陕西省洋务局出力人员在事四年无误援案请奖事》，录副奏折，光绪三十二年（1906）六月二十二日，档案号：03-5463-046，中国第一历史档案馆。

史、考古、民俗、宗教等调查、踏勘的学者，则依据搜集到的资料与考察报告，将西安纳入世界史视野进行研究和宣传，在客观上推动了西方世界对古都西安发展变迁的认识与了解。

在以上两大类型之外，在近代西安、三原等地活动频繁、影响较大的当数从事文化教育活动的日本教习。光绪二十九年（1903），清政府基于"以中学为体，以西学为用"的教育理念，在文教领域实施新政，积极延聘外国教习执教，尤以日本教习为最多。1903—1917年，西安、三原两地的新式学堂中有近30位日本教习受清政府和陕西省政府之聘，在陕西高等学堂、三原宏道高等学堂，以及后来的西北大学任教。客观而言，日本教习在西安、三原的执教活动对于近代西安教育发展、中国与日本的交流具有推动作用；同时，日本教习在教学之余，在关中地区进行历史、考古调查，对于西安历史文化的发掘与研究亦有裨益，但是日本教习中也不乏暗中搜集情报的谍报人员，以及劣迹斑斑、被学堂开除的行为不端者。

近代西安作为中亚大商道的重要节点，是中国西北地区和中东部地区商货交流的集散地之一，也由于消费人口众多而成为吸引国内外商人聚集的重要市场。近代西方人士受本国政府、商业团体乃至于银行等专业机构的派遣，在西安一带进行过较为详细、系统的商业贸易状况和产业布局调查，如19世纪70年代德国地理学家李希霍芬在从事地理、地质学调查之余，对于西安地区的物产、商道、物价等亦进行了十分详细的考察和统计，而日本产业调查者大道寺彻于1916年专门赴西安调查关中地区棉花种植、产量、价格、运输、销售额等数据，以利于日本纺织公司收购陕西棉花，制成棉布等纺织品后再返销陕西。除过此类旨在拓展市场、购买原料的商业调查活动之外，美国、英国、日本等还派出商人或"华伙"在西安具体开展石油、香烟、西药、教学仪器和实验药品的推广与销售，并大量采购西安等地的棉花、皮毛、药材和桐木，经过天津、汉口、上海等港口出口，在收购原料、返销成品的过程中获得巨大利润，如美国美孚石油公司、英美烟草公司、日本高昌洋行、英国仁记洋行等莫不如是。[1]民国时期，部分外国公司、企业在西安设立有办事处和分支机构，长期派驻本国管理人员。[2]

在往来西安从事商贸的西方人中，较为特殊的是从事文物搜购的古董商贩，尤其以日本人最具典型性。1907年，来西安考察的东亚同文书院豫秦鄂旅行班学

---

[1] 《各国内政关系雑纂／支那ノ部／地方》（第8卷），大正三年（1914）3月4日—大正三年（1914）4月8日，档案号：B-1-6-1-087，日本外务省外交史料馆，第6—7页。

[2] ［美］海伦·斯诺：《七十年代西行漫记》，安危、剑华译，陕西人民出版社，1981年，第16页。

生即记述称,"每年往来西安的日本药商和骨董家络绎不绝"①,所谓"骨董家"即专门购买文物,贩运至我国东部或日本进行转卖的日本古董贩子。1909年,日本游历者西泽寿在西安考察后,回国即专门撰文呼吁日本"商家"前往考察这片"调查未尽"之地。而据当时赴日留学的陕籍学生观察,"陕西一带,洋货充斥,无所不有",泾阳、三原一带"纨绔子弟,开设商店,贩卖洋货,公然为洋人做走狗矣"②。足见至清末之际,在西方商人及其代理人的推广下,"洋货"已越来越多地出现在西安及其周边地区。清末之际,日本高田商会等机构派商人飞松常盘等在三原宏道高等学堂、陕西省立工业学堂、陕西陆军测绘学堂等推销教学仪器、设备和实验药品,也获利颇巨。③1915年1月,来自奥匈帝国的商人阿拿邦达以"游历"为名,居然在西安等地"私卖手枪,收买烟土",从事危害性极高的非法交易,被陕西威武将军府侦探查出,后由陕西省政府派员递解天津,遣送回国。④随着越来越多的"洋货"涌入,尤其是来自日本的日用必需品进入西安地区城乡市场,每逢日本侵略中国步伐加快,西安等地的民众,特别是学生中就会出现"排斥日货"之举。1922—1923年,西安各校学生即发起"运动示威,抵制日货"的行动。⑤日本洋行职员铃木养次在三原等地"因排日团之唆使,被旅馆拒绝其住宿,甚至不得食物供给"⑥,继而引发中日交涉,这也从一个侧面反映出日本商业团体和商人在西安地区颇为活跃,日货进入西安市场的普及程度较高。当时不仅日商向关中地区大量倾销日本商品,也采购大宗原料,如制造木屐的桐材即是其中之一。1922—1923年,日商高桥等人在陕西购运大宗桐木,甚至"自由设厂采买",亦引发中日"严重交涉";加之"旅大问题",陕西省学商各界在"排日运动"中"有不复购用日货之

---

① 《豫秦鄂旅行班 第三卷 第一编 经济/2》,明治四十年(1907),档案号:B-1-6-1-372,日本外务省外交史料馆,第83—84页。
② 〔清〕经沧:《呜呼!陕西之祸机》,《夏声》1909年第9号。
③ 《分割2》,《清国革命動乱ニヨル本邦人損害要償一件》(第8卷),大正四年(1915)10月27日—大正六年(1917)6月22日,档案号:B-5-3-2-92-008,日本外务省外交史料馆。
④ 关中道尹贾济川致外交部呈:《告呈护送德奥人所支费用调查表》,1921年1月,馆藏号:03-36-094-02-013,"中央研究院"近代史研究所档案馆。
⑤ 关中道尹贾济川致北洋政府外交部快邮代电:《旅大问题发生陕省学生并无逾越范围举侨居日人均经妥为保护由》,1923年5月,馆藏号:03-33-114-01-052,"中央研究院"近代史研究所档案馆。
⑥ 日本临时代理公使吉田伊三郎致北洋政府外交部照会:《据报河南郑州及陕西各处排日行动愈见激烈难保不发生事端请严重训电各地官宪切实取缔保护本国侨民由》,1923年6月,馆藏号:03-33-114-02-007,"中央研究院"近代史研究所档案馆;陕西刘督军刘镇华致外交部电:《复梗电陕省并无排日事》,1923年6月,馆藏号:03-33-114-02-019,"中央研究院"近代史研究所档案馆。

表示"①，都反映出地方政府和民众采取了捍卫商贸权益的做法。

近代西安作为众多轰动海内外的历史事件的发生地，吸引了众多欧美报刊的记者前往采访、报道，或者从驻留西安的传教士及其他外籍人士处获取消息。在"庚子大旱"及灾荒赈济、1900年慈禧太后和光绪皇帝"西巡"西安、1911—1912年辛亥革命、1926年"围城之役"、1936年"西安事变"等诸多事件发生之际，欧美报刊都通过其记者或在西安的消息渠道刊发大量报道，引发西方世界的关注。近代往来西安采访的西方记者中，著名者如美国《基督教先驱报》记者尼科尔斯，《泰晤士报》记者莫里循，《洛杉矶时报》记者侯雅信②，"以文字同情革命"③的日本驻华记者中久喜信周，以及抗日战争期间赶赴延安的美国记者埃德加·斯诺、史沫特莱（《法兰克福日报》特派记者），亲历"西安事变"的新西兰记者贝特兰（英国伦敦《每日先驱报》《泰晤士报》特约记者）等。他们以敏锐的视角和"有力度"的文字，撰写、刊发了大量第一手有关发生在西安地区的事件报道和新闻。

光绪后期，清政府在海关、税务、邮政、教育等多个领域实施新政。光绪二十八年（1902）九月二十日，西安邮政局正式创办，业务范围涵盖陕、甘（包括今青海、宁夏）两省区。自光绪二十八年（1902）至民国二十九年（1940），由多名德国和英国人相继出任西安地区的邮政长官，包括巡员、巡查司、总办、署邮务总办、邮务长、署邮务长等要职。1904—1907年，德国人欧内斯特·邵穆劳费尔（又作沙木罗浮④，Ernest Schaumloeffel）即在西安负责管辖陕甘两省的邮政事务，担任西安府邮政副总局巡查司。1908—1909年，西安邮政副总局署邮务总办由英籍满诺思（Philip Manners）担任。1927—1928年、1937—1940年又分别由英籍师密司（V.Smith）、西密司（F.L.Smith）任署邮务长、邮务长之职。在1902—1940年的38年间，欧洲人掌揽西安邮务大权长达25年。⑤

清末至民国时期，与宗教及政治活动相应，医疗领域也活跃着英、德籍人士。清末民初，英国浸礼会在西安开设英华医院（后改为广仁医院），先后有包括姜感思、罗德存、荣安居等在内的英国医务传教士来此施诊，为西安医疗状况的改善做出了贡献。1936年"西安事变"前，德籍医生冯海伯（Herbert Wunsch）亦利用在

---

① 陕西督军刘镇华致外交部电：《陕省排日事》，1923年8月，馆藏号：03-33-115-01-001，"中央研究院"近代史研究所档案馆。

② Upton Close："Alien Eyes in an Ancient Inland"，*Los Angeles Times*，Feb.7，1926.

③ 张家凤：《中山先生与国际人士》，秀威资讯科技股份有限公司，2010年，第88页。

④ 陕西省地方志编纂委员会编：《陕西省志》第28卷《邮电志》，三秦出版社，1998年，第684页。

⑤ 史海生主编：《西安邮政简志》，陕西人民出版社，1992年，第141页。

西安开设牙科诊所之便，为延安输送医药、器械，[①]后不幸于"西安事变"期间中弹遇难。[②]

二、近代往来、驻留西安的特殊群体

在近代往来或常驻西安的西方人中，包括公职人员、军事人员、工程技术人员等特殊群体，他们在不同领域的活动丰富了西安的对外交流历程与面貌，反映了特定阶段西安的政治、军事、经济、文化等状况。

1.公职人员

在唐代，长安作为世界性都市，曾经吸引了大量中亚、西亚以及东亚各国的外交使节、留学生、僧侣、艺术家和商人，其中有的就以其才能出众而获得朝廷遴选，担任官职，充分彰显出唐帝国作为天朝上国海纳百川的气势与胸怀。日本奈良时代的遣唐留学生阿倍仲麻吕就是其中的典范，他入唐54年，历仕玄宗、肃宗、代宗三代皇帝，备受厚遇，成为唐代中日文化交流的代表性人物。后都城时代的西安，城市地位一降而为区域重镇，深处西北内陆，鲜有西方人活动，直至清代后期，随着西方列强在华影响的逐步扩大，以及朝廷开始实施变革和新政举措，不仅有越来越多的西方人经行、驻留西安地区开展各类活动，而且出现了英国、德国、日本等国人士在政府机构（如邮政局、林业局等）和学校受邀任职或执教（主要是指日本教习）的情况。

清代后期，由于西方列强对我国海关、邮政等影响巨大，加之我国缺乏相应的技术与管理人才，因而欧美人士在清朝海关、邮政等重要部门任职或担任顾问的情况十分普遍，这种情况甚至一直延续至20世纪三四十年代。在长达近40年的时间里，担任过西安邮政局管理者的英、德人士至少有5位，分别是1902年及1919—1921年的英籍邮务总办（陕西邮务管理局署邮务长）钮满（E.A.Newman）、1904—1907年的德籍邮务总办欧内斯特·邵穆劳费尔、1910—1912年的德籍邮务总办海恩（又作韩拟，Herr Henne）、1915—1917年和1927—1928年的英籍陕西邮务管理局署邮务长师密司、1937—1940年的英籍陕西邮政管理局邮务长西密司。[③]由于邮政局

---

① ［新西兰］詹姆斯·门罗·贝特兰：《中国的第一幕：西安事变秘闻》，牛玉林译，陕西人民出版社，1989年，第137页。
② 《德国牙医在西安被叛兵击毙》，《益世报》1936年12月24日。
③ 陕西省地方志编纂委员会编：《陕西省志》第28卷《邮电志》，三秦出版社，1998年，第684—685页。

承担着西安及周边地区的对外联络,关乎各种信息、资讯的收发、传递,因而在一定程度上,这些英、德籍邮政管理者掌控了西安的对外联络命脉。当然,不可否认的是,在当时的情况下,他们对于近代西安乃至陕西的邮政事业发展也做出了相应的贡献。

在邮政领域之外,陕西省的林业建设领域也活跃着西方管理者的身影,20世纪30年代在陕的德籍林业专家芬次尔(又作芬兹尔,G.Fenzel)即是典型一例。他不仅在西北内陆的陕西、甘肃、青海等地进行大范围的植被状况考察,而且还作为陕西林务局副局长对西北省份的植树造林事业提出了许多高瞻远瞩的规划,堪称近代西方人在西北内陆林业考察的代表和典范。

芬次尔于1895年出生于德国巴伐利亚邦努连堡城,第一次世界大战期间曾从军参战,后从明星大学获得林学博士学位,学识渊博,对林学有着深入研究。他应邀来华后,曾担任国立中山大学森林系教授兼白云山林场主任,开辟东江、西江、北江及南路各林场苗圃,又任广东省政府森林局副局长约5年,"实植粤省林政之基"[1],撰写过《广东省残余天然林之保护及始兴南部之天然林》《海南岛植物地理考察记》等多篇林业考察与规划报告。1933年10月,芬次尔参与了西北农林专科学校的筹建工作,曾与该校筹备主任王玉堂办理校址选择、校舍建设等事宜。[2]时任陕西省政府主席邵力子曾与芬次尔讨论西北亟待造林等问题,感叹两人"所见多同"[3]。邵力子在参观了芬次尔创办的郿县齐家寨、咸阳两处林场后,深感其造林"成绩卓著",遂于1934年8月组建林务局之初,即聘请其担任陕西省政府森林高等顾问兼陕西林务局副局长,[4]规划全省林政。芬次尔先后考察了太白、秦岭、汉中等处森林状况,创设草滩西、楼观、槐芽镇、平民县等林场,"手胼足胝,未尝稍懈"[5]。自1934年陕西林务局成立,截至1935年上半年,芬次尔与该局同仁共筹设了7处林场,开办苗圃面积共800余亩。1936年,芬次尔奔赴陇县筹划关山林场。在"食陕之禄,忠陕之事"[6]的芬次尔主导和推动下,林业建设受到政府重视与广泛的

---

[1] 郭郁烈主编:《西北民族大学图书馆于右任旧藏金石拓片精选》,上海古籍出版社,2008年,第209页。

[2] 《建设西北农林专校筹委会》,《申报》1933年10月9日,第16版。

[3] 郭郁烈主编:《西北民族大学图书馆于右任旧藏金石拓片精选》,上海古籍出版社,2008年,第209页。

[4] 《陕省组织林务局》,《申报》1934年8月26日。

[5] 郭郁烈主编:《西北民族大学图书馆于右任旧藏金石拓片精选》,上海古籍出版社,2008年,第209页。

[6] 郭郁烈主编:《西北民族大学图书馆于右任旧藏金石拓片精选》,上海古籍出版社,2008年,第209页。

民间响应，"陕省林业已具规模"①。由于工作过度劳累，1936年8月13日，"平日办事热诚努力，深得当局赞许"的芬次尔"忽患神经错乱"，被林务局德籍视察员罗特送入广仁医院治疗，14日凌晨用所揣剃刀刎颈自杀，"救护无效，旋即绝命"②。对于芬次尔的工作与贡献，邵力子在所撰《芬次尔墓志》中给予了极高评价："博士栖栖若此者，盖自其来华任职，早视中国为其第二故乡。其孳孳为吾国竭诚擘画森林，虽吾国治林学者，无以过之。"③陕西省政府在征得芬次尔亲属同意后，将其安葬在西安城内莲湖公园的莲花池畔，并立碑纪念。这位"以一身走数万里，尽瘁友邦"的德国林业学家，自此长眠于这片他倾注了极大热情与心血的土地上。

2.军事人员

从清代后期至民国年间，有不少肩负特殊使命的军人自西安经行或驻留，他们与普通的考察、游历者有很大不同，不仅代表本国政府和军队，而且执行相对特殊的情报搜集任务，重点关注行经各地军队布防地点、军容与装备、沿途市镇补给能力等，如1860年往来西安游历的英国军官戈登（后于1863年协助清政府镇压太平军④）、1887年途经西安的英国军官马克·贝尔、1902年经过西安的英国驻华公使馆武官柏来乐、1903年经行西安的德国军官萨尔兹曼、1906年抵达西安的日本陆军少佐日野强、1916年为争夺陕北延长等地油矿开采权行经西安的日本驻汉口海军武官梅田少佐，均肩负在西北内陆和边疆地区进行情报搜集和实地调查的任务，有的还留下了相关著述⑤，为深入探究其任务、行程、活动等提供了宝贵资料。

民国时期，在两次世界大战、抗日战争等大背景下，除了上述途经或前往西安以游历等名义搜集情报、进行考察的军人之外，引人瞩目的外籍军事人员包括三大群体：一是抗日战争中在西安战俘营接受改造的被俘日军；二是抗日战争期间在西安受训的韩国青年战地工作团与光复军；三是协防西安的美军飞虎队与陆军。

（1）被俘日军。抗日战争期间，西安作为后方军政重镇，为关押和改造日军俘虏，专门设立有战俘收容所。在西安收容的日军战俘成为这一时期美军、韩国光复

---

① 《芬次尔博士调查青海森林》，《农业周报》1935年第29期。

② 《对西北造林事业颇多贡献，芬次尔博士自杀，神经错乱所致》，《西北导报》1936年第2期。

③ 郭郁烈主编：《西北民族大学图书馆于右任旧藏金石拓片精选》，上海古籍出版社，2008年，第209页。

④ 《英将来华》，《申报》1880年6月15日。

⑤ Erich Von Salzmann，*Im Sattel Durch Zentralasien:6000 Kilometer in 176 Tagen*，Berlin：Dietrich Reimer（Ernst Vohsen），1908.

军之外的又一类特殊军事人员。

西安的战俘收容所对山西等战区押解来的俘虏，"予以优待，并为之诊治创伤。该俘虏等均已反省，确认中华民族宽和伟大，痛恨其军阀之压迫欺骗。对我方之优待，甚至有感激流涕者"。1938年6月初，在山西前线俘虏的36名日本士兵被解送西安战俘收容所，陕西抗敌后援会及民众团体"为尊重人道，优待俘虏"，特别准备了多种慰劳品，派代表前往慰问，"藉以感化"①。对于西安团体、民众的"优礼相待"，日俘两本重太郎等"表示感激与歉意"②。日俘还积极响应陕西各界为筹募抗日战争经费而开展的"节约献金运动"，其中中山保、森下九郎、田中照子（女，朝鲜籍）等捐出节食费共3元8角。中山保还撰写了《关于节约献金》一文，叙述献金的重大意义，称："鄙人为中日民众之安乐幸福、东亚和平，当愿做个牺牲者，来努力打倒帝国主义的军阀和财阀。这是我向亲爱的中国同胞盟誓的。努力奋斗的中国军队之胜利，我以为举国一致，节约献金比任何事情都重要。"③

原籍日本广岛的森下九郎于1937年7月，在河北元氏县被国军捕获后，押送至西安的俘虏收容所关押。经过思想改造，他除了积极参加上述节约献金运动，还撰写了《中日战争侧面观》一文，"于中国之优待，深表谢忱，对中国军民之忠勇尤为钦佩"，并深切认识到："此次战争为日本之侵略政策'伪组织'，乃日阀之卑劣行为，而中国则本五千年来之和平思想，人道精神，为争民族生存，为求人类幸福之正义战。"④收容所中的日俘还成立了反侵略剧团，由森下九郎担任团长，在西安举行的晋南军民庆祝胜利大会上进行表演，更加坚定了西安军民的抗战决心。⑤抗日战争期间，西安遭到日军飞机的频繁轰炸，造成严重的人员伤亡和财产损失。对此，森下九郎等日俘对西安民众遭受的灾难感同身受。1940年4月3日，十架日机空袭西安等地，森下九郎等日俘目睹日机轰炸无辜平民，"极为痛愤"。当时有数枚炸弹在其附近爆炸，森下"痛愤之余，复受惊惶，倒地身殉"。当时的报道评价其"能文善书，对反侵略运动颇着辛劳"⑥。

（2）韩国青年战地工作队与光复军。韩国青年战地工作队是一支在华韩人无

---

① 《敌俘虏解陕收容》，《申报》（香港版）1938年6月7日。
② 《西安俘虏收容所中之俘虏两本重太郎以我优礼相待，对我表示感激与歉意》，《申报》（香港版）1938年8月16日。
③ 《日俘中山保等参加节约献金》，《申报》1939年3月24日。
④ ［日］森下九郎、汪大捷译：《中日战争侧面观》，《申报》（香港版）1939年4月19日。
⑤ 《关怀祖国的侨胞应该接受新的洗礼，郑重推荐"抗战中国"，今天起在中央戏院公映》，《申报》（香港版）1939年6月15日。
⑥ 《日机袭陕》，《申报》1940年4月5日。

政府主义青年和民族主义青年联合组成的抗战队伍，其成立后活动范围主要集中在西安一带，是最早赴西安、华北一带招募韩侨的韩国抗日武装力量。该队加入光复军后，成为韩国光复军的主力部队，为扩大韩国光复军做出了不可磨灭的贡献。韩国青年战地工作队是在国共第二次合作的大背景下，由具有无政府主义和"光复阵线"背景的韩国青年组成的抗日团体，该团体历经韩国光复阵线青年工作队、韩国青年战地工作队、韩国光复军第五支队、韩国光复军第二支队共四个发展阶段。[①]

1938年，在武汉的数百名朝鲜先锋队员，向国民政府军事委员会呈请组建"国际军"，旋即获得军事委员会批准，于10月成立朝鲜志愿军（又称"朝鲜义勇队"，即"韩国青年战地工作队"）。其主要目的在于与东北抗日联军及朝鲜革命党员互相联络，促进广州、汉口、重庆的400名朝鲜革命党员通力合作，并在中国军民及日军中开展宣传工作。国民政府组织了顾问委员会，帮助朝鲜志愿军的工作。该委员会包括朝鲜人及军政部代表。[②]1939年，朝鲜志愿军11人抵达西安，[③]队本部驻二府街29号，[④]开展抗日宣传、军事训练等，由此拉开了韩国抗日志士在西安活动的序幕。这一时期亦有朝鲜女革命家郑文珠女士抵达西安，进行抗日宣传活动。[⑤]

1940年，韩国青年战地工作队一行25人，由队长罗月焕率领，开始在西安战干团（全名为"中国国民党中央委员会战时工作干部训练团"）接受军事训练。[⑥]由于该班队员均为"战场中之重要工作人员，不便在后方作长时间之逗留"，因而在西安仅进行了为期两周的训练。[⑦]即便如此，也在很大程度上成为中韩青年联合抗战的重要举措。

韩国青年战地工作队在西安受训期间，积极开展各类抗日宣传活动，与西安军民建立起了多样化的联系，积极参与西安的抗战宣传、公演等活动。正是由于韩青队（及韩国光复军）具有"中华民族抗战，是朝鲜民族解放的先导，中华民族解放，是朝鲜民族解放的桥梁"等认识，因而能够通过各种途径进行训练和参与西安的抗战活动。1940年4月，韩国青年战地工作队为响应西安各界妇女"征募夏衣运动"，在西安公演抗日名剧《阿里郎》，并将所获演出收入送到妇女会，用于为前

---

① 王建宏：《韩国青年战地工作队研究》，硕士学位论文，广西师范大学，2010年；王梅：《抗战时期的西安光复军事略》，《文博》2005年第3期。
② 《留汉朝鲜先锋队员组织朝鲜志愿军》，《申报》1938年10月11日。
③ 《朝鲜义勇队抵西安》，《东方画刊》1939年第12期。
④ 王建宏：《韩国青年战地工作队研究》，硕士学位论文，广西师范大学，2010年，第16页。
⑤ 《朝鲜女革命家郑文珠女士抵西安》，《东方画刊》1939年第11期。
⑥ 《韩国青年战地工作队来团受训四总队开会欢迎》，《战干（西安）》1940年第103期。
⑦ 《韩国青年训练班毕业本处派员讲述通讯处之意义》，《战干（西安）》1940年第104期。

线将士制作军装,"制成了成叠成包的夏衣夏裤,一起一起地运往前线,一件一件披在我们烈日炎灼下英勇战士的身上"①。6月,为庆祝南北抗日战场的多次胜利,韩国青年战地工作队在西安举行劳军公演,并于17日将演出收入4102元送交陕西各界妇女征募夏衣运动委员会,以便为前方将士购置夏衣。11月,韩国光复军(又称作"朝鲜志愿军""高丽独立军")自在重庆改组后,开抵西安,以备转赴华北前线。当时在西安有日军韩籍俘虏20余人,此前已经过一年的思想改造和军事训练,由陆军部释放,旋即加入韩国光复军,参加抗日战争。②

1941年2月,韩青会应陕西妇女慰劳会邀请,为筹募该会从战区抢救的100多名难童的抚育经费,举行募捐公演,剧目为《朝鲜的女儿》。在队长罗月焕的带领下,韩青队员积极进行排练和演出,为难童抚育工作做出了力所能及的贡献。"他们从旧历的元旦起,在自己的宿舍,妇慰会的办公室内,每天忙着游艺会的筹备工作,排剧、布景、道具、宣传,西安古城的人们都已入睡,朝鲜的儿女们和妇女会的工作同志们,却正在为着中华民族的后代保育而紧张地工作着!一直到游艺大会开幕的前日!"在公演期间,西安的"通衢要道,遍插着红绿色的游艺大会的宣传标语和公演的广告,新闻报纸满载着'中韩民族密切合作''游艺大会观后感'一类的论文和描写",而剧场门口则出现了"车水马龙"的盛况。③

西安作为韩国光复军的训练基地之一,一直持续至1945年抗战胜利前夕。1945年8月,鉴于盟国对日作战节节胜利,为使韩国在华抗日志士切实参战,配合盟国作战,8日,韩国临时政府主席金九、光复军总司令李青天、宣传部部长严恒燮等一行奔赴西安,视察韩国光复军第二队,为返回朝鲜半岛建立政府和军队做准备。④他们驻留西安期间,陕西省政府主席祝绍周曾于官邸设宴招待,金九、李青天还参观了报社等机构。⑤

(3)美国空军与陆军。1941年,陈纳德(Claire Lee Chennault)将军组建了美空军"飞虎队",在我国华南、西南、华东等地屡建奇功,给日本侵略者以沉重

---

① 白洁:《韩国的儿女在西安:记妇慰会难童保育募捐游艺大会》,《韩国青年》1941年第3期。

② 《韩国光复军已开抵西安》,《大公报》1940年11月18日,第3版;《朝鲜志愿军已抵西安》,《申报》1940年11月18日。

③ 白洁:《韩国的儿女在西安:记妇慰会难童保育募捐游艺大会》,《韩国青年》1941年第3期。

④ 《韩国临时政府当前工作》,《申报》1945年9月14日。

⑤ 《韩国金主席来陕。光复军李青天总司令偕行,昨晚到本报参观,极表欣忭》,《益世报》1945年8月11日。

的空中打击。1944—1945年，"飞虎队"第529飞行中队等部驻扎西安西郊机场，[①]有力遏制了日机对西安城的轰炸，并与其他"飞虎队"基地共同构建起全国性防空体系。陈纳德将军在回忆中特别提及西安基地的重要性，"从南方到北方西安新的机场，我们的飞机控制了对日本人来说是至关重要的铁路、水路和交通枢纽。由拉斯·兰德尔指挥的三一二飞行联队控制了西安、安康和汉中周围的北部基地，中美混合联队和原文森特指挥的第六十八飞行联队，控制着从老河口到芷江的区域"[②]。

1946年2月，抗战任务结束后即将返美的陈纳德在重庆获得了蒋介石亲颁的青天白日勋章，3日从重庆飞抵西安，访问西北空军基地，与美国空军将士话别。4日，飞往成都，8日晨遂离昆返美。[③]1947年10月23—27日，陈纳德再度飞赴西安，一方面与陕西省政府商议利用空运大队飞机将陕棉空运至郑州，再转运上海，对后来的陕棉外销起到了重要作用，另一方面也进行私人游历，赴临潼、华山等地狩猎。[④]

为协助中国军民的抗战，美国除在西安西郊机场派驻陈纳德将军组建的第十四航空队（即"飞虎队"）一部分外，1945年初亦有一部分重装备陆军从西南地区进抵西安，计划向华北战线的日军发起进攻。[⑤]

美国"飞虎队"以及陆军在西安的驻防，对于西安的抗日后方桥头堡地位具有一定的保障作用。美国军人在西安驻防期间，也参与到城市生活当中，成为当时"引人侧目的群体"。他们往往从西郊驻地乘坐吉普车，出入城区，时人形象地描绘称："有美军足迹的地方便有吉普车，有吉普车的地方便有吉普女郎。这已好像成了定律，西安这城市当然不会例外。和别处所不同的，报纸上没有攻击，社会没有恶评。"[⑥]

3.工程技术人员

在职业与后备军人之外，近代往来西安的还有日本、美国、挪威等的工程技术人员。他们在促进西安等地实业发展、开发陕北油矿，以及建设渭北泾惠渠等水利

[①] 姜涛：《美飞虎队老兵陕西旧地重游：向兵马俑敬礼》，《三秦都市报》2005年3月24日。
[②] 《飞虎将军陈纳德回忆录》，浙江文艺出版社，1998年，第439页。
[③] 《音樽大会，将军载荣誉飞去》，《申报》1946年2月13日。
[④] 《利用行总飞机空运陕棉出境政府与陈纳德商议中》，《申报》1947年10月24日，第2版；《陈纳德飞抵西安对记者称纯为私人游猎》，《申报》1947年10月25日；《空运陕棉具体商定，陈纳德定今日返沪》，《申报》1947年10月27日。
[⑤] 《渝方恐惧日军大攻势》，《申报》1945年2月22日。
[⑥] 王笙：《西安零简》，《客观》1945年第2期。

工程中均发挥了相应作用。

1912年，辛亥革命之后，陕西军政府和民间力量兴起发展实业热潮，各种工商业勃兴，陕西省立第一工业学校也在三原开办起来，除染色科、机械科外，还开设了"窑业科"，聘请了2名日本技师作为教习。同一时期，陕西省实业司在所开设的"窑业试验场"，为烧制陶瓷，也聘请高工出身的福地秀雄担任顾问。[1]这些日籍技术人员对于民国初年陕西发展陶瓷等实业具有积极的推进之功。

1914年，美国美孚石油公司为勘探、试采陕北油矿，在从天津向陕北运输钻井机器的同时，派遣19名美籍技师一路经由河北、河南、山西等省入陕。该批技术人员与勘矿机器沿途由各省派员"照料保护"[2]。相较于前述日本技师而言，美国勘矿技术人员仅是从西安经行，并未较长时间驻留，但在陕北油矿勘探、试采过程中发挥了重要作用。

进入民国二三十年代后，美国、挪威等国工程人员在由华洋义赈会主持的泾惠渠修建工程中扮演了重要角色，而以往对此关注甚少。被称作"渭北工程"项目的泾惠渠水利工程是华洋义赈会在20世纪20年代和30年代的主要工程项目之一。当时，华洋义赈会的美籍总工程师塔德（O.J.Todd）、华洋义赈会美籍赈灾行动主任贝克（John Earl Baker）、曾在美国受过教育的挪威工程师安立森等欧美人士于1930—1935年间参与筹划、协调和施工工作，与陕西省水利局等合作，资金主要来自美国华灾协济会（China Famine Relief, U.S.A.）捐款和陕西省政府拨款。1935年，灌溉系统开始全面运作，为保证渭北平原的粮食生产做出了极大的贡献。华洋义赈会于1935年5月首次在西安召开年会，会议代表们亲临泾惠渠现场参观视察。

在泾惠渠施工期间，挪威工程师安立森被游击队绑架，[3]他在约20年后所写的关于渭北工程的著作《龙王河》（*Dragon Wang's River*），即以其被绑架的事件作为结尾。而总工程师塔德相关的大量档案收藏于斯坦福大学胡佛研究院（Hoover Institution），成为当今学者研究华洋义赈会在关中地区开展"以工代赈"项目的珍贵文献。[4]

---

[1] 《各国内政関係雑纂／支那ノ部／地方》第7卷，外务省外交史料馆，档案号：B-1-6-1-086，大正二年（1931）1月19日—大正三年（1914）2月14日。

[2] 1914年5月，筹办全国煤油矿事宜处致函外交部：《筹办全国煤油矿事宜》，"中央研究院"近代史研究所档案馆，馆藏号：03-03-004-01-014。

[3] "Mr. Eliassen Safe," *The North-China Herald*, May 31, 1933, p. 327.

[4] 魏丕信：《军阀和国民党时期陕西省的灌溉工程与政治》，王湘云译，见《法国汉学》丛书编辑委员会：《法国汉学·人居环境建设专号》（第9辑），中华书局，2004年，第268—328页。

三、近代西方人在西安活动的阶段特征

近代西方人在西安的活动受到政治、军事、文化、灾荒等多种因素的影响，在时段上呈现出较为明显的阶段特征。

西安作为后都城时代的西北重镇，具有极其重要的军事、政治、经济等地位，每一次重大军政事件的发生或朝代的更迭，都会引发政局不稳、社会动荡，由此对西方人在西安的活动产生重大影响。从西方人在西安的集聚与撤离角度而言，1900年义和团运动、1911年辛亥革命、1926年围城之役、1936年西安事变等四次重大历史事件，引起西安外侨数量在短期内突然增加（即集中）和迅速减少（即撤离），也使得这些年份成为划分西方人在西安活动阶段特征的主要时间节点。

具体到不同国别的人士，其在西安活动的阶段特征又各有不同。以日本人为例，在清代后期西安、三原开办新学之后，从日本聘请了众多教习前往陕西高等学堂、三原宏道学堂等执教。日本教习及其眷属成为清末西安地区重要的外侨群体，对文化教育影响颇为深远。而在辛亥革命之后，日本教习全部撤离，民国前期在西安的各类学校中日籍教师已属凤毛麟角。但是从1907年至1930年代，设在上海的日本东亚同文书院派遣了大批学生前往西安考察，搜集了政治、军事、经济、文化等诸多方面的详细情况。在20年代至抗战全面爆发之前，又有大批日本军人、外交官、间谍等以游历之名，前往西安等西北内陆地区搜集军事、政治、商贸等各类情报。①

对于长期驻留西安的西方人，主要是传教士而言，政局的动荡、土匪的滋扰、官府的限制、民众的反对等，均会在一定程度上影响到其活动的拓展。1911年辛亥革命之后，虽然秦陇复汉军政府采取了保护外侨等措施，但由于陕西各地纷纷起事，土匪也随之而起，在西安等地传教的西方人士时时处于艰险的境地。1912年7月27日，《北华捷报》就刊载了一名美国神父的来信，其中写道："我们在陕西的日子充满磨难。陕西都督张凤翙对于基督教深怀敌意。在革命期间，他采取暴力措施威胁西安府的主教，以敛取钱财。由于他未能得逞，之后便利用一切可能刁难教会，以泄私愤。他最近下令将我们的一名当地年轻神父枭首，就是野蛮残暴的独裁之明证。"②虽然这些情绪化的记述有夸张之处，但也在一定程度上反映了辛亥革命之后一段时间内西方传教士对动荡政局确有"血雨腥风"的感触。1914年，白狼军

---

① 《日人组游历团抵陕》，《申报》1935年2月10日；《四日人离陕赴晋》，《申报》1935年6月19日。

② "Execution of A Chinese Priest", *The North-China Herald*, July 27, 1912, p. 237.

队自安徽、河南进入陕西，对关中民生破坏严重。据英国浸礼会传教士邵涤源向上海红十字会提交的报告称，"陕境二十余州县房屋尽毁，牲畜俱无，百姓被杀、被伤者遍地如麻，惨不忍言，尤以鄠县、盩厔、郿县及郿以西及南为最苦"①。在此过程中，西安周边各县的传教士活动也大受影响。

在政局不稳、土匪滋扰等情况下，为了保障西方游历者、考察者的人身与财物安全，有时政府会主动采取暂时禁止外侨进入陕西省境等措施，以避免发生意外、引发中外交涉事件。这类禁令会对一定时限内的西方人在西安的活动产生明显影响。1928年1月，国民政府军事委员会参谋厅致函陕西省政府，称有英国人杰白森、美国人刘尊植、德国商人道斯德等，均携带猎枪、手枪、子弹，经江苏、浙江、安徽、江西、福建等，前往陕西游历，要求"饬属保护"。对此，陕西省政府回函婉拒，以"陕西省近年来，战事甫平，伏莽潜滋，不时出没，如任外国人前来游历，深恐保护难周，或滋意外"为由，要求上述外侨暂缓来陕游历。②

抗日战争全面爆发后，日本飞机频繁轰炸西安，这不仅使得以往络绎于道的西方标本采集者、探险家、商人等裹足不前，数量大为减少，而且严重阻滞了西方传教士的福音传播、医疗卫生、文化教育等各项活动。1939年3—4月间，日军飞机轰炸西安，造成严重破坏。亲历此次空袭的《申报》记者描述道："紧急警报继之大作，不数分钟，飞行颇高之日轰炸机两队在城心上空掷下炸弹，着地爆裂，轰然炸响，继之起火之建筑中升起浓烟二缕。"在空袭中，英国浸礼会讲道厅被一枚轻磅炸弹轰毁，中国牧师房屋则被全部炸毁。3月7日，英国浸礼会开设的广仁医院遭到两枚炸弹轰炸，两人死亡，医疗设备受损严重，仅有的两处手术间之中的一间、病理试验室及X光室均完全被炸毁，多部显微镜几乎无一幸免。此次遇袭后，广仁医院被迫将所有病人迁至城外，而由于各种医疗设备无法搬移，英国籍医务传教士便不得不轮流在城内医院值班。③

交通条件一直是西方人往来、驻留西安的重要影响因素，对西方人士在西安的活动频度、活跃程度等均有显著而深刻的影响。在清代后期至1940年代，前往西安的西方人不得不依靠马匹、骆驼、骡车等落后的交通工具，跋涉于黄土路上，旅途十分艰苦，行程需要耗费大量时间，在一定程度上阻碍了西方人前往西安的步伐，长期居住于西安的外侨只进出西安，前往中、东部地区时也颇多不便。

到了20世纪30年代，随着西安于1932年被确定为国民政府的陪都，包括航空、

---

① 《陕省遭匪蹂躏后之惨状》，《申报》1914年6月18日。
② 《陕省暂止外人游历之函知》，《申报》1928年2月16日。
③ 《日机轰炸声中西安近状一斑》，《申报》1939年4月15日。

铁路、公路交通建设在内的各项事业开始得以有序推进，西安的空域与陆路交通网络逐步得到建设，交通条件较之前有了质的飞跃，也给西方人前往西安带来了极大便利，大大缩短了旅途所需的时间。1934年底，陇海铁路通车至西安，这对于希冀从中东部前往西北游历、考察的西方人而言不啻一大福音，此后乘火车前往或途经西安的外侨数量也大为增加。

相较于火车通抵西安带来的便利，1932年欧亚航空公司开通的西安至主要城市的航空线路就更胜一筹，西安的交通运输格局面貌由此焕然一新，大量西方人也频频从其他地区乘机飞抵西安。1932年3月22日，中德合办的欧亚航空公司机师施密特驾一号机从北平试飞西安。试飞成功后，该公司又于4月1日起正式开通自南京起，途经徐州、洛阳至西安的航线，并计划以西安为航路节点，开通至新疆迪化（今乌鲁木齐），经苏联，直达德国柏林的航线。随着航空运输业的发展，1933年8月，欧亚航空公司计划将粤汉线拓展至西安，并增辟平陕线，经太原至西安。西安航站由此成为各航空线的总枢。欧亚航空公司以西安为枢纽开通的各路航线，[①]对于外侨前往西安游历、考察和从事相关活动带来了极大便利，其中也屡屡出现日本情报人员和军人的身影。[②]

四、近代西方人在西安活动的相关影响

作为近代西安城市史、社会史上特殊而又重要的群体，无论是经行西安的欧美探险家、游历者、学者、军人、记者、商人等，还是长期驻留的日本教习、美英传教士及其眷属，都在西安城乡地区的近代化进程中留下了印迹。由于近代西方人在西安地区从事科学考察、宗教传播、文化教育、医疗卫生、慈善赈济、文物搜购、情报搜集等诸多活动，其涉及的领域、涉足的空间，几乎可以说无孔不入，无论是人烟密集的繁华城镇，还是交通不便的穷村僻壤，到处都留下了西方人活动的身影。

相较之下，近代长期驻留西安的人士，如天主教会和基督教新教传教士群体，以及日本教习群体，他们作为接受过良好近代科学教育的人士，长期在西安及其周边地区参访、考察，对西安城乡社会的了解与认知在很大程度上甚至可能会超越普通的西安本土民众。这些西方人不仅在西安传教、教书、诊病，也在这里长期居住、生活，频繁与其他西方人和本地人士交往。无论是单身一人，抑或是拖

---

① 《欧亚航空试飞西安》，《申报》1932年3月21日；《西北航线定期开航》，《申报》1932年3月23日。

② 《喜多飞抵西安，陆军武官宫崎同行，游历滇川等省已毕》，《申报》1937年5月21日。

家带口，传教士和教习在西安、三原等地生活往往长达数年乃至数十年之久。在此期间，虽然其身份依然是外籍人士，也被本土官民视为"洋人"，存在对其排斥的情形，乃至于发生冲突的个案，但就实际情况而论，这些人士通过传教、教育、医疗、慈善等活动参与到了城乡社会不同社区、群体的交往与联系当中，在很大程度上已具备了"本土人士"的某些特点，尤其是在西安驻留长达十余年乃至数十年的神父、修女和牧师们，他们对所居住的这片土地不可能不产生异乎于寻常域外旅行者、考察者、外交官、商人、军人等等群体的深厚感情。就此而言，他们已然从"域外观察者"转变成了"本土参与者"，西安事实上已然成为其"第二故乡"，乃至于若干人最终长眠于此，守望着长期奉献与服务的这片热土。

　　仅从个体角度观察，单个的西方人对近代西安城乡社会的影响并不大，而一旦从长时段的群体角度来看，就能清晰探察到庞大的西方人群体对于西安近代化进程微妙的、持续的、深远的影响。有些影响是即时显现效果的，如教堂、学校和医院等实体空间的建立，能够直接为官绅商民观察、感知到；有些影响则是潜在的、长期的，如在宗教传播、文化教育等活动中触及思想、心理等隐性的影响；还有一些影响并不会轻易为人所察觉，但却实实在在地发生着，如日本谍报人员搜集、传递情报的活动，就有可能在特定时期发挥难以预料的作用，又如自然科学工作者对农业种子、庄稼标本等的采集，有可能在改变他国农作物格局、提升产量的同时，对我国农业发展带来巨大影响，而西安自然也包括在其中。近代西方人对西安城市社会的生活风气、生活方式也有重要影响，例如天足会等的活动，对于破除数百年来束缚女性身体的桎梏，进而解放思想、启迪独立意识、提高妇女社会地位就具有重要作用。

　　长期在西安居住和生活的外籍人士作为城市与区域历史的亲历者、见证者、参与者，其本身就是西安近代史的重要组成部分。作为生活在西安这片土地上的特殊群体，我们既要留意到他们所来自的国家和区域施加给他们的影响和烙印，也要看到，当他们长期生活在这里，与城乡社会不同阶层人士有密切接触、交流之后，其个人的思想、认识都会发生很大的变化，甚至将西安视为自己的第二家园。长期驻留西安的外侨，在很大程度上，其身份就具有二重性，即在西安本地人士看来，他们属于外国人，具有截然不同的文化背景，肩负特别的使命和任务；但是对于诸如传教士等西方人而言，当他们长期居住、生活在西安，会下意识地将自己视为西安城乡居民中的一分子，在很大程度上与西安民众同呼吸、共命运，这从1926年围城之役，以及抗日战争期间英国浸礼会等传教士和传教士医生的活动能够得到充分印证。而当这些长期居留西安的传教士等西方人士因为各种原因主动或被动返回本国后，西安、陕西的长期生活也会给他们打上深深的烙印，他们在中国西北内陆这片热土生活、工作的经历，也会让他们在自己的家乡、社团和教会中显得与众不同，这种影响甚至会延续到他们的下一代。从这一角度而言，他们参与了西安的发展变迁，同时，西安的生活经历改变了他们的人生轨迹。

就目前统计来看，近代往来、驻留西安的806位域外人士大部分具有专业学科背景，具有较好的知识基础，但在人品、个性等方面则存在着鱼龙混杂、良莠不齐的情况，不能一概而论。其中既有由于劣迹昭彰而被辞退的日本教习，也有因"殴毙"学生而留下污点的英国传教士，而对于西安及至西北地区安全威胁最大的当属身份各异的日本谍报人员。在对域外人士进行评价时，我们无疑应当基于具体史实做出客观评价，不能以点带面、以偏概全。

原载《长安学研究》（第5辑），科学出版社，2020年
（史红帅，陕西师范大学西北历史环境与经济社会发展研究院教授）